中国近现代经济史

（1949—1991）

Modern Economic History of China （修订本）

赵德馨 ◎ 著

厦门大学出版社

国家一级出版社
全国百佳图书出版单位

图书在版编目(CIP)数据

中国近现代经济史.1949～1991 /赵德馨著. —厦门:厦门大学出版社,2017.7
ISBN 978-7-5615-5660-3

Ⅰ.①中…　Ⅱ.①赵…　Ⅲ.①中国经济史-1949～1991-高等学校-教材
Ⅳ.①F129

中国版本图书馆 CIP 数据核字(2015)第 181039 号

出 版 人	蒋东明
责任编辑	薛鹏志
封面设计	蒋卓群
技术编辑	朱 楷

出版发行　厦门大学出版社

社　　址	厦门市软件园二期望海路 39 号
邮政编码	361008
总 编 办	0592-2182177　0592-2181406(传真)
营销中心	0592-2184458　0592-2181365
网　　址	http://www.xmupress.com
邮　　箱	xmup@xmupress.com
印　　刷	厦门集大印刷厂

开本	720mm×1000mm　1/16
印张	27.5
插面	2
字数	450 千字
印数	1～3 000 册
版次	2017 年 7 月第 1 版
印次	2017 年 7 月第 1 次印刷
定价	50.00 元

厦门大学出版社
微信二维码

厦门大学出版社
微博二维码

目　录

第八章①

将半殖民地半封建经济形态改造为新民主主义经济形态与国民经济的恢复(1949—1952)

从中华人民共和国成立到 1956 年,中国的社会经济形态经历了两次转变。第一次是在 1949—1952 年间,通过土地改革和接收国民政府的财产,变半殖民地半封建经济形态为新民主主义经济形态,同时恢复国民经济。第二次是在 1953—1956 年间,通过对生产资料私有制的社会主义改造,变新民主主义经济形态为社会主义初级阶段经济形态,同时形成高度集中统一的计划经济管理体制和优先发展重工业的战略,开展大规模经济建设。

第一节　新中国经济体制构思的形成

1947—1948 年,中国共产党领导的武装力量在全国范围内转入反攻,在即将取得全国胜利时,一个迫切需要解决的问题是:夺取政权以后建立怎样的经济体制? 1921—1948 年 28 年间中国共产党的实践和理论的发展,特别是毛泽东的新民主主义理论,为解决这个问题准备了条件。在 1948—1949 年,最后完成了新中国经济体制的构思。其基本原则主要表现在 1948

---

① 按:《中国近现代经济史(1949—1991)》与《中国近现代经济史(1842—1949)》是一个有机的整体,采取分卷出版,一以贯之。

年 9 月张闻天《关于东北经济构成及经济建设基本方针的提纲》；1949 年 3 月，毛泽东《在中国共产党第七届中央委员会第二次全体会议上的报告》；6 月，刘少奇《关于新中国的经济建设方针》；9 月，周恩来关于《人民政协共同纲领草案的特点》等文献中。最后载入新中国的根本大法《中国人民政治协商会议共同纲领》（以下简称《共同纲领》）。

关于新中国经济体制构思的基本内容，包括以下几个方面。

一、基本依据

毛泽东在中国共产党七届二中全会上的报告中指出，抗日战争前夕，现代工业在国民经济中所占的比重约 10%，农业和手工业占 90%，这就是中国在革命时期和在革命胜利后相当长时期内一切问题的基本出发点，忽视和轻视这个出发点，就要犯"左"倾或右倾机会主义的错误。

1949 年，中国已经有了相当比重的现代工业。它主要集中在国民政府手中。接管这些财产归人民政府所有，变成社会主义性质的国营经济。这样，政府就掌握了国家经济命脉，可以使国营经济成为国民经济中的领导成分，并决定经济前进的方向。忽视这一点，否认国营经济的领导地位，就会犯右倾错误。在国民经济中占 90% 的农业和手工业是个体化小生产。中国是小生产的汪洋大海，这是中国经济落后性的表现。要改变经济的这种落后面貌，并适应生产发展的客观要求，需要把个体经济组织成合作社经济。这必须经过长时间的艰苦努力。也正是基于这种落后性，还要在相当长的一个时期内，允许私人资本主义存在和在一定范围内的发展。忽视这一点，企图在短时间内消灭私人资本主义和个体经济，就会犯"左"倾错误。

二、经济形态

在 1940—1948 年间，毛泽东认为，在未来的新民主主义社会中，将存在国营经济、私人资本主义经济和个体经济。1948 年 9 月，张闻天在上述《提纲》中提出，除这三种成分外，还有合作社经济和国家资本主义经济。1948 年 10 月，受毛泽东委托研究新中国建立后经济构成的刘少奇，在修改张闻天的《提纲》中，完整地提出新民主主义经济形态中五种经济成分及其相互关系的理论。这种理论认为：新中国的经济将由国营经济、劳动者个体经济、资本主义经济、合作社经济和国家资本主义经济等五种经济成分构成。

其中,国营经济是社会主义性质的,掌握经济命脉。它的先进性及控制力,使之居于国民经济的领导地位。个体经济在国民经济中占有很大比重,在今后很长一段时期内,就其基本形态来说,还将是分散的和私有的。要鼓励个体劳动者在个体经济基础上发展生产,劳动致富,并根据自愿互利的原则组织起来,走上社会主义道路。合作社是组织个体经济走上社会主义道路的最好形式。各种各样的合作社在不同程度上具有社会主义性质,它们是国营经济的得力助手。资本主义经济是一个不可忽视的力量,要利用其积极性发展社会生产力。同时,必须对其实行有伸缩性的、恰如其分的限制政策,不能任其泛滥,但不能限制太死,不应该很快地消灭它们。国家资本主义是国家和资本主义的合作形式,是从国家需要出发,吸引私人资本为国家服务,并把私人资本置于国家管理与监督之下的一种经济形式。国家应在经营范围、原料供应、销售市场、劳动条件、技术设备、财政及金融政策等方面,调剂五种经济成分,使各种经济成分在国营经济领导之下,分工合作,各得其所,共同发展,以促进整个社会经济的发展。

三、发展目标与发展前途

《共同纲领》在"总纲"第三条中规定:中国经济发展的目标是"发展新民主主义的人民经济,稳步地变农业国为工业国"。[①]

《共同纲领》中没有提及社会主义。中共中央在解释原因时,指出社会主义社会是未来阶段,这样,将新民主主义和社会主义区分为两个阶段,在毛泽东的论著中则明确指出,中国人民将在新民主主义经济制度下,通过长期的努力,在完成"由农业国转变为工业国"的基础上,最终"把中国建设成一个伟大的社会主义国家"。[②] 新民主主义经济的发展前途是社会主义经济。在新民主主义经济的发展过程中,国营经济、合作社经济、个体经济、国家资本主义经济和资本主义经济发展的速度各不相同,在发展过程中加大社会主义经济的比重,增强社会主义经济的作用,以便逐步稳当地过渡到社会主义经济。在这个过程中,要反对两种倾向:一是反对把经济发展方针看成是发展资本主义的方针;二是要反对冒险主义的倾向,过早地、过多地、没

---

① 中共中央文献研究室编:《建国以来重要文献选编》第 1 册,北京:中央文献出版社,1992 年,第 2 页。

② 毛泽东:《毛泽东选集》第 4 卷,北京:人民出版社,1960 年,第 1437 页。

有准备地便采取社会主义的步骤。关于从新民主主义向社会主义过渡的时间,1948 年 9 月,毛泽东、刘少奇提出向社会主义过渡需要 15 年时间。1949 年夏,刘少奇在天津调查过程中,认为向社会主义过渡需要几十年时间,即在中国工业发展到产品出现过剩时。

新中国成立之初,国民经济受到战争的严重破坏,民主革命的遗留任务仍须完成,从全国看,还不具备立即开展大规模经济建设的条件。据此情况,毛泽东在 1949 年 12 月 2 日召开的中央人民政府委员会第四次会议上提出:"在三年五年的时间内,我们的经济事业可以完全恢复;在十年八年的时间内,我们的经济就可以得到巨大的发展。"[①]他把经济的恢复与发展分成两个阶段,这就初步形成了实现经济恢复与经济发展的战略部署。

四、根本方针与主要矛盾

《共同纲领》规定,经济建设的根本方针是以公私兼顾、劳资两利、城乡互助、内外交流的政策,达到发展生产、繁荣经济的目的。公私兼顾,是处理国营经济与私人经济关系的原则,在经济建设中,既要大力发展国营经济,也要给予私人经济(主要是指私人资本主义经济)发展的余地。劳资两利,是处理私人企业主和私人企业工人关系的原则,既容许私营企业主获得利润,也要维护工人群众的基本权益。城乡互助,是处理城市与农村,亦即工业与农业、国家与农民的关系的原则。内外交流,是处理中外经济关系的原则,中国愿意在平等和互利的基础上,与外国的政府和人民恢复并发展通商贸易关系,保护守法的外国侨民的正当权利,使国内市场与国外市场的商品与资本互相交流。经济建设根本方针的核心内容就是兼顾"四面八方"(四面:公私关系、劳资关系、城乡关系、内外关系;八方:公与私、劳与资、城与乡、内与外),调动社会各阶级的积极性,发挥一切有利于国计民生的经济成分的积极作用,以达到发展生产、繁荣经济的目的。这是一种发展市场经济和互补经济的方针。

经济建设的根本方针与对新民主主义社会主要矛盾的认识密切相关。1948 年 9 月的中共中央会议认为,中国革命胜利后,工人阶级和资产阶级

---

① 中共中央文献研究室编:《建国以来毛泽东文稿》第 1 册,北京:中央文献出版社,1987 年,第 174 页。

的矛盾是社会主要矛盾。中共领导人在经过对城市的调查和讨论经济建设根本方针的过程中,对这种判断进行改正。1949年6月,刘少奇提出,在新民主主义建设时期,人民大众同帝国主义、封建主义和官僚资本主义三大敌人残余的矛盾是社会主要矛盾。这种认识经过1950年6月召开的中共七届三中全会确认,成为中国共产党在国民经济恢复时期的指导思想。

五、运行机制

1948年9月,毛泽东在修改上述张闻天的《提纲》时,加上如下内容:"因为现在我们不只是有农村,而且有了城市,不只是有农业和手工业,而且有了大工业和大运输业,不只是个体的农民经济和小手工业经济,而且有私人资本主义经济,特别是私人商业资本主义经济这一切情形,这使我们必须有无产阶级的明确而周密的经济政策与经济计划和整套的经济组织去指导国民经济建设,绝不容许有任何模糊的混乱,否则我们就不能继续前进。""但实行这种国民经济的组织性与计划性,必须严格地限制在可能的与必要的限度以内,并且必须是逐步地去加以实现,而决不能超出这个限度,决不能实行全部的或过高程度与过大范围内的计划经济。"①1948年12月,刘少奇认为,新民主主义经济中的"各种关系表现为市场问题,因此,中心问题是建立适当的市场关系"。"计划或组织国民经济,今日中心在建立工业和农业的灵活适当关系,在内部市场与外部市场来周转调节这种适当关系,尽可能多地改变我们一切关系为市场关系(过去的关系是供给财政关系),又能很好领导市场。""谁领导了市场,谁就能领导经济。"②1949年1月,毛泽东在为召开中共七届二中全会做具体安排的中共中央政治局会议上讲话指出:"一方面不要以为新民主主义经济不是计划经济,不是向社会主义发展,而认为是自由贸易,自由竞争,向资本主义发展,那是极端错误的。""另一方面,必须注意,必须谨慎,不要急于社会主义化。"③毛泽东认为新民主主义

---

① 顾龙生编著:《毛泽东经济年谱》,北京:中共中央党校出版社,1993年,第250、251页。

② 中共中央文献研究室编:《刘少奇论新中国经济建设》,北京:中央文献出版社,1993年,第55页。

③ 薄一波:《若干重大决策与事件的回顾》(修订本)上卷,北京:人民出版社,1997年,第24页。

社会应实行一定程度和范围的计划经济;社会主义的经济特征之一就是实行计划经济。他将计划经济与社会主义相等同。毛泽东在中共七届二中全会的报告中指出:"中国的自由贸易和自由竞争,不是如同资本主义国家那样不受限制任其泛滥的,也不像苏联东欧国家那样限制得过大过死的,而是中国式的。"这里所说的"自由贸易与自由竞争",指的是资本主义经济①和市场经济及其机制。这里所说的"限制",一是政策的限制,二是计划的限制。这在《共同纲领》中有具体的规定。第三十三条:"中央人民政府应争取早日制定恢复和发展全国公私经济主要部分的总计划,规定中央和地方在经济建设上分工合作的范围,统一调节中央经济部门和地方经济部门的相互关系。中央各级经济部门和地方各经济部门在中央人民政府统一领导之下各自发挥其创造性和积极性。"这规定了计划统一调节的作用。当时设想的是在市场经济环境下计划调节与市场调节同时发生作用,两者互补。这就是毛泽东所说的,既与资本主义国家市场经济"不受限制的自由竞争"不同,也与苏联东欧国家计划经济"限制得过大过死"不同的"中国式"的经济运行机制。

在不同的经济部门,计划调节与市场调节的内容不同。例如,《共同纲领》第三十五条,"关于工业:应以有计划有步骤地恢复和发展重工业为重点……以创立国家工业化的基础"。第三十七条,"关于商业:保护一切合法的公私贸易。实行对外贸易管制,并采用保护贸易政策。在国家统一的经济计划内实行国内贸易的自由,但对于扰乱市场的投机商业必须严格取缔"。

对不同的经济成分,计划调节与市场调节的范围与形式也不一样。对国营经济,可以实行直接的计划调节。对私营经济和个体经济,主要由市场调节,国家通过行政的、法律的、经济的(主要是价格、税率)等多种手段对它们的经济活动进行调节。计划调节被严格地限制在可能与必要的范围内。

根据以上各项原则建立起来的社会经济是新民主主义经济。新民主主义经济是从半殖民地半封建经济走向社会主义经济不可逾越的经济形态和历史阶段。由于有了强大的人民民主专政和掌握经济命脉的国营经济,就保证了随着经济的发展,社会主义经济成分不断加强,最后过渡到社会主义,实现经济现代化,这是中国经济现代化的新道路。通过新民主主义过渡

---

① 编辑《毛泽东选集》时,"中国的自由贸易与自由竞争"改为"中国资本主义的存在和发展"。

到社会主义,是中国社会发展的客观规律。根据这种规律制定的经济工作战略,是中国共产党人把马列主义普遍原理与中国实际相结合的伟大创举。

第二节　工作重心的转移

一、工作重心和中心任务的转移

在新中国成立前夕,1949 年 3 月,毛泽东在中国共产党七届二中全会上指出:"从现在起,开始了由城市到乡村并由城市领导乡村的时期。党的工作重心由乡村移到了城市。"城市工作的中心任务是恢复与发展生产。"从我们接管城市的第一天起,我们的眼睛就要向着这个城市的生产事业的恢复和发展。务须避免盲目地乱抓乱碰,把中心任务忘记了。""城市中其他的工作,例如党的组织工作,政权机关的工作,工会的工作,其他各种民众团体的工作,文化教育方面的工作,肃反工作,通讯社报纸广播电台的工作,都是围绕着生产建设这一个中心工作并为这个中心工作服务的。"只有将城市的生产恢复和发展起来,人民的生活有所改善,人民政权才能巩固起来。在农村地区,"一经消灭了封建制度,完成了土地改革任务,党和民主政府就必须立即提出恢复和发展农业生产的任务,将农村中的一切可能的力量转移到恢复和发展农业生产的方面去"。① 为了恢复和发展生产,中国共产党要求广大干部用极大的努力学习经济工作,学习生产技术和管理知识。1949 年 6 月,毛泽东在《论人民民主专政》一文中指出,严重的经济建设任务摆在我们面前,我们熟悉的东西有些快要闲起来了,我们不熟悉的东西正强迫我们去做。他号召中共党员向一切内行的人学经济工作。

中国共产党工作重心的转移，从农村转移到城市;第二,从革命。

中国，城市领导农村,就是工人阶级。民阶级所在的农村和所从事的农业,城乡兼。与农民在新的基础上巩固

① 毛泽东:《毛泽东选集》第 4 卷,北京:人民出版社,1960 年,第 1427~1428 页。

已有的联盟。1927年,中国共产党将工作重心由城市工人运动转向农村武装斗争。1949年中国共产党工作重心由农村转移到城市,标志着一次历史性的转折,标志着由农村包围城市以夺取政权,共产党主要在农村从事战争时期的结束,进入了共产党领导机关进驻城市,以城市为依托进行革命与经济文化建设的新时期。

中国共产党工作重心的转移,是由革命形势的发展和经济建设的要求决定的。随着解放战争节节胜利,解放军占领一批大城市。管理好这些城市,已提到中国共产党的工作日程上来。新中国成立初期,人民政府面临着严重的财政经济困难。解决财政经济困难的根本出路在于改造旧经济,迅速恢复和发展生产。城市是政治中心、文化中心、经济中心,是现代工业生产的基地,是交通的枢纽,也是市场、商业和金融的中枢。总之,城市是先进生产力和现代化经济的基地。经济现代化的过程也是城市化的过程,发展城市经济是经济现代化的重要内容。城市中的资本主义经济和社会主义经济,比农村中的封建主义经济和个体经济先进。中国共产党的工作重心由战争转移到经济建设时,工作重点必须从农村转移到城市,以城市为依托来建设新中国。清除帝国主义、国家垄断资本主义势力的主要任务在城市,巩固人民政权也需要加强城市的工作。

大规模战争即将结束,解放区社会秩序日趋安定,使工作重心转移已成为可能。中国共产党领导中国人民进行长期的武装革命斗争,建立了广泛的统一战线。经历了以农村包围城市,最后夺取城市的道路,这使人民民主专政在全国政权建立伊始,就有着深厚的群众基础,这是工作重心能尽快转移的非常有利的条件。

二、转移的过程各地不同

对工作重心转移决定的贯彻,各个地区颇不一致。其原因有两个。

一个原因是各个地区情况的不同。中共中央华中局(后来改称“中南局”)向中央报告,认为华中地区的情况有其特殊性。东北、华北等地土地改革已经结束,城乡关系是人民的城市与已经摆脱封建制度的民主的农村之间的关系。农村经济在逐步恢复,可以为城市提供必要的粮食、原料。东北、华北等地的工业在经济中占的比重较大,城市的工业在恢复,可以提供支援农业的产品。华中等新解放区,人民的城市面对仍有土匪活动的封建的农村,一时尚不存在城市领导农村的政治条件与物质基础。所以,在新解放区,在新中国成立前后的一定时间内,仍要把工作重心放在农村,分配大批干部到农村去,帮助农民清匪反霸,开展土地改革及社会改革,在农村建立共产党的组织和各种群众组织,把封建的农村改变为民主的农村,恢复农业生产。等到发展城市的前提条件具备了,然后将工作重心移至城市。这个意见得到中共中央的批准,它对全国影响很大。因为在新中国成立前夕,完成土改的老解放区农业人口是 1.2 亿人,约占全国农业人口的 26.7%,有 73.3% 的农业人口没有进行土地改革。按照上述意见,约占全国 3/4 人口的新解放区工作重心不能立即转移。从 1953 年春季起,在贯彻过渡时期总路线的过程中,华中等地区各省提出工作重心由社会改革转入经济建设,在实际工作中,这些地区党的工作重心才移至城市。[①]

　　另一个原因是对决定认识的不同。工作重心从农村转移到城市,这是问题的一个方面。另一个更为重要的方面是,转移到城市后,工作的重心放在何处,是阶级斗争还是经济建设。如东北等地区认为,工作重心的转移就是从战争时期工作转到和平时期工作,从战争转到建设,从阶级斗争转到生产斗争,从解放生产力转到发展生产力,发展生产力的经济建设成为中心任务。毛泽东认为,工作重心从乡村转移到城市后,国内主要矛盾仍然是阶级矛盾,中心工作仍然是抓阶级斗争。这两种观点都可以在中共七届二中全会的决议与毛泽东在会上的报告中找到根据。毛泽东在中共七届二中全会上提出:"中国革命在全国胜利,并且解决了土地问题以后,中国还存在着两种基本的矛盾。第一种是国内的,即工人阶级和资产阶级的矛盾。第二种是国外的,即中国和帝国主义国家的矛盾。"[②]这种从阶级关系出发,而不是从生产力与生产关系的关系出发对国内基本矛盾的分析,与中心任务的规定不相协调。这种不协调是后来工作重心未能转移到经济建设的原因之一。

---

①　赵德馨、廖晓红:《创造性执行中央决定的范例——体现李先念同志领导水平的一件事》,《湖北方志》2000 年第 1 期。

②　毛泽东:《毛泽东选集》第 4 卷,北京:人民出版社,1960 年,第 1433 页。

第三节　国营经济领导地位的确定

一、国营经济的建立

（一）国营经济资产的三个来源

中华人民共和国成立以后的国营经济，其资产有三个主要来源：解放区的公营经济、接收国民政府的财产和处理外资企业归人民政府所有。

解放区的公营经济是新中国国营经济的前身。解放区的公营工业，主要是为战争服务的军需工业，民用工业不多。它们基本上是手工劳动的小作坊和半机械化的小型工厂，这些规模不大的工商企业是新中国成立初期地方国营企业的来源之一。银行和大中型企业划归中央及其派出机构有关部门管理。

解放区党政机关举办的以农业和手工业为主的生产及商业，是公营经济的一种特殊形式。在1949年之前，它发挥了积极作用。新中国成立后，党政机关进入大中城市，它们所经营的生产事业与商业，受市场经济的影响，逐渐由自给性的变成经营谋利性质的。此时，国家财力逐步增强，有能力供给党政机关的支出。党政机关能从市场上买到所需物资，它们所经营的生产事业与商业的分散性和盲目性，与国家经济管理的集中性、计划性发生抵触。"三反"、"五反"中揭露的事实证明，党政机关的生产与经商不仅分散领导人的精力，使其不能集中注意力做好本职工作，且所得的收入，形成财政预算外的"小金库"。这种"小金库"是机关领导人可以随意开支的，是造成腐败现象的温床之一。1952年3月，中央人民政府发布决定，将机关生产事业转交有关部门统一经营管理，成为国营经济的组成部分。

解放区建立与扩大的过程，也就是接收国民政府资产的过程。到新中国成立时，大陆上绝大部分已经解放，对国民政府财产的接收工作也已大体完成。1949年10月以后，一是在新解放区继续进行接收工作，二是做细致的清查工作。1951年1月，中央人民政府颁布命令，一方面清理接收企业中的私人股份，另一方面清理私人企业中原国民政府所有的股份，通过清理产生了第一批国家资本与私人资本合作的企业。此项工作结束后，接收国民政府财产的工作完成。

　　接收国民政府的财产,是新中国成立初期国营经济最主要的来源。在接管的国民政府企业中,金融方面有四行二局系统和各省地方银行系统的银行,共2400多家。中国银行等在国外分支行的职工纷纷起义,接受人民政府的领导。工矿方面,有企业2858个,职工129万人(其中产业工人75万人)。交通方面,有国民政府交通部、招商局所属企业,计有铁路2万多公里,机车4000多台,客车4000多台,货车4.7万辆,铁路车辆和船舶修造厂约30个,各种船舶吨位20多万吨,飞机12架。商业方面,有复兴、富华、中国茶叶、中国石油、中国盐业、中国蚕丝、中国植物油、孚中、中国进出口、金山贸易、利泰、扬子建业、长江中美实业等大贸易公司及其分设各地的分支机构和经营网点。按固定资产原值估算,没收的国民政府财产约为150亿元。[①]

　　在接收国民政府资产的同时,人民政府依法没收汉奸、历史反革命分子、战犯(1949年被中国共产党宣布为战犯的人,他们都是国民政府的大官僚)的财产为国家所有。例如国民政府大官僚孔祥熙、宋子文等人经营的新华、裕华、广东国货等银行,被人民政府接管。

　　新中国成立前夕,外国资本家眼见中国共产党即将掌握全国政权,纷纷撤走资金,只剩下为数不多、不便拆迁的一些工矿设备和房地产等。其中大部分属于英、美两国的资本,其余分属法国等10多个国家。人民政府成立后,担负清除外国在华经济势力的任务。这项工作经历了两个阶段。第一阶段,废除外国的经济控制权。对于外资企业,采取谨慎态度,加以监督和管制,待以后处理。第二阶段,后发制人,区别对待,处理外资企业。1950年6月,美国发动侵略朝鲜的战争,随后对中国实行经济封锁。1950年12月16日,宣布管制中国在美国管辖区内的一切公私财产。英国追随美国参加侵朝战争,并数次劫夺中国在海外的油轮、飞机。中国政府对此进行针锋相对的斗争,于1950年12月、1951年4月分别发布命令,管制美国政府、企业在中国境内的一切财产,冻结其一切公私存款;征用英国亚细亚火油公司的财产。处理外资企业时,对美国等与中国为敌的国家和一般资本主义国家,对垄断资本的大企业和一般外商小企业,采取区别对待方针,对美国企

---

　　① 杨坚白等:《当代中国经济》,北京:中国社会科学出版社,1987年,第63页。1949年,全国工业总产值为140亿元。

业从严处理；处理的方法采用了征用、代管、征购、管制等灵活多样的方式。有些外资企业，由于失去特权和美国实行对华经济封锁，陷于无法维持的境地，被迫放弃经营。经处理的外资企业转归人民政府所有，转变为国营企业。

1945 年，苏联军队进入东北时，接管了原由俄国经营的铁路、大连及旅顺港口，日本在东北的部分工厂和经济机关，并将部分器材搬运到苏联使用。中华人民共和国成立后，根据两国的有关协定，苏联政府在 1950—1954 年间，将上述铁路、港口及从日本手中获得的财产转交给中国政府，它们成为国营经济的组成部分。

新中国成立初期的国营经济，从历史渊源上说，其前身是解放区的公营经济；从物质资源方面来说，主要来源于没收国民政府的财产。

(二)法定的领导地位

《共同纲领》第二十八条规定："国营经济为社会主义性质的经济。凡属有关国家经济命脉和足以操纵国计民生的事业，均应由国家统一经营。凡属国有的资源和企业，均为全体人民的公共财产，为人民共和国发展生产、繁荣经济的主要物质基础和整个社会经济的领导力量。"这里所说的国营经济包括国家所有的资源与企业。国营企业只是其中的一部分，国有资源的价值比国营企业的价值大得多。在这个意义上，"国营经济"的准确内涵应是"国有经济"。

1949 年以前，国民政府控制了国家的主要经济命脉。因此，新中国成立之初，国营经济的力量就相当强大。1949 年，国营工业的固定资产占全部工业（包括手工业）固定资产比重的 80.7%，国营工业产值占工业总产值的 41.3%。国营企业拥有全国电力产量的 58%，原煤产量的 68%，生铁产量的 92%，钢产量的 97%，水泥产量的 68%，棉纱产量的 49%。从企业的规模、资产方面看，500 人以上的国营企业有 289 个，占全部国营工业企业数的 11%，工人总数的 42.5%，电动机总动力的 75%。现代化的大工业、现代化的交通运输事业、金融事业，大部分掌握在国营经济手中[①]，并得到国家支持。国营经济掌握社会生产力最先进、最强大的部分，掌握有关国家经

---

① 国家统计局：《我国的国民经济建设和人民生活》，北京：中国统计出版社，1958 年，第 7～8 页。这些数据中包括数量很少的合作社工业。

济命脉和足以操纵国计民生的部门,从而具有控制国民经济运行和发展方向的力量。它是社会主义性质的,是整个国民经济中先进的生产关系,代表了社会经济的发展方向,这是它成为国民经济领导成分的基础。

新民主主义革命的胜利,在政治上的成果是建立起人民民主专政,这是实现向社会主义过渡的政治前提;经济上的直接成果是建立国营经济及其在新民主主义经济制度中居领导资格的法定地位。国营经济对其他经济成分的实际领导地位,是通过在经济领域中的作为取得的。这种领导地位与领导作用主要表现在它对国民经济发展(包括发展方向、发展模式、发展速度等)的控制力、影响力和带动力。

二、平抑物价与国营经济在竞争中夺取市场领导权

(一)四次物价大波动

新中国成立前后,经济上的一个突出问题是物价上涨很快。这不仅影响人民生活,妨碍生产的恢复,而且关系到财政收支能否走向平衡和人民民主专政的巩固。能否稳定物价是人民政府和国营经济能否取得市场领导权的关键。市场是国营经济与私营经济、人民政府和资本家阶级在经济领域进行斗争的主要战场,人民政府的经济工作是以主要力量抓流通领域的斗争。

1949 年以前,国民政府管辖区和解放区的物价都在上涨。北京、天津解放之后,发生了 1949 年 4 月至 5 月的物价波动,波及的地区主要是北京、天津、华北、华中、山东。天津综合物价指数,1949 年 5 月中旬比 3 月上涨 1.2 倍。1949 年 5 月,上海解放。7 月的物价波动以上海为中心,上海批发物价指数上升 153.6%,波及华北、华中。1949 年 10 月 11 日至 11 月 25 日的这次物价波动是规模最大、持续时间最长的一次,波及全国,全国各大城市物价均上升 3~4 倍。1950 年 2 月开始的物价大波动,主要涉及上海、天津、汉口等大城市。3 月份全国 15 个大城市 25 种商品批发物价指数比 1 月份上升将近 1 倍。以上四次物价大波动的特点是:在地区上,随着解放区的扩大而扩大,最后波及全国;以大城市为中心;以粮食、纱布的价格领头,带动物价全面上涨;上涨幅度大,全国 13 个大城市的批发价格指数,1949 年 11 月比 1948 年 12 月上涨了 52.76 倍;由于人民政府千方百计稳定物价,每次物价风潮持续时间较短,最长的一次 45 天。

造成物价大波动的原因有三个：

第一，军费支出浩大，人民政府的财政入不敷出，货币发行过多。1949年，军费开支占财政收入的1/2。加上对国民政府军政人员实行"包下来"的政策，对城市失业人口和农村灾民的救济，以及必要的经济恢复，使财政支出大量增加。老解放区的人民，为支持解放战争已作出巨大努力，不能再加重他们的负担。新解放区的财政工作基础较差，难以及时大量地征收到必不可少的收入。1949年，财政赤字占支出的46.4%，其中约有1/2依靠发行钞票来弥补。人民币发行额，以1948年年底为基数，到1950年2月，增加270倍。其间，1949年7月底为2800亿元，1949年11月12日为16000亿元，3个多月增加了4倍多。纸币流通量超过商品流通需要量，引起货币贬值，物价上涨。从这方面看，新中国成立初期的通货膨胀是前进中的困难。

第二，国民政府统治时期恶性通货膨胀的影响。在恶性通货膨胀的环境里，产生巨量投机资本和一批投机商人。各大城市解放后，他们在市场上继续兴风作浪，推动物价的猛涨。长期的恶性通货膨胀，造成了人们对纸币的不信任心理，农村以物易物，城市人民抢购实物，挤兑外币、金银，使人民币流通范围小，流通速度加快。从这方面看，新中国成立初期的通货膨胀是国民政府时期恶性通货膨胀的遗留。

第三，长期战争造成工农业生产萎缩。国民政府溃败时的抢掠和破坏，他们逃到台湾后对沿海城市的封锁和轰炸，1949年严重灾荒，加剧物资短缺，物资缺乏，交通堵塞，货物不能畅流。从这方面看，新中国成立初期物价猛涨是经济形势险恶的综合反映。

在以上三个原因中，第一个原因是主要的。

（二）综合治理的措施

平抑飞涨的物价是一件艰难的事。人民政府为此从各个方面采取措施进行综合治理。工作过程分为两个阶段，根据每个阶段的具体情况和要达到的目标，重点措施各不相同。

第一阶段是打击投机资本，遏制物价暴涨。采取的措施是：

第一，加强金融管理。主要是加强对私营金融业与金银、外币的管理，打击金银和外币的投机。新中国成立前夕，金圆券贬值，信用丧失殆尽，黄金、银元、外币在许多城市成为流通手段、储存手段与投机的对象。新中国

成立后,这种状况延续下来,严重影响人民币流通。金银、外币投机是物价
猛涨的诱因,人民政府制定金银、外币管理办法,宣布禁止其流通。为减少
人民损失,中国人民银行举办折实存款,收兑金银、外币。同时组织力量打
击银元、外币投机活动。上海查封此种投机活动的中心证券大楼,广州取缔
专事金融投机的地下钱庄和街畔兑换店,在全国各地取缔专门经营高利贷
的地下钱庄。对一般私营银行、钱庄,打击其投机活动,引导其资本投向合
法的生产、流通事业。国家银行逐步控制私营银行和钱庄的业务,就清除了
推动物价上涨的一个诱因,并为扩大人民币流通范围扫清障碍。

第二,加强市场管理。普遍实行工商企业登记,未经核准不得擅自开
业。严格管理市场交易,建立交易所,主要物资集中交易。运用行政力量管
理市场价格,维护国营商店牌价的领导地位。

第三,逮捕法办带头囤积、哄抬物价、投机倒把的违法资本家,对一般违
法者给予批评教育或必要的处罚。

第四,紧缩通货与集中掌握主要商品。通货膨胀是纸币流通量超过商
品流通需要量而产生的一种经济现象,在财政赤字不能避免、人民币发行量
不断增加的情况下,单纯依靠行政手段,无法完全遏制物价上涨。要做到遏
制物价上涨,根本的办法是经济手段。1949 年 8 月制定的办法是:发行公
债,整顿税收,以紧缩通货;加强公粮征收,掌握大批粮食;成立全国性的专
业贸易公司,集中调运物资。国营商业掌握足够多的粮食和纱布,是稳定市
场、控制物价的主要手段。稳定市场工作重点是大城市,首先是上海这个全
国经济中心。在 1949 年 10 月下旬的涨风中,上海国营商业抛售物资,但银
根偏松,少量抛售物资未能遏制住物价猛涨。11 月 3 日,中央财政经济委
员会(以下简称"中财委")部署了一场打击投机资本的总体战。其主要措施
包括:进一步紧缩通货,停发并按约收回信贷,暂停投放资金和拨出经费;集
中调运物资,从东北大量调粮入关,在上海等大城市集中纱布,形成局部物
资相对集中的优势;选择有利时机,集中抛售物资。至 11 月下旬,物价上涨
幅度超过货币增发幅度,抑制物价上涨的条件已经具备。11 月 25 日,各大
城市统一抛售物资,第二天物价回落,10 天后物价下跌 30%～40%,投机资
本损失惨重。这是新中国成立初期经济战线上打的一次漂亮的胜仗。

在取得胜利之时,陈云等人清醒地认识到:短期收缩银根,集中抛售物
资,只能打击投机资本,使物价暂时稳定,这是因为它不是建立在财政收支
平衡的基础上。随着财政赤字的增加,货币的大量发行,物价波动仍不可避

免。从 1950 年起,平抑物价工作进入第二阶段,重点转向减少财政赤字,争取财政收支平衡。为此采取标本兼治的措施。治标性的措施是:整顿税收,发行人民胜利折实公债,以增加收入;厉行节约,以减少支出。根本性的措施是 1950 年 3 月实行的统一财政经济工作。财政赤字从 3 月份起大大减少,在此基础上,物价从 3 月份起基本稳定。

三、统一财政经济工作

(一)主要内容

在战争年代,各解放区的财政经济工作是统一政策,分散经营,各有货币,各管收支,这种状况是由各解放区被分割的情况决定的。新中国成立时,各解放区已连成一片。在关内,人民币已成为统一货币,全国汇兑业务开始恢复,铁路、邮电、对外贸易开始实行统一管理。但就财政经济工作的整体来说,基本上仍是分散经营,具体表现在:主要财政收入,如公粮、税收、国营企业利润等由地方征收,没有上缴的统一规定,大部分归地方政府分散使用;财政主要支出,如军事费用、经济建设费用、救济费用由中央政府负担。中央财政收入没有稳定、可靠的来源,只能依靠发行纸币维持必要开支。为了集中有限财力、物力,办成事关全局的几件大事,如支持解放战争的最后胜利,重点企业的恢复和建设,调运物资以平抑市场物价;为了减少支出,杜绝浪费,争取财政收支平衡,必须统一全国财政经济工作。统一财经工作是形势发展的要求。1949 年冬,中共中央确定全国财经工作实行统一管理的方针。1950 年 2 月召开全国财经会议,就统一财经、紧缩编制、现金管理和物资平衡等问题进行部署。1950 年 3 月,政务院发布《关于统一国家财政经济工作的决定》。统一财经工作的主要内容是:

第一,统一全国财政工作,重点在统一财政收入。地方除规定留用部分外,均须按国家统一规定的税则、税率征收公粮、税款,按期解缴中央。国营企业须按时纳税,并将利润及折旧基金的一部分,按其隶属关系如期分别交给中央或地方金库。以上收入,没有财政部的支拨命令,不得动支。财政支出方面,统一全国编制与供给标准,各机关非经批准不得自行增添人员,编外及编余人员由全国编制委员会统一调剂使用。各项事业经费必须编制预算,经批准方能支拨。节约开支,区别轻重缓急,集中财力于军事上消灭残敌,经济上重点恢复。

第二,统一全国的国营贸易工作。成立全国仓库物资清理委员会,集中清理库存物资,由中财委统一调拨库存物资,合理使用。中央人民政府贸易部统一规定国营贸易机构的业务范围,并统一负责物资的调配,不受地方政府干预。一切部队、机关不得擅自经营商业。

第三,统一全国现金管理。指定中国人民银行为国家现金调度的总机构,代理国库。外汇牌价及外汇调度由人民银行统一管理。一切军队、机关、国营企业的现金,除留若干近期使用外,一律存入国家银行。它们之间互相往来,使用转账支票进行结算。

上述三方面的统一,主要是制止财力、物力的分散和浪费,达到集中使用、促进财政和现金平衡的目的。从1950年3月起,仅用三个月的时间,基本上完成统一全国财政经济的各项工作。

(二)成果及意义

经过统一财经工作,建立起高度集中的经济管理体制。这种体制使人民政府通过财政的再分配,集中了财力,保证了解放战争的最后胜利,壮大国营经济,进行水利、铁路、钢铁工业的重点恢复,对扭转险恶的经济形势,对国民经济的恢复,起了积极作用。

经过统一财政工作,国家财政收入迅速增加,财政支出相对缩减。1950年3月的财政赤字比2月减少71.8%。4月,财政收支接近平衡。现金管理和转账制度的施行,与财政部门的税收和公债工作的配合,使通货趋于紧缩,而商品供应因物资集中使用,灵活调度,相对宽裕。

统一财经工作是使物价实现从长期飞涨到长期稳定这一转变的根本措施。全国大中城市主要商品的批发价格指数,若以1949年12月为100,则1950年1月、2月、3月分别为126.6、203.3、226.3,上涨的速度很快;4月、5月、6月分别为169.9、156.7、155.8,逐月下降;7月、8月、9月、10月、11月、12月分别为166.8、173.6、177.3、185.8、193.3、193.2,[①]缓慢上升,且均在2月、3月的物价水平之下。可见,3月以后,物价进入基本稳定阶段,扭转了通货膨胀的局面。

夺取稳定物价斗争的胜利具有重要意义。

---

① 中国社会科学院、中央档案馆编:《1949—1952年中华人民共和国经济档案资料选编:商业卷》,北京:中国物资出版社,1995年,第548页。

第一，它使国营经济初步夺取了市场领导权。新中国成立初期，市场是经济中各种经济成分彼此发生联系的中心环节。谁领导了市场，谁就领导经济，掌握市场领导权是国营经济取得对国民经济领导地位的重要内容和前提。国营经济掌握了市场领导权，就可以利用市场和物价政策限制资本主义的盲目发展，指导其他经济成分的经营方向，实现有利于经济恢复和人民生活的国民收入再分配。

第二，这使人民政府取得了管理国民经济的经验。主要的一条经验是：处理经济问题时，要按市场经济和货币流通规律办事，经济手段、行政手段、法律手段相结合，经济手段是根本性质的。总结这场战役的经验，萌生了三大平衡的思想，即财政收支平衡、信贷平衡、物资供求平衡，其中财政收支平衡是根本。以后，三大平衡被归纳为衡量国民经济是否稳定、是否平衡的标志。

第三，物价稳定为市场经济的正常运转、工商业的正常经营、商品的正常流通、资金流向合法的工商业，为走上财政收支平衡的良性循环，为争取财政状况的根本好转，创造了有利条件。

在新中国成立之初，国内外有一种舆论，说什么中国共产党会打仗，可以取得政权，但不会做经济工作，难以巩固政权。统一财经工作和稳定物价这两件事情，国民政府搞了多年，前者成效不大，后者越办越糟。在共产党和人民政府领导下，几个月内就办成了。这大大提高了中国共产党和人民政府的威信，显示了新的社会制度与经济制度的优越性，坚定了广大人民跟共产党走的信心。

第四节　争取财政经济状况的根本好转

一、中国共产党七届三中全会的战略部署

统一财经工作，使财政收支接近平衡，物价趋于稳定，新经济管理体制初步形成，国营经济取得了市场领导权。这是新经济秩序建立、财政经济形势好转的开端。但是，受到战争破坏的国民经济尚未恢复；新解放区土地改革还没完成；社会经济改组引起了市场萧条，私营工商业困难重重，失业人口增加；美国对中国的经济封锁以及残匪的破坏，加剧了这些困难。总之，

已实现的财政平衡与市场稳定的基础很脆弱,财政经济状况尚未根本好转。在全国范围内,还没有获得进行大规模经济建设的条件。

1950 年 6 月,中共中央召开七届三中全会,这是中国共产党在新中国成立后召开的第一次中央全会。会议指出全党面临的中心任务是继续完成新民主主义革命的遗留任务,争取在三年内实现国家财政经济状况的根本好转,为经济建设准备条件,并制定了国民经济恢复时期的工作纲领和战略。会议认为,要实现财政经济状况根本好转,需要三个条件,即:土地改革的完成,现有工商业的合理调整,国家机构所需经费的大量节减。毛泽东在会上提出了不要四面出击的思想,强调要在工人阶级的领导下,以工农联盟为基础,把小资产阶级、资产阶级团结起来,集中力量向国民党残余势力、地主阶级和帝国主义进攻。他批评了提早消灭资本主义实行社会主义的错误思想。

二、抗美援朝战争爆发后财政经济工作方针的调整

中华人民共和国的成立,标志着中国人民反对帝国主义的斗争取得了最终胜利。美国不甘心失败,对新中国采取敌对态度。它供给台湾当局军火,怂恿他们轰炸沿海船只和上海等城市的电力设备。1950 年 6 月 25 日,朝鲜战争爆发。6 月 27 日,美国宣布出兵朝鲜,同时命令美国海军第七舰队侵入台湾海峡,以武力阻止中国解放台湾。10 月 19 日,美军和南朝鲜军队侵占平壤,随即又向中朝边境全线进攻。朝鲜危在旦夕,中国东北地区受到严重威胁。中国政府决定抽调人民解放军的一部分,以中国人民志愿军的名义,10 月 19 日到朝鲜进行抗美援朝、保家卫国的战争。这场战争对中国经济的恢复与建设,对工作重心的转移,发生重大影响。1950 年 6 月,内战基本结束,全国进入和平建设时期,全军参谋工作会议决定把解放军总兵员数从 550 万人减至 400 万人。至 10 月,各大野战军裁减近 24 万人。朝鲜战争爆发后,裁军计划中止,各地青年纷纷参加志愿军,军队人数在同年年底急增至 627 万人。军费及与战争有关的费用迅速增加,在整个财政支出中占的比重又接近 1/2。美、英等国对中国的禁运与封锁,严重影响进出口贸易。人心浮动,社会游资和机关、部队、企业争购短缺物资。货币流动速度加快,部分物价上涨,投机资本家趁机活动。朝鲜战争发生在中共七届三中全会之后,中国已部署恢复国民经济之时,它打乱了财经工作的既定部署。

朝鲜战争爆发前拟订的 1951 年经济计划，是以恢复、发展经济为重点的和平建设计划，总的指导思想是减少军费，增加经济建设和文教费用。抗美援朝战争却迫使国民经济转向战时经济的轨道。根据新的情况，人民政府及时地调整了财经工作方针。1950 年 11 月召开的第二次财经会议，确定 1951 年财经工作的方针是：战争第一，市场第二，其他第三。"战争第一"，就是把 1951 年财经工作的方针放在抗美援朝战争的基础上。满足战争的需要，成为整个财经工作的首要任务。"市场第二"，即市场安排的地位仅次于战争，宁可削减经济和文化支出，也要保证市场的稳定。这是因为国家财力薄弱，物资储备很少。如准备不足，在战争条件下，随时可能发生物价波动。这不仅会给国家和人民带来损失，还会在政治上带来不利影响。影响物价波动的因素很多，但只要力争财政收支接近平衡，不增发或少增发货币，就可以保证物价基本稳定。"其他第三"，即在保证照顾了战争、市场之后，才能用于其他带投资性质的经济文化支出，剩多少钱，办多少事。经济建设投资的原则是：满足与战争有关的军工投资，及对财政收入有直接帮助和对稳定市场有密切联系的投资，对其他的则加以削减或收缩。

为了支援抗美援朝战争，并做到财政收支平衡，必须增加收入。为此采取的措施是：(1)扩大农副产品的购销，活跃城乡物资交流，在帮助农民销出土特产的基础上，多征收几十亿斤粮食的农业税。(2)堵塞漏洞，做好税收工作。

三、"三年准备、十年建设"的发展战略

1950 年的各项工作进行比较顺利，国民经济恢复工作进展很快。1951 年 2 月，中共中央政治局扩大会议提出"三年准备、十年计划经济建设"的经济发展战略思想。三年，是指从 1950 年到 1952 年，所以会议要求高级干部要明确："准备时间，现在起，还有二十二个月，必须从各方面加紧进行工作。"[①]这个战略思想成为此后两年经济工作和各方面工作的总方针、总任务。

受毛泽东的委托，刘少奇多次在各种会上谈到"三年准备、十年建设"方

---

① 中共中央文献研究室编：《建国以来重要文献选编》第 2 册，北京：中央文献出版社，1992 年，第 39 页。

针问题。他指出,"三年准备、十年建设"都是"新民主主义建设阶段"。他强调,十年建设之后,新中国的面貌就要改变。不但有庞大的农业,还会有自己的工业。到那时,我们的国家才可以考虑到社会主义去的问题,现在不能提这个问题,十年内讲不到,十年之后看情况,可能还要等几年。"三年准备、十年建设"是为工业国有化和农业集体化做准备,是向社会主义过渡的准备阶段。

"三年准备、十年建设"的战略思想,是与中共七届二中全会和《共同纲领》精神、中共七届三中全会战略方针一脉相承的。它坚持了新民主主义的总政策,以经济恢复和建设为中心任务,既把国民经济的恢复和大规模的经济建设明确区分为两个不同的阶段,又把两者有机地结合起来。"三年准备、十年建设"的战略,是全党工作重心由革命转入建设方针的进一步的贯彻。

第五节　两次调整工商业和"五反"斗争

一、物价陡降与第一次调整工商业

新中国成立之初,资本主义工商业是经济中的一个重要组成部分。如何利用资本主义经济有利于国计民生的积极作用,限制其不利于国计民生的消极作用,促进国民经济的恢复与发展,是经济工作需要解决的重要问题。

(一)私营工商业的困难

经过打击投机资本的斗争和统一财政经济工作,实现了物价稳定,这是一件大好事。在国民经济好转的情况下,私营工商业和部分手工业者却出现严重的困难。这是因为:物价趋向稳定,使虚假购买力迅速消失。在长期的通货膨胀、物价飞涨的情况下,人们争相抢购,投机商异常活跃,形成虚假购买力的病态增长和市场虚假繁荣。物价稳定之后,币值稳定,人们不再抢购商品。此其一。其二,通货膨胀期间不惜高利借债以囤积货物牟取暴利的工商业者,此时急于抛售存货,由此产生供过于求的现象。其三,为了控制市场。国营商业和合作社商业发展快,在批发和零售阵地上经营比重增

大，私营商业活动的余地缩小。在价格上，国营商业和合作社商业缩小了批零差价和地区差价，使零售商和贩运商无利可得，只好歇业。其四，为了稳定物价，财政方面发行公债，催征税款；银行方面吸收存款，收回放款；国营商业抛售物资，暂减收购。这几项齐头并进，使银根过紧，影响商品的正常运转。

私营工商业的困难主要表现在商品滞销，市场成交量远远低于商品上市量，工厂产品卖不出去，工业生产锐减。1950年5月与1月相比，私营工业棉布、绸缎、卷烟、烧碱、普通纸等大宗产品减产，产量下降幅度达30%～50%。工厂开工严重不足，有的处于半停产状态，有的停产。大批私营工商企业歇业、停业。1950年1—4月，在14个大城市中，有2945家工厂关门；在16个大城市中，有9347家商店歇业。私营工商业大量倒闭，引起失业人员增加。1950年3—4月，全国新增失业职工约10万人。

私营工商业困难的特点是：大城市重于小城市，上海重于其他城市；大企业重于小企业；现代工业重于手工业，工业重于商业；粮食、布匹等批发业及高级消费品行业重于其他行业；解放较晚的地区重于解放较早的地区。

（二）调整的内涵与成效

1949年冬，私营商业在批发总额中占76%，在零售总额中占83.5%。私营工业在整个工业（包括手工业）中所占比重，职工人数为18.3%，固定资产为17.8%，产值占43.7%。私营工业中轻工业占的比重大，轻工业产品与人民生活有密切联系，私营工商业大量歇业倒闭，导致生产衰退，市场萧条，经济萎缩，失业增加，人民生活不便，这不利于国民经济的恢复和人民政权的巩固。如让这种趋势进一步发展，必将造成严重后果。私营工商业的困难在1950年3月下旬开始出现，立即引起政府的重视。4月，中央人民政府委员会召开第七次会议，讨论私营工商业困难问题。毛泽东在会上指出：在今后几个月内，政府财经工作的重点，"应当放在调整公营企业与私营企业以及公私企业各个部门的相互关系方面"。① 6月，合理调整工商业的工作全面展开。

调整工商业的基本精神是：在统筹兼顾的方针下，逐步消灭经济中的盲

---

① 中共中央文献研究室编：《建国以来毛泽东文稿》第1册，北京：中央文献出版社，1987年，第296页。

目性和无政府状态,切实地改善公私关系和劳资关系,使各种经济成分在国营经济领导下,分工合作,各得其所,特别是使有利于国计民生的资本主义工商业走出困境,以促进整个社会经济的恢复和发展。

调整工商业涉及的范围很广,它包括调整公营工商业与私营工商业之间的关系,公营与公营之间的关系,私营与私营之间的关系,工业与商业之间的关系,金融与工商业之间的关系,城乡关系,各地区之间的关系,各企业内部的关系等。其中,突出的是公私关系、劳资关系和产销关系。

调整公私关系,主要是调整政府、国营经济与私营经济的关系。这是调整工商业的重点。主要内容是调整公私工商关系和调整税收。调整公私工商关系的主要措施是:(1)国家扩大对私营工厂的加工订货和收购、包销(以下统称加工订货)。加工订货的重点,是国家建设和人民生活需要、目前困难又较大的行业,如纺织工业和机械工业。到 1951 年,私营工业产值中加工订货部分所占比重达到 40%。通过加工订货,国营经济帮助私营工业解决原料来源和产品销售问题。这样,私营企业的产品有了出路,资金活动起来了,得以维持生产。国家可以充分利用私营工业的生产能力,增加商品生产,并在一定程度上使它们按社会需要进行生产,克服私营工业的盲目性。(2)调整公私商业的经营范围。国营商业适当缩小零售阵地,把主要力量集中于扩大批发阵地,主要经营一部分大宗农产品和外销农产品,其余的商品则组织合作社和私商收购贩运。(3)调整价格。按照照顾产、运、销三方面利益的原则,规定适当的地区差价、批零差价、季节差价、原(料)成(品)差价,使私商有利可图,鼓励其为活跃城乡交流服务。(4)调整贷款数额与利率。由国家银行并联合私营银行、钱庄力量,对有利于国计民生的私营工商业发放贷款。连续两次降低利率。这能帮助私营工商业周转资金。(5)调整市场管理制度。在保护正常贸易、反对投机倒把、稳定市场物价的前提下,适当放宽市场管理,取消不必要的限制,以利于鼓励私商下乡采购,活跃城乡物资交流。(6)调整税收,实现合理负担。主要措施是修改工商税法,减少税种、税目,降低税率,改变征税办法。

调整劳资关系,主要是解决私营企业中雇主与工人的关系以调动双方的积极性。在私营企业中,工人处在被剥削的地位,迫切要求改善自己在企业中的地位,改善生活。一些工人认为自己是国家的领导阶级,提出过多过高的要求。物价稳定后,私营工商业发生困难,停工停产,解雇工人。这些都引起劳资关系的紧张,使管理混乱,劳动生产率下降,浪费严重,加重了企

业的困难。有的资本家因此对企业经营丧失信心,弃厂逃跑。这种情况的发生与发展,于国家,于工人,于资本家都不利。为此,必须调整劳资关系。调整劳资关系的基本原则有三:一是确认工人阶级的民主权利;二是使资本家能获得合理利润,有利于生产的发展;三是用协商的办法解决劳资间的问题,协商不成由政府仲裁。调整劳资关系的做法是:在私营企业中建立劳资协商会议,一方面责成资方积极改善经营,反对他们抽走资金,躺倒不干;另一方面责成工人努力提高劳动生产率,或担负更多的任务。劳资双方订立劳资集体合同,明确规定劳资双方各自的权利和义务。

调整产销关系的目的是克服生产中的盲目性和无政府状态。实际状况是:一方面,许多重要工业部门急待恢复、建立和发展;另一方面,又有若干工业部门出现生产过剩。产业结构不合理与资本主义生产的盲目性和无政府状态,是产生这种状况的原因。调整产销关系的重点是轻工业部门。1950年,财经部门召开一系列专业会议,公私协商,按照以销定产的原则拟订各行业的产销计划,合理地分配生产任务。国家协助不适应经济需要或生产过剩的企业转产。调整产销关系对扶助有利于国计民生的企业,改组不合理的经济结构,起了积极的作用。

上述措施贯彻下去以后,很快见到成效。(1)私营工商业户开业的增加,歇业的减少,工业生产增长,商业销售额增加。私营工商业的恢复,增加了社会物质财富,吸收了部分失业人员,促进了市场的繁荣,带动了金融的活跃,国家税收明显增加。(2)国家通过有计划地开展加工订货,限制了私营企业对非法利润的追求和生产的无政府状态,在一定程度上把它们纳入国家计划与国家资本主义发展的轨道;国营经济掌握了更多的商品,加强了对市场的领导力量。(3)扶植了有利于国计民生的企业,帮助市场不足的企业限产或转产,初步调整了产业结构。

二、“五反”运动和第二次调整工商业

(一)“五反”运动

经过调整工商业,私人企业很快渡过难关。国家统一,社会安定,土地改革顺利开展,社会购买力增长,抗美援朝战争中加工订货任务增加,使私营工商业在1951年有较大的发展,利润率高。资本家称该年为“难忘的1951年”。在顺境中,部分资本家为牟取暴利采取非法行为,其主要手段

是:(1)偷税漏税。(2)盗骗国家资财。(3)私营工业、营造商在承接加工订货、承包国家工程时,或虚报成本,提高价格,或在施工、制造过程中偷工减料,以劣充优。(4)窃取国家有关市场、物价、税收、金融、物资储运、对外贸易等的经济情报。(5)向政府官员行贿。这五种行为被概括为"五毒"。资本家阶级的行为说明其两面性:他们参加国家建设,有有利于国计民生的一面;又有不择手段、追逐暴利的一面。人民政府要利用其有利于国计民生的一面,限制其不利于国计民生的一面。资本家阶级要牟取暴利,必然要反对政府的限制。这种限制和反限制的斗争是不可避免的。不法资本家的"五毒"行为是这个阶级反限制斗争的表现。

资本家阶级的"五毒"行为,是在政府机关开展"三反"运动中发现的。1951年下半年,全国开展增产节约运动,揭发出相当严重的贪污、浪费和官僚主义问题。人们称这三种现象为"三害"。从1951年底到1952年初,在全国范围内开展反对贪污、反对浪费、反对官僚主义的"三反"运动。"三反"运动的深入发展,暴露出国家机关工作人员的贪污、盗窃行为,大多数是和社会上资本家勾结共同进行的。这反映了一个问题的两个方面:"五毒"反映的是资本家阶级的进攻,"三害"反映的是国家干部的腐败。有鉴于此,人民政府在1952年2月决定在全国范围内开展大规模的反对资本家阶级不法行为的"五反"运动,即反行贿、反偷税漏税、反盗骗国家资财、反偷工减料和反盗窃国家经济情报的斗争。

"五反"斗争经历了两个阶段。首先是发动和开展全国斗争的阶段。在这一阶段,开展宣传教育活动,重申对资本主义的政策:资本家阶级必须接受工人阶级及其政党中国共产党的领导;公私兼顾,是在服从国营经济领导,符合全国大多数人民利益原则下的公私兼顾;劳资两利,是在承认工人阶级利益前提下的劳资两利。大量披露非法资本家的犯罪事实,使他们在政治上陷于孤立。同时,人民政府派工作队或检查组进驻私营厂店,依靠工人,团结一般职员,争取高级职员,形成以工人阶级为主体、包括守法资本家在内的"五反"统一战线,和不法资本家展开激烈斗争。对重点户采取自上而下的重点检查和发动群众面对面的说理斗争,揭发他们的犯罪事实,使他们低头认罪。"五反"斗争取得初步胜利,这个阶段历时约一个月。其次,从1952年3月起进入定案处理阶段。处理的原则是:过去从宽,今后从严;多数从宽,少数从严;坦白从宽,抗拒从严;工业从宽,商业从严;普通商业从宽,投机商业从严。把工商户分为守法户、基本守法户、半守法半违法户、严重违法户、完全违法户等五类，划分的范围包括独立手工业户和家庭商业户，不包括商贩。分类依据，一是视其非法所得数量，二是根据情节轻重和坦白的情况。定案工作一般是由工商业者根据分类处理的标准自报公议，由工人、店员审查，再经人民政府有关部门批准。各地定案结果，守法户占总数的10％～15％，基本守法户占50％～60％，半守法半违法户占25％～30％；严重违法户占4％，完全违法户占1％。在后两类中，以商业户所占比重较大。定案后的处理办法是，基本守法户一般免退非法所得，少数户酌退一部分；半守法半违法户只退不罚；严重违法户除退返违法所得外，酌处罚款；完全违法户，从重处罚，并依法判处徒刑。

"五反"斗争的意义是深远的、多方面的。就其对经济发展的影响来说，有积极的也有消极的。积极的影响，主要是三个方面。首先，通过"五反"斗争，在全国人民面前揭露了资本家阶级唯利是图的本质，使广大群众认识到消灭资本主义剥削制度的必要性，为改造资本主义工商业创造了思想基础和群众基础。其次，在私人企业内部，资本家和工人群众力量的对比发生了重大变化。从劳资协商进一步发展到工人对企业经营活动实行监督，逐渐形成工人阶级的政治优势。再次，打击了不法资本家的活动，进一步限制了资本主义的消极作用，引导其发挥积极作用，促进了资本主义工商业的改组，推动了国家资本主义的发展。

消极的影响有短期的，有长期的。短期的是市场萧条与生产下降。发动"五反"运动时，强调运动和生产两不误。在运动期间，政府主动向私营工业加工订货，银行主动给予贷款，以支持私营工业继续开工。由于"五反"斗争采取大规模群众运动和阶级斗争的形式，不可避免地要影响业务工作的开展。从"五反"运动开始时起，市场即出现萧条状况。私营商业因"五反"停顿业务，国营贸易公司的商品批发不出去，在仓库中堆积如山。农村大量农副产品，私商不去收购，国营商业又无力将此任务全部负担，这影响农民收入。国营贸易公司贸易额下降。如国营百货公司平时每天贸易额3000万元，"五反"运动期间降到低时只有700万元。铁路货运量减少，铁路装车平时每天13000车皮，"五反"期间低时仅7000车皮。1952年第一季度税收减少20％，私营商业在批发贸易额中所占比例，1951年为65.4％，1952年下降到36.2％；在零售贸易额中，同一时期从75.5％下降到57.2％。比例下降，既有经济改组的合理因素，也有私营商业下降过快的不合理因素。

市场萧条的主要原因是"五反"引起资本家的疑虑，以为共产党要和俄国十月革命以后一样,要动手消灭资本主义和资本家阶级了。不仅"五反"斗争的对象资本家有这种想法,中共中央宣传部编辑的刊物《学习》杂志在1952年第一、第二、第三期发表一系列文章,否定资本家阶级在现阶段还存在着两面性,认为只有反动腐朽的一面,得出了根本否定资本家阶级现阶段有一定积极性的结论。这些文章的作者认为,"五反"敲响了资本家阶级的丧钟。一些干部在"五反"运动中产生了宁"左"勿右的倾向,对私商有利于国计民生的一面和团结个体商贩的必要性认识不足。运动初期,由于中央要求限期展开,许多地区情况不明,仓促发动斗争,导致触动和打击面过宽,各机关自由派人到私营工商业户检查,随便传讯资本家,有的甚至采取逼供、体罚等方法,侵犯了资本家的正当权益,引起了很大的社会震动。运动伊始就对经济生活造成影响。在运动开展过程中,国营零售商店和城市消费合作社发展过快,挤了私营零售商;国营商店经营范围加宽,使小商小贩经营发生困难;批零差价、地区差价缩小,影响私商贩运的积极性;加工订货条件变苛,标准变高,检查变严,致使私营工业裹足不前;反"五毒"算账过高,有的企业"五毒"金额超过全部资本。在工人与厂主、店主面对面的斗争中,免不了有些过火的行动和不实之词,店主、厂主认为面子扫地,受到委屈,无心经营。有的资本家停工、停薪、停火,躺倒不干;有的资本家对前途丧失信心。国家经济机关的主要注意力放在搞"三反"运动,干部或参与运动,或受到审查,使业务工作和对私营工商业的业务联系受到影响。事实证明,在和平建设时期开展大规模的群众运动,虽然一开始就强调不要影响生产,可事实上很难不影响经济发展。在共产党掌握了政权之后,对私营工商业的违法行动,可以依法处理。采取群众运动形式既无必要,从对经济发展的影响来看,也是弊大利小。它造成的市场萧条与公私关系、劳资关系的紧张状况,经事后调整有所缓解,但影响很深,短期难以完全消除。一些企业因受打击过重,短期无法恢复元气;一些资本家丧失威信,无法正常行使生产经营指挥权;一些资本家消极等待被改造,或想尽办法转移或分散资本。"五反"之后私营工业难以存在下去,这是资本家后来表示愿意接受改造,交出工厂的原因。"五反"运动中大量地宣传资本主义丑恶的一面,以及运动造成经济生活的震荡和运动后资本家对经营的消极态度,对于中国共产党重新估价资本主义经济的作用和利用、限制政策的得失利弊,发生了重要的影响。所以"五反"运动结束后不久,就作出立即实行过渡时期总路线、消灭资本主义的决策。毛泽东批评《学习》杂志关于"五反"运动"敲响了资产阶

级的丧钟"的说法,并令其停刊检查,但事后的实际表明,"五反"确实敲响了中国资本主义的丧钟,它的死亡已为期不远了。

由于市场萧条,不得不在"五反"运动后再次调整工商业。

(二)第二次调整工商业

第二次调整工商业的主要措施是:(1)实行先活后收和先税后补的原则。先活后收,是指除少数大投机商和完全有害无益的企业任其倒闭外,让其余私营工商业能经营下去。只有企业继续经营,才能收到税和运动中规定的应退款和应补款。若先收补款退款,企业无法经营下去,既无资金补、退,又交不出税款。先税后补,即退款补款可延至1953年交,但税一定要在当年收。税款是大头,退款是小头。先交补款、退款,企业经营困难,减少税收,就会因小失大。(2)扩大加工订货,合理制定缴费标准。在"五反"运动期间和运动结束后,加工订货有了较大的发展。1952年国家对私营工业加工订货及收购的总产值,比1951年增加13.6%。合理制定缴费标准,使资本家获得合法利润(即按其资本计算,获得10%~30%的利润),同时付给30%的预订金。(3)商业的调整是这次调整的重点。1952年11月,中共中央发布调整商业的指示,其基本精神是保持私商营业额,使之不再下降。为此,扩大批零差价,调整地区差价和季节差价,使私商的正当经营有利可图;调整公私商业经营范围,收缩公营商业零售范围,公私零售商业保持1∶3的比例;开展城乡物资交流,对主要农产品的收购,给私商留下20%~30%的空间;适当放宽市场管理办法,取消各种不必要的限制。(4)降低利率。使利率在1%或稍高的水平上,以利于私营工商业者借款经营。(5)在企业内部,实行工人监督的同时,企业经营管理、人事调配权仍属于资方;工资、福利等问题仍由劳资双方协商解决,工人提出的要求不应超过企业经营状况的可能。这些措施的贯彻,使公私关系缓和,私营商业零售额上升,维持了店员的就业,扩大了城乡、地区间的物资交流。据武汉市对百货、绸布、粮食、煤柴、土产等5个行业典型户的调查,1952年12月份零售营业额较10月份增加36.33%。其他各地情况亦大致相同。这再次表明私营商业对国民经济的恢复和发展有积极的作用。

两次工商业调整反复证明,在新民主主义经济形态内,国营工商业和私营工商业是应该并存和可以共同发展的,缺少或损害了其中的任何一方,都会对经济和社会产生不利的影响。这是因为,它们各有其优势。它们之间既有利益矛盾的一面,又有优势互补的一面。

第六节 农村的土地改革

废除一切封建剥削制度,是新中国成立后继续完成民主革命遗留任务
的基本内容之一,是将半殖民地半封建经济形态改造为新民主主义经济形
态的根本措施之一,是创造包括国家工业化在内的经济现代化的前提条件
之一。消灭封建生产关系的途径,在农村是土地改革,在城市是民主改革。
前者改变土地所有制度,涉及人口中的大多数人,是城乡民主改革的重点。

一、把减租减息作为土地改革的过渡性步骤

1947 年夏,解放战争转入反攻阶段,新解放区迅速增加。1948 年,中共
中央决定,从 1948 年秋起,除东北、华北部分地区和河南省外,全国各新解
放地区暂停土地改革,转为实行减租减息。这是因为新解放区的政治环境、
群众的觉悟程度和干部力量与老解放区不同。有些新解放地区的领导人,
不顾条件,急于进行土地改革,造成混乱和损失。其原因是:第一,新解放区
农村农民群众尚未组织起来,阶级觉悟有待进一步提高;干部力量薄弱;战
争尚在不远的地方进行,社会秩序混乱。如立即实行土地改革,只有农民中
的少数勇敢分子欢迎,基本群众热情不高,有的甚至不敢接受分配的土地。
掌握不好,还会出现少数勇敢分子乱打人,乱抓人,垄断土地分配,瓜分、挥
霍浮财的混乱现象,达不到充分发动群众彻底打垮封建势力的目的。第二,
过早地分浮财,会使社会财富迅速分散,对于军队筹集给养不利;过早地分
土地,会使军需负担过早地落在农民身上。如不进行土地改革而实行减租
减息,能使农民得到实际利益;同时,因为没有变动土地所有权,按土地征税
收捐的负担主要落在地主、富农身上。为此,中共中央指出,新解放区的土
地改革必须分地区、分阶段进行。必须具备以下三个条件的地区才能开展
土地改革,即:(1)当地敌对的武装力量已全部消灭,环境业已安定;(2)基本
群众(雇农、贫农、中农)的绝大多数已经有了分配土地的要求;(3)中国共产
党的工作干部在数量、质量上确能掌握当地的土地改革。不具备上述条件
的地区,首先进行清匪反霸、减租减息,为实行土地改革创造条件。1950 年
秋冬全国性的土地改革运动开始后,在尚未开始土地改革的地区,仍实行减

租减息。1951 年 8—9 月，全国新解放区的减租减息运动基本结束。

减租减息政策的内容是：(1)按原租额减低 25%～30%。除地租外，取消或禁止其他任何变相剥削。地主不得因减租而抽回或典卖土地。地主依法减租后，农民仍应向地主交地租。(2)地主、富农与劳动人民在过去发生的高利贷债务，一律停利还本。低息债务，照常还本付利。地主、富农在工商业中的债权债务不在停息之列。凡战争罪犯及恶霸分子持有的债权一律废除。(3)没收战争罪犯及反革命首要分子的土地。凡逃亡地主及无人管理的土地，由当地人民政府代管，由原来耕种的农民耕种。其地权分配，等实行土地改革时再行解决。

新解放区农村首先实行减租减息，有利于农村社会秩序迅速稳定，有利于集中力量消灭国民党残余势力，有利于为土地改革顺利进行准备条件。

二、制定《土地法》

在 1950 年 6 月之前，全国尚有 2.64 亿农业人口的地区未实行土地改革。为了有准备、有秩序、有领导地进行这场规模巨大的运动，避免造成混乱和破坏，在总结 20 多年土地改革经验的基础上，结合新时期的特点，制定了《中华人民共和国土地法》（以下简称《土地法》）和其他一系列有关文件，为土地改革在政策上做准备。

《土地法》中体现的政策，与 1947 年《中国土地法大纲》比较，在以下几个方面做了补充和修改。

第一，改变征收富农多余的土地为保存富农经济。新的政策规定，保护富农自耕和雇人耕种的土地和财产，其出租的少量土地一般保留不动，征收半地主式的富农出租的土地。实行保存富农经济政策的原因是：(1)新中国成立后，中国人民的基本任务已从支援解放战争转变为进行经济建设，需要尽可能保存现有的那些具有较高生产能力的经济形式。富农经济是农村中的资本主义经济成分，有较优越的经营条件和生产技术。保存富农经济，有利于生产的恢复与发展。保存富农经济不是进行土地改革期间的权宜之计，而是整个新民主主义社会阶段的长期政策。(2)可以更好地贯彻孤立地主、保护中农和小土地出租者的政策，消除农民（主要是中农）在发展生产中的某些顾虑（如不敢致富），稳定城市中的资本家阶级，有利于组成广泛的反封建统一战线，减少土地改革的阻力。(3)新中国成立后，富农的政治态度发生变化。争取富农在土地改革中采取中立立场，不仅必要，而且是可能的。

第二,增加了对小土地出租者的政策,把他们与地主阶级区别开来。小土地出租者如每人平均所有土地不超过当地每人平均占有土地的一倍,不予征收。小土地出租者往往是革命军人、烈士家属,或从事其他职业的劳动者,或鳏、寡、孤、独者,他们出租土地是因为缺乏劳力。不征收其土地,有利于团结他们完成土地改革。保留鳏、寡、孤、独者的土地,还起到了社会保险的作用。

第三,明确规定中农(包括富裕中农在内)的土地和其他财产不受侵犯。《中国土地法大纲》规定按人口彻底平分土地,在执行中必然要触动中农土地,侵犯中农利益。新中国成立后的土地改革,实行"中间不动两头平"的办法,缺少土地的中农还可分得土地。这样,中农的利益得到切实的保护。

第四,不分浮财和底财。《土地法》规定,没收地主的土地、耕畜、农具、多余的粮食及其在乡村中多余的房屋,其他财产不予没收。以往的经验证明,没收地主的浮财和底财,会导致农民对这些财产的追索,干扰土地改革的大方向,容易产生打人、死人现象,造成社会秩序的混乱。不分浮财和底财,地主可以靠此生活或投入工商业,对整个社会和经济发展有益。

第五,城市及城市郊区的土地归国家所有。这是为了适应工业建设和城市发展的需要。

《土地法》颁布以后,就全国而言,土地改革分三批进行。第一批,从1950年秋季到1951年春季,在1.28亿农业人口的地区进行。第二批,从1951年秋季到1952年春季,在1.1亿农业人口的地区进行。第三批,从1952年冬到1953年春,在3000万农业人口的地区进行。全国的土地改革基本完成。

三、少数民族地区农村的民主改革

少数民族地区的经济,总的来说,处于比汉族地区更落后的状态。历史上形成的落后社会政治经济制度,严重阻碍生产力的发展。实行民主改革,废除前资本主义的种种剥削制度,是各族人民自身解放的需要,也是国民经济发展的需要。

各少数民族地区经济处于不同发展阶段上,有的是地主制度,有的是庄主制度,有的是家族主(领主)制度,有的是家庭奴婢主制度,有的是氏族主制度。部分少数民族地区经济以牧业为主,牧业与农业经营方式差别较大,

对经济改革承受能力也不相同。这些地区的阶级关系、民族关系、宗教关系交织在一起,关系复杂。社会环境、群众觉悟程度、干部力量等条件一般比汉族地区差。这一切构成少数民族地区民主改革的特殊性。因此,《土地法》规定,本法不适用于少数民族地区。少数民族地区民主改革的方式、时间和步骤,是依照各民族的特点分别制定的。

与汉族地区相比较,少数民族地区民主改革有以下几个方面的特点:

第一,开展的时间较晚,各地不同步。与汉族地区土地制度相同的少数民族地区,其土地改革,有的是与汉族地区同时完成,有的因社会关系复杂,持续到1953年,少部分在1954年完成。处于奴婢主制度下的少数民族地区,民主改革是在1955年以后社会主义改造阶段完成的。那些阶级分化尚不明显,还保留着氏族主制度的地区,不进行民主改革,而在社会主义改造中结合完成民主改革的任务。西藏地区的民主改革是在1959年平叛后才开始的。

第二,部分少数民族地区以和平方式进行民主改革。和平改革的方式,是与少数民族的领袖协商土地改革的政策、方法和步骤,取得一致意见后,由政府颁布执行。先做好上层人士和宗教人士的工作,然后再去发动群众。和平改革的主要特点是对愿意接受改革的少数民族上层人士,在政治和经济利益方面做出某些必要的让步,如对土地以外的生产资料和财产适当从宽处理,不剥夺他们的政治权利,不降低他们的政治待遇,对他们中间遵守法令者不进行面对面的斗争等等,以此作为赎买代价。

第三,牧区民主改革实行"不分不斗,不划阶级"和"牧工、牧主劳资两利"的政策。在改革中,废除牧主占有草场的封建制度,改为草场公有和自由放牧,保护牧主、牧民的畜群和其他财产。限制牧主对牧工的压迫和剥削,同时使牧主有利可图。对于其他贫苦牧民,由国家扶助他们发展生产,改善生活。

第四,对宗教财产采取慎重态度。所有清真寺、喇嘛寺、宗教学校等在农村中的土地、房屋及其他财产,一律予以保留。

实行这些方针政策,减少了破坏和抵抗,避免了增加民族隔阂和宗教纠纷,较好地保护了生产力,有利于民族团结和这些地区经济的发展。

四、工作经验与历史意义

新中国成立后的土地改革,在短短的三年内迅速完成,没有出现大的偏差。其中的主要经验是：

第一，用农民土地所有制代替地主土地所有制。这是经过多年实践后得到的经验，是马克思主义与中国实际相结合的产物，是中国共产党对马克思主义土地问题理论的一个贡献。这种做法符合中国的国情，满足了农民千百年来对土地的要求，调动了农民的生产热情，巩固了工农联盟的基础。这既有利于彻底完成民主革命的任务，又有利于发展社会生产力。

第二，团结一切可以团结的力量。在农村，依靠贫农、雇农，团结中农，组织起包括农村人口90%以上的农民参加的阶级队伍；中立富农；划出一个小土地出租者阶层，并予以保护；对背叛了地主阶级的开明人士给予安排；分地给地主分子及其家属，使他们有生活出路。这样，缩小了打击的对象，削弱了整个地主阶级的抵抗力。在城市，开展大规模的宣传教育运动，坚决保护工商业者不受侵犯，争取城市中各阶层人民、各民主党派、人民团体和与封建土地所有制有关联的工商业者拥护或同情土地改革。这样就形成城乡最广泛的反封建统一战线，彻底孤立了地主阶级。

第三，着眼于发展生产。反对绝对平均主义的倾向，保存富农经济，不触动中农(主要是富裕中农)的土地，保护了农村中具有较高生产能力的经济形式。安排土改运动的步骤，注意与农业生产环节相适应，农忙搞生产，农闲搞土改，土改和生产相结合，以土改促生产。

新中国成立后的土地改革，使3亿多无地或少地的农民无偿地获得了7亿亩土地和其他生产资料，免除了过去每年向地主缴纳的约700亿斤粮食的地租。土地改革后，占农村人口90%以上的贫农、中农占有全部耕地90%以上，占人口8%左右的地主、富农占有全部耕地8%左右。这样，就在大陆上彻底废除了封建土地所有制，建立了以农民所有制为基础的"耕者有其田"的土地制度。这是中国历史上几千年唯一一次由政府组织的、全国性的、彻底的土地重新分配，它使中国农村土地制度进入一个新的阶段。

土地改革以后，农民在政治上不再受压迫。他们耕种着自己的土地。土地上的所得，除了交纳土地税(公粮)以外，均为自己所有。他们因此生活改善，并有了积累资金以扩大再生产的机会。农民充满了增加生产、发家致富的喜悦与干劲。这种物质的与精神条件的变化，推动了农村经济的恢复和发展，为国家的工业化、民主化和现代化准备了条件。

土地改革中分配土地以平均主义为原则(同时反对绝对平均主义)。土地按人口平均分配的结果，是农业生产单位的小农化。由于不没收富农与

富裕中农的农具与耕畜,不经营农业生产的地主没有农具和耕畜,贫农、雇农从土改中分得的农具和耕畜是从经营地主那里来的。一个经营地主家中配套的农具与耕畜,分给若干家贫农与雇农,诸如,一头牛(或马或驴)分给二户、三户、四户或五户所有(毛泽东后来表彰的河北省的王国藩,土改中分得一条牛腿,即 1/4 头牛),犁为张家所得,耙为李家所得,水车为王家所得,如此等等。这样,无论张家、李家、王家,都没有一套完整的生产设备。他们要在土地上耕作,必须互相借用工具或合养耕畜。所以土地改革后贫农、雇农有互助合作的要求(此即毛泽东所说的农民的社会主义积极性)。经营地主是资金多,农具与耕畜齐全,雇有或多或少工人,有能力使用商品肥、良种、先进技术或机器,生产规模较大,产品商品率较高,具有某种资本主义性质的农业生产单位。土地改革后,他们不复存在。

农业生产中另一类资金较多,农具和耕畜齐全,雇有一个长工或短工,有能力使用商品肥、良种、先进技术,产品商品率较高,具有资本主义性质的农业生产单位是富农。1949 年以前的政策规定,农户家庭总收入中,剥削所得(地租、利息、工商业利润等)占的比重超过 15％的,就是富农,土改中没收富农多余的土地分给贫农、雇农。1950 年的《土地法》将 15％改为25％。富农家中必须有主要劳动力,主要劳动力必须参加农业生产的主要活路,富农一定是劳动者。土地改革后,富农阶级被划入剥削阶级之列,富农和地主政治地位相同,被列入敌对阶级。在经济上,富农在土地改革前的减租减息中受到损失,且担负较重的税捐。土地改革中出租的土地被没收,借出的钱多数是本息全停,生产规模缩小。划分富农的标准过低,把在农村经营商贩的收入作为剥削收入,土改后对富农的处置和在农民中批判所谓"富农思想",使富农经济实际上被消灭了,土地改革在消灭农村封建经济的同时,也消灭了农村中的资本主义经济和大规模生产单位。这些做法也使农民致富的最高目标不敢企及富农的水平,实际上限于低水平的温饱要求。这妨碍了农民劳动发家致富的积极性和农业生产规模的扩大。

第七节　城市的民主改革

一、改造旧城市为新型城市的一个步骤

1949年,在城市经济生活中,资本主义经济关系占主导地位,封建关系还有一定的势力。经济生活中的封建关系存在形式多种多样。其中,主要是:(1)把头制。其势力范围是那些纯属手工劳动又无须技术的行业。其特点是在经济上对资本主义经济依附性较小。把头压榨的对象主要是城市贫民和破产后流入城市的农民。以搬运业为例,1842年以前就存在把头制。1842年以后,封建帮会、行帮、会道门头目,大流氓,恶霸,地痞等社会恶势力,勾结政府官员或资本家,割据码头,垄断搬运业务,欺压搬运工人。(2)工头制。它主要存在于资本主义企业中。特点是依附于资本主义关系。资本家经常雇佣封建残余分子担任包工头、工头等职务。这些封建残余分子是资本家统治工人的帮手。资本家利用他们获得廉价的劳动力,监督工人生产。包工头倚仗社会恶势力与资本家给的权力,强化对工人的压迫与剥削。(3)包工制。它是从封建主义向资本主义过渡的形式。建筑业中的包工制最为典型。营造商资本家承包工程后,转包、分包给小包工头。小包工头一般以带封建性的师徒关系为基础,在承包工程后招募一些工人。这三种形式都以超经济的强制与剥削为特征。封建残余势力除凭借其掌握劳动力的雇佣权,还利用帮会、会道门、宗教、师徒、地域等种种关系,加强对工人的控制。他们规定"家规"、"家法",豢养打手,甚至私设公堂,对工人进行残酷的统治。其剥削工人的主要办法有:或直接侵吞工人劳动所得(如搬运业工人必须向把头交"份子钱",或由把头分成,有的码头,脚力钱为把头独占,工人靠向货主另要"酒钱"或偷窃货物为生);或克扣工人工资、福利;或承办伙食,从中克扣;或向工人勒索财礼等。城市劳动群众在资本家的剥削下本已贫穷,加上封建残余势力的残酷压迫和盘剥,更加痛苦不堪。

新中国成立初期,各行业和私营企业中的封建残余势力基本没受到触动。在国营企业中,把头制度已不能公开地合法存在,但封建残余势力利用其历史的影响,对群众仍有一定的控制能力。这种势力在国营企业中成为共产党、行政、工会、青年团联系、教育、发动群众,实行民主管理,改革规章

制度,开展生产运动的严重障碍。在私营企业中,工头制阻碍了新的劳资关系的形成。在搬运事业中,封建把头制严重影响了商品流转,成为搬运事业发展的障碍。在建筑业中,包工制是造成偷工减料、工程质量低劣的一个重要原因。封建残余分子对工人的压迫和剥削,压抑了工人群众的积极性,阻碍了生产的发展。他们是破坏社会安定的害群之马。要把半殖民地半封建性质的旧城市改造为新民主主义性质的新型城市,实行民主改革,扫除封建残余势力,是必不可少的一个步骤。

二、两类企业与重点行业

(一)两类企业

国营企业和私营企业这两类企业的民主改革,在内容、步骤、方式等方面基本相同,也有不同之处。

国营企业民主改革的主要内容是:(1)改造旧的领导机构,建立起新的领导制度和组织机构。这包括取缔反动党团组织,清除反动分子;改造、调整旧机构,精减冗员;建立中国共产党的组织和厂长负责制。厂长负责制与民主管理相结合。民主管理的组织形式是企业管理委员会。(2)废除把头制、工头制、包工制等压迫工人的管理制度,肃清封建残余势力,建立起厂、车间、班组三级管理制度。(3)消除职工队伍内部对立,加强整个工人阶级的团结。旧企业里职工内部普遍存在各种帮会组织。它们有浓厚的封建色彩,常被把头分子利用来破坏工人的团结。通过控诉把头的罪行,进行依靠谁的教育,开团结会、批评会等活动,教育工人认清帮派对立的根源和危害,分清敌我,加强团结。在国民政府管理的企业里,工人与职员、技术人员的对立,是阶级社会中脑力劳动、体力劳动的对立在职工队伍中的反映。1950年4月,中共中央东北局在《进一步团结公营企业的技术人员与职员的指示》中明确指出,技术人员和职员已是工人阶级的一部分。这为消除度职工内部对立奠定了认识的与政策的基础。各地通过种种方式,帮助职员、技术人员、干部、工人提高认识,加强团结,使职员、技术人员和工人都能在生产管理中充分发挥积极作用。(4)改革分配关系。这包括两个方面:一是废除封建把头、包工头对工人的超经济剥削,进一步消灭剥削关系;二是对遗留下来的不合理工资制度进行改革。国营企业的民主改革,内容广泛,不仅是肃清封建残余势力,而且是在企业所有权变革后,全面变革生产关系,目的是把国民政府所有的国家垄断资本主义企业改造成为新型的人民政府所有的社会主义企业。从这个意义上说,它不仅是民主革命的任务,同时还具有社会主义革命的性质。

私人企业实行民主改革的目的,是打倒封建残余势力,免除工人所受的封建压迫和剥削。这有利于新的劳资关系的形成,促进企业的发展。民主改革的方针是"反封建,不反资本",工作路线是依靠工人阶级,团结其他劳动群众,争取、联合工商业者。私营企业中民主改革的主要特点是:(1)注意分清资本主义与封建残余势力的界限。劳资纠纷用劳资协商的方法解决,与打击封建分子区别开来。(2)积极宣传民主改革的政策,打消工商业者的思想顾虑和对抗情绪,争取他们对改革的同情或赞同,减少改革的阻力。(3)私营企业的民主改革,在已经建立中国共产党支部的大型企业中,由党支部领导;否则,由企业工会领导。打倒封建残余势力后,旧制度的废除,新制度的建立,把头分子的处理,新管理人员的任命,均由工会代表工人与资方协商解决,由资方宣布执行。

(二)重点行业

搬运、建筑等行业中的封建残余严重,反对封建残余的斗争激烈。它们是民主改革的重点行业。

搬运业的民主改革开始较早。1950年3月,政务院通过《关于设立搬运公司、废除各式各样搬运事业中封建把头制度的决定》。根据这一决定,各地人民政府帮助搬运工人组织起来,开展大规模的群众斗争,坚决扫除搬运业中的恶霸势力,废除把头制度,由人民政府委派干部,协同搬运工会组织集体所有制性质的搬运公司,由搬运公司统一领导搬运业务,合理制定运价。这使搬运工人从把头制下解放出来,生活得到改善。他们主动丢掉了陈规恶习,生产效率提高,使码头面貌焕然一新,大大促进商品的流通。

建筑业的特点,一是工人流动性大,这给宣传、组织、发动群众的工作带来很大的困难;二是把头一般有技术,大部分参加劳动。在民主改革过程中,除惩办少数罪大恶极者外,对小把头进行教育改造,使他们为经济建设服务。废除把头制度后,由工会代表工人与私营厂商或国营企业签订集体合同,取消中间剥削。为了彻底改变把头垄断劳动力雇佣权的状况,各城市劳动局成立建筑工人调配处(或联络处等),对建筑工人统一登记,统一调配,各国营建筑公司逐步招收一部分固定工人。随着大规模经济建设的开

始,对建筑工人的需要日益增加,大批建筑工人被吸收进国营建筑公司,这使把头从根本上失去了活动市场。

三、成效与经验

通过民主改革,打垮了城市的封建残余势力,调整了企业内部的生产关系,为生产的发展开辟了道路。在国营企业中,建立起全新的社会主义生产关系,把旧企业改造成新型的社会主义企业。在私营企业里,工人的政治地位提高,促进了新的劳资关系的形成。在城市各行业里,建立了新的劳动组织和管理制度。通过民主改革,激发了工人自觉的劳动热情,这对城市经济的发展有着重大意义。

民主改革的主要经验是:(1)不同地区采用不同的方式。其中主要的是两种:一种是以行政、法律手段为主;另一种是以开展大规模的群众斗争为主。用这两种方式都完成了民主改革的任务。事实证明,在人民民主专政的体制下进行阶级斗争,可以不采取群众运动的方式。这种方式的好处是,有利于保证生产的正常秩序。可惜的是,这种新经验没有受到重视与推广。(2)严格区分不同性质(工人与封建势力、工人与资本家)的矛盾,根据不同行业、不同的所有制企业的具体情况,采取不同的解决办法。(3)提出了厂长负责制与民主管理相结合的方针,创造了工人群众参加民主管理的组织形式。

第八节　开展城乡物资交流与重点建设

一、恢复国民经济的中心环节

中华人民共和国成立时,国民经济遭到12年全国规模战争的破坏,经济上的首要任务是实现国民经济的恢复。为此,必须在每个阶段抓住关系到经济恢复全局的关键环节,为恢复生产创造条件。

首先要迅速安定社会秩序。在新解放区的农村,残存反革命势力的破坏捣乱和严重的饥荒是不安定的主要因素。于是,人民政府在农村开展清匪反霸斗争,肃清国民政府的残余军事势力,改造乡村政权,建立农民的自卫武装,在农村中建立起秩序。同时开展减租减息和生产救灾运动,发放赈济粮,或以工代赈,扶助灾区农民开展农副业生产,通过生产自救度过灾荒。在城市,职工失业和通货膨胀、物价陡涨是不安定的主要因素。通过"三原"的接管方针和对旧党政人员包下来的政策,通过打击投机资本,制止了物价恶性上涨,稳定了局势。城乡实行民主改革,镇压反革命,打击横行霸道、压迫人民的恶势力。由于采取以上各项措施,城乡社会秩序初步安定。

在社会秩序基本安定后,开展商品流通,促进商品经济的发展,成为振兴经济的一个中心环节。这是因为多年战争的破坏,使商品流通,特别是城乡物资交流的渠道堵塞。农副产品滞留在农民手中,影响了农民收入的提高和农业再生产的进行。农村市场狭小,工业品下不了乡,不利于城市经济的发展。1950年第二季度,由于通货膨胀停止后虚假购买力消失,出现工业品滞销的现象。疏通工农产品流通渠道,开展城乡物资交流,加速商品流通,打开农产品在城市的销路和工业品在农村市场的销路,成为刺激工业生产发展、增加农民收入和活跃商业的主要环节。

将开展城乡物资交流作为经济工作的中心环节,是贯彻经济工作根本方针中"城乡互助"的具体化,是一种市场经济的操作方法。

疏通流通渠道的工作,是从打开农村土特产品的销路开始的。1951年3月22日,中共中央发出《关于召开土产会议,加强推销土产的指示》。随后,各大区纷纷召开土产物资交流会议。通过土产交流会议,交流信息,开展现购、预购、代购业务,迅速打开土特产品的销路。据粗略统计,1951年,全国通过交流大会成交的土产金额达10.4亿元。

1952年第一季度,因"三反"、"五反"运动引起市场萧条。为了改变这种状况,1952年3月,中财委发出恢复交流、活跃经济的指示。4月下旬,贸易部召开全国土产会议,要求各地在1951年土产交流的基础上,巩固和扩大国内土产交流。随后,在全国范围内掀起了第二次城乡物资交流的高潮。1952年城乡物资交流的主要特点,是在推广大区和省级城乡物资交流大会经验的基础上,普遍召开专、县以至区的物资交流会,以开展短距离物资交流为主要任务。据不完全统计,1952年共召开初级市场物资交流大会7738次,成交金额16.38亿元,比1951年全国物资交流会成交总额多一半以上。

城乡物资交流的开展,对于工商业的调整,推动工农业生产的恢复和发展,活跃国内市场,促进全国经济的恢复起了重要的作用。第一,提高了农民的购买力,促进了农村农副业生产的恢复和农民生活的改善。据当时的

测算,仅猪鬃、桐油、茶叶、药材、鸡蛋等项,平均占农民收入的 10%～20%。1950 年土特产价值相当于当年农业税的总额。1951 年与 1950 年相比,东北农民购买力提高 40%,皖北提高 1 倍,浙江提高 60%,西北少数民族地区提高 20%～60%不等。第二,沟通了全国各地区之间的经济联系,促进了全国市场的活跃。中南地区的瓷器、土布、土纸、砂糖、竹器、水果等远销西北、内蒙古、新疆等地。内蒙古的天然碱、奶油、瓜子运销中南地区和其他地区。在华北物资交流展览会的成交额中,华北及内蒙古采购占 66.14%,推销占 84.3%,其他大区采购占 33.86%,推销占 15.7%。推销中以土产为主,占推销总值的 60%以上。第三,增加了工业品销售额,促进了工业生产的恢复。起初,物资交流主要是推销土产,后来,土产推销与城市工业品下乡逐渐结合,农民对工业品的需求逐步增加。这促进了工业的恢复和发展。第四,促进了城市商业的繁荣。以北京、西安、天津、青岛、重庆、开封、汉口为例,1951 年上半年与 1950 年同期相比,开业的商业户数增加 258%。第五,有利于增加税收。1951 年财政收入比 1950 年增长 1 倍多。这一年因抗美援朝增加国防开支 80%,但因财政收入增加较多,收支相抵仍结余10.1 亿元,成为新中国成立以来第一个收支平衡并有结余的年份。中国经济的恢复是从流通领域开始的,并以流通领域为中心环节。

二、“边抗、边稳、边建”方针下的重点建设

1950 年抗美援朝战争爆发,军事费用迅速上升,迫使经济又转入战时经济的轨道。为了保证战争的胜利,争取长期的和平建设的环境,在短期内必须把支持国防开支放在第一位。这样,用于经济建设的资金更少,只能有多少钱办多少事,把有限的资金用于事关恢复国民经济全局的重点建设上去。1950—1952 年,在财力紧张的情况下,重点建设投资额度随着财政收入的增加逐年有所增加:1950 年 18.4 亿元,1951 年 22.1 亿元,1952 年为26.5 亿元。三年总计,用于基本建设的投资为 67 亿元,占三年财政支出的18.3%。[①]

建设重点是解决水利失修、提高运输能力、扩大能源和原材料供应等恢

---

① 根据《中国统计年鉴(1983)》(北京:中国统计出版社,1983 年)第 417、420 页计算。本书所用的 1949 年以后的宏观统计数据,未注明出处的,都是国家统计局历年公布的。

复工农业生产的关键性问题。

在水利建设方面,三年水利建设经费共计 7 亿元,约占基本建设投资总额的 10%;完成土石方 17 亿立方米。第一是加强堤防建设。1950—1952 年,对全国 4.2 万多公里堤防的大部分进行了整修。1950 年,黄河出现历史最高水位,由于黄河中下游动员了数十万人整修堤防,黄河两岸人民平安地度过了汛期。第二是开始对江河流域的治理,重点是淮河和长江中游的"荆江河曲"地带。对淮河的治理初见成效,荆江分洪工程在 1954 年长江特大洪灾中发挥了重要作用。水利建设投资主要用于东部地区。

在交通运输建设方面,三年中,交通事业投资 17.7 亿元,占基本建设投资总额的 26.4%。重点是铁路的修复和新建。三年修复和加强旧线 1 万多公里,相当于旧中国通车里程的一半。新建了来睦线、天兰线、成渝线,新建铁路 1320 公里。其中连接成都和重庆的成渝铁路,1950 年 6 月动工,1952 年 6 月完工,全长 505 公里。这条铁路从清朝末年开始筹建,人民出了不少钱,但在新中国成立之前却未铺一根铁轨。新中国成立不到三年,就实现了四川人民和全国人民的夙愿。这条铁路的建成,对于天府之国——四川经济的发展,起着重要的作用。在公路建设方面,新建公路 3868 公里,主要有康藏线、昆洛线、新兰线、西宁黄河沿线等。在港口建设方面,经过 15 个月的建设,塘沽新港于 1952 年 10 月开港。从地区上讲,铁路、公路的投资主要用于西部。

在重工业建设方面,从地区上讲,投资的重点地区是东北,特别是辽宁省。因为东北地区,尤其是辽宁省重工业基础比较好,交通也比较发达。在东北地区的工农业总产值中,重工业占的比重达到 34%,而全国平均只有 8%。在东北地区首先进行恢复性建设,是投资少、见效快的最好途径。工业建设的方式是以改建扩建为主,同时开始建设新的项目。从行业上讲,重点建设的项目包括煤炭、冶金、电力等。这些都是基础产业和重工业,在国民经济中又是落后的部门。1950—1952 年,重工业投资 21.6 亿元,占全部投资总额的 32.4%。

从恢复发展城乡商品流通和交通运输入手,将资金用在重点项目上,为恢复发展工农业生产、活跃城乡经济创造条件,这是一条比较成功的经验。

第九节　新民主主义经济形态的建立与国民经济的恢复

从 1949 年 10 月到 1952 年，中国经济发生很多的变化。其中，最重要的是两个：一是社会生产力基本恢复到 1949 年前的最高水平；二是将半殖民地半封建经济形态改造为新民主主义经济形态。1952 年，接收和改造国民政府企业的工作和消灭封建土地所有制的任务已经完成，国营经济、资本主义经济、个体经济、合作社经济、国家资本主义经济共存的格局已经出现，国营经济的领导地位已经确立，新民主主义经济形态最终建立。

一、几种经济成分的变化

1949—1952 年，中国经济中几种主要经济成分及其组成发生了如下变动。

（一）国营经济

新中国成立前后，中华民国（国民政府）的国有企业变成了中华人民共和国（人民政府）的国有企业。解放区地方政府所有的公营企业转变为国有企业。外资企业转为中国国家所有的企业。这些国有企业都由国家经营，国有经济被称为国营经济。经过三年经济恢复，国营经济得到进一步壮大。它控制了国家经济命脉，在国民经济中的领导地位已经确立，并不断加强。

国营经济得到了国家的支持，人民政府利用财政手段把社会再生产积累的大多数资金掌握在自己手中。1950—1952 年，国家财政用于基本建设投资的资金总额为 67 亿元，相当于 1952 年私人资本资金总额 43 亿元的 1.5 倍。国家投资建设的是国营企业，因而国营经济比其他各种经济成分的发展速度更快。

国营经济在国民经济中占据优势地位，这种地位表现在以下几个方面。

在工业方面，1952 年，国营工业占全国工业总产值的 41.5%。在现代工业总产值中，国营工业产值的比重 1949 年为 34.2%，1952 年上升为52.8%。在大型工厂的产值中，国营工业占 60%。国营工业主要工业产品产量在全部产量中所占比重的变化如表 8-1 所示，国营工业在生产资料生

产方面的优势扩大;在消费资料生产方面,在一些主要产品的生产中也开始
占有优势。

表 8-1　1949—1952 年国营工业主要工业产品产量在全部产量中占的比重

单位:%

	电力	原煤	生铁	钢	水泥	棉纱	机制纸	面粉	卷烟
1949 年	58	68	92	100	68	49	35	19	17
1952 年	88	84	95	100	64	48	59	43	64

资料来源:《中华人民共和国私营工商业社会主义改造统计提要》,北京:中国统计出版社,1978 年,第 12～17 页。本表中的"全部产量",含资本主义经济和公私合营经济,不包括手工业。下同。

从资本存量方面看,1952 年底,国营工业企业固定资产净值和流动资金即资金总额为 146.8 亿元,而同是经营着现代化经济事业的私营工业资本总额只有 26 亿元。国营工业是私营工业的 5.6 倍,占有绝对的优势。

在交通运输方面,国营企业在铁路、航空、邮电业务量中占 100%;在水运货运总量中占的比重,从 1949 年的 43% 上升到 1952 年的 75%;同一时期,在公路货运总量中占的比重,从 21% 上升到 54%。到 1952 年,国营企业已全面地占据主导地位。

在商业方面,国营商业与合作社商业相结合,建立了全国性的商业网,掌握了粮食、花纱布、煤炭等主要物资,控制了大部分社会商品的流通过程。国营商业和合作社商业在全国商业机构商品批发和零售额中的比重,1950年分别为 23.8% 和 14.9%,1952 年分别上升到 63.2% 和 42.6%,主导着市场价格,并通过加工订货、价格政策调节资本主义经济和个体经济的生产经营。国营外贸机构在进出口总额中占的比重,由 1950 年的 66.5% 上升到 93%,在对外贸易中占据统治地位。

在金融方面,1952 年,通过组织包括全国所有私营银行、钱庄的公私合营银行(第一个全行业公私合营企业),完成了对私营银行、钱庄的社会主义改造。国家银行和信用社掌握金融机构存放款业务的 99%,国家银行成为全国现金、短期信贷的结算中心,国营银行在金融业务中占绝对优势。

1952 年,在国民收入中,国营经济占 19.1%,合作社经济 1.5%,国家资本主义经济 0.7%,个体经济 71.8%,资本主义经济 6.9%。国营经济所占比重不到 1/5,但有强大的人民民主专政做后盾,控制了国家经济命脉,掌握着大部分的社会扩大再生产的资金,国营经济据此确立了在国民经济

中的领导地位,成为能够决定社会经济发展方向的经济成分。这是实现向社会主义过渡和进行大规模经济建设的物质保证。这样,中国的新民主主义的建设过程就是一个向着既定方向前进的可以控制的过程。这正是中国共产党对引导国民经济走向社会主义经济充满信心的依据。后来的事实证明,在这样的经济和政治条件下,只用了四年的时间,用和平的手段,便把私有制经济(个体经济和资本主义经济)变成公有制经济。这提供了一条历史经验:国营经济占的比重虽不大,但它却具有对国民经济发展方向的控制力,不必为私有经济占的比重大小而担心。[①]

(二)个体经济

在五种经济成分中,个体经济占的比重最大。在农村和整个国民经济中,在劳动力数量上,在经济单位数量上,个体经济都占大多数。1952年,在国民收入中,城乡个体经济占71.8%,也是占大多数。

城市民主改革与农村土地改革完成之后,个体经济发生三个重大变化。第一,数量增多。土地改革后,农村小农生产普遍化,一些无地雇农等分得土地成为个体经济,致使个体经济数量增加,其产值也增加。第二,地位下降。1949年,手工业和农业产值占工农业总产值的比重为76.8%,1952年为67.3%,[②]下降9.5个百分点。这种下降主要是由于另一些经济成分产量增长更快,现代经济的比重上升,而不是由于个体经济的产值减少引起的。第三,独立性增强。新中国成立之前,许多农民要租种地主的土地,在市场上依附于资本主义,在政治上受封建主义的压迫。土地改革后,农民拥有自己的生产资料,在政治上翻了身,摆脱了对封建主义和资本主义的依附,成为独立的生产经营者和完全的市场主体,从而成为一种严格意义上的个体经济。

个体经济本身的性质发生了变化,个体经济是半自给性质的,它与市场有相当密切的联系。由于1949年前后国内市场以及国内市场与国际市场的关系有了根本性质的变化。个体经济的外部环境的性质也发生了变化。中国独立了,外国势力已不能控制中国的国内市场。在国内市场上,国营经

---

① 赵德馨:《大胆借鉴吸收人类文明的有益成果》,《中南财经大学学报》1992年第3期。

② 国家统计局:《伟大的十年》,北京:人民出版社,1959年,第15页。

济居领导地位。它通过收购农产品，供应生产资料和日用工业品，和个体经济发生密切联系，并通过价格来调节个体经济的生产经营活动。由于市场上资本主义还有较强的势力，个体经济也在一定程度上受资本主义经济的影响。由于国营经济的强大和居领导地位，由于个体经济是劳动者经济，由于工农联盟的历史传统，由于农民是在共产党领导下分得土地成为独立的个体经济，国营经济对个体经济的影响大于资本主义经济，对个体经济的发展方向起决定性作用。个体经济产生于家族主制社会，存在于奴婢主制社会、庄主制社会、地主制社会和雇主制社会。在任何社会中，它都不占主导地位，都处于依附地位。它的命运与变化趋势取决于在社会经济中占主导地位的经济成分与所有制的性质。1952年，中国的政权是无产阶级领导下以工农联盟为基础的人民民主专政；经济是国营经济领导的新民主主义经济，其运行与发展趋势由国营经济决定。在政治上，个体农民与手工业者是工人阶级的同盟军；在经济上，个体经济是社会主义经济的后备军，而不是资本主义经济的同盟军。

（三）合作社经济

在人民政府倡导和组织下，在生产、流通等领域出现多种形式的互助合作组织。在农业生产领域里，有农业生产互助组。它们是个体农民在生产资料私有基础上组织起来的，目的在于共同克服生产过程中劳力、耕牛、农具不足或不全的困难，以增加产量。此时还出现了少数土地入股与分红的农业生产合作社（初级社）。个体手工业者的合作组织形式是手工业合作生产小组、手工业供销合作社和手工业生产合作社。在商品流通领域里有农村供销社、城市消费合作社和信用合作社。个体农民组织供销合作社的目的，在于能买到要买的商品，并将需卖的产品卖出去，并在买和卖的过程中避免中间剥削。它受到国家的支持。供销合作社通过代替国家收购农副产品，供应农民需要的农业生产资料和日用工业品，把个体经济生产活动纳入国家计划轨道。在城市和工矿区，职工和居民组织消费合作社，目的是能买到质优价廉的商品。消费合作社和供销合作社成为国营商业组织商品流转，与私营商业作斗争，稳定市场物价的助手。在资金流通领域，城乡居民组织信用合作社，它主要在农村发展。在国家银行支持下，它帮助农民解决资金困难，促使私人贷款降低利率，引导农民按国家需要进行生产，并支持生产互助合作运动，它是国家银行的助手。互助合作组织以私有制为基础，在这些组织中,或是集体劳动,或有集体财产(如股金等)。在新民主主义经济形态中,这种集体劳动和集体财产具有社会主义倾向。各种形式的合作组织是个体经济走向社会主义集体经济的桥梁。1952年,全国共有各种类型的合作社3.6万多个,社员1.1亿多人。其中,农村供销社3.2万多个,社员约1.1亿人,建立了10多万个固定零售商店和近4万个货摊和零售点。农村信用社2271个,供销社的信用部1578个,信用互助组16218个,吸收存款10亿多元。农业生产互助组802.6万个,入组的农户4536.4万户,占农户总数的39.9%。农业生产合作社3644个,入社的农户为59028户,占农户总数的0.05%。手工业合作社社员达到23万人,占手工业从业人员总数的3.1%;在全部手工业总产值中,手工业生产合作社所占的比重为3.5%。

(四)资本主义经济

在国民经济恢复时期,资本主义经济发生三个重要的变化。

第一,数量增加,即得到发展。1952年与1949年相比,私营工业产值增加54.2%,年均增长15.5%;私营商业零售额增加18.6%。[①] 私营工业企业户数增长21.6%,职工人数增长25.1%。

第二,在国民经济中的所占份额即相对比重下降。1952年与1950年相比,私营现代工业在现代工业总产值中占的比重,由54.7%下降到44%。[②] 在主要工业产品产量方面,私营工业占的比重都下降,但下降的程度不同。在商业批发总额中,私营商业批发额占的比重,由76.1%下降到36.2%;在零售总额中,私营商业占的比重,由85%下降到57.2%。私营工商业绝对量增长而相对比重下降,是因为其他经济成分的绝对量增长得

---

① 1979年以前公布的统计数据中,"资本主义工商业者"或"资本家"为86万余户。1980年重新审查后,其中约70万户为个体工商业者(小商、小贩、小业主),属于"资本主义工商业者"或"资本家"的约16万户。当时公布的"资本主义工业产值"、"资本主义商业零售额"等数据中,包括个体工业户产值与个体商业户零售额。据此,本书将那个时期的"资本主义工商业"改称"私营工商业","资本主义工业产值"改称"私营工业产值",在"资本主义工业产值"后注明"不含手工业产值"的,改称"私营现代工业产值","资本主义商业零售额"改称"私营商业零售额"。

② 另一数据是:1949年,私营现代工业产值占现代工业总产值的63.3%,1952年下降为39%。

更快。

第三,结构得到改组。私营工商业的变动,各个行业不同。有利于国计民生的行业,特别是经济建设急需的重工业,满足人民生活需要的消费品工业,发展得快一些。有关国家经济命脉的行业受到制约,发展得慢一些。不利于国计民生的行业受到限制,有的趋于衰落,有的被淘汰。1952 年与 1949 年相比,私营工业中,机器工业产值增长 3.98 倍,冶炼业产值增长 4.04倍,造纸业产值增长 1.88 倍。迷信品制造、奢侈品制造等行业基本转产。一些与国民生计有重大关系的私营商业,特别是其批发业务,逐步由国营商业替代。部分私营批发企业转向工业或零售业。私营对外贸易企业主要转向国内贸易。还有部分私营企业由沿海地区搬迁到内地。这样,资本主义经济的结构得到改组。

三年经济发展过程证明,资本主义经济得到发展,但在国民经济中的比重下降,在资本结构上发生着适应政府偏好和新的社会经济需要的变化,成为国家可以调节和控制的资本主义。中国共产党在设计新中国经济蓝图时确定了把资本主义作为新民主主义经济的一个基本经济成分,对其实行利用、限制的政策。实践证明,这种设计符合国情,有利于促进生产力的发展。实践还证明,资本主义经济与社会整体利益是有矛盾的,这种矛盾可以得到调整并控制在一定范围之内。在平抑市场物价和"五反"运动中,因对私人资本打击过重,造成市场萧条。通过调整工商业,私营工商业得到恢复和发展,促进了整个国民经济的恢复和发展。这说明,在多种经济成分并存的经济形态内,如何磨合多种经济成分,使其分工合作,各得其所,是一个崭新的课题,需要在实践中不断探索。在这方面,1949—1952 年的实践经验极为可贵。

(五)国家资本主义经济

国家资本主义经济产生于接收国民政府企业和随后的清理国有资产过程中。1949 年以前的一些股份制企业中,既有国家股份,又有私人股份。国有股份多的,被人民政府接收为国有企业,其中有私人股份;私人股份多的,人民政府未接收其企业,这些企业仍属私营经济,其中有国家资本。这样,就存在着国家资本与私人资本合作的企业。随后,出现了国家资本主义经济的多种形式。在 1950 年和 1952 年的两次工商业调整中,国家和国营商业对私营工业的加工订货发展很快。1952 年,加工订货(包括统购、包

销、收购）的价值占私营工业产值的 49.8％，公私合营工业企业的产值占私营工业企业产值的 11.4％。[①] 两者合计已占 61.2％，私营工业自产自销的产值只占 38.8％。这就是说，私营工业生产经营的大部分已直接或间接纳入国家计划轨道。

"五反"运动以后，私营企业内部的关系发生变化：资本家对企业有经营管理权，但这些权力受到工人群众的监督，资本家的分配权力也受到一定的限制。

到 1952 年底，私营企业中实行公私合营的数量不多，但几乎都是些大型工厂或公司。它们对私营工业（包括交通运输业、矿业等）的发展趋势与资本家阶级接受国家资本主义的形式的影响甚大。

如前所述，1952 年，所有的私营银行与钱庄都加入了公私合营银行。这创造了全行业公私合营的形式，且使国家控制了全部金融机构。从此以后，私营工商业者要融通资金，必须依赖国家控制的银行。这对私营工商业的资金运转影响极大。

人民政府通过各种处理形式，接管美、英等发达国家在华的企业，但外国资本家仍有股权（在 20 世纪 70—80 年代，先后获得补偿）；印度等发展中国家的在华企业在继续经营；中国与苏联、波兰等社会主义国家合办一批企业，这些是中国经济中的外资成分。国民政府所有的财产已为人民政府接收，其企业已完成民主改革。除部分少数民族地区外，封建土地所有制已被消灭，新民主主义革命遗留的任务已经基本完成，国营经济的领导地位已经确立。资本主义经济得到改组，个体经济已摆脱封建生产关系的束缚，合作社经济与国家资本主义经济已经产生。五种经济成分（就主要经济成分而言是五种，如果加上中外合资和外资企业，以及少数民族地区的氏族主制经济、奴婢主制经济、庄主制经济和地主制经济，则是九种）各得其所，新民主主义经济形态在全国范围内确立起来，或者说，已经出现了典型形态的新民主主义经济结构。它在 1949—1952 年这三年间的变化趋势是：国营经济、合作社经济、国家资本主义经济等三种经济成分，或生产资料中的公有制部

---

① 本书凡计算国家资本主义经济占全国"私营经济"的比重时，为了使数字有可比性，此处的"私营经济"中包括公私合营经济。"私营工业产值"为私营企业自产自销、加工订货和公私合营企业的产值之和。在一般情况下，如不另行注明，"私营工业产值"不包括公私合营企业的产值，只包括私营企业自产自销和加工订货的产值。

分,在绝对数量上迅速增长,在国民经济中占的比重加大;个体经济与资本主义经济,即生产资料中的私有制部分,在绝对数量上增长,但不如前三种经济成分快,因而在国民经济中占的比重缩小。依此趋势发展下去,在若干年后,公有制经济将占绝对优势,私有制则会降至无足轻重的地位。在这个过程中,各种经济成分的优势得到充分发挥,社会生产力将如 1949—1952 年一样迅速发展,新民主主义经济形态演变为社会主义经济形态。

二、国民经济的恢复

(一)总量恢复

经过全国人民的共同努力,到 1952 年,就工农业生产总量而言,已超过历史最高水平的 1936 年。其中,工业总产值比 1936 年增加 22.3%,农业总产值超过 18.5%。工业主要产品,农业中的粮食、棉花、家畜、水产品的产量,均超过历史最好水平,国民经济总量恢复的任务基本完成。

1950—1952 年,社会总产值由 557 亿元增加到 1015 亿元,增长了 85.2%,年均增长 22.8%。其中,工农业总产值由 466 亿元增加到 810 亿元,增长了 77.6%,年均增长 21.1%。国民收入由 358 亿元增加到 589 亿元,增长 69.8%,年均增长 19.3%;人均国民收入由 66 元增加到 101 元,增长了 57.6%,年均增长 16.4%。从数字上看,这是新中国成立后各个历史时期最快的。当然,这种增长速度是恢复性质的。

在农业生产方面,因兴修水利,增加灌溉面积 5000 万亩,1.8 亿亩农田改善供水条件。新式农具、良种得到初步推广,施肥量有所增加,1952 年农业生产条件和生产技术比 1949 年有所改善和提高。土地改革后农民生产积极性空前高涨,农业互助合作运动有助于生产资料不全的农民克服生产中的困难。1952 年与 1949 年相比,农业总产值由 326 亿元增加到 461 亿元,增长 48.4%,年均增长 14.1%。粮食产量从 11318 万吨增加到 16392 万吨,增加了 5074 万吨,增长了 44.8%,年均增长 13.1%;超过历史最高水平(1936 年,15000 万吨)。棉花产量从 44.4 万吨增加到 130.4 万吨,增长了 193%,年均增长 43.1%;超过历史最高水平(1936 年,84.9 万吨)。[①] 其

---

① 根据《中国统计年鉴(1983)》(北京:中国统计出版社,1983 年)第 158、159 页计算。

他如黄红麻、糖料作物、烤烟、牛、猪的产量都超过历史最好水平,马、驴、羊接近历史最高水平(1935年),油料籽、大豆、芝麻、花生、茶叶、桑蚕茧等重要经济作物的产量距历史最好水平有较大差距,其中,茶叶是1932年产量(历史最高水平)的36.4%,桑蚕、茧产量仅为1931年(历史最高水平)的28.1%,恢复得快的是人们解决温饱要求最急需的粮食与衣料。农业的迅速恢复和发展为整个国民经济的恢复和发展与人民生活的改善打下一个良好的基础。

在工业生产方面,1949年与1952年相比,工业总产值由140亿元增加到349亿元,增长了145.1%,年均增长34.8%。这个速度比农业快。与农业的另一不同之处是,主要工业产品都超过历史上最高水平。其中,棉纱超过47.4%,棉布37.3%,食糖9.8%,原煤6.5%,原油37.5%,发电量21.7%,钢46.3%,生铁7.2%,水泥7.2%,硫酸5.6%,烧碱558.3%,金属切削机床153.7%。在产品产量迅速增长的同时,原有的生产技术和工艺流程开始得到改进,产品品种增加,质量提高。冶金工业生产出许多过去自己不能生产的产品,如低矽制钢板、钢轨、大型钢材、无缝钢管等。这期间修建的成渝铁路,所用钢轨全部是国产。机械工业生产出多种精密机床和成套设备,新建的5个纺织厂中,有4个成套设备是国内生产的。

(二)全面好转

在国民经济总量迅速增长的同时,产业结构发生可喜的变化。在国民收入构成中,农业、工业、建筑业、运输业、商业之比,1949年是68.4:12.6:0.3:3.3:15.4,1952年变为57.7:19.5:3.6:4.3:14.9。工业、建筑业和运输业共提高11.2个百分点,农业降低了10.7个百分点,商业下降0.5个百分点。其中,农业比重的下降和工业比重的上升是主要特征。

1950—1952年,工业增长速度高于农业,重工业增长速度高于轻工业(1949—1952年间,轻工业总产值增长115.5%,重工业总产值增长了230%)。工农业总产值的构成或国民经济中农、轻、重的比重,从1949年的70:22.1:7.9,变为56.9:27.8:15.3。工业内部轻工业和重工业的比例,从73.6:26.4变为64.5:35.5。在农业、轻工业、重工业产量同时增长的基础上,第一产业占的比重下降,第二产业占的比重上升,是一个国家在工业化初期阶段经济发展的基本标志。因此,这种结构变化是合理的。

随着工农业产值的增长,人民收入的提高,运输业的发展和城乡物资交流的开展,市场日益繁荣,国内贸易迅速增长。1952 年与 1950 年相比,商品零售总额增长 62.3%,农副产品采购额增长 62.1%。商业部门农业生产资料供应额增长 93.2%。在 1950 年 6 月以后,尽管受到了西方国家的经济封锁和禁运,中国的对外贸易还是以相当快的速度发展。1952 年中国进出口总额达到 19.4 亿美元,其中出口额 8.2 亿美元,进口总额 11.2 亿美元,分别比 1950 年增长 71.7%、49%和 93.1%。

经济的发展带来财政收支状况的改善。1952 年与 1949 年相比,国家财政收入增加将近 3 倍,支出增加 2 倍多,国家财力不断增强。1950 年仍有赤字。从 1951 年起实现财政收支平衡。1950—1952 年收支相抵,节余 15.4 亿元。在市场繁荣、财政收支平衡的基础上,物价基本稳定。

经济制度变革与工农业发展,使人民生活得到改善。在农村,一部分农民无偿获得 7 亿亩土地。他们人均每年免除了近 200 斤的地租,同时摆脱了高利息的负担。由于在土地改革中分得房屋、粮食与衣物,以及农业生产产量增多,1952 年与 1949 年相比,农民人均收入增长 30%左右,人均消费水平约提高 20%,食油、肉、棉布的消费量提高 50%左右。在城市,就业人数增加,职工工资水平提高 70%。国营企业实施劳动保险制度,兴办福利事业,职工实际生活水平改善的程度比工资提高幅度更大。

1952 年,大专、中专、普通中学、小学在校生人数比新中国成立前最高年份分别增加 23.2%、66.1%、66.4%和 115.8%。大规模开展扫盲活动和职业教育。医院增加,群众性爱国卫生运动普遍开展,霍乱、鼠疫、肺结核病等传染病基本得到控制。劳动力素质的提高,为经济建设提供一个重要条件。

20 世纪 20—40 年代,中国经济遭受战争破坏的时间之长,破坏之严重,是同一时期内世界上仅见之一例。而在 1950 年之后,恢复速度之快,恢复所用时间之短,也是仅见之一例。它是这个时期世界经济史上的奇迹之一。这显示了新民主主义经济制度的优越性:它适合中国的国情,有利于生产力的发展。

(三)人均水平低下

上文所说国民经济已于 1952 年恢复,是就社会总产值、国民收入、多数主要工农产品的总量而言的。中国的人口数,抗战前约 5 亿,1952 年是

5.75亿,增加了15%。按人均计算,1952年的社会总产值、国民收入,多数主要农产品和部分主要工业产品,都未达到1949年前的最高水平。中国经济发展水平仍然很落后,生产水平低下。

按当年价格计算,1952年,社会总产值1015亿元,人均176.58元。国内生产总值679亿元,人均119元。国民收入589亿元,人均102.47元。[①]按统一的中国货币价值计算,1952年人民币2.56元折合1936年银元1元,人均国内生产总值46.48元,人均国民收入40.03元,均不及1936年52元[②]的水平。

按统一的"1990年盖·凯美元"价值计算,1929年中国人均国内生产总值779美元,1952年为752美元。1952年比1929年少27美元。1929—1936年工农业总产值平均增长率约为2.7%。按此计算,1936年比1929年增加20.5%,1936年应为939美元,比1952年高187美元,即高24.83%。

表8-2　1952年主要工农业产品人均产量与历史最高水平的比较

单位:公斤、米

产　　品	历史最高水平	1952年	＋或－
粮食	333	285.17	－47.83
棉花	1.89	2.27	＋0.38
油料	13.49	7.29	－6.2
原煤	137.78	114.82	－22.96
钢	0.35	2.35	＋2
生铁	4	3.31	－0.69
水泥	5.09	4.98	－0.11
纱	0.77	1.14	＋0.37
布	6.2	6.66	＋0.46

①　按1965年价格计算为122元。1965年官方汇率1美元＝2.4681元。122元约合50美元。

②　这是按5亿人口计算的。若按51079万人口计,则为50.51元。

1952 年工农业产品人均产量,与历史最高年份人均产量的比较,在农业中选择粮、棉、油 3 项,工业中选择原煤、钢、生铁、水泥、纱、布 6 项。其情况如表 8-2。在这 9 项中,1952 年超过历史最高水平的 4 项,不及的 5 项。农业 3 项中,1 项超过,2 项不及。工业 6 项中,3 项超过,3 项不及。工业的恢复比农业好。在农业 3 项中,超过的 1 项(棉花)是 0.38 公斤,增加了 20.1%;不及的 2 项(粮食与油料)分别为 47.83 公斤与 6.2 公斤,减少了 14.36% 与 45.96%。中国是以农业为主的国家,国民经济的恢复情况主要看农业。农业多数产品人均产量尚未达到历史最高水平。

表 8-3　1952 年中国国民收入与发达国家的比较

国　　　别	总　　量		人　　均	
	亿美元	比较	美元	比较
中国	239	1	42	1
美国	3176	13.29	1789	42.6
苏联	756	3.16	406	9.67
西德	294	1.23	604	14.38
英国	410	1.72	813	19.36
法国	374	1.57	883	21.02
日本	162	0.68	189	4.5

资料来源:《中国统计年鉴(1983)》,北京:中国统计出版社,1983 年;《国外经济统计资料》,北京:中国财政经济出版社,1979 年。

1952 年中国经济的发展水平远远落后于发达国家。下面是三个方面的比较。

首先是国民收入。情况如表 8-3,中国人均国民收入相当于美国的 1/42.6,日本的 1/4.5。

其次是工业生产水平。1952 年,中国煤炭产量只相当于美国的 7.4%,英国的 14.6%,苏联的 18.9%,低于日本和印度。发电量只相当于美国的 1.6%,苏联的 6.1%,加拿大的 11%,英国的 9.7%,法国的 18%,日本的 14.1%。钢的产量只相当于美国的 1.59%,苏联的 3.9%,英国的 8.1%,西德的 8.5%,日本的 19.3%。若按人均水平比较,中国与发达国家相比水平则更低。1952 年,中国的人均钢产量为美国的 0.5%,苏联的 1.03%,英国的 0.7%,日本的 2.9%。人均发电量只为美国的 0.4%,苏联的 2.2%,英

国的 8.4%，日本的 20%。

再次是经济结构。1952 年，农业在国民收入中的比重仍为 57.7%，工业总产值在工农业总产值中的比重虽然从 1949 年的 30% 上升为 43.1%，但手工业产值在其中占有相当大的部分，现代工业产值只占 26.7%。苏联开始有计划经济建设时，现代工业占工农业总产值的比重为 45.2%（1928 年）。第二次世界大战后，东欧一些国家国民经济恢复，转入社会主义经济建设时，工业化程度低的波兰为 65.5%（1949 年），工业化程度高的捷克为 75%（1948 年）。与这些国家相比，1952 年的中国，工业基础薄弱。

此外，中国国民经济的商品化、社会化程度低，全民族科学文化素质低，专业人才缺乏。

结　　语

（一）在 1949 年 10 月至 1952 年年底的三年三个月的时间里，经济上发生了大变化：半殖民地半封建经济形态变成新民主主义经济形态；延续十多年的严重通货膨胀变成物价稳定；经济由下降变成上升，大多数主要工农业产品的总产量恢复到历史上的最高水平。在所有制结构发生急剧变化的同时，生产力快速发展，这是世界经济史上少有的事。这种成就的获得，关键在于选择的经济模式——新民主主义经济形态合乎国情，因而得到绝大多数人的拥护。中国共产党纪律严明，廉洁奉公，与群众同甘共苦，不谋私利的作风，获得广大人民的拥护。这有助于它的政令通畅与落实。1949—1952 年，中国国家的统一和民族的独立，民主改革的完成，新民主主义经济制度的建立，人民民主专政的巩固，国民经济的恢复，为进行新民主主义经济建设准备了基本条件。

（二）1950 年，中国国内生产总值在世界国内生产总值中占的比重是 6.25%，1952 年上升为 7.1%，平均每年上升 0.29 个百分点。1950 年，中国人均国内生产总值为世界人均国内生产总值平均数的 29%，1952 年为 33%，平均每年上升 1.3 个百分点，上升速度快。更为重要的是，自 16 世纪以后，中国国内生产总值在世界国内生产总值中所占的比重的变动趋势是在波动中下降，从 1950 年起变为在波动中上升。这种从几百年的下降转为上升，是一个重大的转折。它是中国经济在世界经济中的地位发生根本性变化的开始。

复习题

1.新民主主义经济形态的特征与优越性。

2.1949—1952 年经济工作的主要经验。

第九章

将新民主主义经济形态改造为社会主义初级阶段经济形态与将市场经济体制改造为计划经济体制（1953—1956）

1952 年秋，眼看民主革命遗留的任务和国民经济恢复的任务都将基本完成，中国共产党的领导人考虑今后怎么办。按照原来的设想，是在新民主主义制度下发挥各种经济成分、各个阶级的积极作用，开展经济文化建设，为将来向社会主义转变准备物质文化条件。就在此时，毛泽东的思想发生重大转变，他要求立即开始着手消灭一切私有制，向社会主义过渡，同时优先发展重工业，以迅速实现工业化。在他的思想指导下，中国共产党制定并执行从 1953 年开始的过渡时期总路线和发展国民经济的第一个五年计划，使市场经济体制转变为计划经济体制。中国经济发展道路从此发生一次重大的战略转轨。

第一节　国家在过渡时期的总任务和发展国民经济的第一个五年计划

一、国家在过渡时期的总任务

（一）国家总任务与中国共产党总路线的内涵

在 1954 年 9 月制定的《中华人民共和国宪法》中，将中国共产党在 1953

年提出的过渡时期总路线的基本思想作为国家在过渡时期的总任务。中国
共产党在过渡时期总路线的内涵是:"从中华人民共和国成立,到社会主义
改造基本完成,这是一个过渡时期。党在这个过渡时期的总路线与总任务,
是要在一个相当长的时间内,基本上实现国家工业化和对农业、手工业和资
本主义工商业的社会主义改造。"

　　这条总路线的实质是解决所有制问题:消灭私有制,扩大社会主义公有
制。毛泽东指出:"总路线可以说就是解决所有制问题。"①通过国营企业的
新建与扩建以扩大全民所有制;通过发展合作社经济,把个体所有制改造成
为集体所有制;采用国家资本主义办法,用赎买的方式,把资本主义所有制
改造成为社会主义所有制。这样,使生产资料的社会主义公有制成为社会
唯一的经济基础。刘少奇说:"中国共产党的这条总路线,是引导中国社会
由当时的既有社会主义经济,又有资本主义经济,又有个体经济的复杂的经
济结构,过渡到单一的社会主义的经济结构的路线。"②

　　这条总路线的主体是实现社会主义工业化。只有实现工业化,才能使
国民经济建立在现代化技术的基础上,并为改造私有制提供物质条件;才能
改善人民生活,巩固国防,国家才能独立和富强。实现工业化的中心环节是
发展重工业。发展重工业需要的资金多,重工业的产品不能直接满足人民
消费的需要,这要求全国人民节衣缩食,艰苦奋斗。

　　社会主义工业化与对农业、手工业、资本主义工商业的改造是不可分割
的两个方面。一方面,只有发展社会主义工业,才能把整个国民经济置于先
进的技术基础之上,才能扩大社会主义国营经济成分,才能吸引、改造和代
替资本主义工商业,才能领导农业、手工业的社会主义改造。另一方面,只
有对农业、手工业和资本主义工商业实行社会主义改造,才能解放生产力,
推动社会主义工业化的发展。社会主义工业化与社会主义改造同时并举,
这个问题涉及如何处理生产力和生产关系之间、革命与建设之间的关系。
在宣传这条总路线的内容时,人们把实现对农业、手工业和资本主义工商业
的社会主义改造简称为"三大改造";把"实现国家工业化和对农业、手工业
和资本主义工商业的社会主义改造"简称为"一化三改"。对于"一化"与"三

---

　　① 毛泽东:《毛泽东文集》第 6 卷,北京:人民出版社,1999 年,第 301 页。
　　② 刘少奇:《马克思列宁主义在中国的胜利》,《辉煌的十年》上册,北京:人民日报出版
社,1959 年,第 8 页。

改"的关系,毛泽东用一个比喻作说明:"一化",如鸟的主体;对资本主义工商业的社会主义改造和对农业、手工业的社会主义改造,如同鸟的两翼。这个比喻一方面说明,"一化三改"是一个整体,不可分割,要同时前进;另一方面说明,像鸟飞行中前进一样,主体由两翼带动,"一化"由"三改"带动,改变私有制是工业化的动力。总路线就是通过社会主义工业化和社会主义改造解决所有制问题,消灭剥削制度,建立社会主义社会。

过渡时期是一个相当长的历史时期。这是因为:(1)中国的经济和文化落后,需要一个相当长的时期来创造为保证社会主义胜利所必需的经济和文化的前提;(2)中国有为数极多的个体农民和手工业者,还有在国民经济中占很大比例的资本主义工商业,要求一个相当长的历史时期来逐步地改造它们。中国共产党估计过渡时期为"十年至十五年或者更多一些时间","三个五年计划或更长的时间"。

毛泽东认为,他在这个时候提出过渡时期的总路线,是在民主革命任务完成后,及时地提出了在中国进行社会主义革命和社会主义建设的伟大任务,为全国人民指明了前进的方向。1953年6月,在中共中央政治局会议上,他强调指出:"党在过渡时期的总路线和总任务,是要在一个相当长的时期内,逐步实现国家的社会主义工业化,并逐步实现国家对农业、手工业、资本主义工商业的社会主义改造。这条总路线是照耀我们各项工作的灯塔,各项工作离开它,就要犯右倾或'左'倾的错误。"①

（二）总路线的形成过程

中国共产党在过渡时期总路线的基本内容,有一个形成的过程。1940年前后,毛泽东提出:新民主主义革命是社会主义革命的必要准备,社会主义革命是新民主主义革命的必然趋势。1949年3月,中国共产党七届二中全会提出个体经济通过合作社的形式走向现代化、集体化的方向,对私人资本主义实行利用、限制的政策,国家资本主义是国家和私人资本主义合作的形式,形成了从新民主主义向社会主义过渡的基本政策。这些政策为中国人民政治协商会议第一次会议所接受,载入会议制定的《共同纲领》,成为这次会议产生的中央人民政府的施政纲领。《共同纲领》中没有提及社会主义问题。

---

① 毛泽东:《毛泽东文集》第6卷,北京:人民出版社,1999年,第316页。

中华人民共和国成立后的头三年,工作的重点是完成新民主主义革命的遗留任务,恢复国民经济。与此同时,在农业生产和手工业生产中开展互助合作运动,主要发展劳动互助组,试办少量初级社,并形成了从低级向高级逐步过渡的思想。对私人资本主义实行利用、限制的政策,发展了加工订货、公私合营等形式的国家资本主义。这为对农业、手工业和资本主义商业实行社会主义改造积累了经验。

1952年9月24日,毛泽东在中共中央书记处会议上提出:我们现在就要开始用10年到15年的时间基本上完成到社会主义的过渡,而不是10年或15年以后开始过渡。这是中国共产党领导人第一次提出"现在就要开始"向社会主义的过渡、"而不是10年或15年以后才开始过渡"的思想。11月3日,毛泽东说,要消灭资产阶级,消灭资本主义工商业;但要分步骤,一是要消灭,二是还要扶持一下。首次明确了要立即着手消灭资本主义。从现在就要向社会主义过渡和立即着手消灭资本主义,这与中国共产党1949年前后的设想有很大的区别,因而标志着政策思想的重要转变。此后,毛泽东多次讲到过渡时期总路线问题。1953年上半年,中共中央统战部部长李维汉,在总结前几年对资本主义工商业工作经验的基础上,提出了通过国家资本主义从低级向高级的发展,把资本主义企业改造成为社会主义企业的设想。这一设想得到中共中央的认可,解决了和平改造资本主义的具体途径。1953年6月,毛泽东在李维汉给中共中央报告的批语中,明确提出过渡时期总路线的基本内容。1953年12月,中共中央批准并转发经过毛泽东修改的、中共中央宣传部编写的《为动员一切力量把我国建设成为一个伟大的社会主义国家而斗争——关于党在过渡时期总路线的学习和宣传提纲》。这个《提纲》最后确定了总路线的表述,详细阐述了总路线的内容,对总路线的有关问题予以论证。在论证中引证列宁、斯大林的一些话,都是关于实现战时共产主义的思想,对列宁提出的新经济政策理论却未予反映,这是总路线理论渊源与理论基础上的一个重大失误。1954年2月10日,中共七届四中全会通过决议,正式批准了这条总路线。

(三)关于过渡时期与发展战略的转变

总路线表述中的第一句:"从中华人民共和国成立,到社会主义改造基本完成,这是一个过渡时期。"这就是说,过渡时期是从1949年10月1日开始的。这就产生了从哪里过渡到哪里,从什么社会过渡到什么社会的问题。

上述《提纲》中引用列宁关于从资本主义过渡到社会主义的提法，毛泽东在后来的文章和讲话中也有此种提法（如毛泽东在《中国农村的社会主义高潮》"按语"中说："中国实现了从资本主义到社会主义的转变"）。这种提法有三个问题。第一，俄国十月革命前是资本主义社会。列宁说俄国十月革命以后的一段时期是从资本主义社会过渡到社会主义社会的过渡时期，既是沿袭马克思的提法，也是从俄国实际出发的。中国历史上只有资本主义经济成分，没有资本主义社会。在中国，不可能发生从资本主义社会过渡到社会主义社会这样的事实。换句话说，这种提法是从马克思、列宁的书上搬来的，不符合中国历史的实际情况。第二，把过渡时期的时间起点确定在中华人民共和国建立之时，而中华人民共和国建立之前的中国是半殖民地半封建社会。包括毛泽东在内的中国共产党领导人，长期以来认为半殖民地半封建社会生产力水平落后，不可能直接过渡到社会主义社会。现在说从中华人民共和国成立时起开始向社会主义社会过渡，也就是从半殖民地半封建社会生产力水平的基础上开始过渡到社会主义社会。事实上，1949年10月，中国社会生产力水平比1936年低得多，就是到了1952年，国民经济也只是在总量上基本恢复到1936年的水平，人均国内生产总值则比1936年低。如果认定1949年或1952年的社会生产力水平可以开始向社会主义社会过渡，那么，中国在20世纪30年代已具有这样的物质条件。如果这种理论能成立，中国共产党关于中国革命要分两步走的理论就是错误的。第三，中国共产党人原来的认识是：中国要进入社会主义社会，必须经历一个新民主主义社会发展阶段。从1939年起，毛泽东一再地论证，新民主主义革命胜利后将建立一个新民主主义社会。1949年3月中共七届二中全会的决议和9月的《共同纲领》都认定新中国是新民主主义社会。从资本主义过渡到社会主义的提法，与中国共产党历来的从新民主主义过渡到社会主义的思想不同。将1949年10月以后中国进入新民主主义社会，改为进入从资本主义到社会主义的过渡时期，标志着对新中国社会性质与历史方位的认识发生了质的变化。故自过渡时期总路线提出之后，再也不提中国是新民主主义社会。①

从 1952 年秋天起,毛泽东的思想变了,党内许多人仍持原来的观点,这就产生了分歧。1953 年 6 月,毛泽东在提出过渡时期总路线的同时,批判刘少奇等人"确立新民主主义社会秩序"、"由新民主主义走向社会主义"、"确保私有财产"的观点,认为这些观点是右倾的表现。这说明毛泽东不再认为在中国要建设一个新民主主义社会。总路线的提出,表明他放弃了在中国建立新民主主义社会的理论。

毛泽东的新观点,与中国共产党和他自己在民主革命时期的观点不一致,并明显地受到列宁关于战时共产主义理论的影响。关于过渡时期所需要的时间,也是以苏俄经验为参照系的。俄国共产党于 1917 年夺得政权,苏联于 1925 年结束国民经济的恢复时期,1936 年宣布消灭了生产资料私有制,实现了社会主义工业化,建成社会主义社会。从 1918 年算起,到 1936 年,是 18 年。中国 1953 年提出用 15 年时间,加上 1950—1952 年的 3 年,也是 18 年。实际上,苏联在 1917 年、1925 年的生产力和工业化程度,比中国 1949 年、1952 年高得多。

在"过渡时期"这个概念,从什么社会过渡到什么社会的提法,以及过渡时期所需的时间上,毛泽东搬用了苏联的经验。他因此放弃了自己以及中国共产党从 20 多年实践经验中抽象出来的新民主主义社会理论。毛泽东认识上的这种变化,对 1953 年以后中国经济工作的影响极大。

毛泽东在认识上发生这种变化的原因在于:

(1)新民主主义理论包括革命和建设(或革命论与社会论)两大部分。经过 20 多年的革命实践,其革命部分(新民主主义革命理论)已经成熟,系统而具体;其建设部分(建设新民主主义社会的理论),由于实践经验不足,由于是在 1949 年以后才成为主要议题,它多限于纲领层次。在理论层次,特别是经济理论层次上,尚未深入和系统化。

(2)在毛泽东的理论修养中,相对于革命理论、军事理论而言,经济理论是一个薄弱环节。在经济理论方面,关于个体经济,他的个体经济、个体生

---

① 1981 年 6 月,中国共产党十一届六中全会通过的《关于建国以来党的若干历史问题的决议》中说:"我们党领导全国各族人民有步骤地实现了从新民主主义到社会主义的转变。"这是恢复了从新民主主义到社会主义的转变这一提法。这个提法准确地反映了中国历史发展的特点,同时表明:新中国成立后有过一个新民主主义时期、新民主主义社会。

产"是封建统治的经济基础"①，"分散的个体经济——家庭农业与家庭手工业是封建社会的基础，不是民主社会(旧民主、新民主、社会主义，一概在内)的基础"②理论，使其始终不承认个体经济在新民主主义社会中应有一个独立存在和发展的时期。这种理论不符合中国经济发展的实际。关于资本主义经济，在中国共产党内，首先提出要利用资本主义经济理论的是张闻天。历史上大量事实证明，凡是自己从理论研究中创造的观点，本人很难放弃；若是接受别人的结论并将它作为一种政治策略，往往不易坚持。

(3)1952年，当国民经济已经恢复和新民主主义经济形态已经建立之时，毛泽东考虑的经济问题，主要是两个：在中国如何实现工业化和怎样建立社会主义经济形态。这两个问题是结合在一起的。社会主义经济形态和进行工业化，在中国，既无现成的系统理论，也无已见成效的经验。因而要借鉴国外的理论与经验。当时，在世界上，只有苏联宣布建成了社会主义社会和实现了工业化。它是建设社会主义唯一可以参照的榜样。对于工业化来说，除了苏联的工业化道路外，另一条是资本主义国家工业化道路。在这两条道路中，毛泽东基于同苏联共产党领导人斯大林有相同的信仰——马克思列宁主义，理所当然地只会选择前者。所以，毛泽东在新中国成立后，强调向苏联学习，主要是学习苏联的过渡时期理论、社会主义计划经济模式和工业化建设的道路。

从中国共产党七届二中全会决议到《共同纲领》的制定，以及过渡时期总路线的提出，在中国要向社会主义方向发展，个体经济和资本主义经济这两种私有制通过何种途径过渡到社会主义公有制等问题上，思想是一脉相承的。总路线提出的本身表现出1952—1953年间认识上的变化：从历来的由新民主主义过渡到社会主义的提法变为由资本主义过渡到社会主义的提法；变新民主主义社会为过渡时期；变五种经济成分"分工合作，各得其所"为立即着手消灭两种私有制，强调只有改变多种所有制为唯一的社会主义公有制才有利于社会生产力的发展；从15年、20年或30年后开始向社会主义过渡，变为立即开始向社会主义过渡，并规定了过渡时期即消灭私有制的具体时间为10年到15年(过渡到社会主义经济制度的速度)；等等。这表明两者性质根本不同，中共七届二中全会决议与《共同纲领》是新民主

---

① 毛泽东：《毛泽东选集》第2卷，北京：人民出版社，1960年，第931页。
② 毛泽东：《毛泽东书信选集》，北京：人民出版社，1983年，第238～239页。

义的行动纲领,过渡时期总路线则是社会主义的行动纲领。

二、发展国民经济的第一个五年计划

(一)编制过程

制订第一个五年计划(以下简称"一五"计划或"一五")的基本依据是国家在过渡时期的总任务。"一五"计划的编制,经过三年多的时间和几次修改、补充的过程。1952 年 8 月提出《关于编制五年计划(1953—1957)轮廓的方针》和《五年建设的任务》,其中规定了 1953—1957 年五年建设的方针、政策、目标和建设内容。它的缺陷是拟定的基本建设规模过大,工农业生产发展速度过高。1953 年和 1954 年做了多次补充和修改。1955 年 2 月,"一五"计划草案编制完毕。3 月 31 日和 7 月 30 日,经中国共产党全国代表会议和第一届全国人民代表会议先后通过。

"一五"计划编制过程的特点是边实施、边修改、边补充。这是由于资源情况不清,统计资料不全;缺乏经济建设和计划工作的经验;苏联援助建设的 156 项的主要部分,到 1953 年 5 月才最后确定;抗美援朝战争到 1953 年 7 月才实现停战。边实施、边修改、边补充是这种特定历史条件下的产物。从"一五"计划的提出开始,中国的经济建设就存在追求大规模、高速度的倾向。边实施、边修改、边补充,使"一五"计划比较接近实际。

"一五"计划是在借鉴苏联的经验和苏联专家的帮助下完成的。中国的经济建设,特别是在建立计划经济体制方面,从此时开始,更多地、更具体地学习苏联的做法。

(二)任务

"一五"计划的基本任务,是集中主要力量进行以苏联帮助设计的 156 项建设单位为中心的、由 694 个限额以上的建设单位组成的工业建设,建立中国工业化的初步基础;发展部分集体所有制的农业生产合作社,发展手工业生产合作社,建立对于农业、手工业的社会主义改造的初步基础;基本上把资本主义工商业分别纳入各种形式的国家资本主义的轨道,建立对私营工商业社会主义改造的基础。

围绕着这些基本任务,在经济建设方面,规定国民经济各部门、各行业、各方面的具体任务和指标。在工业方面,重点发展重工业,建立和扩建能

源、动力、冶金、基本化学、机械制造工业，建立国民经济技术改造的物质基础；相应发展轻纺工业和为农业服务的中小型企业，满足人们对生活必需品和农业生产资料的需要；充分利用原有的工业企业，发挥它们的生产潜力。五年内，工业总产值年均增长14.7％。其中，生产资料增长17.8％，消费资料增长12.4％。交通运输事业的建设重点是铁路。保证农业生产的进一步发展，逐步克服农业落后于工业的矛盾。五年内，农业总产值年均增长4.3％。继续保证财政收支的平衡，增加财政和物资的储备力量。保证市场稳定，发展城乡物资交流，扩大商品流通，对供求关系紧张的主要工农产品逐步实施计划收购和计划供应。发展文化教育和科学研究事业，提高科学技术水平，积极培养国家建设的急需人才。五年内，全国职工的平均工资增长33％，农民的购买力增长近一倍。加强国内各民族之间的经济和文化互助和合作，促进各少数民族经济文化事业的发展。在社会主义改造方面，进一步开展农业互助合作运动和逐步地把手工业者引向合作化的道路。到1957年，参加初级社的农户将占全国农户数的1/3左右，参加手工业生产合作社的人数将占手工业者总数的30％左右。逐步扩大公私合营企业，加强对私营工业的加工订货工作，开展私商为国营商业、合作社商业代销、经销业务。到1957年，国营工业、合作社工业、公私合营工业占现代工业总产值（即不含手工业）的比例，从1952年的61％上升到87.8％；国营商业、合作社商业占社会商品零售总额中的比例，从1952年的34％上升到54.9％。

（三）投资规模与分配

"一五"计划的基本建设投资为427.4亿元，占国家对于经济事业和文化教育事业支出总数的55.8％。

在部门分配上，工业部门是重点，占总投资额的58.2％；农业、水利、林业部门占7.6％，比例较小。给农业投资比例小的理由是个体农民自己可投资100亿元左右。在工业内部，轻重工业的投资比例是1：7.9（11.2％：88.8％）。给轻工业较少投资的理由是：轻工业基础比较好，现有企业有相当大的潜力可以挖掘；轻工业增长需要农业提供充足的原料，而农业不可能实现很高的增长速度。

在地区分配上，内地是重点。694个限额以上的工程中有475个在内地，特别是西部地区（占总工程项目的40％以上）；城市、铁路、公路的建设重点也在内地。作出这种选择的主要原因，一是想改变不合理的工业地区布局,二是考虑到国际环境。

"一五"计划的投资,在部门和地区的安排,兼顾了需要与可能,重点与一般,基本上是合理的。存在的问题是:在投资分配中,农业的比重太小,这不仅不能逐步克服农业落后于工业的矛盾,反而扩大工农业发展的差距;轻工业的比重也太小,不利于充分发挥劳动力多的资源优势,不利于迅速地积累资金;投资建设的重工业企业基本是自我服务型的;西部地区的基础设施落后,新设的大型项目成为嵌入式的,难以发挥效应;相应地,对沿海地区投资不足,不利于充分发挥这些地区生产力的优势,使全国经济的发展有更高的速度和更好的效益。

(四)技术设备引进

"一五"计划建设的重点是建立起一批大型骨干企业。原有的工业生产技术水平落后,无力为这些企业提供成套设备,必须引进国外的先进技术设备。中国作为发展中国家,要想迅速实现工业化目标和经济现代化,要赶上先进国家,这是必经的途径。

"一五"计划引进技术设备的主要项目,是从苏联引进的 156 个大型企业的成套设备。此外,从东欧国家引进技术设备 69 项。从苏联引进的 156 项,包括 25 个煤炭企业,2 个石油企业,25 个电力企业,7 个钢铁企业,13 个有色金属企业,7 个化工企业,24 个机械企业,1 个造纸厂和 2 个制药厂,以及一批军工企业。这些项目的设计生产能力包括:钢 200 万吨,铁 237 万吨,原煤 1000 万吨,发电机组容量 120 万千瓦,载重汽车 3 万辆,合成氨 5万吨。

"一五"计划在引进设备的同时,注意引进技术,引进人才和管理方法。在引进关键设备的同时,注意利用自己的技术力量,生产配套齐备,引进技术设备与利用外汇相结合。这些经验至今仍有借鉴意义。

第二节　粮棉油的统购统销与多种物资的统购派购

一、市场紧张状况及其原因

1950—1952 年粮食生产迅速恢复,粮食产量逐年增加:1949 年 11318

万吨,1950 年 13213 万吨,1951 年 14369 万吨,1952 年 16390 余万吨,比1951 年增长 10.6％,比 1949 年增长 44.8％。可是,市场上却从 1951 年起开始出现粮食供不应求的现象。1952 年和 1953 年,这种情况变得严重起来。根本原因是农业生产水平低下,人均粮食数量少,1952 年才 570 公斤。在此情况下,土地改革使原来食不果腹的贫苦农民生活改善,他们生产的粮食中自己消费的部分增多,出售的部分减少;土地改革同时使原来的粮食商品率高的农户(经营地主、富农、富裕中农)消失或萎缩,他们向市场供给的粮食减少。所以市场粮食供求关系紧张的情况,在土地改革完成之时和完成之地立即出现。

　　1953 年以后粮食供求关系进一步紧张,是由于 1953 年开展的经济建设,一开始便追求大规模、高速度,基本建设和工业上的项目多且大,工人人数增加快,城市和工业区人口迅速增多(市镇人口,1952 年 7163 万,1953 年7826 万,增加 663 万,增速是 9.26％),人民购买力提高。由于工业的发展,要求农业提供更多原料,种植经济作物地区扩大,部分生产粮食的农民变为种植经济作物的专业户,他们由市场粮食的供给者转为需求者。国家对农业投资偏少,使一些人民生活必需的农产品供应日趋紧张。其中,粮食问题尤为突出。1952 年,国家征购粮食 665 亿斤,供不应求,粮价上涨,农民待价而沽,私商抢购囤积。这加剧市场局势的紧张,粮价进一步上涨。开展大规模的经济建设后,资金紧张,财政动用了历年的结余,银行挤收国营商业的贷款,迫使国营商业"泻肚子",这削弱了国营商业对市场的控制能力。1953 年,粮食产量略有增加。秋粮上市后,国营商业 9、10 两月连续未完成购粮计划,销量却猛增。油料、棉花因 1953 年产量下降,供求关系更紧张。

二、艰难的决策

　　市场上粮食、油料、棉花供求关系紧张,表现出农业落后状况对大规模经济建设的制约作用,反映了原有的市场经济与政府开始着手建立的计划经济体制,以及在计划经济体制下集中全国财力、物力迅速实现工业化目标的矛盾。如何解决这个矛盾,是决策者面临的一个难题。第一种办法是提高农业生产力,改变农业落后状况。采取这种办法,一要资金,二要时间。正在开展的经济建设,是以资金密集型的重工业为中心,这使国家感到最缺乏的资源就是资金。而且工业项目已经上马,不可能由于要等待农业生产发展而下马。第二种办法是减少粮、油出口。这会减少外汇收入,势必要减少机器设备和工业原料的进口。第三种办法是放开粮食市场,任价格上涨。
这会减少资金积累和提高工业产品成本。这些都会延缓工业化的时间与速
度。第四种办法是坚持集中财力、物力尽快地实现工业化,对粮食实行统购
统销。苏联就是这样做的。但这必然削弱市场对资源配置的调节作用,并
损害农民的生产积极性。1953年10月10日,负责财政经济工作的副总理
陈云在谈及对粮食实行统购统销的原因时说:"基本理由是,我们的需要一
天一天地增加,但是粮食来源不足,需要与来源之间有矛盾。前几年,我们
搞城乡交流,收购土产,农民增加了收入,生活改善了,没有粮食的要多买一
点粮食,有粮食的要多吃一点,少卖一点。结果我们越是需要粮食,他们越
不卖。有的同志提出,去掉商人,我们可以多买一点粮食。我看去掉商人并
不等于农民的粮食一定可以多卖给国家。鉴于粮食供应紧张的状况,必须
采取征购的办法。如果继续采用自由购买的办法,我看中央人民政府就要
天天做'叫化子',天天过'年三十'。这个办法是不是太激烈了一些? 可不
可以采取自由购买的办法把粮食买齐呢? 如果能够买到的话,那当然是求
之不得。我这个人不属于'激烈派',总是希望抵抗少一点。我现在是挑着
一担炸药,前面是黑色炸药,后面是黄色炸药。如果不搞到粮食,整个市场
就要波动;如果采取征购的办法,农民又可能反对。两个中间要选择一个,
都是危险的家伙。现在的问题是要确实把粮食买到,如果办法不可行,落空
了,我可以肯定地讲,粮食市场一定要混乱。这可不是开玩笑的事情。""现
在只有两种选择,一个是实行征购,一个是不实行征购。如果不实行,粮食
会出乱子,市场会混乱;如果实行,农村里会出小乱子,甚至出大乱子。我们
共产党在长期的革命斗争中,跟农民结成了紧密的关系,如果我们大家下决
心,努一把力,把工作搞好,也许农村的乱子会出得小一点,而且,这是一个
长远的大计,只要我们的农业生产没有很大的提高,这一条路总是要走
的。"①

1953年11月,政务院发布《实行粮食的计划收购和计划供应的命令》
和《粮食市场管理暂行办法》。其主要内容是:在农村,向余粮户实行粮食计
划收购;对城市人口和农村缺粮户实行粮食计划供应;国家严格控制粮食市
场,严禁私商经营粮食业务;在中央统一管理之下,中央政府和地方政府分

---

① 陈云:《实行粮食统购统销》,《陈云文稿选编(1949—1956)》,北京:人民出版社,
1982年,第193~194、197页。

工负责管理粮食。这就是统购统销。

在决定实行统购粮食时已经估计到农民可能反对、抵抗。实行统购统销的初期，由于工作缺乏经验，在农村购销任务的分配上，有畸轻畸重的缺点；城市供应偏宽，粮食销售计划过多。1954年，长江流域发生特大水灾，粮食减产；国家又多征购了70亿斤粮食，一些地区的部分农户，在完成统购任务后，留下的粮食不敷自足，引起"家家户户议统购"，农村关系紧张。统购损害农民的利益，限制农民经济活动的自由，农民心里是反对的。陈云已预见了这一点，事实也证明了他的预见。"统购中国家同农民的关系是紧张的，强迫命令、乱批乱斗、逼死人命等现象都发生过。个别地方还发生了聚众闹事的事件。"[①]1955年，国务院发布《农村粮食统购统销暂行办法》，提出粮食定产、定购、定销的"三定"政策。在城市，对城镇人口按人分等定量供应粮食，对工商用粮户按计划定量供应，使粮食统购统销在实施中进一步完善。

在实行粮食统购统销的同时，对油料、食油实行统购统销。1954年9月，对棉花实行计划收购，对棉布实行计划性收购和计划供应。1955年实行生猪派购。1956年对烤烟、黄麻等10多种重要农副产品实行统一收购。以后，多次扩大派购、统一收购的农副产品的范围。

统购统销政策规定，农民在完成统购任务后，可将自己留用的产品在国家领导的市场出售。后来改为：凡属国家计划收购和统一收购的农副产品，一律不准进入自由市场，农民完成国家计划收购任务后，自己留用部分如要出卖，必须卖给国家。这样，农民产品中的商品部分，只有卖给国家这一条渠道。

三、两重作用

在农业生产落后的情况下，要实行快速发展工业和优先发展重工业战略，通过实行统购（包括派购）统销，国家集中重要农副产品商品部分中的绝大部分，以满足城镇人口、农村缺粮户、军队、工业原料和出口的需要；通过

---

① 薄一波：《若干重大决策与事件的回顾》（修订本）上卷，北京：人民出版社，1997年，第279～280页。

统购统销中的价格差,将农民的部分积累转化为国家的积累①,是国家得以集中物力和财力,进行大规模经济建设的重要保证。

统购统销使指令性计划调节的覆盖面扩展到农业生产领域和居民消费领域。农民生产什么、出卖多少、卖的价格,与居民消费什么、消费多少、买的价格,都由国家计划控制,这加强了计划经济体制高度集中统一的特性。统购统销制度是计划经济体制中的一个组成部分。

实行统购统销,在主要农副产品范围内割断了个体农民与市场的联系;排挤或取代了一批经营农副产品的批发商,迫使私营零售商和私营工业依靠国营商业和合作社商业取得货源或原料。这样,一方面使私营工商业无路可走,迫使私营工商业者接受社会主义改造;另一方面缩小了市场经济的范围,限制农村市场经济的发展。在农民只能将产品卖给国家的条件下,通过价格政策扩大工农产品交换的剪刀差,将农民的一部分积累转化为国家积累。统购统销政策违背价值规律。在低水平配给的基础上实现的供需平衡,在一定程度上掩盖了改变农业落后状况的紧迫性。这对于调动各方面的积极性,首先是农业生产者的积极性,加速农业生产的发展,很不利。中国农业生产从此进入长期缓慢增长的阶段。

实行统购统销以后,国家一方面要将粮食等物资统购上来,一方面要向城市居民统销粮食。实行统购统销的动因与目的是要保障供应城市居民对粮食等物资的需要,为了保证城市居民能得到粮食等稀有物资,国家必须严格控制城市居民数量的增长(多一个城市居民,国家就多一分供应粮食的负担)和农村户口的减少(统购粮食的任务落实到每一个农户。少一个农户,国家就少一个统购粮食等物资的负担者)。为此,制定一种户籍制度,使农村人口不得迁入城市变为城市户口。于是,全国居民被分成交统购粮、吃自产粮的农村人口("农业户口")和吃统销粮(供应粮、商品粮)的城市人口("非农业户口")。

---

① 农业部门每创造 100 元价值,通过价格机制转移到工商部门,1952 年为 17.9 元。1953 年实行统购统销后迅速提高,1957 年达 23 元,1978 年为 25 元。见《经济研究》1990 年第 2 期。

第三节　将个体农民生产资料私有制改造
为农业生产合作社所有制

中国共产党关于过渡时期总路线的提出和"一五"计划的执行,加快了改造生产资料私有制为公有制的进程。设想要 15 年或更长一些时间做到的事情,竟在短短的 4 年内基本完成,进展之快超出了预期。

改造生产资料私有制为公有制被划分为三个领域:改造农业领域中的个体农民私有制为农业生产合作社所有制,改造手工业领域中的个体手工业者私有制为手工业生产合作社所有制,改造工商业领域中的工商业私有制为国家所有制。本节叙述农业领域的社会主义改造。

一、土地改革后农村的中农化趋势

中国农业通过什么途径走上社会主义和现代化的道路,是中国共产党和人民政府面临的重大课题。对这个问题的正确解答,首先涉及对土地改革后农村形势的正确估计。

土地改革后,农民发展生产以致富的积极性之高,是历史上未曾有过的。他们辛勤劳动,积极进行生产积累,渴望先进技术。农村出现一片兴旺景象,土地改革完成较早的地区,部分农民已不满足于在狭小土地上的经营。他们努力寻找新的致富途径,兼营商业、运输业、手工业和其他副业。这是农村商品经济在新的基础上进一步发展的好兆头。

农民遇到的问题是经营规模小,耕畜与工具不齐全,资金短缺。1952年,国家统计局对 25 省 16000 多家农户调查,土地改革结束时,每个农户平均占有土地 15.25 亩,拥有耕畜 0.64 头,犁 0.54 部,水车 0.1 部。农业人口人均农业产值仅 91.62 元,人均生产毛粮 652 斤。农产品的商品率低(据典型调查,1954 年商品粮只有 25.7%),农户积累率也很低(据典型调查,1954 年中农户平均年购买生产资料 79.80 元,其中包括对生产资料的补偿)。中国的农业是以手工劳动为主的、半自给性质的经济。

1953—1954 年,大多数农户生产条件改善,生产规模扩大,经济状况改善。据典型调查,农村各阶层每户所有的耕地、耕畜和大型农具犁、水车的数量,如以土改结束时为 100,1954 年底则如表 9-1 所示,贫雇农、中农、富农的生产条件都在改善。其中,贫雇农最为显著。

表 9-1　农户生产资料统计表

阶层*	耕地	耕畜	犁	水车
贫雇农	110.3	169.4	124.0	114.4
中农	102.8	132.1	107.4	107.0
富农	102.0	145.4	107.7	106.6

注:* 为有可比性,贫雇农是指土改时划定的成分。

在此基础上,农村阶级结构发生了变化。各类农户占农村总户数的比重情况如下:

表 9-2　农村各阶层的户数比例表

阶层	社员户	贫雇农	中农	富农	地主	其他
土改结束时	—	57.1	35.8	3.6	2.6	0.9
1954 年末	4.2	29	62.2	2.1	2.5	—

从土地改革结束到 1954 年年底,时间不长,原贫雇农中的 50% 上升为中农,富农中的 40% 左右下降为中农,这使中农在农户总数占的比重由 35.8% 上升到 62.2%。中农化是农村经济与阶级结构变化的基本趋势。

有少数农户,因无劳动力,或劳动力外出当工人、干部,参军,经商,或遭天灾、人祸,生产、生活面临困难,无法经营土地而出卖土地。据 1953 年中南地区 6 省 35 个乡的调查,土地改革后有 1% 到 2% 的农户出卖土地。其中,因生病、负债、自然灾害导致经济困难和因无劳力(残疾人、孤寡老人等)经营土地而出卖土地的占 56%,懒汉、二流子因不愿生产而出卖土地的占 4%,因调剂土地、妇女出嫁带走土地、职业变动(当脱产干部、教师,参军,进城当工人,经商,等等)而不再从事农业生产等占 40%。上述三类情况中,第一类属于社会保障和社会救济问题。第二类属于教育问题。他们出卖土地,与两极分化无关。第三类属于社会进步过程中的正常现象,对经济发展起积极作用。出卖土地农户中的绝大多数,只是出卖所有土地中的一部分,而不是将所有土地卖完。买入土地的,绝大多数是耕地不足的农民。在土地私有、可以买卖、缺乏社会保险的情况下,出现贫富差别和土地买卖势难避免。如何在保护广大农民生产积极性的同时,帮助那些面临困难的农民摆脱困境,共同走上富裕的道路,这是中国共产党和人民政府极为关切的

问题。

土地改革后,农村经济发展的另一个重要特点,是社会主义经济和个体农民经济的联系日益密切。随着国营商业、供销合作社的发展和实行统购统销,国家控制了农户出售产品和购买生产资料、日用品的绝大部分。人民政府通过价格、征购和税收政策,调节农民收入的分配和经营方向。国家通过组织农村信用合作社,发放农业贷款,掌握农户的资金活动。在经济历史上,个体农民经济从来依附于在社会经济中占主导地位的经济成分,它的发展趋势受占主导地位经济成分的性质、占统治地位的阶级之政策的影响。在新民主主义经济中,社会主义经济占主导地位。由于人民政府的农村政策和社会主义经济的发展,土地改革后农村中出现中农化的趋势,说明新民主主义经济形态中个体经济的发展趋势与资本主义经济形态中个体经济发展的基本趋势(两极分化)根本不同。

二、农业社会主义改造的指导思想

在土地改革以后,农民怎样才能走上共同富裕的道路和避免走资本主义发展道路,同时又最有利于采用先进技术,兴修水利,迅速提高农业生产力,适应工业化的需要?中国共产党根据马克思主义的理论和苏联的事实,认为合作化是唯一出路。

对于中国应在何时实现合作化(涉及合作化条件、步骤与对农村形势等)问题,领导人的认识与思路多种多样。

1. 关于农业生产合作化的物质条件

刘少奇主张先机械化后合作化,毛泽东后来提出先合作化后机械化。一些人认为,经济越发达的地区(如南方各省和平原地区),合作化的经济条件越成熟。另一些人认为,越是经济落后的地区,生产工具不全的农户越多,他们对合作生产的要求越迫切,因而提出合作化不受经济发展水平限制。山区、经济落后地区、少数民族地区,都可实行合作化。

2. 关于土地改革后农民的积极性与合作化的群众基础和阶级基础

1949年以前,毛泽东认为中国人民文化落后和没有合作化的传统,组织合作社遇到困难。个体农民经济是封建社会的基础,不是新民主主义社会的基础。因此,在进入新民主主义社会后,应立即将其改造掉。1949

年 6 月,他提出"严重的问题是教育农民"。[①] 1955 年下半年,毛泽东认为农民群众中蕴藏着极大的社会主义积极性,现在的问题是我们的某些干部思想落后于群众。占农村人口的 60%~70% 的贫下中农积极拥护合作化,他们是合作化的群众基础和阶级基础。刘少奇认为,土地改革以后,农民发家致富的积极性很高。这种个体经济积极性使农户经济迅速充实,有的已上升为富裕中农,这说明农村形势好。这些富裕户生产条件好,是发展生产力的带头人。富裕户生产资料齐全,没有在生产领域合作的要求。生产资料不全的贫困户要求互助,他们一旦有了齐全的生产资料,也就没有互助的要求。全体农户都有在流通领域(资金借贷、产品出售、购买商品)合作的积极性。1953 年公布的中共中央关于农业生产互助合作的决议指出,土地改革后,农民有两种积极性,即个体经营的积极性和互助合作的积极性。

3. 关于贫富分化与两极分化

一些人认为,对 1%~2% 农户出卖部分土地的现象要进行科学分析。贫富分化与两极分化既有联系,又性质不同。另一些人认为,有 1%~2% 的农户出卖土地说明农村中两极分化现象严重,若不立即合作化,农村将走到资本主义道路上去,贫下中农将不会再跟着共产党走。要趁着农村两极分化尚未严重,农民刚从共产党手中得到土地,热情地拥护共产党,他们生产生活还比较困难,对过去的苦记忆犹新,"趁热打铁",立即引导农民迅速实现合作化。现在看来,这种分析不仅未看到农村变化的基本趋势或主流是中农化,也未弄清两极分化的内涵,将贫富差别误认为是两极分化,从而导致惊慌。

4. 关于合作化的形式与步骤

一些人认为,普遍发展各个领域中各种形式的互助合作组织,应先重点发展以个体农民私有制为基础的(即不动农民的私有制和不改变农民的生产方法与生活方式,因而容易为农民接受)流通领域的供销合作社和信用合作社,帮助个体农民解决生产资料与生活资料购买、产品销售与资金运转中的困难。通过这种合作,即通过流通领域里农产品流通与资金流通,影响和制约农民的生产活动,使农民懂得合作的好处,养成合作的传统,然后将重点转向生产领域的合作。另一些人认为,在普遍发展各种互助合作组织时,一开始就应将重点放在生产领域的互助合作上,在生产过程中实行集体劳

---

① 毛泽东:《毛泽东选集》第 4 卷,北京:人民出版社,1960 年,第 1477 页。

动,以便立即改变个体农民的生产方式。

在对这些问题的讨论中,毛泽东的先合作化后机械化的观点,农民中蕴藏着极大的社会主义积极性的观点,趁热打铁的观点,在生产过程中实行集体劳动的观点,成了合作化的指导思想。

在指导思想中,对于以下两个问题,在理论上没有出现过重大分歧。

1. 逐步过渡的思想

在生产领域里,从农业生产劳动互助组到初级农业生产合作社,再到高级农业生产合作社(以下简称"互助组"、"初级社"、"高级社"),即逐步过渡的思想。这样便于逐渐实现生产资料公有制和按劳分配,使农民逐步适应经营方式的变化,避免经济体制改革中出现大的社会震动。

2. 坚持自愿原则的思想

农民是劳动者,对他们不能实行剥夺。要通过思想教育和典型示范,使他们自觉自愿参加合作社。要贯彻自愿原则,必须坚持互利原则,没有互利便不会有自愿。互利的重点在于处理好贫农和中农的关系。

领导农民通过合作化走向社会主义的道路和实现农业现代化,这个方向是毋庸置疑的。这是一件很复杂的事,其中有许多问题值得探讨。诸如:合作化是否就是集体化,是否就是生产过程中的集体劳动、集体分配? 大规模集体经营是否就是农业现代化、社会化的唯一形式? 当个体农民用手工生产的条件未改变时,生产过程集体劳动式的大规模经营是否比家庭经营优越(规模经济问题)? 合作化需要什么条件和过渡环节,合作化与工业化是什么关系? 合作化与市场化是什么关系,它是农村商品经济进一步发展的客观要求,还是越穷越落后越易于实现合作化? 合作化的速度是否受客观条件的制约? 由于缺乏经验,由于对这些问题未做过深入的、自由的、系统的、认真的理论探讨与试验,由于向外国学习时只限于苏联的集体化经验等一系列的原因,对这些问题的解答不可避免带有历史的局限性。理论上的局限性决定了农业社会主义改造运动存在着难以避免的历史性的缺点。

三、农业互助合作的三个发展阶段

把个体农民私有制改造为农业生产合作社所有制,经历慎重起步、快步发展和跑步完成三个阶段。

(一)慎重起步

在农忙季节换工,是中国农民劳动互助的传统方式。在这种方式中,农户之间或直接交换自己的劳动,或以人工交换牛工、农具的使用。互助多发生于族人、亲戚和邻里之间。这种劳动互助不涉及生产资料和劳动产品的所有权,它是自然经济与农民贫困条件下的产物。在解放区,中国共产党利用传统劳动互助形式建立互助合作组织,帮助农民解决缺乏劳力、农具和耕畜的困难。农业互助合作运动起步于1928年以后的解放区。新中国成立初期,在解放区农民劳动互助的基础上,互助合作运动向全国发展。经过土地改革的地区,互助组有进一步的发展。互助组的特点是土地私有,家庭经营,调剂劳力,劳动等价交换。互助组有临时的(季节的)和常年的(固定的)。临时互助组成员一般只有几户、上十户,农忙时临时相邀互助,其他时间各干各的,成员不固定。常年互助组的成员比较固定,有的互助组将劳动互助扩大到农业生产之外的副业生产。常年互助组有初步的劳动调拨安排和简单的账目,有的还有少量的公共积累。

随着农村经济的恢复和发展,原来的贫农,大部分的经济状况上升到中农水平。他们可以独立地进行家庭经营,不再需要使用别人的农具或耕牛。那种因缺乏农具、耕畜而成立互助组的要求已经不存在,或者说,原有的互助组已经不能满足他们的新要求。在经济上升较快的农民中,出现要求退出互助组的倾向。对农民退出互助组和在新的形势下如何把互助合作运动进一步推向前进,人们的认识不同。中共山西省委在一个报告中,提出互助组涣散的原因是农民的自发的资本主义倾向。为了克服这种倾向,必须在互助组内增加公共积累,采取按劳力、土地两个标准分红,并逐渐增加按劳分配的比重,不断增加社会主义的因素,动摇、削弱直至否定私有制。中共中央华北局在有关报告中提出,目前面临的问题,是如何改良生产技术,解决销售问题,是如何完善互助组的生产内容,而不是逐步动摇私有制。刘少奇认为山西省委提出的办法是一种错误的、危险的、空想的农业社会主义的思想。华北局和刘少奇没有提出互助组进一步前进的组织形式,但反对不从提高生产入手,而是着眼于分配的平均主义思想。这与毛泽东关于合作

化的目标模式发生碰撞。[1] 1951 年 9 月,中共中央召开全国第一次互助合作会议,通过《中共中央关于农业生产互助合作的决议(草案)》。这个《决议(草案)》肯定了以土地入股、集体经营、按劳力和土地分红的初级社,是从互助组到更高级的社会主义集体农庄之间的过渡形式;认为初级社实现了统一经营,解决了互助组集体劳动和分散经营的矛盾,可以逐步克服小农经济的弱点。《决议(草案)》的贯彻实施,推动了农业互助合作运动的发展。到 1952 年底,参加互助组的农户占农户总数的 40%,同时试办了 3634 个初级社。

(二)快步发展

1953 年春,农业生产互助合作运动出现急躁冒进的倾向。在新解放区,这种倾向主要表现为强迫农民大批加入互助组,侵犯中农利益,打击单干农民。在老解放区,它表现为一味追求高级形式,轻视互助组,盲目提倡土地、农具、耕畜公有,这在一定程度上影响了农民的生产积极性。正在此时,1953 年 2 月,中共中央将《关于农业生产互助合作的决议(草案)》做了部分修改,作为正式决议公布,这进一步推动互助合作运动的快速发展。

1953 年冬,在全国第三次农业互助合作会议上,通过了《关于发展农业生产合作社的决议》,并对各地下达发展农业生产合作社(以下简称"农业社")的计划即任务指标。会后,各地抓紧发展农业社工作。1953 年底,全国成立农业社 1.4 万个。1954 年春,全国出现互助组大量转为农业社的势头。到 1954 年 6 月,农业社发展到 9 万多个;年底,发展到 50 万个。1955 年春,发展到 67 万个。鉴于在发展农业社工作中重数量不重质量,以及由于发展过快带来的问题,中共中央发出《关于整顿和巩固农业生产合作社的通知》。这次整顿和巩固合作社的工作主要有两个方面:一是组织整顿。在完成发展计划的地区,停止发展,全力巩固;在未完成计划的地区,有条件地在巩固中继续发展;计划过高的地区适当收缩。二是经济整顿。要根据贫农与中农互利的原则确定土地报酬的数量或比例,并在一定时期内稳定下来,不急于降低;处理好牲畜入社问题,新办农业社不急于将牲畜折价归社,采取私养公喂公用的办法,合理评定畜工报酬;条件成熟的农业社,牲畜作

---

① 赵德馨、苏少之:《两种思路的碰撞与历史的沉思——1950—1952 年关于农业合作化目标模式的选择》,《中国经济史研究》1992 年第 4 期。

价入社,其价格应高于不合理的市价(当时大批农民变卖牲畜,市场牲畜价格猛跌);解决农业社的劳动管理问题,建立或健全劳动组织,实行包工包产,克服劳动管理混乱的缺点。经过 1955 年上半年的整顿,缩减了 2 万个农业社,其他 65 万个农业社在不同程度上得到巩固。

(三)跑步完成

中共中央关于整顿和巩固农业生产合作社的决定,是经毛泽东同意的。到了 1955 年 6 月,他对整顿工作使农业社减少 2 万个极为不满。7 月,他在中共中央召集的一次会议上,批评负责农业互助合作工作的中共中央农村工作部部长、国务院副总理邓子恢等同志"像一个小脚女人,东摇西摆地在那里走路",犯了右倾的错误。他批评这是从资产阶级、富农,或具有资本主义自发倾向的富裕中农立场出发。要求全党干部克服右的错误,加快合作化的步伐。这次会议要求在 1955 年下半年,全国农业社的发展要在原有的 65 万个的基础上增加 1 倍,达到 130 万个左右。1955 年 10 月,中国共产党召开七届六中全会,毛泽东在讲话中又一次运用不恰当的斗争方式来对待在农业合作化问题上持有不同意见的同志。会议根据毛泽东的讲话精神,通过《关于农业合作化问题的决议》,再次规划了合作化运动进展的速度和规模:在互助合作运动比较先进的地方,到 1957 年春以前,合作社应发展到当地农户的 70%~80%,基本上实现半社会主义合作化;在全国大多数地方,在 1958 年春以前,基本上实现半社会主义的合作化。会后,在全党上下以及党外群众中开展批右倾的运动,以此为推动力,1955 年下半年掀起农业社会主义改造高潮。

1955 年上半年,在全国农户总数中,参加互助组的占 50.7%,参加初级社的占 14.2%,参加高级社的不到 1‰。到 1956 年底,全国参加农业社的农户占农户总数的 96.3%(其中,高级社为 87.8%),农业生产基本上实现了合作化,将个体农民私有的生产资料变成了农业生产合作化集体所有,农业社会主义改造任务基本完成。

加速完成合作社的进程有经济上的原因。1953 年冬实行粮食统购统销,农民对此不满意。1954 年,农业增长不快,农副产品供应不能满足大规模工业化建设的需要。1955 年上半年,工业发展快,农业跟不上的矛盾更加明显。统购粮食、棉花、油料的对象是个体农民。个体农民的抵抗,使收购工作很不好做。如何解决这个矛盾?开荒、兴修水利,不能在短期内见

效。国家没有能力提供大批农业机械、化肥,对农业实行技术改造。于是希望通过发展农业社来迅速提高农业生产力,增加粮食和棉花等原料的产量,同时通过农业社来统购农产品(这比向一个个农户去统购,要方便和可靠得多),解决农业不适应工业化的矛盾。这是加快农业合作化发展速度的一个重要考虑。

四、历史作用与问题

(一)历史作用

农业社会主义改造的完成,实现了土地由私有制到公有制的转变。这是中国土地制度史上第二次大变化(前一次变化发生在两千多年以前,是由国有制向私有制的转变)。伴随着土地所有制变化的,是1亿多个以土地私有制、农业生产过程家庭劳动为特征的个体农户经济,转变为100多万个以土地公有制、农业生产过程集体劳动为特征的农业合作社经济。

农业社会主义改造的完成,在经济上切断了资本家阶级和农村的联系,在政治上使它更加孤立,迫使其接受社会主义改造。

(二)两个问题

农业合作化中的问题,主要有两个。

一个是目标模式。实践中采用的目标模式是苏联的集体农庄。这种模式的特点是:土地及主要生产资料归合作社公有(它是每个社员户的,又不是每个社员户能支配的),生产过程集体劳动,统一经营,产品统一分配。这是集体化。在生产仍是手工劳动,生产工具照旧的情况下,集体劳动只是劳动力的简单集合,农民称它为"大呼隆"。在生产的产品只够维持基本生存条件、而分配又必须保障所有社员基本生存条件的情况下,统一分配无论采取何种形式,结果只能是平均主义,农民称它为"吃大锅饭"。"大锅饭,养懒汉。"农业生产合作社制度使农民失去支配自身劳动、生产资料、劳动产品的自由。在此情况下,劳动力的简单集合,不仅不能提高劳动效率,反而损害劳动者的积极性,即社员"出工不出力",不利于农业生产力的发展。

中国在农业社会主义改造过程中,之所以一开始就把苏联集体农庄作为合作化的目标模式,是因为在理论上把社会主义生产简单理解为集体生产。认为互助组具有社会主义萌芽,是因为互助组实行集体劳动。认为家庭个体经营(如按户包工包产)是资本主义性质的,也是因为它不是集体劳动。

另一个是工作上要求过急,步子过快,工作过粗,形式过于简单。1953年12月,《总路线宣传提纲》规定15年或更长的时间内完成社会主义改造,要求1957年有20%的农户参加农业社。1955年3月公布的"一五"计划,规定1957年有1/3农户参加农业社。1955年底,毛泽东提出1956年实现初级合作化,1959年或1960年实现高级合作化。1956年1月,中共中央提出1958年实现高级合作化。这是不断地缩短完成农业合作化的期限。结果是,1956年基本完成高级合作化。与其他社会主义国家相比,中国完成农业社会主义改造的速度是最快的。从新中国成立时算起,只有7年。从土地改革完成时算起,仅4年。苏联共产党1917年夺得政权和宣布土地国有化,1932年宣布全盘集体化(其时仅57.6%的农户加入集体农庄),1936年宣布社会主义建成,历时19年。匈牙利从土地改革完成时算起,8年初步实现合作化,15年基本实现合作化。罗马尼亚从土地改革完成时算起,经过17年才完成合作化。民主德国从1949年算起,16年才完成合作化。

中国农业合作化推进速度最快的是最后阶段。1955年上半年,14.2%的农户参加初级社,50.7%的农户参加互助组,35%的农户是个体户,参加高级社的不到1‰。1956年底,已有87.8%的农户参加高级社。多数农民没有经过初级社,或虽有入初级社之名,却没有参加过初级社的生产和分配,就进入高级社。有些农户没有经过互助组就进入了高级社。这就是说,多数农户没有经过逐步过渡。这种实践过程与原来的逐步过渡的理论与设计区别甚大。

在工作方式上,某些地区为了完成合作化进度的指标,用阶级斗争、群众运动的办法,造成强大的政治压力,违反自愿原则。在经济问题的处理上,主要是损害中农利益。土地报酬过低,或急于取消土地报酬。急于把大牲畜、树木作价入社,或作价过低。这引起社会震动。一些地区出现了畜价狂跌、滥宰耕畜、乱伐树木等严重现象。以大牲畜言,1949年6002万头。1949—1955年,年年增多,平均每年增加462万头。1956年开始由增加变为减少,该年比1955年减少2万头。1957年比1956年减少391万头,1958年又比1957年减少618万头。直到1966—1967年,大牲畜数才恢复到1955年的水平。以树木言,1955—1956年是新中国历史上三次林木大砍伐,林木数量陡降的第一次。1956—1957年农业生产的实际情况也不好。

这些现象反映了不顾生产力的发展水平，盲目追求公有化程度高的形式，急于完成过渡的指导思想，对农业生产很不利。

形式过于简单，主要表现在合作社形式少。合作社本有多种形式。如生产合作、供销合作、信用合作等等。解放区有过犁牛合作社、粮食合作社等单一生产要素或单一商品的合作。1949年以后，开展互助合作运动的直接目的是把它作为改造个体农民私有制的手段，所以强调直接从生产领域入手组织生产互助合作，对从流通等环节入手的合作社形式的作用与地位重视不够。在农村组织了大量的供销合作社和信用合作社。但把它们仅仅看成是国营商业和银行的助手，没有充分发挥它们是联合农民的主要形式的作用。农业互助合作的发展，关键的一步是在互助组促进生产恢复后，如何继续前进的问题。正确的做法应该是根据生产力和商品经济发展的客观要求，发展生产和流通领域各种形式的合作组织。实际的做法却是从既定模式（就是集体生产、统一经营、生产资料公有的高级社即集体农庄）出发，着眼于克服农民的自发性，在手工劳动、半自给性质小农的基础上，坚持集体生产的内容，进一步实行统一经营，把互助组引向土地入股的初级社。逐步过渡的内涵，是首先解决集体劳动和分散经营的矛盾，然后又解决统一经营与生产资料私有的矛盾。这就把合作的主要内容局限于集体生产，而且是小而全的半自给性质的生产，对商品经济的发展不利。

形式过于简单也表现在农业社经营管理体制上。在农业合作化运动中，广大基层干部和农民群众根据各地的实际情况，创造了各种形式的责任制，其总的趋势是从集体劳动、统一经营到有统有分，包产到户等形式已产生，这种趋势反映了生产力的客观要求。这一点，直到20年后，即1978年中国共产党十一届三中全会后，才为全党所认识。

在上述两条缺点中，第一条是根本性的。因为工作中的缺点错误是可以改正的，后来也在努力改正。由于目标模式错了，改正也只能局限在既定目标模式范围之内做些修补、完善的工作，不能解决根本性问题。目标模式的错误决定了农业社自己的历史命运：1978—1983年，经过改革，农业生产过程中的集体劳动与统一分配的模式被几亿中国农民抛弃了。

第四节　将个体手工业者生产资料私有制改造为手工业生产合作社所有制

一、手工业生产在国民经济中的地位及其特点

将手工业与农业、资本主义工商业并列为"三大改造"的内容,是因为手工业在国民经济中占着重要地位并具有自身的特点。

新中国成立时,手工业生产是国民经济基本生产部门之一。从整个手工业生产来说,从业人员众多,行业多,产品种类繁多,地域性强。它在工业总产值中占的比重大,与人民生产生活关系非常密切。它生产农民所需要的大部分生产资料和生活用品,为大工业承制配套零件和包装用品。它生产各种建筑材料。在对外贸易中,它占有独特的地位。手工业在国民经济中的重要作用,是由于大工业落后和手工业自身的经营特点决定的。

手工业的经济形式有个体手工业者、手工作坊和手工工场。个体手工业者属于手工业社会主义改造的对象。手工工场一般是资本主义性质的,被划入资本主义工商业社会主义改造的范围。手工作坊依其雇工数量与规模大小,分别划入前者或后者。

个体手工业者的主要特点是:工具简陋,设备落后,一家一户为一个生产单位,个体劳动为主,生产规模小;"厂""店"合一或前店后厂;实行家长制管理;资金微薄。

二、个体手工业者合作化的进程

个体手工业生产从传统到现代的理想途径与长远目标是实现合作化与机械化。新中国成立后,手工业者逐步合作化,在合作化过程中或合作化基础上,部分手工业生产转为机械生产。

手工业合作化经历了如下三个阶段。

(1)1950—1952年的重点试办、典型示范阶段。新中国成立初期,人民政府立即着手恢复手工业生产,在城市失业工人中和个体手工业者中组织起为数不多的手工业生产合作社;国营商业和供销合作社对手工业实行加

工订货;通过组织物资交流会和手工业产品展销会,解决手工业原料来源和产品销路问题。在此基础上建立手工业供销生产小组或合作社,通过发原料、收产品,在供销方面保证手工业的正常进行,使手工业者摆脱对商业资本的依附。与此同时,调整师徒关系,建立尊师爱徒的新型师徒关系。对手工业者自发组织的合伙组织,人民政府为它们配备干部,帮助建立规章制度,把它们改变成供销生产合作社或生产合作社。1951年6月召开全国第一次手工业工作会议,在总结前段工作经验教训基础上,制定《手工业生产合作社章程准则草案》。会后,组织社员学习社章,进行合作社教育,对手工业生产合作社进行整顿,使既有的手工业合作社得到巩固。在1952年8月召开的全国第二次手工业生产合作会议上,提出积极发展、稳步前进的方针,确定以手工织布和手工造纸业为组织合作社的重点行业;纠正了某些地区把带有学徒和雇佣少数帮工的手工业者当成工业资本家对待的错误倾向;肯定了供销生产合作社(从供销入手将个体手工业者组织起来,生产资料私有,分散生产,由合作社统一经营供销业务)与手工业生产合作社(生产资料集体所有,实行统一经营,集中或分散生产)的组织形式;明确了解决产品销路问题的关键是提高产品质量。1952年,个体手工业产值比1949年增长119%。该年年底,全国手工业合作社(组)发展到2600个,社(组)员22.8万人,占手工业从业人员总数的3.1%。

（2）1953—1955年的全面发展阶段。1953年8月召开的全国第三次手工业生产合作会议决定,对手工业社会主义改造的方针是积极领导、稳步前进,既反对要求过急、贪大求多,也反对放任自流、停滞不前;组织形式有手工业生产合作小组、手工业供销生产合作社和手工业生产合作社;方法步骤是从供销入手,从小到大,由低级到高级,逐步过渡。朱德在会议上强调,要防止盲目集中和盲目机械化;要根据手工业者的要求,采取不同组织形式,反对规定一个死格式到处乱套。会后,手工业合作化运动进入全面发展阶段。国家对于手工业合作化运动给予大力支持。国营商业、供销合作社通过供销业务支持和指导手工业合作社的生产和销售。国营工业组织手工业合作社为其加工、配套。国家把清仓呆滞物资低价出售给手工业合作社,并实行减免税款、提供低息贷款等各种优惠政策。可是,随着大规模经济建设和社会主义改造的全面展开,手工业与大工业在产销方面的矛盾趋于尖锐。不少手工业合作社买不到原料。在这方面,个体手工业者尤为困难。为此,1954年12月召开全国第四次手工业生产合作会议。会议提出"统筹兼顾,全面安排,积极领导,稳步前进"的改造方针;确定 1955 年的工作任务是继续摸清手工业主要行业的基本情况,对全国手工业进行调查、摸底、排队,按行业拟定供、产、销和手工业者的安排,为有准备、有步骤地实行行业改造准备条件;整顿、巩固、提高现有社(组),为进一步改造奠定稳固的基础;从中央到地方建立、健全手工业生产合作社的领导机构,加强对手工业改造的领导。1955 年底,参加合作社的手工业者达 220.6 万人,占手工业从业人员总数的 26.9%。

(3)1956 年的快步实现合作化阶段。1955 年下半年批右倾运动,促成农业合作化高潮,也促成手工业合作化高潮的到来。1955 年 12 月召开全国第五次手工业生产合作会议,要求手工业的社会主义改造与国家工业化发展速度,与农业和资本主义工商业的社会主义改造速度相适应,在 1956 年至 1957 年两年内基本上完成手工业合作化的任务。1956 年春,在全国范围内掀起手工业社会主义改造高潮。1 月 12 日,北京市全部实现手工业合作化。在做法上,采用全市全行业全部组织起来的办法。1956 年 3 月,毛泽东提出手工业改造的速度慢了,要求在 1956 年内完成改造。这对加快手工业合作化产生很大影响,在全国大中城市推广北京市的做法。到年底,全国手工业生产的合作社(组)发展到 10 万多个,社(组)员 603.9 万,占手工业从业人员总数的 91.7%,基本上完成了手工业的社会主义改造。

三、手工业所有制和经营形式趋向单一

从 1950 年到 1955 年,在手工业社会主义改造中创造了手工业合作化的三种形式,走出了从流通到生产,从小到大,从低级到高级逐步过渡的道路,提出要防止盲目集中的倾向,要保留某些手工业的特色。这些都是宝贵经验。在 1956 年的高潮中,为了迅速完成社会主义改造,一些地区不顾某些手工业生产与经营的特点,盲目地将全部手工业者个体所有制改变为集体所有制;忽视手工业供销合作社、手工业生产合作小组这些组织形式具有的适应性,一味追求公有化程度更高的手工业生产合作社,或把手工业供销生产合作社、手工业生产合作小组一律转化为手工业生产合作社;盲目撤小社,并大社,集中生产、集中经营,统一核算、统一分配。这导致所有制形式和经营形式趋向单一。在改造高潮中仓促建立起来的合作社,由于缺乏巩固的思想基础和干部等一系列条件,有些社管理混乱,成本提高,质量下降;有的原生产协作关系和供销关系中断,造成原料供应和产品销售困难。盲

目采取统一核算、统负盈亏，在合作社内部助长了平均主义思想，影响社员的生产积极性，产品数量减少。致使市场上适合人民需要的手工产品品种减少，数量减少，服务质量降低，给人民生活带来极大的不便。中共中央对上述问题很快地有所察觉。在手工业合作化运动的后期，对手工业合作社进行了调整和整顿。工作的重点是根据各行业的特点和具体条件，从有利于生产和更好地为居民服务出发，适当地解决集中与分散的问题。这对于方便居民生活，起了一些作用。但是，由于手工业社会主义改造的目标模式是生产资料公有，集体劳动，统一经营，统一分配，手工业所有制和经营形式单一化这个根本问题没有得到解决。在既定目标模式下，这个问题不可能得到解决，由这个根本问题带来的其他问题也不可能得到解决。

手工业合作化的发动，是出于"小生产者每日每时产生资本主义"，进入社会主义社会必须彻底消灭私有制这些理论概念，因而要把所有的手工业者变成手工业生产合作社社员，消灭个体手工业者。这是对中国社会生产发展状况和手工业生产的作用认识错误的结果。从实践上看，绝大多数手工业生产合作社的成立，不是出于手工业者的自愿。手工业合作化以后，手工业对社会生产力的发展，手工业者的收入，手工业对人民生活及对国民经济的贡献，并不比合作化以前更大或更多。1979 年以后，个体手工业大批涌现；原有的手工业生产合作社经过种种变迁，绝大部分已不复存在。事实表明，在手工业者自愿的前提下，引导他们加入各种形式的合作组织，对他们、对国家、对社会生产力的发展都有好处；在短时期内将全部手工业者纳入手工业生产合作社中，以消灭个体手工业者，在现阶段的中国，是不必去做的事。

第五节　将工商业主私有制改造为国家所有制

过渡时期总路线规定："对农业、手工业和资本主义工商业进行社会主义改造。"在这些社会主义改造的对象中，没有工商业中小商小贩等小业主。在对这条总路线的宣传解释与执行过程中，未将资本主义工商业主与小商小贩等小业主区分开来。工商业中的资本主义所有制与小业主所有制性质不同：前者靠资本谋取利润，后者靠自己的劳动谋生。由于实践中对资本主义工商业的社会主义改造包括了对工商业中小业主的社会主义改造，是将

它们放在"一锅煮"的,所以对资本主义工商业的社会主义改造实际上是对
工商业主私有制的社会主义改造。其中,对工商业资本家私有制的社会主
义改造,居主要地位,它是本节叙述的主要对象。

一、利用、限制、改造——中国式消灭资本主义所有制的道路

(一)从利用、限制到利用、限制、改造,消灭资本主义经济任务的提出

在对中国经济发展历史过程进行分析与总结领导解放区经济工作经验
的基础上,中国共产党七届二中全会提出,新中国成立后对资本主义工商业
实行利用、限制的政策;在构成新民主主义经济形态的五种经济成分中,有
一种资本主义经济,还有一种国家与私人资本合作的国家资本主义经济。
在接收国民政府所有企业的过程中,产生了国家资本与私人资本共存的公
私合营企业。在国民经济恢复时期,通过调整公私关系、劳资关系、产销关
系,使资本主义工商业中有利于国计民生的行业与企业得到恢复和发展;打
击投机资本,开展"五反"斗争,逐步建立对私营工商业的管理制度,限制资
本主义工商业的消极作用。在利用、限制的实践中,产生了代销、经销、加
工、订货、公私合营等可以将生产资料资本家所有制改造为国家所有制的经
济形式。中国共产党在过渡时期总路线中,提出了改造资本主义工商业的
任务和利用国家资本主义改造资本主义工商业的方针:通过国家资本主义
从低级到高级的发展,社会主义经济成分与资本主义经济成分由企业外部
的联系发展到企业内部的联系,企业里社会主义因素逐步增加,直至最后过
渡到完全的社会主义。这种变革生产关系的方式,是在利用、限制中实现改
造的,是一种和平的渐进的形式,即采取非暴力剥夺的形式。

"利用、限制、改造"是一个完整的政策,其中,改造是重点,是目标,是实
质。利用是为了发展生产力,为最终消灭资本家所有制,在全社会范围内建
立社会主义所有制创造物质前提。经济落后,在相当长一段时间内允许资
本主义存在和发展,有利于增加社会财富和国家税收;有利于城乡交流,满
足市场的需求和方便人民生活;有利于增加就业机会;有利于利用资本家阶
级中的技术人员和管理人员为国家建设服务。新中国成立后头三年经济迅
速恢复,证明利用资本主义工商业政策是正确的。资本家唯利是图的本性,
资本主义经营的投机性、生产的盲目性和无政府状态,必然与国家的经济政
策、有计划的经济建设和国营经济的领导地位发生矛盾和冲突。对资本家

与资本主义经济的这个方面,必须加以限制。恢复时期限制与反限制的斗争充分说明了这一点。这种限制和反限制,是新民主主义国家内部阶级斗争的主要形式。限制的目的是使资本主义工商业在有利于国计民生的范围内发展,使它变成国家能控制的资本主义,从而为进一步改造资本主义创造条件。新民主主义社会前进的方向是社会主义,对资本主义进行改造是这个既定目标的内在要求。改造必须在利用、限制的基础上,根据生产力发展的客观要求逐步进行。

中国具有和平改造资本主义工商业的政治条件与经济条件。掌握着国民经济命脉的强大的国营经济,是实行利用、限制、改造政策的物质基础。共产党领导的解放军与人民民主专政日益强大,不怕资本家阶级造反;中国资本家阶级力量较弱,他们中的多数人有爱国主义的传统,不可能有组织有预谋地同外国帝国主义勾结,这是实行利用、限制、改造政策的政治条件。

(二)国家资本主义——消灭资本主义工商业的形式

对采取什么样的步骤、方法、形式消灭资本主义经济的问题,是在酝酿过渡时期总路线的过程中逐步地明确和具体化的。毛泽东在1952年9月中共中央政治局会议上第一次提出向社会主义过渡的问题时说,现在,工业中,私营占32.7%,国营占67.3%,是三七开;商业零售是倒四六开。再发展五年,私营比例会更小,但绝对数字仍会有些发展,这还不是社会主义。五年以后如此,十年以后会怎么样,十五年以后又怎么样。到那时,私营工商业的性质也变了,是新式的资本主义,公私合营、加工订货、工人监督、资本公开、技术公开、财务公开,他们已经挂在共产党的车头上,离不开共产党了。[①] 1952年10月,刘少奇率中共代表团参加苏共十九大期间,受毛泽东委托,在莫斯科给斯大林写了一封长信。信中写道:"我们估计,再过五年,即我们执行了第一个五年经济计划之后,在工业中,国营经济的比重将会有更大的增加,而私人资本主义经济的比重则会缩小到百分之二十以下。再过十年,则私人工业会缩小到百分之十以下。私人工业在比重上虽将缩小,但在绝对数上则还会有些发展,因此,多数资本家还会觉得满意,并和政府合作。在十年以后,中国工业将有百分之九十以上是国有的,私人工业不到

---

① 薄一波:《若干重大决策与事件的回顾》(修订本)上卷,北京:人民出版社,1997年,第220~221页。

百分之十,而这些工业又大体都要依赖国家供给原料、收购和推销它们的成品及银行贷款等,并纳入国家计划之内,而不能独立经营。到那时,我们就可以将这一部分私人工业不费力地收归国家经营。在征收资本家的工厂归国家所有时,我们设想在多数情况下可能采取这样一种方式,即劝告资本家把工厂献给国家,国家保留资本家的消费财产,分配能工作的资本家以工作,保障他们的生活,有特殊情况者,国家还可付给资本家一部分代价。我们估计:到那时,中国的资本家可能多数同意在上述条件下把他们的工厂交给国家。"毛泽东、刘少奇在强调国营经济迅速增长和私营经济比重下降的同时,还容许私营经济在绝对数上有所增加;设想在国营经济的比重达到绝对优势时,"劝告"资本家"把工厂贡献给国家","有特殊情况者,国家还可付给资本家一部分代价"。1953年5月,中共中央统战部在调查资本主义工商业和国家资本主义的情况后,向中共中央提交《关于资本主义工业中的公私关系问题的调查报告》,对国家资本主义的各种形式进行了分析;把原来已经实行,但以前未认定是国家资本主义经济性质的加工订货、经销代销等,认定为国家资本主义经济的低级形式;建议经过国家资本主义,特别是公私合营这一主要环节,来实现资本主义所有制的变革。这个建议被中共中央采纳,国家资本主义从低级到高级的发展成为中国改造资本主义工商业的具体组织形式和道路。

二、国家资本主义从低级形式向高级形式的发展

(一)国家资本主义的低级形式

工业中,国家资本主义低级(或称初级)形式包括收购、统购、包销、订货、加工等五种,人们习惯上将它们简称为"加工订货"。在两次调整工商业的过程中,加工订货作为维持私营工业生产的手段,得到较快发展。这些形式对资本家有利,因而,是他们乐于接受的。中国共产党在酝酿过渡时期总路线的过程中,明确了加工订货是改造资本主义的重要形式之一,推动了加工订货进一步发展。1953年,加工订货产值占私营工业总值的53.6%。1954年以后,由于公私合营形式的发展,加工订货所占比重开始下降。

商业中,对资本主义批发商改造的主要形式是取代,或使其转化为国营公司的二级批发站,或促使其资本转入工业,其从业人员由国营商业安排录用。在属于资本主义性质的零售商业中,国家资本主义低级形式是批购、经

销和代销。批购（又称批购零销或批销），是指私商以现款向国营商业批购商品，并按照规定的牌价或核定的价格出售，私商在零售中取得批零差价的收入。经营批购的私商仍可在自由市场进货。经销，是指国营商业把商品委托给私营零售商店经销，经销私商按国营商业供应计划，以现款从国营商业进货，并按国营商业规定的零售牌价和供应办法出售，从经销中取得批零差价的收入。它与批购不同的是：经销店对其经销的商品，不得再从自由市场进货。代销，是指国营商业把商品委托给私营零售商店代销，私商代销店在按国营商业的供应计划和规定的牌价出售商品后，把货款交给国营商业，同时从国营商业领取规定的手续费。执行代销业务的私营商店，须向国营商业缴存一定的保证金，并不得再向自由市场购进属于代销品种的商品。在国民经济恢复时期，商业中的国家资本主义低级形式处于萌生状态。1953年以后，尤其是对粮、棉、油实行统购统销后，国家掌握大量商品的货源，私营商店已不可能从自由市场上取得粮、棉、油等商品，商业中的国家资本主义低级形式得到较大的发展。

国家资本主义低级形式的作用在于：（1）在利用资本主义的生产能力与经营能力的同时，把资本主义工商业的生产经营活动间接纳入国家计划的轨道，在一定程度上限制其生产、经营的盲目性。（2）由于国家规定加工费和价格，这使资本家的利润受到严格的限制。（3）在不同程度上削弱了资本主义工商业与市场的联系，使资本主义工商业的存在和发展逐步丧失了外部条件，不得不日益依赖于国营经济。这样就为进一步的改造创造了条件。（4）国营经济由此掌握了大量的商品和销售网，加强了它在国民经济中的领导地位。

在生产领域，国家资本主义低级形式是社会主义经济与资本主义经济的外部联系形式。在企业内部，资本家拥有生产资料所有权，掌握经营管理权。在与国家的关系方面，资本家凭借企业经营管理权，经常以拒绝加工订货、偷工减料等方式抗拒限制。"五反"运动后，工人阶级的政治优势加强，劳资矛盾日益尖锐。加工订货的利润按成本计算。在加工订货制度下，资本家缺乏改进技术、降低成本的动力。资本家为国家加工订货，而国家订货计划又很难做到完全适合市场需要，因而往往造成产品积压，这使资本家与国家的矛盾趋于尖锐。这些矛盾推动人们寻找解决矛盾的新形式、新制度。

（二）国家资本主义高级形式的初级阶段

国家资本主义高级形式是公私合营。公私合营在发展过程中经过两个

阶段:第一阶段是个别企业的公私合营,它被称为初级阶段;第二阶段是某
个行业全行业公私合营,它被称为高级阶段。

在工矿业中,个别企业公私合营的发展经历了两个阶段。在第一阶段
(1950—1953 年),公私合营企业产生的主要途径和原因是:(1)接收国民政
府企业中的私股,或没收私营企业中国民政府所有的股份。于是,这些企业
中既有国家资本,又有私人资本,成为公私合营性质的企业。(2)"五反"运
动后,少数资本家无力退赔,将其应退款折作公股。(3)个别私营企业在资
金方面发生困难,国家投资其中。这个时期公私合营的企业规模较大。
1953 年,公私合营企业生产的产值占全部私营工业产值的 13.4%。第二阶
段为 1954—1955 年。1953 年进入社会主义改造阶段以后,公私合营成为
改造资本主义工商业的主要形式。1954 年,中共中央批准中财委《关于有
步骤地将十个工人以上的资本主义工业基本上改造为公私合营企业的意
见》,制定了发展公私合营企业的计划和具体政策。从经济形势上讲,国家
掌握的工业原料日益增多,私营企业经营日益困难;较大工业户的公私合
营,从政治、经济上对整个资本家阶级产生了很大影响。从 1954 年起,公私
合营开始有较大的发展,趋势是从大厂发展到小厂,从主要行业发展到一般
行业,从大城市发展到中小城市。1955 年,在全部私营工业产值中,公私合
营占 49.7%,加工订货占 41%,自产自销占 9.3%。

1952—1955 年,在资本主义性质的交通运输业中,主要大户先后实现
了公私合营。

在私营商业中,属于资本主义性质的商业户不多,大户更少,个别企业
公私合营发展较慢。1955 年 8 月,在全国私营商业企业中,实行公私合营
的只有 440 户。

公私合营企业利润分配的办法是"四马分肥",即企业的利润分成四个
部分:国家征收的所得税、企业公积金(用于扩大再生产)、企业工人的奖励
基金、资本家的红利。资本家的红利占利润的 25%左右。

企业实行公私合营后,性质发生重大变化。企业的生产资料已由原来
的资本家占有变为公私共有。人民政府派出的公股代表参加企业管理,在
企业中居领导地位,实际上掌握了对生产资料的支配权。企业生产、经营活
动直接纳入国家计划。资本家的剥削受到进一步的限制。这样,企业转成
半社会主义性质。私营企业变成公私合营企业,是对资本主义工商业改造
关键的一步。

（三）国家资本主义高级形式的高级阶段

全行业公私合营是完成对资本主义工商业改造的基本形式。1952年，私营金融业务首先实现全行业的公私合营。随着社会主义改造的不断发展，计划经济范围不断扩展，市场经济范围不断缩小，资本主义工商业逐渐失去了其生存的外部条件。统购派购对象的增加，使国营经济掌握了越来越多的工业原料，私营企业的原料来源必须依靠国家供应。加工订货范围的扩大与国营商业垄断批发商业，私营工厂与私营商业的联系被割断。加上按行政区划的地区之间的封锁，私营工业产品销售发生极大困难。中小私营企业技术、设备落后，不能达到国家成批订货所要求的质量标准和成本标准。它们得不到加工订货任务，又无自由市场环境，困难更为严重。私营商业因得不到货源，也很困难。1954年（尤其是下半年），有些资本家准备停工、歇业，有些资本家抽走资金。这种情况对于维持就业，对于进一步改造资本主义工商业，都不利。为了解决这些问题，中共中央提出"统筹兼顾、全面安排"的方针。根据这个方针，从1954年底到1955年上半年，对私营工业采取如下措施：统筹安排整个行业的生产，国营工业适当让出一部分原料和任务，维持私营工业的生产；通过合营、合并、迁厂等方式，对私营工业按行业进行改组、改造；中央政府和地方政府建立或加强对私营工业的业务领导机构，各大城市设立工业局，按行业将国营、公私合营、私营企业统管起来。这些措施的实施，使私营工商业的困难有所缓和，促进了国家资本主义各种形式的发展，并逐渐产生出新的改造形式——全行业的公私合营。

统筹安排的目的既是维持生产，又是进一步的生产改组和企业改造。要进行全行业的生产改组，企业的生产资料、资金和职工要经历一个重新组合的过程。对此，不仅生产资料的私人占有形式不能适应，就是个别企业的公私合营形式也不能适应。在个别企业公私合营的形式上，资本家根据某个具体企业的生产经营情况按比例分得红利，他对生产资料的部分所有权表现为对企业的部分经营权。在这种形式中，无法根据生产需要进行生产改组。只有通过全行业公私合营，由统一的领导机构来承认资本家的所有权，按一定原则支付股息，使资本家的所有权脱离具体的企业，才可能统一生产改组。1955年下半年开始全行业公私合营的试点。1955年10月，上海八个轻工行业首先实行全行业公私合营。全行业公私合营"上海方式"的特点是：行业的改造以个别企业的公私合营为基础；全行业公私合营不一定包括行业中的每个企业,个别企业不愿合营,还可以等一等;工作是按照计划,在专业机构的领导下,派遣工作组,一行一业分别进行;企业改造和生产改组相结合,或先生产改组再全行业合营,或边合营边改组。1955 年下半年的农业合作化高潮,使资本家阶级在经济上与农村市场的联系被彻底割断;在社会主义好的宣传鼓动下,在社会主义改造的高潮中,私营企业内部工人群众迫切要求摆脱资本家的剥削与管理,尽快进入社会主义。在企业陷入严重困难以及强大的政治压力下,资本家除了接受改造,交出企业,已别无出路。1955 年底,中共中央决定把对资本主义工商业的改造从个别企业的公私合营推进到全行业公私合营阶段,在全国掀起对资本主义工商业改造的高潮,其特点是全行业公私合营在短期内全面铺开。这种做法于 1956 年初出现在北京,办法是:首先批准全行业私营企业进入公私合营,各企业生产经营依旧,从业人员不动,然后进行清产核资、人事改组和生产改组。3 月底,除了一些少数民族地区,全国各大中城市的工商业户全部实行公私合营。到 1956 年底,私营工业产值不到全国工业总产值的 1‰。工商业的社会主义改造基本完成。

实行全行业公私合营后,取消"四马分肥"的利润分配办法,实行定息制度,即按核定的资本家的股份金额,每年付给年息 5 厘的定息。全国私营工商业核定资产共计 34 亿元(其中工业 24 亿元),年付息 1.65 亿元。实行全行业公私合营和定息制度后,企业的生产资料归国家所有,由国家统一分配和安排,资本家对生产资料完全丧失支配权。企业性质发生了根本的变化。资本家领取的定息,与企业经营不发生联系。留在企业任职的资方人员,不是以生产资料所有者的身份,而是作为职工参加企业工作。除此之外,这些企业已与国营企业没有区别。

三、理论创新与理论缺陷

在将资本主义所有制改变为社会主义所有制的问题上,中国有不少理论上的创新。其中,引人注意的有三点。

第一,从中国经济的实际情况出发,根据企业所有权关系和它们在社会经济中的地位与作用,将资本主义分为国家垄断资本主义和私人资本主义两部分。在政权交替过程中,接管前者,对后者实行利用、限制的政策,注意利用私人资本主义有利于国计民生的积极作用,限制其消极作用,以利于生产力的恢复与发展,并为逐步改造它为社会主义经济创造物质条件。这从

理论上解决了民主革命与社会主义革命的区别和联系。

第二，通过国家资本主义从低级形式到高级形式的发展，实现了对资本家阶级的和平赎买，使资本家所有制逐步转变为国家所有制。这创造了和平改造资本主义的具体形式与步骤。与苏联等国实现社会主义社会时，采取没收资本家的企业方法比较，中国的方法保护了生产力，减少了社会震动。

第三，在对资本主义工商企业实行社会主义改造过程中，注意把企业的改造与人的改造结合起来。对资本家开展前途教育，使他们认识到必须接受社会主义改造。同时，对他们给予安排和使用，使他们的生活有保障，使他们的技术和管理经验能为社会服务，使他们在工作、生产中发挥才干，并逐步转变为自食其力的劳动者。这有利于社会生产力的发展，同时减少改造的阻力。

在对私营工商业的社会主义改造中存在的主要问题是改造面过宽，把许多本属于个体劳动者范围的小手工业者、小商小贩所经营的作坊、商店列入全行业公私合营的对象，即作为资本主义改造的对象，把这些个体劳动者划为资方人员，让他们拿定息。全行业公私合营后领取定息的 114 万股东中，投资在 2000 元以下的 91 万人，占股东（投资人）人数的 79.7％；他们的投资总额 37350 万元，人均资本 410 元。[1] 在被列入资本主义改造对象和拿定息的人中，80％左右不是资本家，[2]他们经营的企业不属于资本主义性质的经济。这件事表明，中国在改造资本主义经济之时，在建立社会主义社会之时，既没有完全弄清楚什么是社会主义，也没有完全弄清楚什么是资本主义。在这种理论状态下，动手迅速地消灭资本主义经济和建立起社会主义社会，反映了一种急切心情，并必然使行动带有某些非理性的因素。

---

① 国家统计局：《中华人民共和国私营工商业社会主义改造统计提要（1949—1957）》，北京：中国统计出版社，1978 年，第 117 页。

② 小商小贩、手工业者和其他劳动者，由于领取定息，就被认定属于资本家，不能参加工会，不能享受一般职工应有的劳保、福利。他们因此意见很大，要求放弃定息，摘掉戴在头上的资本家帽子，成为正式职工，享受一般职工应享受的待遇。1979 年 11 月，经中共中央批准，在全国范围内进行了一次区别工作，即把这一大批参加公私合营企业，但没有雇佣剥削或只有轻微剥削的小商小贩、小手工业者以及其他劳动者，同本来属于资本家阶级范围的资本家和资本家代理人加以区别，明确他们原来就是劳动者。这次列入区别范围的共计 86 万人，区别出劳动者 70 万人，约占 81％。又，1999 年中国实有个体工商户 3160 万户。

小商小贩小业主经营的作坊或商店转为或并入国营企业,其后果是:
(1)这些人往往有较高的生产技术和经营经验,因为被错误戴上资本家帽子,使他们受了委屈,不利于发挥他们的作用。(2)这些人的资本很少,所得定息平均每人每年只有20元,少数人多于20元,多数人只有十几元甚至几元,不足以维持生活,政府不得不予以救济。(3)这些人的商店、作坊转为国营企业,在经营管理上过于集中,不利于满足市场需要和方便人民生活。如保留个体经营的方式,在经营上可以保留更多的灵活性。集中、合并过多的错误不限于小商小贩小业主的企业,对所有被改造的企业都是如此。在工业方面,不适当地"裁、并、改、合",搞大厂和全能厂,过多、过急地改变了企业原有的生产秩序,打乱或中断了原有的协作关系。在改组中没有注意保留名牌产品,影响产品信誉,使原来的产销关系受到影响。在商业方面,盲目撤点并店,破坏了商品流通秩序,给居民生活带来许多不便。

1955年以前近百年和1979年以后20多年的事实证明,在中国现阶段生产力状况下,私营经济有其特有的优势与存在的必要性,没有必要将私营工商企业不论大小一律彻底地改为国有制。

资本主义工商业社会主义改造的基本完成,使中国大陆上的资本主义剥削制度和工商业中的私有制度被消灭。这个过程是与对农业、手工业的社会主义改造同时完成的,中国的社会主义经济制度由此而建立起来。中国是一个发展中的社会主义国家,由于生产力落后和社会主义经济制度处于刚刚诞生的时期,中国的社会主义社会处于初级阶段。

第六节　高度集中的计划经济体制的建立

随着几种生产资料私有制被改造为公有制,中国的新民主主义经济形态被改造为社会主义初级阶段经济形态。与此同时,市场经济体制被改造为计划经济体制。计划经济体制的一个基本特征是经济决策权力和资源配置权力高度集中在政府手里。

一、历史渊源、苏联模式与经济发展战略的影响

解放区经济工作的基本目标是支援战争。战争要求指挥权的高度集中与统一,解放区的基本经济政策也是统一的,由中共中央决策。管理的方法

是各解放区自成一个体系,按军政系统组织领导。在军政系统内,消费品无偿供应使用,按照基本平均与照顾级别的原则分配。这种战时共产主义体制在物资方面保证了战争的胜利。

新中国成立初期,经济受到战争的严重破坏,物资缺乏,财政赤字庞大,物价飞涨。为了遏制恶性通货膨胀,1950年3月实行财政经济工作的统一,建立起高度集中的管理体制。该年10月开始了抗美援朝战争,经济又转入战时轨道。这要求集中财力、物力以支持抗美援朝战争,平抑市场物价,进行重点经济恢复和建设。在这种情况下,经济管理工作的许多方面沿用以往的做法(另一些方面有改变),党政军系统仍实行供给制。供给制带来了平均主义与忽视市场经济作用的后遗症。

新中国成立时,缺乏大规模经济建设的经验。苏联是第一个社会主义国家,在20世纪20年代中期至50年代初,经济建设取得了世界公认的成就。中国选择了苏联式的工业化道路,中共中央提出"向苏联学习"的口号。斯大林1952年发表《苏联社会主义经济问题》,对中国经济建设的实践和理论的影响颇为深远。苏联实行的是一套高度集中的计划经济体制。

"一五"计划的经济建设是以发展重工业为重点。发展重工业需要大量资金与物资的投入,在经济落后、缺乏资金与物资的条件下,只有在集中统一的体制下,才能集中全国人力、财力、物力,实现"一五"计划的目标。经济体制趋向集中是既定经济发展战略选择的客观要求。

二、以中央为主的经济决策权力体系

新中国成立前后,重大的决策皆由中共中央做出的同时,为了照顾各地解放的时间有先有后,情况不同,中共中央在各大区设立派出机构——中共中央局,这些中央局将中共中央的决定与本地具体情况相结合,做出因地制宜的决策。如前述中共中央华中局在贯彻中共七届二中全会关于将党的工作重心从农村转向城市的决定时,认为华中地区是新解放区,情况与老解放区不同,工作重心仍应放在农村,实行以乡村为重心,同时兼顾城市的方针。这个方针得到中共中央的批准。又如前述城市与工矿区的民主改革,有的地区采取大规模群众运动的方式,另一些地区采取行政与法律结合的方式。它们都为中共中央所认可。1953年,在全国土地改革基本完成和即将开展有计划的经济建设时,经济决策的权力逐步从地方向中央集中,中共中央决定撤销各大区中央局和行政委员会,将它们的有关管理权集中于中央。这是继 1950 年 3 月统一财政经济工作之后,将地方权力集中于中央的又一个重大步骤。

新中国成立初期,政府系统的经济决策机构是政务院的财经委员会。1952 年 11 月设立国家计划委员会(以下简称"国家计委")。它们对国民经济进行综合管理。同时设立的各种专业管理部门,既是政府管理各行各业的职能部门,又是直接管理若干国有企业的生产经营的管理单位。在中央人民政府领导下,省、县两级地方政府负责管理行政区内的经济建设工作。地方政府相应设有经济管理职能机构,受中央人民政府主管部门的业务指导。

在资金方面,中央直接支配的财权很大,地方和企业支配的财权很小。基本建设投资项目的绝大部分,由中央各工业部直接安排投资和管理。地方的基本建设,主要是一些农田水利、城市公用事业、文教卫生等项目,须经中央有关部门批准,设计施工任务由中央下达。

在物资方面,全国重要的生产资料由中央统一支配,按其重要程度又划分为统配物资和部管物资。统配物资由国家计委统一分配。部管物资由中央各主管部门分配。实行统购统销后,主要农产品由国家商业机构掌握,实行定量供应,在中央统一领导下,中央与地方分工管理。

在劳动力方面,1954 年以后,职工人数计划由国家逐年批准下达。企业用工须经有关主管部门批准,不得自行在社会招用。工资管理权逐渐向中央集中。国家职工工资等级、标准、定级、升级的办法,增加工资的幅度,都由中央统一规定。

在工业管理方面,大中型企业由中央各部直接管理。从产值来看,在工业总产值中,中央直属工业企业占 49%。在几个主要部门产值中占的比重是:钢铁 94%,有色金属 87%,电力部门 83.3%,煤炭 72%,化学 57%,机械 47.2%。

此时期形成的经济决策与管理体系是:在中央设置决策与管理部门;发展战略由中央决定;大中型项目的基本建设由中央直接投资;大中型企业由中央直接管理;大部分财力、物力、人力由中央直接支配;工资制度由中央直接规定和管理。

三、逐步形成以指令性计划为主的经济调节体系

国家计委成立后,中央各部门和省(市)、地、县各级人民政府,地方政府

各部门和各大中企业，相应设立计划机构，形成从上到下的经济计划管理体系。在国家计委领导下，通过编制和执行国民经济发展计划，实现对国民经济的计划管理。计划管理的范围广，包括国民经济的各部门、各方面；指标齐全，具体规定各部门、各企业的主要经济活动。计委对其他国家机构、国营企业及重要经济活动下达的指标具有指令性，用行政办法保证计划的执行。

国家对国营企业实行直接的计划管理。国家向国营企业下达指标，由主管部门供应生产资料，由商业、物资部门收购或调拨其产品，财政部门统收统支其资金。国家下达的指标包括产值、产量、品种、经济技术、成本、劳动生产率、利润、职工人数和工资等 12 种。通过这些指标，用行政办法规定企业几乎所有经济活动的方面。

在社会主义改造完成之前，经济中存在非国营的经济成分，即合作社、私营工商业、个体农户及农业社。对这些经济成分或企业，国家通过经济杠杆（税收、价格、利率等）、经济政策、经济法令，配合行政手段，将它们的经济活动间接地纳入国家计划轨道。在社会主义改造完成之后，只存在国家所有的企业和合作社所有的企业。供销合作社、信用合作社、手工业生产合作社的活动，分别纳入国家商业、金融、工业计划系统之中。由于统购、派购任务指标具有指令性，农业生产合作社的主要经济活动被纳入国家计划的范围。

四、具有浓厚供给制和平均主义色彩的国民收入分配体系

1950 年统一财政经济工作后，财政管理高度集中。1951 年实行统一领导、分级管理、统收统支的财政体制。1954 年以后，预算管理上初步贯彻包干的管理办法。但总的看来，中央集中了财力的绝大部分。在中央和地方之间的固定分成比例和调剂分成比例一年一变的情况下，地方超收和结余是有限的。加上中央对地方机动财力使用的指令性计划控制，地方能机动使用的财力很有限。

在统收统支的体制中，国营企业实行经济核算，但不自负盈亏。企业的利润和折旧基金全部上缴国家，纳入国家预算；亏损由国家财政补贴。企业所需基本建设资金、流动资金、固定资产更新和技术改造所需技术措施费、新产品试制费和零星固定资产购置费等，由国家财政拨款解决。企业不偿付资金占用费。季节性、临时性的超定额部分，由银行贷款解决。国营企

业的这种资金活动制度具有供给制性质。在这种制度下,企业可以吃国家的"大锅饭"。

在国家统一管理劳动力招收和调剂制度下,劳动者一旦进入企业,实际上就得到了终身劳动职位,得到了一个"铁饭碗"。1956年全国工资制度改革后形成的新工资制度,其基本特点:一是实行固定工资制,奖金所占比例很小。何时升级加薪,升级人员比例,升级办法,均由国家规定。二是在全国范围内,按产业、部门、地区类别,统一规定职工工资等级标准,企业职工的工资水平与企业经营效果无关。企业内部劳动者之间,在分配方面存在着平均主义倾向,职工工作、劳动干好干坏工资一个样,职工吃企业的"大锅饭"。工资不能起到奖勤罚懒的作用。手工业生产合作社的工资等级标准参照国营企业的规定执行,相应人员工资水平不得超过国营企业。农业社内部实行评工记分制,估工分、"大概工分"的现象普遍存在。工分制度很难真正贯彻按劳分配的原则。

五、单一的公有制结构

社会主义改造完成后,在所有制和经济形式方面的特点是高度单一。1956年底,全国96.3%的农户参加了农业生产合作社。在西藏和若干少数民族地区之外的地方,农业个体户所剩无几。手工业从业人员的91.7%参加了手工业生产合作社。全国个体手工业从业人员只剩下54.4万人。在全国机器工业总产值中,私营工业占的比重不到1‰。在商业企业商品零售总额中,私营商业只占4.2%。

1956年,国民收入中各种经济成分占的比重:国营经济32%,合作社经济54%,公私合营经济7%,个体经济7%。这说明生产资料所有制结构已由多种经济成分并存转变为基本上是单一的公有制结构。

六、从市场经济体制到计划经济体制

1949—1956年是以计划经济体制代替市场经济体制的经济体制转变时期。在这七年中,前三年和后四年的进度不同。

1949年前后,市场在资源配置中起主要作用。《共同纲领》规定五种经济成分并存,分工合作,各得其所。与此相适应,规定公私兼顾、劳资两利、城乡互助、内外交流的"四面八方"工作方针。这是一种市场经济体制下的

工作方针。《共同纲领》中规定的国家计划是建立在市场经济体制基础上的。从 1950 年起，一些实际工作措施使许多资源要素退出市场。1949—1950 年接收国民政府的企业及征用外国在华企业，使之变成国营企业，这些企业基本上是按国家计划生产，市场机制对它们的调节作用逐步缩小。1950 年关闭证券市场，使证券退出市场。同年颁布的《土地法》，规定城市及其郊区的土地为国有，使这些土地退出市场。1950—1952 年国家对私营企业加工、订货、统购、包销制度的实施，使大部分私营企业的生产被间接纳入国家计划范围，这种生产与企业对市场信号的敏感程度大为降低。1952 年私营金融业全行业实现公私合营，资金市场萎缩。这时是一种市场经济加计划的体制。

1953—1956 年是市场经济体制转向计划经济体制的关键时期，亦即二者并存的时期。1953 年实行的四项措施，对这种转变具有重大作用。第一，实行"一五"计划。"一五"计划的推行标志着以计划经济体制取代市场经济体制目标的确立，即以计划取代市场成为资源配置的基本手段。第二，实施农产品统购统销制度。主要农副产品因此变成计划收购与分配，主要消费品和部分工业原料退出市场流通，个体农民和私营工商业同市场的联系被割断。第三，批判"四大自由"，禁止土地买卖和自由雇工。由于禁止土地买卖，农村的土地退出了流通领域。由于农村禁止自由雇工，国家统一安排城市就业制度的推行，以及城乡分割的户口制度的建立，劳动力市场开始消失。第四，实施过渡时期总路线。它的实质是变生产资料私有制为公有制，到 1956 年，私营工厂和商店，个体农户和手工业户基本上被消灭，市场主体消亡。1956 年底，中国实现了经济计划化。至此，形成高度集中的宏观经济管理体系，以指令性计划为主的经济调节体系，以及政企合一的企业模式，计划经济体制的特征基本具备。各类市场，如生产资料市场、劳动力市场、商品市场、资金市场，或萎缩，或变形，或消失。国民经济中也存在市场，但这个市场已失去资源配置功能和作为经济体制的独立品格。它已沦为计划经济体制的附庸，或者说是计划经济体制外的市场。这是一种计划经济加市场的体制。这种体制对于集中全国人力、财力、物力进行工业化建设起过积极作用。但是，它不利于商品经济的发展，不利于调动地方、企业、劳动者的积极性，因而不利于经济的发展。

第七节　经济快速发展

一、在不断克服急躁情绪的过程中前进

1950—1952 年国民经济恢复速度很快,一些人对这种速度的恢复性质认识不足(当时的报刊、文件在涉及速度时,几乎没有提到恢复性质的),以为中国的经济建设以后也可以保持这种高速度。在长期过着苦日子和取得了经济建设的和平环境之后,全国人民,从领导人到一般老百姓,都渴望经济快发展,生活快改善。1952—1953 年安排的"一五"经济建设规模大,要求的速度快。有计划的经济建设一开始就存在着急躁情绪,追求高速度。

1953 年,国家预算内基本建设投资 75.49 亿元,比 1952 年增长 103.4%。预算内基本建设投资增长如此之多,除思想上要求增长快之外,还由于缺乏工作经验。在制订 1953 年计划时,动用历年财政结余来增加基本建设拨款,而历年财政结余已被银行作为资金来源贷给了商业部门。这种"一女嫁二男"的做法,使 1953 年上半年出现财政赤字 21 亿元(占预算内基本建设投资的 27.82%,这是超过国力的部分)。于是财政挤银行,要银行拿出货币来弥补财政赤字;银行挤国营商业,要国营商业归还借去的资金;国营商业被迫抛售物资,减少商品库存。这削弱了它对市场的控制能力。

1953 年,国家基本建设投资增长 103.4%,大大高于建筑材料钢材(增长 38.7%)、水泥(增长 35.7%)、木材(增长 42.3%)的增长幅度,造成需求大于供给,建筑材料供不应求,大量建设项目窝工待料。这导致费用增加,工期拖长,投资效益降低。

由于基本建设投资额的大约40%要转化为消费需求,投资规模增长过猛导致消费品市场的紧张。1953 年全国购买力增长 25.8%,消费品货源仅增加 18.7%,差额甚大。1953 年,农业总产值增长 3.1%,粮食产量略有增加。农产品市场供求关系更为紧张,价格猛烈上涨,国家被迫在秋后实行统购统销。由于急于求成和没有经验,使有计划的经济建设一开始便与总量失衡,物资短缺相伴而来。

由于基本建设规模超过当年工农业生产增长的可能,致使生产资料和消费资料的供应紧张。政务院发现这个问题后,一方面增发通货,另一方面

开展增产节约运动,强调适当集中财力,反对百废俱兴,严格基本建设审批程序等一系列措施。经过努力,1953年全年实现了财政收支平衡,略有结余,缓和了国民经济各方面关系的紧张状态。

1953年,工农业生产总值比1952年增长14.4％,国内生产总值和国民生产总值增长21.36％。1954年、1955年,工农业生产总值增长速度分别为9.5％和6.6％,国内生产总值和国民生产总值为4.25％和5.94％,比1953年和以后的1956年都慢。直接原因是1953年投资增长过快,造成超支;根本原因是农业落后状况不能适应工业化的要求。1953年、1954年两年农业产值分别比上年增长3.1％和3.4％。农业增长不快的原因,除这两年中(尤其是1954年)灾情比较严重之外,主要是国家将财力集中用于工业,没有财力进行大规模的农业投资。1955年财政结余只有2.7亿元,是1951年以后结余最少的一年。

1955年7月,毛泽东发起批判农业合作化问题上的右倾机会主义。不久,即出现农业合作化的高潮。在这种形势下,部分人认为批右倾是促速度的有效手段。在社会主义改造问题上不断批判右倾保守思想的同时,又在经济建设问题上不断批右倾保守思想,要求加快步伐。这是对本来已存在的急躁情绪火上加油。1956年的计划对各方面要求过高,基本建设项目不断追加,投资额大大超过原定计划。该年,工农业总产值增长16.5％,工业增长28.1％,农业增长5％,国内生产总值和国民生产总值增长12.97％;国家基本建设投资147亿元。其后果是基建投资增长速度超过同期财政收入增长速度,国家财政出现赤字18.3亿元,超过生产资料增长速度。经济建设规模超过国力的可能,造成资金和材料供应紧张,出现停工窝工现象;挤了为市场服务的生产所需原料的供应,影响市场供应;职工人数增加过多,加上1956年工资改革中工资有较大增长,购买力增长超过消费品供应的增加,加剧市场供不应求的现象,商业库存比上年减少27亿元;信贷突破计划,被迫增加钞票的发行,市场货币流通量比上年底增加17亿元。国民经济的各个方面都出现紧张局面。这是急躁冒进造成的失误。国务院总理周恩来和主管财经工作的副总理陈云在发现上述问题后,要求予以纠正。《人民日报》1956年6月20日社论尖锐指出,急躁冒进之所以成为严重问题,是因为它首先存在于上面各系统的领导干部中,下面的急躁冒进有许多是上面逼出来的。

二、集中力量进行重点建设

1953 年开始经济建设时,根据资金、物资和技术人才都很少的情况,决定经济建设必须集中力量进行重点建设。这项决策的具体内容包括以下三个方面:

第一,根据集中力量"打歼灭战"的原则,安排重点工程的建设顺序。1952 年 2 月,全国第三次建筑工程会议决定,重点工程建设必须依照国防、重工业、文教、一般财经机关团体的顺序安排,集中使用力量,首先保证主要工程,然后适当照顾其他工程。国家将集中起来的财力使用于重点工程的建设;采用集中管理、调配物资的办法,将 70%～90%的钢材、水泥、木材等重要物资,优先满足重点工程的供应;抽调大批干部和工程技术人员,充实基本建设队伍,加强技术培训,提高基本建设队伍技术素质。

第二,按照基本建设程序办事,确保重点工程建设的速度和效益。1952 年 1 月 9 日,中财委发布《基本建设工作暂行办法》,强调基本建设工作集中管理的重要性,规定基本建设有关原则、纪律、程序和制度,确定以中央为主的基本建设项目审核批准程序。国家规定的基本建设程序,要求建设工程必须首先经过调查、勘察、设计,并按审批程序上报,经过批准后再按计划施工,完工后须经验收,验收合格后才能交付使用或投入生产。

第三,集中力量和全面安排相结合,使国民经济各部门按比例发展。在重点保证军工、能源、冶金、机械制造等项目建设的同时,采取有效措施,促进交通运输、农业和轻纺工业的增长;在集中投资大型骨干企业建设的同时,对中小企业的建设和现有企业的更新改造进行统筹安排。

三、五年计划四年完成

(一)主要指标

到 1956 年,国民经济发展的主要指标,或接近,或超过"一五"计划的要

求。据此，可以说五年计划四年完成。按当年价格计算的国内生产总值（GDP）①，1952 年 679 亿元，1956 年 1028 亿元，比 1952 年增长 51.34％，平均每年增长 10.9％，速度很快。

在基本建设方面，1953—1956 年投资额为 445.15 亿元，新增固定资产 358.26 亿元，全部建成投产大中型项目 333 个。到 1956 年上半年止，苏联帮助中国建设的 156 个项目中，有 38 个全部建成投产。工业建成的重要项目包括：鞍钢三大工程（无缝钢管厂、大型轧钢厂、七号高炉系统），抚顺铝厂，哈尔滨量具刃具厂，长春汽车制造厂，山西榆次纺织机械厂，沈阳第一机床厂，大连化工厂，佳木斯造纸厂，北京国棉一厂等。这些大中型项目的建设，提高了工业生产能力（通过基本建设新增生产能力：铁矿开采 757.4 万吨，炼铁 239.2 万吨，炼钢 255.5 万吨，煤矿开采 4495 万吨，发电机组容量 172.8 万千瓦等），革新了某些原有的工业部门，创立了一些新的工业部门（新兴工业部门包括汽车、飞机、大型电机设备制造业，重型和精密机器制造业，冶金和矿山设备制造业，黑色及有色金属冶炼业，高级合金钢、无缝钢管和铝加工业，化学工业等），这使基础工业得到加强。生产了许多过去不能生产、国家建设又急需的产品。在水利方面，兴建了官厅、佛子岭、梅山等大中型水库，对于保障农业生产起了重要的作用。在交通运输方面，新建铁路线路 4743 公里，集二、宝成、天兰等线通车；全国新建公路 65931 公里，康藏、青藏公路建成通车。

在工农业生产方面，1953—1956 年工农业生产总值年均递增 11.6％。

工业增长速度很快，年均递增 19.6％。其中，轻工业为 14.3％，重工业为 27.1％。工业主要产品产量大幅度增长。1956 年比 1952 年，煤炭增长 66.7％，生铁增长 150％，钢增长 231％，发电量增长 127％，水泥增长 142％，棉布增长 53.3％，机制纸增长 97.3％。

农业总产值 4 年平均增长 4.8％。人口平均粮食产量 1952 年 579 斤，1956 年 620 斤，增加 41 斤；棉花由 4.6 斤增至 4.7 斤，增加 0.1 斤；食油由 14.7 斤增至 16.4 斤，增加 1.7 斤。

---

① 据《经济研究》2000 年第 10 期所载孟连、王小鲁《对中国经济增长统计数据可信度的估计》，由于多种原因，对经济增长率统计指标的可信度问题估计如下：GDP 增长率在 1953—1977 年、1978—1991 年间分别可能虚增长 2.2％、1.0％，据此，1953—1977 年、1978—1991 年间经济增长率应分别调整为 3.7％、8.2％。

1956 年国民收入 882 亿元,比 1952 年增长 46.4%,年均增长 10%。在国家财力方面,1956 年国家财政收入 287.4 亿元,财政支出 305.7 亿元,分别比 1952 年增加 56.5% 和 73%(按当年价格计算)。每年财政收支平衡,略有结余。国家财力增长建立在工农业生产增长和国民收入增加的基础之上,它们基本上是同步增长,财政收入占国民收入的比重,1956 年只比 1952 年增加 1.2 个百分点。所以,财政收入的增长是可靠的。

其他各项事业也有发展。1956 年与 1952 年相比,在交通运输方面,客运量增长 106.5%,货运量增长 138%,邮路长度增长 40.4%。在贸易方面,国内商品零售总额增长 66.5%,外贸进出口总额增长 68.2%。

(二)新工业化的起步与经济结构的改善

中国的工业化从 19 世纪中叶起步之后,到 1937 年被日本侵华战争打断。在中断了 16 年之后,1953 年重新启动。这次工业化进程,既是 1937年以前工业化进程的继续,又与 1937 年前的工业化不同:社会经济制度不同,国际环境有很大区别,领导者的指导思想迥异。这是新的工业化。

1952—1956 年经济结构和技术结构的变化,表明新工业化起步情况良好。

1952—1956 年,由于工业增长速度高于农业,重工业增长速度高于轻工业,农业、轻工业、重工业在工农业总产值中所占比重发生了如下的变化(见表 9-3)。

表 9-3　农业、轻工业、重工业产值在工农业总产值中比例的变化表

单位:%

年　份	在工农业总产值中				在工业总产值中	
	农业	工业	轻工业	重工业	轻工业	重工业
1949	70	30	22.1	7.9	73.7	26.3
1952	56.9	43.1	27.8	15.3	64.5	35.5
1956	48.7	51.3	29.6	21.7	57.7	42.3

资料来源:《中国统计年鉴(1983)》,北京:中国统计出版社,1983 年,第 20 页。

表 9-4　国民收入构成表

单位：%

年　份	农　业	工　业	建筑业	运输业	商　业
1949	68.4	12.6	0.3	3.3	15.4
1952	57.7	19.5	3.6	4.3	14.9
1956	49.8	24	6.2	4.2	15.8

资料来源：《中国统计年鉴(1983)》，北京：中国统计出版社，1983 年，第 24 页。

　　在国内生产总值中，三种产业之间的比重，1952 年为 50.5∶20.9∶28.6，1956 年变为 43.2∶27.3∶29.5。

　　国民经济结构的变化主要表现在：到 1956 年，在国民收入中，农业的比重首次下降到 50％以下，工业与建筑业之和首次超过 30％。在工农业总产值中，工业总产值的比重首次超过了 50％，重工业产值占工业总产值的比例首次超过 40％。与此同时，第三产业在国民生产总值中的比重略有增加。

　　工业布局不合理的状况有所改变。工业建设的方针是以沿海工业为出发点，大力发展内地工业。1953—1956 年间，限额以上的工业建设单位有一半以上放在内地。1953—1955 年间，在内地的投资占工业投资的 55.3％，新建企业投资的 73.9％。一批新兴的内地工业基地，如武汉、西安、兰州、太原、包头、洛阳等正在逐步形成。1953—1956 年，工业产值年平均增长的速度，内地为 26.1％，沿海为 19.5％。[1] 内地工业产值占全部工业产值的比重，1952 年为 27％，1955 年上升为 31.3％。这样，工业集中于沿海地区的不合理状况初步得到调整。由于分布在内地的工业主要是重工业，特别是采掘业与冶炼业，产品多数运至沿海地区使用，国家确定的价格偏低，内地工业产值虽增长较快，却未能改变内地与沿海人均收入差别扩大的趋势。

　　（三）人民物质文化生活初步改善

　　由于工农业生产有较快的增长；由于在开展经济建设时兼顾了人民生

　　──────────

　　[1]　国家统计局：《我国的国民经济建设和人民生活》，北京：中国统计出版社，1958 年，第 35～37 页。

活,1953—1956 年国民收入积累率为 24％;由于分配制度的改变,这些因素使大多数人的生活状况得到改善。

1956 年底,职工人数为 2917 万人,比 1952 年增长 85.7％。旧中国遗留下来的城镇失业人员基本上得到安置。1956 年国有制企业人均工资 610元,比 1952 年增长 36.8％。国家投资兴建一批职工宿舍,职工的居住问题得到改善。在职工中实行劳动保险、公费医疗和各种福利制度。职工生活水平得到较大的提高。农业生产发展,农民收入增加,而农业税一直稳定在1953 年的水平上,这使农民在收入增加的基础上,负担相对下降,农民生活有改善。这主要表现在农副产品消费量有所增加。城乡人民的卫生医疗条件有所改善。1956 年底,医院、疗养院床位有 41.4 万张,比 1952 年增加79.2％;卫生人员达 120.1 万人,比 1952 年增加 46.6％。

全国居民消费水平由 1952 年的 76 元增加到 1956 年的 99 元,提高20.1％(未扣除物价变动因素)。其中,城镇等非农业居民由 148 元增加到197 元,提高 23.7％;农村居民由 62 元增加到 78 元,提高 15％。农村居民收入增长速度落后于城镇居民,城乡差别又一次进入扩大阶段。

第八节　两翼先飞,主体滞后

这个时期的经济工作,积累了许多宝贵的经验教训。其中,处理三种关系的做法颇为重要。

一、市场发展与经济发展的关系

在国家和负责经济工作领导人中,有的对市场在经济发展与经济工作中的地位看得比较重要,对市场运作及其理论比较熟悉;有的认识不足。

前一类人在处理经济问题时,注意研究经济运动的内在规律,运用与市场经济有关的各种经济杠杆,与行政的、法律的手段相配合,取得好的成效。新中国成立初期,在稳定物价的斗争中,除运用行政的、法律的手段外,通过紧缩银根、集中调运、集中抛售物资,使投机资本受到严重打击;以争取财政收支平衡为重点,配合以金融措施,调运物资,实现物价的根本稳定;对分散的个体农民经济,主要是通过调整粮、棉、油比价,签订预售合同等办法,将其经济活动间接地纳入国家计划的轨道。事实证明,在市场经济条件下,依

据经济活动内在规律,运用行政的、法律的、经济的手段相结合,而以经济手段为主,既实现了国家对国民经济的宏观调控,同时又有利于保障商品生产者的正当利益,发挥其积极作用,有利于活跃经济,繁荣市场,发展生产。

后一类人不懂得市场经济是社会经济发展不可逾越的阶段。他们没有认识到,中国经济基本上是一片半自给性小生产的汪洋大海。在这种情况下,必须经过一个与社会主义经济因素增长相伴随的市场经济发展阶段,才能建立国家与小生产者之间,以及各种经济成分、生产者、经营者之间的正确经济联系,调动他们的积极性,使生产力得到较大的发展。他们由于受到苏联社会主义模式(传统模式)与传统观念的影响,有意无意地把市场经济和资本主义等同起来,把社会主义与市场经济对立起来。在经济工作中,一方面采取种种措施推进工业化的发展,同时采取种种措施限制市场经济的发展,缩小市场经济的影响,不断扩大直接计划管理的范围,建立起高度集中的计划管理体制。这样,在中国就出现了经济现代化的两个主要层次——市场化与工业化逆向而行的格局。实践证明,这种经济思想与模式不利于促进生产力的发展。

二、主体与两翼的关系

毛泽东将过渡时期总路线中的工业化比喻为鸟的主体,对农业、手工业个体私有制的社会主义改造和对工商业中资本家私有制的社会主义改造比喻为鸟的两翼。鸟的飞行是由两翼带动主体,意味着要由社会主义改造带动工业化,即从抓生产关系的改革带动生产力的发展。这是毛泽东的一贯思想。从提出过渡时期总路线时期起,毛泽东就急于早日建成社会主义社会,特别是急于抓社会主义改造,尽力使其早日完成。

全部经济史的事实和马克思主义的基本原理是生产力决定生产关系,生产关系的变化必须与生产力的发展相适应;只有生产关系与生产力发展相适应,生产关系才能促进生产力的发展;生产关系滞后于生产力,会阻碍生产力的发展,生产关系超前也会阻碍生产力的发展;生产力的发展有其自身的规律;促进生产力的发展,主要靠开展经济建设,经济建设的规模和经济发展速度,要受到资源及其开发程度、现有的生产能力和积累的能力、人口数量与质量、全民族的文化技术水平、经济结构等多方面条件的限制。其中,有的条件是人力不能创造的(如自然条件、自然资源),有的条件是在很长的历史过程中形成的,需要很长的时间才能改变(如人口数量、民族文化特征等)。这些因素对经济发展是在较长时期内起制约作用的,因此,经济建设只能在现有基础上量力而行,循序渐进,欲速则不达。1950—1956年,基本建设规模与国力基本上相适应,国民经济各部门各方面比例大体平衡,速度较快,经济效益比较好,人民生活得到初步改善。值得汲取的经验是:1953年、1956年的急躁冒进,引起国民经济各方面关系的紧张。两次急躁冒进的出现,反映了在经济建设中急于求成思想的存在与发展。这种急于求成的思想,既表现在生产力的发展上,更表现在对生产关系的改变上。后者具体表现在对新民主主义经济形态的长期性认识不足。中国经济落后,需要在一个相当长(100年以上)的时间内,充分利用各种能促进社会生产力发展的经济成分的优势与相关人群的积极性,发展社会生产力。在生产力发展的基础上,在各种经济成分共同发展的过程中,社会主义经济发展的速度快于非社会主义经济,使社会主义经济成分逐步壮大,并在国民经济中占的比重逐步提高,最后占绝大多数;使非社会主义经济成分在发展进程中,在国民经济中占的比重逐步降低,最后成为微不足道的因素。这是中国由新民主主义经济形态转变为社会主义经济形态的正确途径,但由于急于过渡到社会主义,因而急于否定新民主主义经济的优越性,大大加快了社会主义改造的步伐,通过不断开展全国性的政治运动,在很短时期内,从五种经济成分并存的新民主主义经济结构,过渡到只存在社会主义全民所有制和集体所有制的单一的社会主义经济结构。其结果是:工业化尚未实现,社会主义改造却已完成,即"两翼先飞,主体滞后",出现了一个建立在落后生产力基础上的社会主义初级阶段经济形态。

三、农业发展与整个国民经济发展的关系

新中国成立初期,人民政府重视农民生活水平的提高与农业的发展。新解放区仍然将工作重心放在农村。土地改革既解放生产力,又使农民的生活马上得到改善。土地改革以后,经济建设资金积累的源泉主要来自农业。人民政府通过安排积累和消费的比例,处理工业化与发展农业、改善农民生活的关系。1950—1952年,国民经济处于恢复时期,积累率较低。1953年以后,积累率有所提高,但始终保持在26%以下。1953—1956年平均积累率为24%。中国国情的一个基本方面是农业落后,全国80%多的人口从事农业生产,养活百分之十几的城市居民,还很紧张。农业是国民经济的基础部门,农业生产率的高低,制约着国民经济其他各部门发展的规模和

进度。农业落后状况对国民经济发展的制约作用,在工业化建设开始的第一年就表现得很明显。由于急于发展工业,特别是重工业,以致在开展经济建设的第一年,就出现粮、棉、油等农产品供不应求的紧张局面。国家为了保证城市居民生活必需品的供应和得到工业原料,采取了统购统销办法,这使国家和农民的关系比较紧张。

1952—1956 年的情况表明,如果某年农业增长缓慢,农产品就不能满足日益增长的城镇人口对农业消费品的需求和轻工业对原料的需求。这影响到当年和次年轻工业原料的供应、资金的积累、可供出口的商品数额(此时积累资金主要靠农业和轻工业,出口的商品主要是农产品和轻工产品)。出口就减少,外汇就减少,换回机器设备的能力就下降。如果某年农业增长快速,其后果恰恰相反。这几年经济建设表现出明显的规律性:上年农业丰收,下年整个国民经济增长速度加快;上年农业歉收,下年整个国民经济发展速度就减慢。因此,要使国民经济快发展,首先要使农业快发展。

中国农业对国民经济的这种制约作用,在当时已被一部分人看出来了。可惜,没有对此作出必要的理论分析与抽象,没有因此引起人们在制定经济发展战略和安排经济工作时对农业的足够重视,没有把农业放在显著的位置上。在以后几十年的发展中,农业始终是国民经济发展的薄弱环节。

1953—1956 年经济工作中的经验教训,有的具有长久借鉴的意义,有的造成有深远影响的后果。

结　　语

(一)1950—1956 年,中国社会生产力高速恢复与发展。1950—1956 年,中国和世界各国的工业总产值增长速度如下:中国 317%,苏联 105%,美国 27%,英国 17%,法国 50%,联邦德国 95%,日本 152%,印度 67%。中国工业高速度增长,使中国缩小了与发达国家经济的差距。1956 年与 1950 年比,中国国内生产总值增长 61.44%,世界国内生产总值增长 34.67%。1956 年与 1952 年比,中国国内生产总值增长 26.67%,世界国内生产总值增长 20.29%。中国国内生产总值在世界国内生产总值中占的比重,1950 年为 6.25%,1952 年升至 7.1%,1956 年再升至 7.5%。按人均计算,中国 1956 年比 1950 年增长 35.04%,比 1952 年增长 15.96%;1950 年中国为世界平均数的29％,1952年为33％,1956年升至34％。从16世纪以后,中国国内生产总值在世界国内生产总值中占的比重,中国人均国内生产总值与世界人均国内生产总值平均数之比,呈下降趋势,1950年开始转为上升。这是一个重大的转折。

(二)1949—1956年经济变化的主题是经济形态的转变。经过新政权接收旧政权所有的资产,农村土地制度改革和城市民主改革,半殖民地半封建经济形态被改造为新民主主义经济形态;经过对生产资料私有制的社会主义改造,将新民主主义经济形态改造为社会主义初级阶段经济形态,这是两次经济形态的转变。这两个相继发生的变化,使中国从以私有制为基础的经济形态变为以公有制为基础的经济形态,从人剥削人的经济制度变成没有剥削的经济制度,这是5000年中国历史的一大变化。5000年前开始由公有制向私有制演变,1950年以后开始了从私有制到公有制的演变过程。这次变化的意义,只有用长远的历史眼光才能认识清楚,同时它也需要经过长期的历史实践予以检验。

以往人们将1949—1956年这个时期称为"过渡时期",用"过渡"二字描述这个时期经济变化的本质。前文已经说明,中国的"新民主主义社会"与马克思、列宁所说的"过渡时期"内涵不同。且"过渡"一词既不能确切表达上述第一次经济形态转变的基本特征,又不符合第二次经济形态转变的实际。实际情况是,这两次经济形态的转变都是凭借强大的政权力量与群众动员,对既存经济形态实行改造。描述这个时期经济变化的特征,用"转变"一词或"改造"一词,比用"过渡"一词更符合实际。"过渡时期"一词,在传统的社会主义理论中,特指从资本主义社会到社会主义社会的历史时期。中国没有经历过资本主义社会。如果说中国从新民主主义经济形态到社会主义初级阶段经济形态的过程也是一种过渡,那么过渡的起点不是资本主义社会,而是新民主主义社会,过渡的终点不是传统社会主义理论上的社会主义社会,而是社会主义初级阶段社会。因此,称这个时期为"过渡时期"并不贴切。与其称为"过渡时期",不如名为"转变时期"或"改造时期"。

(三)这两次经济形态的转变是在以毛泽东为核心的中共中央领导下实现的。他为这两次经济形态的转变设计了转变的途径、动力与确定转变的时机。为此,他对相关的问题提出了理论的说明。正是在中国经济形态这

两次转变问题上所发挥的作用使他在经济思想家中获得独特的地位。[①]

　　古今中外的经济思想家，就其思想的内容与社会效应的大小来说，大体上可以分为两类。一类人的着眼点是解决经济的全局性问题、大问题、高层次的问题，包括经济形态问题、经济发展道路问题、国民经济运行机制问题、经济整体结构与演变问题等。在这些经济思想家所考虑的各类经济问题中，这些问题在其经济思想中处于首要地位，其他低层次的、具体的、局部的、部门的经济问题则处于次要的、从属的地位。另一类人的着眼点是具体的、局部的、部门的、低层次的问题，如农业问题、企业管理问题、利率问题等，他们本无意于解决那些整体的，高层次的问题（研究的对象或着眼点的大与小，高与低，并不决定研究成果价值的大与小，高与低）。亚当·斯密、马克思、恩格斯、列宁、希克斯等人属于前一类经济思想家。毛泽东也属于这类经济思想家。他研究过许多经济问题，但着眼点、基本内容和主要贡献，是分析中国的经济状况，论证中国从半殖民地半封建经济形态到新民主主义经济形态，再到社会主义经济形态的必然性与具体途径。

　　古今中外的经济思想家，就本人发挥其经济思想的社会效应的情况来说，大体上也可以分为两类。一类人是由于种种原因（如没有机会或个人的兴趣就在于学术研究等等），他们本人没有将其经济学说付诸实践。另一类人是本人将所提出的经济理论付诸实践。前一类人是纯经济思想家，主要限于认识经济。后一类人是经济思想家兼实践者，既认识经济又将认识用于改造经济。在以经济形态为改造对象的经济思想家兼实践者中，由于历史条件所造成的机遇不同，马克思和恩格斯创造了从资本主义经济形态到社会主义经济形态必然性的学说，并为之奋斗终生，但未能亲自实现这种经济形态的转变。列宁在俄国领导了从资本主义经济形态到社会主义经济形态的转变。从经济思想家本人发挥其经济思想的社会效应的角度来考察，毛泽东在经济思想家中占有独特的地位。因为他创立了从半殖民地半封建经济形态到新民主主义经济形态，再到社会主义经济形态的学说，并在中国领导人民实现了这两次经济形态的转变。在世界经济思想史上，毛泽东是创立两个经济形态转变学说并亲自领导人民实现这种经济形态两次转变的第一人。他是唯一的一个有这种机遇与成就的经济思想家。

---

　　① 　赵德馨：《毛泽东：伟大的经济思想家》，《中南财经大学学报》1993 年增刊。

复习题

1. 中国将半殖民地半封建经济形态改造为新民主主义经济形态的历程。

2. 中国从新民主主义经济形态到社会主义初级阶段经济形态的转变。

3. 1950—1956 年经济工作的主要经验。

第十章

新民主主义经济形态的特点

在中国大地上,新民主主义经济形态产生于 1928 年,终止于 1956 年,历时 29 个年头。在 1927—1949 年间,新民主主义经济只存在于分散的、局部的地区。1949—1952 年,在全国范围内,半殖民地半封建经济形态被改造为新民主主义经济形态。从 1953 年起开始了将新民主主义经济形态改造为社会主义初级阶段经济形态的进程。这项工作从 1955 年下半年起加速进行,至 1956 年基本结束。1950—1955 年的中国经济是新民主主义经济形态的典型形态,它是本章理论分析的主要对象。

第一节　实践中的创造

一、新民主主义经济与新民主主义经济形态理论的诞生

（一）新民主主义经济产生的特点

新民主主义经济产生与壮大的过程,已在第七章叙述。这里概括它产生的几个特点。

新民主主义经济产生于中国共产党领导的武装割据的解放区里。1927

年以后,中国共产党在解放区里实行土地改革,消灭了地主经济,出现大批独立的小农经济;建立了工农民主政权所有的公营经济和在个体劳动者私有制基础上集体所有的合作社经济,这是一种前所未有的经济形态。它的产生以中国共产党领导的解放区的存在为前提,先有中国共产党领导的武装和凭此武装建立的政权,后有新民主主义经济。在经济与政权、武装产生的关系上,以往是某种新经济产生,同时出现与这种新经济相联系的阶级,然后出现这个阶级所掌握的武装和政权。新民主主义经济形态的产生却不同,它的命运自始至终与中国共产党及其领导的政权、武装联系在一起。

新民主主义经济产生于武装割据的解放区,这使它在产生时期与战争分不开,即处于战时经济状态。

新民主主义经济产生于武装割据的解放区,这些解放区基本上是农村,解放区内的基本生产事业是农业,因而具有农村经济和农业经济的特色。

新民主主义经济产生于武装割据的解放区,这些解放区是地区性的,被分割的,因而是分散的地区经济,或者说不是全国性经济,不具有国民经济形态。

在中国的新民主主义经济形态出现之前,世界经济史上未曾有过这种经济形态。它是中国人民在运用马克思列宁主义解决中国经济问题的实践中创造出来的一种崭新的经济形态。

(二)新民主主义经济理论的形成

新民主主义经济不是根据现成的新民主主义理论建立的。在中国,先有新民主主义经济的事实,然后才有新民主主义经济的理论。新民主主义经济形态理论是在总结实践经验的过程中逐步形成的。

在生产力落后,前资本主义经济关系在数量上占很大比重,商品经济和资本主义不发达的中国,共产党如何走适合本国国情的道路,以实现建立社会主义社会目标,这是一个新课题。

中国共产党是在共产国际的帮助下,按照列宁的学说建立的。它从成立之日起,就是以俄为师。1921年,中共一大提出的纲领是推翻资本主义政权,建立无产阶级专政,消灭私有制。这是照搬《共产党宣言》与俄国等资本主义国家共产党的纲领。1921—1922年,列宁提出民族和殖民地理论。1922年,中共二大按照列宁的理论,对中国社会进行分析,提出打倒封建军阀、推翻帝国主义压迫的民主革命性质的最低纲领,开始确立革命分两步走的思想。经过 1923 年"二七"惨案，中国共产党认识到，没有广泛的同盟者，不可能战胜强大的敌人。1924 年中共三大后，与中国国民党合作，组成统一战线，在农村开展农民运动，参加北伐战争。1927 年 4—7 月，共产党与国民党分裂。这次失败使中国共产党人深刻认识到独立掌握武装和与农民结成巩固同盟的重要性。从 1927 年秋天起，以毛泽东为代表的中国共产党人，通过开展独立领导的武装斗争，在农村建立解放区，作为武装割据的根据地。在根据地内建立工农民主政权和公营经济，实行土地革命，兴办各种形式的合作社。这样，产生了新民主主义经济形态的雏形。1929 年，中共六大肯定了中国革命属于资产阶级民主主义性质，为新民主主义经济形态理论的产生奠定了政治前提。1931—1934 年，张闻天根据列宁的新经济政策理论，以及他在苏联的观察和解放区的实际，提出解放区可以利用资本主义经济的思想；毛泽东根据土地革命实践中的经验教训，改"一切土地归苏维埃所有"为将封建土地分给农民所有。这是提出并部分地解决了允许资本主义私有制和农民私有制存在的问题，走出了与苏联社会主义经济形态不同的第一步。

根据 1927—1934 年解放区经济工作的经验，特别是对私营工商业实行"左"的政策的教训，中国共产党的一些领导人认识到保存私人资本主义的必要性。1935 年 1 月遵义会议后，张闻天担任中共中央总负责人。在延安时期，他经过实际调查，提出发展"新式资本主义"、利用资本主义经济的主张。1935 年 12 月，毛泽东在《论反对日本资本主义的策略》一文中指出，在现阶段"并不没收民族资产阶级的工商业，而且还鼓励这些工商业的发展"。"因为这种发展不利于帝国主义，而有利于中国人民。"[①]这种认识逐渐为党的其他领导人接受，并按此制定对解放区资本主义工商业的政策。私营工商业发展对解放区经济、政治的积极影响，使人们相信这种理论的正确性。

1939 年以后，抗日战争进入相持阶段，以张闻天、毛泽东为代表的中共中央领导人，抓紧取得相对稳定环境的有利时机，为解决中国革命的根本问题进行理论研究。这种理论研究是为了解决党所面临的实际问题，是与中国革命实践密切联系在一起的，因而是从总结建党以来的经验教训入手，在总结经验教训的基础上得出新的理论知识。就经济问题与阶级关系而言，经验教训集中在对待资本主义经济与资本家阶级问题上。1939 年 5 月，毛

---

① 毛泽东：《毛泽东选集》第 1 卷，北京：人民出版社，1960 年，第 159 页。

泽东指出:"我们现在干的是资产阶级性的民主主义的革命,我们所做的一切,不超过资产阶级民主革命的范围。现在还不应该破坏一般资产阶级的私有财产制,要破坏的是帝国主义和封建主义,这就叫做资产阶级性的民主主义的革命。但是这个革命,资产阶级已经无力完成,必须靠无产阶级和广大人民的努力才能完成。这个革命要达到的目的是什么呢?目的就是打倒帝国主义和封建主义,建立一个人民民主的共和国。这种人民民主主义的共和国,就是革命的三民主义的共和国。它比起现在的这种半殖民地半封建的状态来是不相同的,它跟将来的社会主义制度也不相同。在社会主义的社会制度中是不要资本家的;在这个人民民主主义的制度中,还应当容许资本家存在。"①"这种民主革命是为了建立一个在中国历史上所没有过的社会制度,即民主主义的社会制度,这个社会的前身是封建主义的社会(近百年来成为半殖民地半封建的社会),它的后身是社会主义的社会。若问一个共产主义者为什么要首先为了实现资产阶级民主主义的社会制度而斗争,然后再去实现社会主义的社会制度,那答复是:走历史必由之路。"②1939年12月,毛泽东和几位同志合写《中国革命和中国共产党》,系统阐述中国社会的性质、主要矛盾,革命的性质、领导、同盟者、对象、前途、夺取政权的道路与方式,革命的两个阶段以及两个阶段的区别与联系等一系列问题。毛泽东认为:"在革命胜利之后,因为肃清了资本主义发展道路上的障碍物,资本主义经济在中国社会中会有一个相当程度的发展,是可以想象得到的,也是不足为怪的。资本主义会有一个相当程度的发展,这是经济落后的中国在民主革命胜利之后不可避免的结果。"③1940年1月,在《新民主主义论》中,他说:"这个共和国并不没收其他资本主义的私有财产,并不禁止'不能操纵国民生计'的资本主义生产的发展,这是因为中国经济还十分落后的缘故。"④在这本著作中,毛泽东提出新民主主义革命、新民主主义社会、新民主主义政治、新民主主义经济、新民主主义文化等范畴,并对它们作了系统的论述,奠定了新民主主义理论体系的基础。

1928—1940年是新民主主义经济产生时期,也是新民主主义经济理论

---

① 毛泽东:《毛泽东选集》第2卷,北京:人民出版社,1960年,第562~563页。
② 毛泽东:《毛泽东选集》第2卷,北京:人民出版社,1960年,第559页。
③ 毛泽东:《毛泽东选集》第2卷,北京:人民出版社,1960年,第650页。
④ 毛泽东:《毛泽东选集》第2卷,北京:人民出版社,1960年,第678页。

产生时期。在这段时间里,毛泽东、张闻天等在解放区领导经济工作的共产党人,总结经济工作成功的和失败的经验,制定了一系列的政策,提出解放区经济由公营(最初又称"国营")经济、合作社经济、私营经济等构成,产生了新民主主义经济形态理论的核心观点。这些观点是对长期实践经验的理论抽象。这种抽象经历了一个从政治斗争策略、经济政策到经济学,从实践到理论的发展过程。它是中国共产党人把马克思列宁主义的普遍原理与中国国情相结合而独创的全新的经济学说。

中国共产党诞生后的若干年,并没有提出中国的革命应该是新民主主义革命和新民主主义经济这类概念。只是到了抗战期间,才由毛泽东等人总结了两次国内革命战争的经验,提出了新民主主义理论。1962 年 1 月 30日,毛泽东在扩大的中央工作会议上说:"如果有人说,有哪一位同志,比如说中央的任何同志,比如说我自己,对于中国革命的规律,在一开始的时候就完全认识了,那是吹牛,你们切记不要信,没有那回事。过去,特别是开始时期,我们只是一股劲儿要革命,至于怎么革法,革些什么,哪些先革,哪些后革,哪些要到下一阶段才革,在一个相当长的时间内,都没有弄清楚,或者说没有完全弄清楚。""在抗日时期,我们才制定了合乎情况的党的总路线和一整套具体政策。这时候,中国民主革命这个必然王国才被我们认识,我们才有了自由。"①当中国民主革命的必然被认识之后,中国革命的步伐就大大地加快了。理论一旦被群众所掌握,便转化为巨大的物质力量。1940 年以后的第五个年头迎来了抗日战争的胜利,第九个年头迎来了新中国的成立。

二、新民主主义经济的发展与新民主主义经济形态理论的丰富

新民主主义经济理论产生以后,新民主主义经济进入在这种理论的指导下发展的新阶段。随着新民主主义经济的发展,特别是这个时期解放区保护私营工商业政策实施的后果,私营工商业存在与发展给居民经济生活、政府税收带来的好处;随着抗日战争时期资本家阶级的爱国行为与资本主义企业在抗日战争表现出来的作用日益明显;随着中国共产党在 1942—1944 年整风运动期间对自身经验教训总结分析的深入,新民主主义理论得

---

① 毛泽东:《毛泽东著作选读》下册,北京:人民出版社,1986 年,第 826 页。

到不断丰富。新民主主义理论的丰富主要表现在对待资本主义经济的认识上。这种认识集中表现在毛泽东在1945年4—6月中共七大关于利用资本主义的论述。在书面报告《论联合政府》中，毛泽东指出：我们的将来纲领或最高纲领是在中国实现社会主义和共产主义，但在中国社会经济的必要条件还不具备时，中国人民也不可能实现社会主义的国家制度。在当前，必须为着现阶段的目标奋斗，即是说，从殖民地、半殖民地半封建的国家和社会状况，推进到新民主主义的国家和社会。"只有经过民主主义，才能达到社会主义，这是马克思主义的天经地义。""没有一个新民主主义的联合统一的国家，没有新民主主义国家经济的发展，没有私人资本主义经济和合作社经济的发展，没有民族的科学的大众的文化即新民主主义文化的发展，没有几万万人民的个性的解放和个性的发展，一句话，没有一个由共产党领导的新式的资产阶级性质的彻底的民主革命，要想在殖民地、半殖民地半封建的废墟上建立起社会主义社会来，那只是完全的空想。""有些人不了解共产党人为什么不怕资本主义，反而在一定的条件下提倡它的发展。我们的回答是这样简单：拿资本主义的某种发展去代替外国帝国主义和本国封建主义的压迫，不但是一个进步，而且是一个不可避免的过程，它不但有利于资产阶级，同时也有利于无产阶级，或者说更有利于无产阶级。现在的中国是多了一个外国的帝国主义和一个本国的封建主义，而不是多了一个本国的资本主义，相反地，我们的资本主义是太少了。……我们共产党人根据自己对于马克思主义的社会发展规律的认识，明确地知道，在中国的条件下，在新民主主义的国家制度下，除了国家自己的经济，劳动人民的个体经济和合作社经济之外，一定要让私人资本主义经济在不能操纵国民生计的范围内获得发展的便利，才能有益于社会的向前发展。"①在口头报告中，毛泽东对利用资本主义的问题作了很多发挥。他说，我们这样肯定要广泛发展资本主义这一条，是可以的，只有好处，没有坏处。在我们党内有相当的时期对于这个问题不清楚，这是一种"民粹派"的思想。这种思想在农民出身的党员占多数的党里是长期存在的。所谓"民粹主义"，就是直接由封建主义经济发展到社会主义经济，中间不经过资本主义的道路。毛泽东强调，我们不要怕发展资本主义。在《关于政治报告的总结》的发言中，毛泽东专门谈了"中国应该发展资本主义"的问题。他说，我们现在提倡新民主主义的资本主义，

①　毛泽东：《毛泽东选集》第3卷，北京：人民出版社，1960年，第1060～1061页。

中国应该发展资本主义，在一定的条件下，在不操纵国民经济的条件下发展资本主义有他的好处。落后的地区还要发展资本主义，农业国家要发展一部分资本主义，这一部分资本主义是新民主主义的，对社会主义有帮助。[①]

1947年12月，毛泽东在《目前形势和我们的任务》的报告中，对中国的国家垄断资本主义（其通俗称谓是官僚资本或官僚资本主义）作了分析，把没收国家垄断资本主义经济归新民主主义的国家所有、保护民族工商业、没收封建阶级的土地归农民所有，并列为新民主主义革命的三大经济纲领。1948年，张闻天根据在东北解放区工作的经验与调查，提出新中国成立后的经济应由五种经济成分构成，应在一个较长的时期里允许私人资本主义经济发展，同时限制其消极性；他提出国家资本与私人资本合作的国家资本主义经济，应是新民主主义经济中的一种重要成分。刘少奇、毛泽东对他的主张作了重要补充。他们的意见为中共中央接纳。1949年3月，在中共七届二中全会的报告中，毛泽东指出："国营经济是社会主义性质的，合作社经济是半社会主义性质的，加上私人资本主义经济，加上个体经济，加上国家和私人合作的国家资本经济，这些就是人民共和国的几种主要的经济成分，这些就构成新民主主义的经济形态。"[②]在经济学说史上，毛泽东第一次提出了"新民主主义经济形态"的范畴。在此基础上，他勾画了新中国经济体制的蓝图，制定了新民主主义经济政策。

在1940年提出"新民主主义经济"到1949年提出"新民主主义经济形态"的过程中，在新民主主义经济形态理论问题上，有一系列的理论创新。其中，比较重要的是下述两点。

第一，从生产力的角度论证新民主主义经济形态存在的必然性与合理性。在中共七届二中全会上，毛泽东指出，必须实行新民主主义经济政策的根据是："中国的工业和农业在国民经济中的比重，就全国范围来说，在抗日战争以前，大约是现代性工业占百分之十左右，农业和手工业占百分之九十左右。这是帝国主义制度和封建制度压迫中国的结果，这是旧中国半殖民地和半封建性质在经济上的表现，这也是在中国革命的时期内和在革命胜利以后一个相当长的时期内一切问题的基本出发点。从这一点出发，产生

① 转引自顾龙生：《毛泽东经济思想引论》，太原：山西经济出版社，1992年，第110～111页。

② 毛泽东：《毛泽东选集》第4卷，北京：人民出版社，1960年，第1433页。

了我党一系列的战略上、策略上和政策上的问题。"①这种以生产力状况作为分析问题的出发点,符合历史唯物论的基本原则。从这种角度出发,比从寻求革命力量同盟者从而要保护同盟者经济利益的角度或从政治策略层次出发作出的分析深入了一大步。

第二,对资本主义经济的分析更加深入。首先,将中国的资本主义经济的构成一分为二,即区分为国家垄断资本主义经济和私人资本主义经济。对它们采取不同的政策:接收前者,保护后者。前者的所有权归国家,在资本主义经济的资本中占80%左右,起着操纵国计民生的作用。人民政府接收了资本主义经济中的这个部分,使之变为人民共和国的国有经济,这种国有经济就能在新民主主义经济形态中居于领导地位。其次,将私人资本主义经济的作用一分为二,即区分有利于国计民生的和不利于国计民生的,对前者予以利用,对后者予以限制。这样,对私人资本主义经济的政策,便从"利用"发展到"利用与限制"。1948年10月26日,毛泽东在一个批示中指出:"就我们整个经济政策来说,是限制私人资本的。只是有益于国计民生的私人资本,才不在限制之列。而'有益于国计民生',这就是一条极大的限制,即引导私人资本纳入'国计民生'的轨道之上。"②在中共七届二中全会的报告中,他对"利用"与"限制"的含义作了进一步的说明:"中国的私人资本主义工业,占了现代性工业中的第二位,它是一个不可忽视的力量。中国的民族资产阶级及其代表人物,由于受到帝国主义、封建主义和官僚资本主义的压迫或限制,在人民民主革命斗争中常常采取参加或者保持中立的立场。由于这些,并由于中国经济还处在落后状态,在革命胜利以后一个相当长的时期内,还需要尽可能地利用城乡私人资本主义的积极性,以利于国民经济的向前发展。在这个时期内,一切不是于国民经济有害而是于国民经济有利的城乡资本主义成分,都应当容许其存在和发展。这不但是不可避免的,而且在经济上是必要的。"③"但是中国资本主义的存在和发展,不是如同资本主义国家那样不受限制任其泛滥的。它将从几个方面被限制——在活动范围方面,在税收政策方面,在市场价格方面,在劳动条件方面。我们要从各方面,按照各地、各业和各个时期的具体情况,对于资本主义采取

---

① 毛泽东:《毛泽东选集》第4卷,北京:人民出版社,1960年,第1430页。
② 《文献和研究》(1983年)汇编本,北京:人民出版社,1984年,第175页。
③ 毛泽东:《毛泽东选集》第4卷,北京:人民出版社,1960年,第1431页。

恰如其分的有伸缩性的限制政策。""但是为了整个国民经济的利益,为了工人阶级和劳动人民现在和将来的利益,决不可以对私人资本主义经济限制得太大太死,必须容许它们在人民共和国的经济政策和经济计划的轨道内有存在和发展的余地。""如果认为我们现在不要限制资本主义,认为可以抛弃'节制资本'的口号,这是完全错误的,这就是右倾机会主义的观点。但是反过来,如果认为应当对私人资本限制得太大太死,或者认为简直可以很快地消灭私人资本,这也是完全错误的,这就是'左'倾机会主义或冒险主义的观点。"①中共七届二中全会后,刘少奇到刚解放的天津调查资本主义工商业。在调查期间及之后,他从经济学角度对为什么要保存私人资本主义经济作了理论阐述。1949 年 9 月中国人民政治协商会议制定的《共同纲领》,其中有关经济部分,是新民主主义经济理论在政策纲领上的具体化与完整的表现。《共同纲领》规定:"凡有利于国计民生的私营经济事业,人民政府应鼓励其经营的积极性,并扶助其发展。"这构成新民主主义经济形态区别于传统社会主义模式最重要的特征。在共产党执政的国家里,在国家根本大法中规定允许资本主义经济存在,并扶助其发展,这在共产主义运动历史上是空前的。它表现了中国共产党人探索中国式走向社会主义道路的气魄。

新民主主义经济形态理论的要点包括:在消灭半殖民地半封建社会的国家垄断资本主义和外国在华资本所有制时,产生社会主义性质的国营经济;在消灭封建土地所有制后,出现独立的个体农民私有经济;由于中国经济的落后性,私人资本主义在社会经济生活中有促进生产力发展的积极作用;在个体经济基础上建立合作社,通过合作社引导个体农民与手工业者走上社会主义道路;国有经济与资本主义经济合作,产生国家资本主义经济,通过国家资本主义经济使资本主义经济变成社会主义经济。由这些经济成分构成新民主主义经济形态。在新民主主义经济形态的发展过程中,不断增强社会主义国营经济,充分利用各种非社会主义经济成分的积极作用,经过较长时间生产力的发展,建立社会主义必备的物质文化基础,然后逐步转向社会主义。

新民主主义经济形态的雏形出现于 20 世纪 20 年代,新民主主义经济形态的理论,完成于 20 世纪 40 年代。新民主主义经济形态理论比新民主

---

① 毛泽东:《毛泽东选集》第 4 卷,北京:人民出版社,1960 年,第 1431～1432 页。

主义经济形态晚出。新民主主义经济形态理论是中国共产党人将马克思主义的一般原理,用于国情特殊的中国,总结实践中的经验教训而作出的一系列新的经济学结论。它是一种在经济文化落后国家走向社会主义前途的全新理论,揭示了中国社会经济发展的特殊规律。这是把马克思列宁主义的普遍原理与中国具体国情相结合的创举,是中国共产党最重要的理论创造,为马克思主义和经济学的发展做出了巨大的贡献。在这个科学理论的指导下,中国共产党领导全国人民取得解放战争的伟大胜利,使新民主主义经济从地区性的变成全国性的经济形态,从而出现了1950—1952年国民经济迅速恢复的奇迹。

1949—1952年,是在全国范围内将半殖民地半封建经济形态改造为新民主主义经济形态的时期。到1952年冬季,接收国民政府所有的国家资本主义经济和处理外国在华企业的工作结束,人民共和国国有经济赖以建立,通过打击投机倒把、"五反"运动等一系列斗争,国营经济的领导地位开始树立;消灭封建土地所有制的土地改革运动基本结束,独立的个体经济遍及农村;接受加工、订货、统销、代销与公私合营等形式的私营企业逐渐增多,它们组成国家资本主义经济;流通领域的消费合作社、供销合作社、信用合作社与生产领域的农业、手工业劳动互助合作组织,组成合作社经济。此时,出现了典型的或标准的新民主主义经济形态。

在1949年10月到1952年的时间里,根据经济工作的实践经验,毛泽东、刘少奇、周恩来、陈云等中共领导人在经济理论上作出了一些新的概括与补充,其中重要的是:市场在新民主主义经济中的地位,国家的调控作用,五种经济成分的相互关系,中外经济关系,新民主主义经济形态向社会主义经济形态过渡的途径,等等。随着典型的或标准的新民主主义经济形态的出现,新民主主义经济形态理论也同时步入成熟的阶段。

在1952年冬季,典型的新民主主义经济形态出现之时,毛泽东提出了过渡时期总路线,也就是宣布要将新民主主义经济形态改造为社会主义经济形态。事实上,经过1953—1956年,新民主主义经济形态就被改造成了社会主义初级阶段经济形态。这四年实际上是新民主主义经济形态被改造的时期。这样,典型的新民主主义经济形态存在的时间很短,新民主主义经济形态运行中的矛盾未全部展开,与新民主主义经济运行有关的理论探索也未充分展开。这种历史的实际给人们留下了历史的遗憾。

第二节　生产力的落后性

一、继承的遗产与担负的任务

（一）起点是落后的社会生产力

新民主主义经济形态产生于 20 世纪 20—40 年代的中国农村。农村的生产几乎全部是手工劳动，及至 1949 年全国性新民主主义经济形态形成时，社会生产力也是很落后的。按照毛泽东在 1949 年的说法："在国民经济中，现代性工业占 10%左右，和古代没有多大区别的农业和手工业占 90%左右。"[①]这就是全国性新民主主义经济形态继承的生产力，这种生产力是新民主主义经济形态发展的历史起点或起始时的物质基础。换句话说，新民主主义经济形态最初是建立在落后的生产力基础上的。

中国之所以需要建立新民主主义经济形态，经历新民主主义经济形态的历史阶段，最根本的原因是因为生产力落后，在这种落后的社会生产力基础上不可能直接实现社会主义。与这样的生产力状况相适应的只能是多种经济成分并存的新民主主义经济形态。新民主主义经济形态是中国社会生产力发展特定阶段的经济形式。

（二）终点应是经济现代化的实现

中国共产党人把在中国实现社会主义与完成工业化相联系。他们认为在新民主主义经济形态的历史阶段里，中国共产党和人民政府将充分调动各种经济成分及相关阶级的积极性，进行经济文化建设，"使中国由农业国变为工业国"，即建立起大规模的工业，使其"在全国经济比重上占极大优势"，发展起"与此相适应的交通、贸易、金融等事业"，由工业提供大量的农业机械，发展起"比较现时发达得多的农业"。[②] 所有这些，也就是实现经济

---

① 毛泽东：《毛泽东选集》第 4 卷，北京：人民出版社，1960 年，第 1430 页。
② 毛泽东：《毛泽东选集》第 4 卷，北京：人民出版社，1960 年，第 1081 页。

现代化。只有在这时,在中国社会经济具备了必要条件的时候,新民主主义经济形态才完成它的历史使命,中国将进入社会主义社会。因此,新民主主义经济形态是中国从落后的社会生产力到实现工业化这种生产力发展过程中的社会形式。

社会生产力要从现代性只占 10％左右到全部现代化,这需要一个很长的时间。这决定新民主主义经济形态存在的长期性。

毛泽东等人在创立新民主主义理论的过程中,特别强调新民主主义社会是建立在工业化基础上,并以此作为新民主主义与民粹主义[①]的区别之一。毛泽东在中共六届七中全会上说:"只有经过民主主义,才能到达社会主义,这是马克思主义的天经地义。这就将我们同民粹主义区别开来,民粹主义在中国与我们党内的影响是很广大的。"[②]民粹主义在中国与中国共产党内的影响之所以很大,是因为中国的小农经济产生很早,大同思想代代相传,到了 20 世纪 40 年代,仍是一个以农业为主的社会,现代工业在国民经济中所占的比重很小,人口中的 80％是农民。中国革命实质上是农民革命。中国革命的主要力量来自农民。中国共产党的大多数党员出身于农民。中国共产党领导的革命长期以农村为根据地。这种历史传统、社会环境和阶级基础为民粹主义的生长提供了适宜的气候和土壤。人们即使不是自觉地接受民粹主义,也容易自发地产生类似民粹主义的思想倾向。

1944 年,中共中央机关报《解放日报》起草了一篇题为《把新民主主义社会的基础建立在家庭里》的社论稿,送毛泽东审阅。毛泽东阅后,给解放日报社社长博古写信,其中写道,民主革命的中心目的就是从侵略者、地主、买办手中解放农民,建立近代工业社会。"新民主主义社会的基础是工厂(社会生产,公营的与私营的)与合作社(变工队在内),不是分散的个体经济。分散的个体经济——家庭农业与家庭手工业是封建社会的基础,不是民主社会(旧民主、新民主、社会主义,一概在内)的基础,这是马克思主义区

①　民粹主义是俄国 19 世纪 60 年代产生的一种小资产阶级社会主义思潮。其理论特征是,否认资本主义在俄国发展的历史必然性,认为可以不发展现代工业,不经过资本主义发展阶段,在农民村社的基础上直接过渡到社会主义。19 世纪 70 年代,民粹主义者以人民的"精粹"自居,到农村去宣传自己的主张,发动农民起来革命,由此得到"民粹派"和民粹主义的名称。

②　毛泽东:《毛泽东文集》第 3 卷,北京:人民出版社,1996 年,第 275 页。

别于民粹主义的地方。"①新民主主义的基础是什么呢？他在回答英国记者斯坦因的提问时说得很明确："未来的新民主主义社会不可能建立在这样的基础上,中国社会的进步将主要依靠工业的发展。因此,工业必须是新民主主义社会的主要经济基础。只有工业社会才能是充分民主的社会。"②20世纪40年代,毛泽东在阐述新民主主义理论时,在新民主主义社会的经济基础上必须是工业,必须经过发展资本主义的阶段这两个问题上,注意与民粹主义划清界限。

二、历史的实际

新民主主义经济形态承担的历史任务,是将90%处于古代状态的社会生产力提高到现代化水平。这就是说,新民主主义经济形态的生产力状况,起点是传统的、落后的,终点是现代的、先进的。这决定了它的历史阶段是长期的。历史的实际是,新民主主义经济形态存在的历史止于1956年。1952年,中国经济在总量上恢复到20世纪30年代的水平。人均国内生产总值、国民收入和多数工农业产值,是在以后几年分别达到新中国成立前的最高水平。1953—1956年生产力发展速度快,但时间仅为4年。1956年社会生产力的基本状况,如社会生产力的落后性、多层次性、地区与部门的不平衡性等依然存在。成为历史事实的中国新民主主义经济形态,其起点(1928年)与终点(1956年)的生产力都处于落后状态。这是它的重要特征之一。这就是说,中国新民主主义经济发展过程和终结的实际情况与新民主主义理论有很大的差别,它既没有"经过发展资本主义的阶段",也没有形成工业社会的经济基础,便转入了社会主义初级阶段经济形态。

---

① 毛泽东:《毛泽东文集》第3卷,北京:人民出版社,1996年,第207页。
② 毛泽东:《毛泽东文集》第3卷,北京:人民出版社,1996年,第183～184页。

第三节　多种所有制并存

一、新民主主义经济形态的本质特征

1949 年 9 月 29 日中国人民政治协商会议通过的、在中华人民共和国成立后起临时宪法作用的《共同纲领》规定："中华人民共和国必须取消帝国主义国家在中国的一切特权,没收官僚资本归人民的国家所有,有步骤地将封建半封建的土地所有制改变为农民的土地所有制,保护国家的公共财产和合作社的财产,保护工人、农民、小资产阶级和民族资产阶级的经济利益及其私有财产,发展新民主主义的人民经济,稳步地变农业国为工业国。""中华人民共和国经济建设的根本方针,是以公私兼顾、劳资两利、城乡互助、内外交流的政策,达到发展生产、繁荣经济之目的。国家应在经营范围、原料供给、销售市场、劳动条件、技术设备、财政政策、金融政策等方面,调剂国营经济、合作社经济、农民和手工业者的个体经济、私人资本主义经济和国家资本主义经济,使各种社会经济成分在国营经济领导之下,分工合作,各得其所,以促进整个社会经济的发展。"[①]多种所有制、多种经济成分并存和它们之间的分工合作,各得其所,是新民主主义经济形态在所有制结构方面的主要特点和本质。新民主主义经济形态的其他特点,都是从它的生产力水平与所有制结构引申出来的。

二、国营经济

对新民主主义经济形态中几种经济成分的"分工合作,各得其所",即它们各自的地位、作用及相互关系,《共同纲领》也有原则性规定。

《共同纲领》规定："国营经济为社会主义性质的经济。凡属有关国家经济命脉和足以操纵国民生计的事业,均应由国家统一经营。凡属国有的资源和企业,均为全体人民的公共财产,为人民共和国发展生产、繁荣经济的

---

① 《新华月报》1949 年 11 月号。

主要物质基础和整个社会经济的领导力量。"

国营经济的所有者是国家，也就是国有经济。在新民主主义经济形态存在的时期内，国有经济几乎全部由政府派人经营，称为"国营经济"是符合实际的。

国营经济之所以成为整个国民经济的领导力量，是因为：第一，它有政权的支持。它是人民民主专政政权的经济基础。第二，它是生产社会化的形式，是先进生产力的代表。第三，它是社会主义性质的经济，代表着整个国民经济前进的方向，前途是不可限量的。第四，它控制了国民经济命脉及国有资源，具有领导整个国民经济的物质力量。

新中国成立之初，国营经济在整个国民经济中的数量上不占优势。这是由于现代经济在国民经济中的比重很小。但国营经济却在现代经济中居统治地位。1949年，中国现代性工业的产值虽然只占国内生产总值的10%左右，但是它却极为集中。最大的和最重要的企业集中在政府的手里。社会主义性质工业（包括占比重很小的合作社工业）固定资产占全部工业企业固定资产的80.7%。国家掌握铁路、航空等大部分现代交通运输业和金融事业，统制外贸。在整个国民经济中，国营经济在质量上处于优势。毛泽东因此认为："农村个体经济和城市私人经济在量上是大的，但是不起决定作用。我们的国营经济，公营经济，在量上较小，但它是起决定作用的。"[①]"起决定作用"，是指它有控制、调节非社会主义经济成分命运的力量，并决定社会经济前进的方向。

三、资本主义经济

《共同纲领》规定："凡有利于国计民生的私营经济事业，人民政府应鼓励其经营的积极性，并扶助其发展。"《共同纲领》中的"私营经济"是指资本主义性质经济。1949年以前，农业中的资本主义成分微弱。资本主义性质的农场在抗日战争中已销声匿迹。经营地主在土地改革中被消灭。富农的多余土地被征收，已不再具有资本主义经济的特征。铁路、公路和航空业中也不存在资本主义经济。资本主义经济主要存在于工业、商业、金融业中。

① 薄一波：《若干重大决策与事件的回顾》（修订本）上卷，北京：人民出版社，1997年，第22页。

1952年,金融业中的私营银行、钱庄实现全行业公私合营后,资本主义经济只存在于工商业中(所以"资本主义工商业"成为资本主义经济的另一称谓)。在工业中,重工业基本上归国家经营。资本主义工业只是一些轻工业。在商业中,国家掌握对外贸易和国内批发商业,资本主义商业主要是部分贩运商业和大量的零售商业。

资本主义经济是新民主主义经济形态的一个基本经济成分。国家对它的基本政策是:利用它有利于国计民生的积极作用,限制它不利于国计民生的消极作用。"不能操纵国民生计"是限制的根本界限,在各个具体方面,则实行"恰如其分的有伸缩性的限制政策"。

新民主主义经济形态中的资本主义经济与半殖民地半封建经济形态中的资本主义经济有很大的不同。

第一,在半殖民地半封建经济形态中,资本主义经济包括国家资本主义经济和私人资本主义经济两个部分。前者控制国民经济命脉。在半殖民地半封建经济形态转变为新民主主义经济形态的过程中,它被人民政府接收,变成了社会主义性质的国营经济。后者受到保护,继续存在。保留在新民主主义经济形态中的资本主义经济,只是半殖民地半封建经济形态中资本主义经济的一部分——在资本主义经济中不占主导地位的部分。故资本主义经济在新民主主义经济形态中的比重、地位与作用,远低于半殖民地半封建经济形态。

第二,20世纪20年代后的半殖民地半封建社会中,政权代表资本家阶级与地主阶级的利益,资本家阶级的代表在其中处于领导地位。虽然资本家阶级与地主阶级之间有矛盾,资本家阶级内部各阶层、集团之间有利益冲突,政权对不同阶层、集团的态度各异,但在总体上说,半殖民地半封建经济形态中的资本主义经济受到这种政权的保护。新民主主义社会的政权是工人阶级领导的工农联盟为基础的人民民主专政的政权,主要代表工人阶级和农民阶级的利益,资本家阶级的代表虽然也参政,但处于被领导的次要的地位。处于领导地位的工人阶级是资本家阶级的对立面,新民主主义经济形态中的资本主义经济与半殖民地半封建经济形态中的资本主义经济与上层建筑的关系不同,这决定资本主义经济发展前途迥异。

第三,在半殖民地半封建经济形态中,资本主义经济与市场经济同步发展。在市场中,竞争是无序的,也没有计划的限制。在新民主主义经济形态中,资本主义经济依赖市场经济,与其共命运。新民主主义经济形态中的计划性,要求消除无序的竞争与生产的盲目性,要求限制不利于国计民生的活动,这使资本主义经济的活动受到限制,决定新民主主义经济形态中资本主义经济的活动范围,与在半殖民地半封建经济形态中根本不同。

四、劳动者个体经济

1949 年,农业和手工业产值在工农业总产值中占的比重为 76.8%,在经济单位的数量上占统治地位。其中,又以个体农业为最大部分。个体经济在经济上"是落后的,这是和古代没有多大区别的"[①]。这是新民主主义经济构成的一个显著的特点。

新民主主义经济形态中的个体经济与半殖民地半封建经济形态中的个体经济有重大区别:在个体经济中占多数的佃农,摆脱了封建生产关系的束缚和对地主的依附,成为劳动者自己占有生产资料的独立经营的劳动者;个体经济从处于资本主义经济领导下转变到社会主义国营经济领导之下;个体经济所有者农民、手工业者和小商小贩是工人阶级的同盟者。人民民主专政以工农联盟为基础,它要保护农民和手工业者、小商小贩的利益,他们从受压迫者变成国家的主人翁,政治地位大不相同。

农民、手工业者、小商小贩既是私有者,又是劳动者。个体农民、手工业者、小商贩都想在私有的基础上勤劳致富。农民、手工业者、小商贩内部某种程度的贫富分化是不可避免的,这是社会生产力发展的结果。要使他们向社会主义发展,需要做比较长期的教育与示范工作。只要坚持新民主主义经济政策,可以使他们中的绝大多数人经济状况逐步改善,上升到富裕的水平,余下的极少数无劳力的困难户得到社会保障,避免产生阶级分化(两极分化)现象。国营经济在同资本主义斗争中占据日益巨大的优势和广泛地发展合作社,是引导个体经济走向社会主义的保障和途径。

五、合作社经济

新民主主义经济形态中的合作社经济,是"在无产阶级领导的国家政权管理之下的劳动人民群众的集体经济组织"。[②]《共同纲领》规定:"鼓励和

① 毛泽东:《毛泽东选集》第 4 卷,北京:人民出版社,1960 年,第 1430 页。
② 毛泽东:《毛泽东选集》第 4 卷,北京:人民出版社,1960 年,第 1432 页。

扶助广大劳动人民根据自愿原则,发展合作事业。在城镇中和乡村中组织供销合作社、消费合作社、信用合作社、生产合作社和运输合作社。"合作社经济为半社会主义性质的经济。合作社经济能帮助个体农民摆脱贫困,促进生产力的发展。新民主主义经济形态中的合作社经济,建立在农民、手工业者个体经济私有制的基础上,是引导农民、手工业者达到完全社会主义性质的集体所有制的道路与桥梁。"单有国营经济而没有合作社经济,我们就不可能领导劳动人民的个体经济逐步地走向集体化,就不可能由新民主主义社会发展到将来的社会主义社会,就不可能巩固无产阶级在国家政权中的领导权。"①合作社经济是国营经济的重要助手。

新民主主义经济形态中的合作社经济与半殖民地半封建经济形态中的合作社经济的区别在于:第一,数量与地位不同。前者在生产与流通领域普遍发展,因而成为国民经济中的一个重要组成部分。后者主要在流通领域,生产领域仅限于部分地区的手工业合作,在国民经济的基本生产事业——农业中,生产过程中的合作根本没有,因而在国民经济中处于无足轻重的地位。第二,任务与作用不同。前者不仅帮助劳动者解决生产与生活中的困难,还担负着引导个体劳动者走上社会主义道路的历史任务。后者则只能使合作社社员免除部分商业剥削与高利贷剥削。第三,性质不同。在任何经济形态中,合作社经济都受在国民经济中占主导地位的经济成分的制约。前者受社会主义性质的国营经济的制约,是半社会主义性质的。后者受资本主义经济的制约,是资本主义性质的。

六、国家资本主义经济

《共同纲领》规定:"国家资本和私人资本合作的经济为国家资本主义性质的经济。在必要和可能的条件下,应鼓励私人资本向国家资本主义发展。例如为国家企业加工,或与国家合营,或用租借形式经营国家的企业,开发国家的资源等。"国家资本主义先是利用、限制资本主义经济的形式,后来又发展为对资本主义进行社会主义改造的形式和途径。随着国营经济的壮大,对资本主义经济限制与改造工作的开展,国家资本主义经济迅速发展。

新民主主义经济形态中的国家资本主义经济与半殖民地半封建经济形

---

① 毛泽东:《毛泽东选集》第 4 卷,北京:人民出版社,1960 年,第 1432 页。

态中的国家资本主义经济的主要区别在于：第一，前者是国家资本与私人资本合作的形式，后者是国家资本。第二，前者担负将私人资本转变为国家资本的任务，是私人资本转变为国家资本的渠道。因此，它的发展是资本主义经济的削弱与终结。后者的发展是资本主义经济力量的增强，并导致国家垄断资本主义的形成，成为控制国民经济的力量。

以社会主义国营经济为领导，多种经济成分并存，这是新民主主义经济形态所有制结构的两个最重要特点。

第四节　共同发展与"四面八方"政策

多种经济成分分工合作，各得其所，优势互补，共同发展，是新民主主义经济形态运行机制的特色。

一、五种经济成分同时得到发展

在新民主主义经济形态中存在着五种经济成分。这五种经济成分能否共同发展，能否在共同发展过程中使中国社会生产力迅速发展、经济结构沿着从新民主主义经济形态向社会主义经济形态的方向前进，这是检验新民主主义经济形态优越性以及能否独立存在的试金石。

1950—1952 年是贯彻《共同纲领》规定的新民主主义经济政策的三年。1952 年下半年毛泽东在中国共产党内开始提出过渡时期总路线，经过酝酿和讨论，1953 年下半年在全社会宣传，并贯彻到各种经济政策中，开始了"三大改造"，新民主主义经济政策终止了。据此，考察新民主主义经济政策的效果与新民主主义经济形态运行机制的时间，以 1950—1953 年为宜。在这个时期，遭受多年战争破坏的国民经济得到了奇迹般的恢复，经济成分结构发生了渐进性的变化。在缺少各种经济成分在国内生产总值或国民收入中所占比重统计数据的情况下，下列两组数据反映了这种变化的趋势。

表 10-1 1950—1954 年国家财政收入来源

单位:亿元

年份		1950	1951	1952	1953	1954
合计	金额	65.19	124.97	173.94	213.24	253.53
	%	100	100	100	100	100
国营经济*	金额	21.75	59.74	101.01	136.83	166.48
	%	33.36	47.8	58.01	64.17	65.67
公私合营经济	金额	0.4	0.8	1.1	1.5	1.6
	%	0.6	0.6	0.6	0.7	0.6
合作社经济**	金额	0.3	0.5	1.2	2.6	4.6
	%	0.5	0.4	0.7	1.2	1.8
私营经济	金额	19.67	34.97	34.18	31.01	27.06
	%	30.17	27.98	19.65	14.55	10.67
个体经济	金额	22.51	27.15	33.03	35.33	40.99
	%	34.53	21.73	18.99	16.57	16.17
其他	金额	1.2	1.2	1	0.6	1.4
	%	1.84	1	0.6	0.2	0.6

注:*原表作"全民所有制经济"。

　　**原表作"集体所有制经济"。

资料来源:当代中国丛书编委会:《当代中国的财政》(下),第530页。表中1950年各子项合计为65.83亿元,1951年为124.36亿元,1952年为171.52亿元,1953年为207.87亿元,1954年为242.13亿元,均与表中合计金额不同。%是作者计算的。

表 10-2 1949—1952 年工业总产值中各种经济类型的变化*

单位:亿元

年份		1949	1950	1951	1952
合计	金额	140.2	191.2	263.5	343.3
	%	100	100	100	100
国营经济	金额	36.8	62.5	90.8	142.6
	%	26.25	32.69	34.46	41.54
合作社经济	金额	0.7	1.5	3.4	11.2
	%	0.5	0.78	1.29	3.27

续表

年份		1949	1950	1951	1952
公私合营经济	金额	2.2	4.1	8	13.7
	%	1.57	2.14	3.04	3.99
私营经济	金额	68.3	72.8	101.2	105.2
	%	48.72	38.08	38.41	30.65
个体经济	金额	32.2	50.3	60.1	70.6
	%	23	26.31	22.81	20.57

注：*原表中的经济类型依次为"全民所有制""集体""公私合营""私营""个体"。

资料来源：国家统计局：《中国统计年鉴（1984）》，北京：中国统计出版社，1984年，第194页。

国营经济、合作社经济、私营经济、个体经济和公私合营经济，对国家财政收入的贡献，1953年都比1950年大。1953年与1950年比，它们分别增长：国营经济529.1%，公私合营经济300%，合作社经济143%，私营经济57.65%，个体经济56.95%，这五种经济成分都在增长，但增长速度不同，前三种经济成分比后两种经济成分快得多。这使它们的相对比重发生很大的变化：国营经济由33.36%增加到64.17%，即由1/3升至2/3；私营经济由30.17%下降到14.55%，即由3/10降至1/7；个体经济由34.53%降至16.57%，即由1/3降至1/6，私营经济和个体经济占的比重迅速缩小。沿此趋势发展下去，经过一段较长的时期，私营经济与个体经济占的比重将微不足道。

从1949年到1952年，国营经济、合作社经济、公私合营经济、私营经济与个体经济的工业生产产值的绝对金额都在增长，它们是在共同发展。其中，国营工业增长了2.88倍，合作社工业15倍，公私合营工业5.23倍，私营工业0.54倍，个体工业1.19倍。但增长的速度不同，故彼此间的相对比重有升有降。1949年，这五种工业的相对比重是26.25∶0.5∶1.57∶48.72∶23，1952年变为41.54∶3.27∶3.99∶30.65∶20.57。

工业生产的变化趋势与国家财政收入来源所反映的变化趋势完全一致，即五种经济成分的绝对量都在增长，公有部分的相对比重变大，私有部分变小。按照这种趋势变化下去，私有部分的绝对量可能增大，也可能变小，但无论是哪一种情况，它的相对比重将越来越小，在国民经济中的地位将变得微不足道。

各种经济成分的绝对量都增加,国民经济总量就一定会增长。私有经济的相对比重不断变小,公有经济的相对比重不断加大,这就使经济沿着社会主义方向演变,逐步地向社会主义经济形态过渡。新中国成立初期的经济发展过程证明,新民主主义经济充满活力,适合中国国情,有利于促进生产力的发展;它的发展进程可以控制,社会主义的长远目标可以保证。实践也证明,中国找到了在半殖民地半封建社会经济形态的起点上,既避免资本主义社会前途,又不雷同于苏联的社会主义模式,最终走向社会主义经济形态切实可行的道路。

二、"四面八方"的经济政策

五种经济成分能同时发展,得益于实行"四面八方"的经济政策。

《共同纲领》规定:"中华人民共和国经济建设的根本方针,是以公私兼顾、劳资两利、城乡互助、内外交流的政策,达到发展生产、繁荣经济之目的。"这句话中的"公私"、"劳资"、"城乡"、"内外"被概括为"四面八方"。"四面八方"是毛泽东对多年来逐步形成的新民主主义经济政策的概括。毛泽东认为,在中国这样一个人口众多的国家,要把经济建设好,就要调动起一切积极因素。调动积极性的办法是处理好各方面的关系,兼顾各有关方面的利益。新民主主义经济形态之所以是不可超越的阶段,是因为在中国的条件下,只有这种经济形态才能兼顾中国社会各有利于国计民生的经济成分及相关阶级的利益,调动起全国人民的积极性,促进国家的建设事业。1941年11月6日,毛泽东《在陕甘宁边区参议会的演说》中指出:"中国社会是一个两头小中间大的社会,无产阶级和地主大资产阶级都只占少数,最广大的人民是农民、城市小资产阶级以及其他的中间阶级。任何政党的政策如果不顾到这些阶级的利益,如果这些阶级的人们不得其所,如果这些阶级的人们没有说话的权利,要想把国事弄好是不可能的。中国共产党提出的各项政策,都是为着团结一切抗日的人民,顾及一切抗日的阶级,而特别是顾及农民、城市小资产阶级以及其他中间阶级的。共产党提出的使各界人民都有说话机会、都有事做、都有饭吃的政策,是真正的革命三民主义的政策。在土地关系上,我们一方面实行减租减息,使农民有饭吃;另一方面又实行部分的交租交息,使地主也能过活。在劳资关系上,我们一方面扶助工人,使工人有工做,有饭吃;另一方面又实行发展实业的政策,使资本家也有利可图。所有这些,都是为了团结全国人民,合力抗日。这样的政策我们

叫做新民主主义的政策。这是真正适合现在中国国情的政策。"①这是毛泽东制定新民主主义经济方针与政策的出发点和基本精神。

解放战争爆发后,中国共产党的土地政策由减租减息再度转向实行土地改革,从总政策的角度看,几亿农民的利益得以实现。此时,统筹兼顾的重点,在于如何解决好公私关系和劳资关系。1947 年 12 月 25 日,毛泽东在《目前形势和我们的任务》的报告中指出:"新民主主义国民经济的指导方针,必须紧紧地追随着发展生产、繁荣经济、公私兼顾、劳资两利这个总目标。一切离开这个总目标的方针、政策、办法,都是错误的。"②毛泽东的"四面八方"政策,涉及公私关系、劳资关系、城乡关系、内外关系四个方面,兼顾国内工人阶级、农民阶级、资产阶级等阶级的利益和对外发展经贸关系。它是新中国处理内外各种经济关系的总纲。

公私兼顾中的"公",主要是公营(国营)经济,其次还有合作社经济;"私",主要是私人资本主义,其次还有个体私有经济。公私兼顾是有条件的,即资本主义经济必须接受国营经济的领导地位。在恢复和发展工业生产的问题上,必须确定:第一是国营工业的生产,第二是私营工业的生产,第三是手工业生产。国家要对资本主义经济在税收、价格、劳动条件、活动范围等方面进行调节,采取恰如其分的限制政策。在这样的大前提下,资本主义经济在法律和政策允许的范围内实现自身的利益。

劳资关系是新民主主义经济生活中的一个极为重要的问题,又是一个非常复杂的问题。它的复杂性源于劳资双方地位的二重性。在新民主主义社会里,工人阶级在整个社会生活中是领导阶级,但在私营企业中,工人还要受到资本家的剥削。他们必然会利用自己在社会生活中的政治优势争取减轻以至消灭剥削。资产阶级在社会生活中处于被领导的地位,但在企业里,他们却是生产资料的所有者,是企业的主人。他们要利用自己支配生产资料的优势获取更多的剩余价值。在新民主主义条件下,允许资本主义的存在就是在一定程度上允许资本家剥削;利用资本主义的含意,不仅在于利用资本主义的生产增加社会产品,还要利用资本主义的积累机制——剩余价值资本化——增加社会的总资本。提出过高的工资或福利要求,超过实际可能,会使资本家无利可图,企业不能维持,反而对生产发展不利,工人的

---

① 毛泽东:《毛泽东选集》第 3 卷,北京:人民出版社,1960 年,第 808 页。
② 毛泽东:《毛泽东选集》第 4 卷,北京:人民出版社,1960 年,第 1256 页。

就业也就成了问题。新民主主义条件下的劳资关系具有特殊性。劳资斗争是有限度的,可以调节的。通过调节,劳资双方可以在发展生产与改善经营的基础上,在相对"两利"的情况下形成妥协,共同为发展新民主主义经济做出贡献。

"城乡互助"是指处理好城市和乡村的关系,核心是工业与农业的关系,工人与农民的关系。土地改革是建立工农联盟的基础,是调动起农民积极性的基本措施。在土地改革完成之后要进一步巩固工农联盟,必须帮助农民发展农业生产,改善生活。帮助农民发展生产的措施是多方面的,如组织生产互助、兴修水利、减轻税收等。其中重要的、具有根本性的一项,是在等价交换的基础上发展商品流通。组织城乡商品交流、实现城乡互助的办法有:组织供销合作社,并运用国营商业的力量,帮助农民推销产品,供应农用生产资料和消费品,避免中间剥削;国营商业通过供销社与农民签订农产品收购合同,运用价格杠杆,发放预订金和优先供应农用生产资料,引导农民发展国家建设急需的经济作物,减轻市场风险,有利于市场的稳定;通过城乡商品交流,推销农民的土特产品,使农民增加收入,改善生活,增强了生产能力,提高了购买力,扩大了农村市场,使城市工商业获得原料,增加了生产,并疏通了工业品下乡的渠道;城乡市场的活跃与兴旺,使国家税收增加。推动城乡商品交流是整个国民经济走向恢复的中心环节,又是城乡互助的具体途径。

"内外交流",是指在维护主权和独立、平等、互利的基础上发展对外经济关系。

三、不同所有制之间的互补与竞争

(一)公私经济关系的新模式

新民主主义经济形态的历史,给经济学提供了一个重要的启示,包括社会主义经济和资本主义经济在内的公私经济是可以共存并互补的,计划调节与市场调节是可以共存并互补的。新民主主义经济形态是一种典型的互补经济形态。

新民主主义经济形态中的五种经济成分,国家资本主义经济是国营经济与资本主义经济合作的形式,合作社经济是在个体私有经济基础上的社员经济合作的形式。所以,五种经济成分中,主要是国营经济、资本主义经

济和个体经济。在这三种经济中，第一种是公有经济，后两种是私有经济。五种经济成分之间的关系，可以概括为公私经济关系，其中核心的关系是社会主义经济与资本主义经济的关系。

马克思认为，共产党的任务就是消灭私有制。社会主义经济制度的基础是生产资料公有制，从资本主义社会私有制到社会主义社会公有制，有一个消灭私有制、建立公有制的过渡时期。列宁、斯大林在俄国实践这一理论时，强调在过渡时期内资本主义经济与社会主义经济、公有经济与私有经济之间是"谁战胜谁"的关系，认为它们是绝对对立的，互不相容的。实行新经济政策，允许它们同时并存，这只是解决经济困难的策略，一种暂时的退却，一种短时间内存在的暂时现象。一旦经济状况稍为好转，立即向私营经济进攻，在短短的几年里将它消灭掉。即使在短暂的并存时间里，公私经济也是"谁战胜谁"的关系，是势不两立的。

中国新民主主义经济形态发展的历史表明，公私经济可以长时期并存，并可以共同发展。若对有利于国计民生的私营经济采取比较灵活的、鼓励的政策，私营经济活跃起来了，国民经济就繁荣；反之，若对私营经济采取打击、排斥的政策，使私营经济停滞、下降，国民经济就萧条、停滞。公私经济之间，既非谁战胜谁的关系，亦非私营经济是公有经济可有可无的补充关系，而是一种既互补又矛盾的关系。在公私经济既互补又矛盾的关系中，互补的一面是主要的，矛盾的一面是次要的，是可以协调的。

对公私经济关系的认识与处理不同，是新民主主义理论与过渡时期理论，新民主主义社会与过渡时期区别之所在。过渡时期理论认为，工人阶级之所以应该进行社会主义革命，根本动因是解决资本主义私有制度阻碍生产力发展的矛盾。既然资本主义私有制已成为束缚生产力发展的因素，那么，在过渡时期，资本主义生产关系就谈不上还有有利于生产力发展的积极作用，谈不上利用资本主义经济的问题。新民主主义理论则认为，由于中国经济落后，在工人阶级领导的民主革命胜利后，还要在很长一段时间内发挥包括资本主义在内的私有经济有利于国计民生的积极作用，以利于社会经济的向前发展。这种情况使新民主主义社会与过渡时期承担的历史任务不同。过渡时期的历史任务是消灭一切私有制，建立社会主义生产关系，解放生产力。新民主主义社会的历史任务，是以工人阶级领导的人民民主专政和控制了国家经济命脉的社会主义国营经济为政治的和经济的保证，充分利用包括私人资本主义经济和个体经济在内的各种有利于国民经济发展的经济成分的积极作用,发展生产力,实现经济现代化,为建立消灭一切私有制的社会主义奠定物质基础。

新民主主义社会与过渡时期的历史任务之所以不同,是由于它们的历史前提不同。过渡时期的前身是资本主义社会,生产力与市场经济高度发达,已为社会主义社会的建立奠定了必备的物质基础。新民主主义经济形态的前身是半殖民地半封建经济形态,生产力落后,市场经济和资本主义都不发达,不具备直接建立社会主义社会的物质基础。不同社会的基本矛盾不同,资本主义社会的私人占有与生产社会化的矛盾是社会主义革命的动因。社会主义的生产关系不可能在资本主义内部自发产生,从无产阶级夺取国家政权到建立社会主义经济制度,要经历剥夺剥夺者的过程,这便是从资本主义到社会主义的过渡时期。半殖民地半封建社会的基本矛盾与中国近代革命的动因,不是资本主义私人占有与生产社会化的矛盾,而是帝国主义与封建主义阻碍了社会生产力的发展。新民主主义革命的任务是推翻帝国主义与封建主义的统治,革命胜利的直接结果是建立起新民主主义社会经济形态。所以,新民主主义社会是中国这样一个落后的东方国家与西方发达资本主义国家在历史的发展阶段上经历的不同阶段,与马克思所说的从资本主义到社会主义的过渡时期属于不同的历史范畴。

(二)优势互补

多种经济成分或公私经济之间互补的前提,是它们各有优势、长处和各有劣势、短处。在经济生活中只有充分发挥它们各自的长处,以一种或几种经济成分的长处去弥补另一种或另几种经济成分的短处,使它们优势互补,才能保证国民经济的快速稳步发展。

多种经济成分或公私经济之间优势互补的内涵广泛。其中,功能上的优势互补与经营方式上的优势互补最为重要。

1. 功能上的优势互补

无论是公营经济还是私营经济,都是通过生产经营,提供商品和劳务来满足社会的需要。它们的侧重点不同。私营经济主要的功能,在于利用市场价格机制或企业家的行为协调机制,进行资源配置,供应产品、劳务,完成收入的分配,即主要的功能在于组织生产,提供产品和劳务。公营经济具有稳定宏观经济、生产公共产品等特殊的功能。公营经济和私营经济功能上的不同优势可以互补。

国营经济能发挥稳定国家宏观经济作用的原因,在于它的国家所有权决定了它对国家的各种调控措施反应比较及时,它控制国民经济命脉决定了它对国民经济运行的影响力度强大,因而成为国家调控经济的一个良好工具。新中国成立之初,持续了十几年的通货膨胀搞得人心惶惶,投机盛行,人们无法正常生产与正常生活。人民政府的解决办法,除了实行紧缩的财政和货币政策(少发货币,加紧货币回笼),提高税收,增发公债外,还有一个重要的措施就是利用国营贸易公司和国营铁路、内河航运,大力收购、及时调运和统一抛售多种紧俏物资,实现了打垮投机资本,降低物价的目标。具体事实是:1949 年 11 月 15 日到 30 日,每日从东北调运 1000 万～1200万斤粮食入关;天津先后从东北调集粮食 6000 万斤,同时准备了布匹 35 万匹,棉纱 5000 件;上海准备了棉布 110 万匹,棉纱 28000 件;汉口准备了棉布 30 万匹,棉纱 8000 件;西安准备了棉布 40 万匹。准备就绪后,11 月 25日集中抛售,12 月 26 日物价即开始下降,10 天后粮、棉等商品的价格猛跌34％～40％。从 1950 年 3 月开始,全国物价逐步稳定,投机资本受到严重打击,延续多年的物价上涨、市场混乱的局面消失了,为正当的生产经营提供了良好的经济环境。在当时的历史条件下,没有国营商业、交通运输业和银行对国家宏观调控的这种积极、有效的反应与支持,经济稳定的状况不会这么快就到来。正如陈云所说:"国有制经济与私有制经济承担的责任不同,私有制经济虽然也供应市场的需要,但它只做买卖、赚钱。国有制经济则为了维持生产,为了稳定市场,就必须有相当多数量的积存物资。如果没有这个积存,私商的投机活动就打不下去。有积存,商业部门就要负担很重的银行利息。不但如此,有时还要做赔本买卖。"[1]

在经济功能上,国营经济还有一个特殊的优势与作用,就是集中力量办大事,并生产公共产品。这是私营经济所不具备的。国营经济生产资料所有权的集中统一,使所有者能够方便地建设一些规模较大的项目。这些项目往往是国民经济的瓶颈,或是基础性的,或能显著提高生产力,或是国民经济的制高点。这都是单个的私营企业所无力完成或不愿从事的。新中国成立初期,国营经济发挥这种作用,主要体现在两个基本的方面:一是重点恢复,二是重点建设。前者使中国较快地医治了战争的创伤,恢复了经济,克服了财经上的困难;后者则使中国在财力极其有限的情况下,开展了大型

---

[1]　陈云:《陈云文选(1949—1956)》,北京:人民出版社,1986 年,第 198 页。

工业建设。

2. 经营方式上的优势互补

各种经济成分的生产力与物质基础的不同，所有制的不同，导致它们的运行机制不同，并由此产生它们经营方式的差异。国营经济需要国家财政投资的特性，决定了它层层报批的决策机制，因而运行成本比较高。加上制度化的、相对僵化的作息时间与价格、品种调节机制，使它虽然有利于国家的计划性，有利于稳定市场，有利于保证基本的物资供应，但经营方式不灵活，在很多方面不能很好地满足人们日常生活的需要。资本主义经济和个体经济生产上的无计划性，有可能因盲目生产而导致资源的浪费和市场危机等不良后果，但它除了能增加生产，满足人民需求，提高生产力外，还有国营经济不具备的优势。那就是它不仅不需要国家投资，还可以吸纳民间的闲散资金，有着相对灵活的经营时间、经营方式等。例如小商小贩这种商业形式，分布面广，接近消费者，没有固定的营业时间，可以卖一针一线的零星货物，也可以收购居民无用的废品。在农村中，他们还起着短途运输的作用。私营商业的一些经营方法，如货源及时、商品对路、送货上门、代修代补等为顾客服务的方式，也是国营经济所不具备的。这种运行机制、经营方式不同而形成的经济互补，不仅表现在方便群众的日常生活上，更重要的是在城乡交流、进出口贸易、增加就业、扩大财政收入、提高国民经济整体水平等方面，都有重要的作用。

首先，在城乡交流中的优势互补。在新中国成立初期，城乡交流是国民经济发展的中心环节。城乡交流的主要内容，一是将乡村的农产品、土产品收购起来，运进城市，一是将城市的工业品销到乡村去。其中，起决定作用的是收购土产。因为收购土产后，农民就有了钱，就可以买工业品，工业品有了销路，工厂就可以开工和增产。在促进城乡物资交流上，虽然国营商业和供销合作社能发挥很大作用，但由于受国家财力与人力的限制，在幅员辽阔、情况复杂的农村，广泛地开店设点的可能性不大。因农产品、土特产有季节性，国营经济长期设固定的收购点也没有必要。对于这种交易，经营方式灵活、形式多样的私营商业和个体商业是最合适的。1951 年，全国土产品的商业价值 44 亿元，其中，国营商业和供销合作社经营 19.4 亿元（44.1%），其余的 24.6 亿元（占 55.9%）是由私商和小贩完成的。

其次，在对外贸易中的优势互补。新中国成立之初，国营经济比较容易进行同苏联、东欧等社会主义国家的贸易，但在对资本主义国家的贸易方面

并没有优势,而私商因长期的从业经验及与资本主义国家的进出口商有着较好的私人关系,他们在对资本主义国家的进出口贸易中具有相对的优势。在 1950 年进出口总额中,国营经济占 66.53％,私营经济占 33.47％。在原来进出口贸易较活跃的华南等地区,私商所占的比重更大。如华南地区,1950 年 1 月至 6 月的出口,国营占 17％弱,私营经济占 82％强,外商占 1％弱;进口,国营占总输入额的 33％弱(大米进口未计入),私营占 67％,外商占 0.3％。

再次,在劳动力就业方面的优势互补。国营经济规模大,技术先进,适合高素质的技术人员与工人就业。私营经济和个体工商户规模小,数量大,可以吸收大量各类劳动力就业。1950 年,私营工业、商业、饮食业从业人员 963.6 万人;1951 年 1082.3 万人,比上年增加 11.23％。1952 年,私营工业职工和私营商业、饮食业从业人员共 1027.4 万人。[①] 该年国营、合作社营工业企业职工和国营及合作社营商业、饮食业从业人员共 435.8 万人。前者为后者的 2.36 倍。如果没有私营经济,上述 1027.4 万人都由国家"统包统配",国家可能力不从心。

(三)竞争与互补共存

多种经济成分之间存在互补关系,也存在因经济利益不同而产生的种种冲突即矛盾关系。国营经济代表国家和整个社会的利益,私营经济代表私营企业主的利益,公私经济之间的矛盾实质上是一种整体利益与个人利益之间的矛盾与冲突。公私经济之间的矛盾,在不同的时期、不同的领域里,有不同的表现形式。1950 年前后主要表现为私营经济哄抬物价,投机牟利;国营经济打击投机,稳定市场,反高额利润。1951 年主要表现为私营企业主不满足国营经济给它的加工订货的基本利润,希望多做自产自销,抗拒加工订货,以及偷税漏税、行贿、盗骗国家财产、偷工减料、盗窃国家经济情报等违法犯罪的行为;人民政府开展"五反"运动,依法整顿私营经济的不良经营作风。这些都是限制与反限制矛盾的表现。

在新民主主义经济形态中,各种经济成分之间的矛盾是可以协调的。正如毛泽东在论述新民主主义社会存在的各个阶级之间的矛盾时所论述

---

① 国家统计局:《中华人民共和国私营工商业社会主义改造统计提要(1949—1957)》,北京:中国统计出版社,1978 年,第 36、73、55 页。

的:"自然,这些阶级之间仍然是有矛盾的,例如劳资之间的矛盾,就是显著的一种;因此,这些阶级各有一些不同的要求。抹杀这种矛盾,抹杀这种不同的要求,是虚伪的和错误的。但是,这种矛盾,这种不同的要求,在整个新民主主义的阶段上,不会也不应该使之发展到超过共同要求之上。这种矛盾和这种不同的要求,可以获得调节。"[①]这种情况和这个原则,适用于这些阶级所代表的不同经济成分之间的矛盾。在新民主主义经济形态中,各种经济成分之间的共同利益大于它们之间相互的矛盾。这是因为在新民主主义经济条件下,不仅国营经济、合作社经济和个体经济有了好的发展环境,私营经济也有好的发展条件。正是因为各种经济成分之间有着共同的利益,它们相互矛盾的一面处于次要的地位,所以这种矛盾是可以调节的。

各种经济成分之间矛盾的调节,在不同经济成分之间,在不同的领域,矛盾的情形不同,调节的方法也不同。经营范围上的冲突,以分工合作方针处理之;对资本主义追求自由发展和国营经济要维护领导地位的矛盾,以节制资本的方针处理之;对劳资纠纷,以劳资两利的方针处理之;对各种经济成分的所有者、从业人员收入分配不均的矛盾,以制定相应的规章制度调节之;对资本家违法经营造成的与国营经济、合作社经济、个体经济的冲突,以法律为准绳解决之,如以"五反"解决"五毒"经营作风,等等。矛盾林林总总,协调的办法也是千千万万,不能穷举。1949—1953 年的实践证明,只要本着发展生产、繁荣经济、公私兼顾、劳资两利、依法办事的原则进行处理,各种经济成分之间的矛盾都能妥善协调,它们都能获得发展。

第五节　市场调节与计划调节同时发生作用

市场调节与计划调节同时发生作用,是新民主主义经济形态调节机制的特点。

新民主主义革命时期,中国共产党虽已有长期领导解放区经济建设的经验,但解放区毕竟是建立在经济落后的农村地区,其经济是以自足为目的的半自然经济。新中国成立前夕,毛泽东意识到,组织管理全国性的经济将是一个新的课题,是一项艰巨而复杂的任务。1948 年 9 月间,他在修改一

---

① 毛泽东:《毛泽东选集》第 3 卷,北京:人民出版社,1960 年,第 1056 页。

份文件时提出,由于有了多种经济成分,而且有了私人资本主义经济,特别是商业私人资本主义这一切情形,使我们必须有明确而周密的经济政策、计划与整套的经济组织去指导国民经济建设,绝不容许有任何的模糊和混乱。[1]

管理新民主主义经济的复杂性和艰巨性,首先是存在着多种经济成分。因此,不可能简单照搬苏联计划经济的模式。其次在于各地区、各部门发展不平衡。有的地区是自然经济或半自然经济,有的地区商品经济比较发达。有的部门是现代化经济,有的部门是传统经济。城乡之间也是如此。因此,也不能照搬管理解放区经济的经验。新中国诞生前后,以毛泽东为首的中国共产党人,对于如何管理新民主主义经济有所论述。其基本思想包括:

(1)把计划经济与社会主义相联系,把市场经济与资本主义相联系,新民主主义经济的发展前途是社会主义经济,因此,要不断加强计划性。1948年9月间,毛泽东指出,实行国民经济的组织性与计划性必须严格地限制在可能和必要的限度内,国营经济首先要适应这种组织性与计划性。[2] 他认为,在多种经济成分并存的新民主主义经济条件下,不具备立即全面实行计划经济的可能和必要,而必须分步骤地进行,首先只能在国营经济的范围内实行计划管理。市场调节是当时经济运行的现实状况。毛泽东是针对这个现实状况谈在可能和必要的范围内实行计划管理的,在可能和必要的范围之外,市场调节发挥基础性作用。

(2)新民主主义经济中非社会主义经济成分的运行,主要是由市场调节,国家通过行政的、法律的、经济的等多种手段对它们的经济活动进行调节。1949年1月8日,毛泽东在中共中央政治局会议上指出:"认为是自由贸易、自由竞争,向资本主义发展,那是极端错误的。"[3]《共同纲领》第八十六条规定:"中华人民共和国经济建设的根本方针,是以公私兼顾、劳资两利、城乡互助、内外交流的政策,达到发展生产、繁荣经济的目的。"这是一种以多种经济成分并存为基础的市场经济的政策。关于国家对于各种经济成

---

① 薄一波:《若干重大决策与事件的回顾》(修订本)上卷,北京:人民出版社,1997年,第23页。

② 薄一波:《若干重大决策与事件的回顾》(修订本)上卷,北京:人民出版社,1997年,第23页。

③ 薄一波:《若干重大决策与事件的回顾》(修订本)上卷,北京:人民出版社,1997年,第24页。

分的组织管理，同一条文规定："国家应在经营范围、原料供给、销售市场、劳动条件、技术设备、财政政策、金融政策等方面，调剂国营经济、合作社经济、农民和手工业者的个体经济、私人资本主义经济和国家资本主义经济，使各种社会经济成分在国营经济领导之下，分工合作，各得其所，以促进整个社会经济的发展。"这里讲的"调剂"，包括多种方式、多种手段的管理、调节、引导。其中包括计划调节的手段。

关于对各种经济成分、各个经济部门的计划调节范围，《共同纲领》中亦有原则性的规定："中央人民政府应争取早日制定恢复和发展全国公私经济各主要部门的总计划。"关于农林渔牧业："人民政府应根据国家计划和人民生活的需要，争取于短时期内恢复并超过战前粮食、工业原料和外销物资的生产水平，应注意兴修水利，防洪防旱，恢复和发展畜力，增加肥料，改良农具和种子，防止病虫害，救济灾荒，并有计划地移民开垦"。"保护森林，并有计划地发展林业。"关于工业："应以有计划有步骤地恢复和发展重工业为重点，例如矿业、钢铁业、动力工业、机器制造业、电器工业和主要化学工业等，以创立国家工业化的基础。同时，应恢复和增加纺织业及其他有利于国计民生的轻工业的生产，以供应人民日常消费的需要。"关于商业："保护一切合法的公私贸易。实行对外贸易的管制，并采用保护贸易政策。在国家统一的经济计划内实行国内贸易的自由，但对于扰乱市场的投机商业必须严格取缔。"关于金融："金融事业应受国家严格管理。货币发行权属于国家。禁止外币在国内流通，外汇、外币和金银买卖，应由国家银行经理。依法营业的私人金融事业，应受到国家的监督和指导。"

新中国成立初期，通过打击投机资本，统一财政经济工作，国营经济初步取得对市场的领导权，并建立起高度集中的财政体制和国营金融体制。

国家对国营企业、供销合作社，大型公私合营的企业实行指令性计划。计划的内容限于产品的品种、数量等几项主要指标，不是面面俱到。这些企业的原材料（或商品）从市场自由采购；产品（或商品）除国家有规定的外，在市场上自由销售；工资制度也不统一；企业有一定的招工和辞退员工的权力。

非社会主义经济成分主要由市场调节。国家通过运用行政的、法律的和经济的各种手段进行计划调节，经济手段是多种多样的，包括税收、价格、贷款及其利率、经济合同等。对这些手段，国家灵活掌握，综合运用，发挥国家计划的指导作用，使非社会主义经济间接纳入计划轨道。毛泽东在1952

年 3 月提出,要通过"国家逐年增加对私营产品的包销订货",来不断"增加对私营工商业的计划性"。① 这是通过经济合同,将私营工业的生产经营间接地纳入国家计划的轨道。

国营经济在整个国民经济中占的比重不大(1952 年,在国民收入中占的比重不到 20%),所以指令性计划和完全行政管理的办法涉及面不大。受国家计划指导或间接纳入国家计划的范围逐步扩大。有很大一部分经济活动完全由市场调节。从部门看,工业、商业、建筑业、交通运输业都是多种经济成分并存,多种调节形式并存。在重要物资的批发商业、金融和外贸市场中,国营经济居支配地位,结合用财政手段对国民收入进行再分配,国家对资源配置发挥重要作用。商品、劳动力市场活跃,微观运行又很灵活。新中国成立初期经济建设的实践证明,计划调节与市场调节相结合的运行机制,灵活而有序,充满活力,促进了国民经济的恢复与发展。此中包含许多有特色的思想和好的经验。

第六节　逐步地向社会主义经济形态演变

新民主主义经济形态发展的结果是社会主义经济形态。从新民主主义经济形态到社会主义经济形态是个渐进的过程,其间不需要经过突发性的社会革命。逐步地向社会主义经济形态演变,这是新民主主义经济形态发展前途方面的特点。

一、新民主主义经济形态发展的前途是逐渐地演变为社会主义经济形态

新民主主义经济形态是中国共产党人在 20 世纪 20—40 年代,为了改造中国既有的经济形态(半殖民地半封建经济形态),寻找一条能使中国经济现代化的道路,而在革命实践中创造出来的。中国共产党的最高纲领是在中国实现社会主义和共产主义。进行新民主主义革命,建立新民主主义

① 中共中央文献研究室编:《建国以来毛泽东文稿》第 3 册,北京:中央文献出版社,1998 年,第 354 页。

的社会制度和经济形态,是为进一步走向社会主义准备必需的物质技术与文化条件。新民主主义经济形态是中国从半殖民地半封建经济形态走向社会主义经济形态过程中不可逾越的历史阶段。在中国共产党的理论中,社会主义经济形态是新民主主义经济形态的必然前途。

1939 年 12 月,毛泽东在《中国革命和中国共产党》一文中指出:"中国革命的全部结果是:一方面有资本主义因素的发展,又一方面有社会主义因素的发展。这种社会主义因素是什么呢?就是无产阶级和共产党在全国政治势力中的比重的增长,就是农民、知识分子和城市小资产阶级或者已经或者可能承认无产阶级和共产党的领导权,就是民主共和国的国营经济和劳动人民的合作经济。所有这一切,都是社会主义的因素。加以国际环境的有利,便使中国资产阶级民主革命的最后结果,避免资本主义的前途,实现社会主义的前途,不能不具有极大的可能性了。"[1]他的这段论述说明,新民主主义革命胜利并建立起新民主主义社会制度后,无产阶级领导和共产党执政的政治优势,社会主义国营经济与劳动人民合作经济的经济优势,加上国际环境的有利,构成了由新民主主义走向社会主义的基本保障。

在半殖民地半封建经济形态中,国家资本主义和外国资本势力强大,私人资本主义经济力量相对弱小。这决定了在进入新民主主义经济形态时,私人资本主义的经济力量在与以没收国家资本主义和处理外国在华企业为物质技术基础的社会主义国营经济的力量对比中必然处于劣势。国营经济控制国家经济命脉,有强大的物质基础,与私人资本主义经济对比,既有质量优势,又有数量优势。再加上国家(特别是政策手段与财政手段)的支持,使它成为能够决定非社会主义经济成分命运和整个社会经济前进方向的经济力量。强大的社会主义国营经济是新民主主义最终走向社会主义的经济保障。

新民主主义革命的胜利,在政治上建立起工人阶级(通过其政党——中国共产党)领导的、以工农联盟为基础的人民民主专政。这是中国革命的必然结果。不是资本家阶级,而是工人阶级领导中国人民取得了反帝反封建伟大斗争的胜利。"在中国,事情非常明白,谁能领导人民推翻帝国主义和封建势力,谁就能取得人民的信仰。"[2]资本家阶级在新中国的政治生活中

---

① 毛泽东:《毛泽东选集》第 2 卷,北京:人民出版社,1960 年,第 650 页。
② 毛泽东:《毛泽东选集》第 2 卷,北京:人民出版社,1960 年,第 674 页。

处于从属地位。它只能在法律规定的范围内实现自身的利益。中国共产党是执政党，中国人民解放军由它领导。据此，在新中国即将成立之时，毛泽东满怀信心地说："人民手里有强大的国家机器，不怕民族资产阶级造反。"①从力量对比的这个角度来说，特别是在政治领域里，工人阶级和资本家阶级谁胜谁负的问题在新中国成立时已成定局。

有了强大的人民民主专政和国有经济，中国的社会主义前途便有了基本的保障。

二、不经过资本主义制度卡夫丁峡谷的具体途径

马克思、恩格斯认为，人类社会发展进程中已经经过多个经济形态，诸如原始、奴隶、封建、资本主义的社会经济形态。这些经济形态的演进是有序的，它们体现了人类社会发展的总趋势。各个国家、民族在历史发展进程中会表现出差别性、多样性，即它们并不都依次经过其中的每种经济形态，这种差别性、多样性是人类社会发展总趋势的具体实现形式。马克思、恩格斯在分析了资本主义经济形态的运行规律后认定，资本主义经济形态之后将是社会主义（共产主义）经济形态，社会主义革命将首先在发达的资本主义国家取得胜利。至于资本主义不发达的国家能否也进入社会主义社会问题，马克思有过一个设想：在特定的历史条件环境中（与西欧资本主义国家处于同一时代），在特定的条件下（如西欧国家工人阶级革命取得胜利并在其帮助下），像俄国这种资本主义很不发达的国家，可能不经过资本主义制度的"卡夫丁峡谷"而向社会主义过渡。马克思的这种设想为落后国家工人阶级积极进行革命斗争并争取社会主义前途提供了理论根据。在马克思之后，人们在讨论落后国家走向社会主义问题时，强调的是它们可以避免资本主义制度发展阶段这种道路的特殊性，忽视了这些国家工人阶级夺取政权后，在走向社会主义的过程中，是否也要经过相应的特殊的发展阶段。这些人认为，在落后国家，工人阶级一旦夺取政权，就必须按照马克思对未来社会发展阶段的设想依次前进。马克思对未来社会发展阶段设想的主要内容是：无产阶级在夺取政权后，要利用政权的力量剥夺剥夺者。这个时期是社会经济变革的时期，是从资本主义到社会主义的过渡时期，过渡时期的任

---

① 毛泽东：《毛泽东选集》第4卷，北京：人民出版社，1960年，第1477页。

务是消灭资本主义和一切私有制,然后进入共产主义第一阶段社会主义,最后进入共产主义高级阶段。苏俄十月革命的实践是依此顺序进行的。苏俄的实践和相关理论表明,人们对于跨越卡夫丁峡谷的内容,仅仅理解为在落后国家里工人阶级可以夺取政权以进入社会主义,一旦政权到手,跨越资本主义制度的卡夫丁峡谷便大功告成。他们认为,没有经过资本主义社会的落后国家,在走向社会主义的过程中,不应有一个与从资本主义到社会主义过渡时期不同的特殊发展阶段。

中国共产党人根据马克思、列宁的学说,认为中国近代社会是半殖民地半封建经济形态,生产力水平低,不具备直接建立社会主义的物质文化条件。在这种条件下,共产党夺取政权后,不能像俄国工人阶级取得政权后那样,经过资本主义到社会主义的过渡时期,进入社会主义社会,而要经过一个新民主主义经济形态的社会阶段,一个"区别于俄国制度的特殊形态",①发展经济与文化,为将来建立社会主义社会准备必需的物质文化基础。这样,新民主主义经济形态前接半殖民地半封建经济形态,后接社会主义经济形态,构成中国社会发展过程中的一个历史阶段,这是中国社会发展的一条独特道路。这就把马克思、列宁关于落后国家争取社会主义前途的设想,通过独特的社会发展阶段论,具体化为社会经济发展的道路,从而避免了不同国家工人阶级夺取政权后的发展道路不能有多样性的机械论。这是对马克思主义关于各国、各民族历史发展进程差别性、多样性理论的发展,丰富了马克思主义的社会形态学说。

在这个独特的社会发展阶段论中,跨越资本主义制度卡夫丁峡谷的内容,不再仅仅限于落后国家工人阶级夺取政权。在新民主主义理论中,夺取政权仅仅是跨越的开始,仅仅是为跨越准备了前提,修起了桥头堡。在夺取政权后,必须经过特殊的发展阶段,一个独立的社会经济形态阶段,去完成发达国家在资本主义制度下实现的生产力发展到一定水平的历史任务。这是因为,资本主义制度这个社会制度阶段可以跨越,社会主义社会所需生产力发展水平这个物质条件阶段不能跨越,商品经济和市场经济的发展阶段不能跨越。经济关系是发展到一定阶段的生产力采取的社会形式,因此,这个特殊的社会发展论虽然避免了资本主义社会经济制度,但还包含了生产力一定阶段的某些经济形式。例如,允许商品货币关系存在和市场关系的

---

① 毛泽东:《毛泽东选集》第 3 卷,北京:人民出版社,1960 年,第 1062 页。

发展，允许个体经济和资本主义所有制长期存在，如此等等。这就完善了跨越资本主义制度卡夫丁峡谷的思想，找到了在中国条件下实现这一思想的具体途径。

中国共产党领导中国人民在革命实践中产生的新民主主义经济形态及从实践中抽象出的新民主主义经济理论，提出了落后国家在走向社会主义的历程中，要经过一个新民主主义经济形态阶段。新民主主义经济形态的性质，既不是欧美式的经济形态——资本主义经济形态，也不是苏俄式的经济形态——社会主义经济形态。新民主主义经济形态的首要任务是将社会生产力提高到一定水平，为社会主义经济形态准备好物质技术基础。在生产力低下的落后国家，完成这个历史任务必须经过一个相当长的时期。在这个意义上，它具有稳定性。新民主主义经济形态中包含两种以上的所有制和生产方式，它必然要发展到某种所有制或生产方式占统治地位的社会经济制度。它的前身是半殖民地半封建经济形态，其前途是社会主义经济形态。在这个意义上，新民主主义经济形态具有过渡性。新民主主义经济形态是一种存在于一个相当长历史时期内的、相对稳定、相对独立的过渡性经济形态；是落后国家跨越卡夫丁峡谷到达社会主义的经济形态。

结　　语

（一）新民主主义经济形态建立时的物质技术基础是落后的生产力。这种经济形态在经济结构方面的特点是多种所有制并存和各得其所；在运行机制方面的特点是各种经济成分优势互补，共同发展；在资源配置与调节方式上的特点是市场与计划同时发生作用。它的前途是逐步演化为社会主义经济形态，这个过程是可控的，无须经过社会革命。新民主主义经济形态的这些特点与优点，使它能促进生产力的快速发展。

（二）新民主主义经济形态是中国经济发展的历史产物，是中国人民的一大创造。从这种实践中抽象出来的新民主主义经济形态理论，是中国共产党在20世纪20—50年代最重要的理论成果，是毛泽东经济思想中最具有创造力的部分。新民主主义经济形态理论，不是对马克思主义经典著作个别结论的修修补补，而是依据马克思主义的基本理论，从中国的特殊国情出发独创的一种新的经济学理论。它是马克思主义经济理论宝库中的一朵奇葩,丰富与发展了马克思主义的经济理论。由于多种原因,毛泽东等新民主主义经济形态理论的创造者,于 1952—1953 年放弃这种理论,导致新民主主义经济形态于 1956 年结束和从 1957 年开始的 20 多年经济徘徊局面。在今天,重新研究新民主主义经济形态理论的形成过程、内涵及过早被放弃而造成的后果,对于中国人民深化对国情的认识,理解中国共产党另一重大理论成果——20 世纪 60—80 年代形成的社会主义初级阶段经济形态理论,探索中国式的社会主义道路,对于一些经济落后国家的人们探索前进的道路,仍有重要的借鉴和启示意义。邓小平是一个坚定的社会主义者,一生为社会主义事业奋斗。1989 年 3 月 23 日,他在会见乌干达共和国总统穆塞韦尼时说:"我很赞成你们在革命胜利后,不是一下子就搞社会主义。我和许多非洲朋友谈到不要急于搞社会主义,也不要搞封闭政策,那样搞不会获得发展。"①在这"许多非洲朋友"中,有一位是莫桑比克总统希萨诺。1988 年 5 月 18 日,邓小平对他说:"有一个问题,你们根据自己的条件,可否考虑现在不要急于搞社会主义。确定走社会主义道路的方向是可以的,但首先要了解什么叫社会主义,贫穷绝不是社会主义。"②邓小平向与中国同处于经济落后状况的非洲国家朋友介绍的,是中国经济历史中最重要的经验教训。

(三)落后国家利用其后发优势,可能绕过西方发达国家历史上的某些具体发展阶段(卡夫丁峡谷),却不能绕过私营经济、市场经济存在和生产力现代化这类的历史阶段。绕过某些具体阶段的前提正是充分利用西方发达国家已有的现代化成果。中国新民主主义经济形态的历史表明,在中国当代这个历史阶段,私营经济、市场经济的存在具有历史的合理性。

复习题

1. 新民主主义经济形态的特征。

2. 中国新民主主义经济时期经济工作的主要经验教训。

---

① 邓小平:《邓小平文选》第 3 卷,北京:人民出版社,1994 年,第 290 页。
② 邓小平:《邓小平文选》第 3 卷,北京:人民出版社,1994 年,第 261 页。

第 十 一 章

全面开展社会主义经济建设与 经济大上大下(1957—1966)

1956 年,生产资料私有制转变为公有制,市场经济转变为计划经济的过程基本完成,中国进入了新的历史时期——社会主义初级阶段的历史时期与全面开展社会主义建设时期。社会主义建设道路问题是新时期的主要问题。从 1956 年开始,迈出了探索社会主义建设道路的第一步。探索起步所面临的是单一公有制基础上的计划经济体制。

第一节　对中国式社会主义建设道路探索的开始

一、探索中国式社会主义建设道路问题的提出

1950—1956 年,在经济工作中强调学习苏联的经验。"苏联的今天就是我们的明天"乃宣传口号之一,这种学习起过积极的作用。

学习苏联经验的一个重要内容是学习苏联的经济模式。在中华人民共和国成立的 1949 年,在世界社会主义历史上,将马克思主义理论付诸实践,并取得了一定成就的,也只有这种模式。1945 年以后,东欧和亚洲十多个共产党执政的、准备建立社会主义制度的国家,都学习苏联的模式。苏联模式("斯大林模式")中的弊端,诸如管理权限过分集中,束缚企业经营的自主

权,使经济的发展缺少动力;计划配置资源引起高成本、高浪费、低质量、低效益;片面强调优先发展重工业,农业和轻工业发展缓慢,影响人民生活水平的提高,如此等等,经济学家早已指出。一些国家的共产党领导人也有所察觉。南斯拉夫首先突破苏联模式,在20世纪40年代末50年代初走上工人自治的道路。1953年,斯大林去世。1956年2月,苏联共产党召开第二十次全国代表大会,赫鲁晓夫在秘密报告中猛烈抨击对斯大林的个人崇拜,揭露斯大林时期经济模式存在的弊端。苏联开始酝酿改革。到1956年,东欧个别社会主义国家的内部矛盾已很尖锐,也在酝酿着改革。1953—1955年,中国建设的实践告诉人们,苏联模式存在一些问题,至少是其中的一部分不符合中国的实际情况,效果不好。因此要从中国的实际出发,总结自己的经验教训,寻找自己的道路。

1956年初,正当社会主义三大改造即将胜利完成,转入经济建设为主的时刻,中国共产党就提出了探索中国式社会主义建设道路的任务。这年年初,刘少奇、毛泽东听取国务院各部门的汇报,了解经验,发现问题。在详细调查研究的基础上,刘少奇、毛泽东发表了多次讲话。其中重要的是毛泽东于4月作《论十大关系》的报告和随后发表的《关于正确处理人民内部矛盾的问题》讲话,这是探索中国建设道路的开始。在毛泽东、刘少奇等人的报告、讲话中提出一系列重要观点。其中主要有:(1)认真学习外国的好经验,也一定要研究外国的反面教训,引以为戒,走自己的路,使中国的经济建设比苏联进展得更好一些,更快一些。(2)在社会主义社会里,生产力与生产关系、经济基础与上层建筑仍然存在矛盾。为了适应生产力发展的要求,需要调整、完善生产关系,必须正确处理中央与地方,国家、生产单位和生产者个人的关系,简政放权。这是在理论上对苏联模式的突破。(3)正确处理农业、轻工业、重工业的关系。要适当地调整重工业和农业、轻工业的投资比例,更多地发展农业、轻工业。对一个农村人口占80%以上的农业大国来说,这是符合国情的主张。(4)坚持独立自主、自力更生的方针。这是从中国的实际出发,依靠群众进行建设的必然结论。

二、八大的经验总结与经济学界的理论探索

1956年9月,中国共产党召开第八次全国代表大会(以下简称"八大")。在八大会议上,在刘少奇代表中央委员会所作的《政治报告》中,分析了生产资料私有制变为公有制之后阶级关系的根本变化,认为几千年来的

阶级剥削制度的历史已经基本结束,社会主义社会制度已经基本建立,无产阶级同资产阶级之间的矛盾已经基本解决。以后国内主要矛盾是人民对于建立先进的工业国的要求同落后的农业国现实之间的矛盾,是人民对于经济文化迅速发展的需要同当前经济文化不能满足人民需要的状况之间的矛盾。确定把工作重心转移到建设上来。今后的主要任务是集中力量发展生产,尽快地实现国家工业化,逐步满足人民日益增长的物质和文化的需要,赶超世界先进水平。这反映了全国人民要求迅速改变经济文化落后面貌的迫切愿望。

八大将1956年6月中共中央提出的在经济建设中既要反对保守、也要反对冒进的意见,概括为既反对保守又反对冒进,即在综合平衡中稳步前进的经济建设方针。周恩来提出,应该根据需要与可能,合理地规定国民经济的发展速度,把计划放在既积极又稳妥可靠的基础上,以保证国民经济比较均衡地发展。

在八大的发言中,陈云提出经济中存在"三个主体"和"三个补充",即在工商业经营方面,国家经营和集体经营是工商业的主体,但同时有一定数量的个体经营;在生产计划方面,全国工农业产品的主要部分按计划生产,但同时有一部分产品按照市场变化,在国家计划许可范围内自由生产;在统一市场方面,国家市场是主体,但是同时有一定范围内国家领导的自由市场,这种市场,是在国家领导下,作为国家市场的补充。他以此阐述计划为主、市场调节为辅的思想。他同时提出计划指标必须切合实际,建设规模要和国力相适应,其基本点是:量力而行,循序渐进。他认为,只要财政收支和信贷是平衡的,社会购买力和物资供应之间,从全局来看就会是平衡的。实践证明,实现了这三大平衡,整个经济局势是稳定的;建设比例失调,经济混乱,反复折腾,又往往是从破坏这三大平衡开始的。针对中国人多地少、粮食问题非常突出的国情,他指出:"如果我们只注意搞工业,不注意解决吃饭穿衣问题,搞了工业以后,老百姓没有饭吃,没有衣服穿,再回过头来搞农业就晚了。究竟回头搞好,还是先搞好? 当然是先搞好……经济不摆在有吃有穿的基础上,我看建设是不稳固的。"国务院副总理邓子恢提出,在合作社内部,建立严格的生产责任制是巩固集体经济的一个重要环节。另一位副总理薄一波提出,在国民收入中,积累部分的比重不低于20%,或者略高一点;国民收入中,国家预算收入的比重不低于30%,或者略高一点;国家预算支出中,用于基本建设的比重不低于40%,或者略高一点。这被后人称为"二、三、四"比例。

八大以后,这类经验总结与理论探讨在继续。在1956年11月中国共产党八届二中全会上,党的副主席刘少奇提出,生产资料不是商品的这个观点,恐怕还值得研究。1957年,在中国共产党八届三中全会上,党的总书记邓小平提出,工业企业要建立新的管理制度和政治思想工作制度,党委领导下的职工代表大会,是扩大企业民主,吸引广大职工群众参加企业管理、监督行政、克服官僚主义的良好形式,是正确处理人民内部矛盾的有效方法之一,应当充分运用和全国推广。

他们提出的这些设想和观点,在社会主义经济理论史上具有重要意义。

八大以后,在实践上也有一些重要改革。如在国营企业中,用党委负责制代替从苏联学来的一长制(后推广到集体企业),用"鞍钢宪法"代替苏联的"马钢宪法",用政工人员治厂代替苏联的专家治厂,用群众运动代替苏联的科层管理,用政治挂帅代替苏联的经济核算,等等。这些改革中也寓有理论的探索。

经济学界也在进行积极探索中国经济建设道路问题。他们研究的课题集中在两个问题上。

一是关于社会主义条件下商品生产存在的原因。1956年以前,主要从两种公有制并存来说明。1957年以后的观点有:(1)按劳分配。(2)两种公有制、按劳分配和经济核算。(3)两种公有制和消费品个人所有制。(4)部分劳动者的个人所有制或劳动力私有制。(5)全民所有制企业之间保留经济利益上的界限,是全民所有制内部存在商品生产的原因。探讨的局限性在于:把社会主义商品生产限定在计划经济体制之中,没有涉及市场经济问题。

二是关于经济体制问题。比较一致的观点是认为要改革现存的经济体制,改革方向是下放管理权限,避免集中过多。探讨的局限性在于:下放管理权限只是在中央与地方、"条条"与"块块"之间做文章,没有明确提出改革国家与企业的关系。

三、社会主义建设总路线的形成

(一)"超英赶美"的发展战略

在对生产资料私有制的社会主义改造进入高潮,社会主义初级阶段经

济即将建立之时,毛泽东开始谈及建成社会主义社会和向共产主义社会过渡问题。1955 年 10 月,他在中共中央七届六中全会上提出:"有人问趋势如何,大约十五年左右,即三个五年计划左右基本上建成社会主义,还要再加一点:大约五十年到七十年左右即十个到十五个五年计划左右,可以争取赶上或超过美国。"又说:"五十年以后会出现一个共产主义的中国。"他将赶上和超过美国的时间作为中国进入共产主义社会的时间。1956 年 8 月,在八大预备会议上,他提出要在 50 年或 60 年时间内超过美国。1957 年 7 月,《在一九五七年夏季的形势》一文中,他写道:"十年到十五年以后的任务,则是进一步发展生产力……准备着逐步地由社会主义过渡到共产主义的必要条件,准备以八个至十五个五年计划在经济上赶上并超过美国。"①这是毛泽东最早谈及准备向共产主义过渡的条件及具体时间问题,10～15 年以后为起点,50～70 年以后为终点,把向共产主义过渡的经济条件和赶上或超过美国相联系。美国的生产力是世界上存在着的现实,是人们所能看见的最高生产水平。1957 年开始,用 50～70 年时间在经济上赶上或超过美国,实现共产主义,显然要求过急;同时,赶上或超过美国也不意味着已具备了向共产主义过渡的条件。从毛泽东的这些话中可以看出,他把生产力的大发展作为向共产主义过渡的主要条件。他已开始考虑向共产主义社会过渡和开始把注意力转向发展生产力。1957 年 11 月,在莫斯科举行的社会主义国家共产党和工人党代表会议上,苏联提出要赶超美国,毛泽东提出 15 年内超过英国。这就形成 15 年超过英国、50～70 年赶上或超过美国的发展战略。这是中国经济现代化进程中的第一个赶超战略。

这个战略形成的 1956—1957 年,国内外发生了如下一些变化。苏共二十大在苏联国内引起强烈的反响,在国际共产主义运动中引起一场大混乱。1956 年夏,波兰发生波兹南事件和苏波关系事件。随后发生匈牙利事件和苏联军队开进布达佩斯。波匈事件中,一部分群众用暴力去对付共产党领导的政权。国际反共势力利用这个机会,煽动一场世界性反共的风潮。许多国家大批共产党员退党。这些情况对中国共产党领导人认识社会主义社会建立后国内阶级关系产生了很大的影响。1957 年春,中国共产党开展整风运动,同时号召群众给共产党提意见,帮助共产党整风。一些人对具体工

---

① 中共中央文献研究室编:《建国以来重要文献选编》第 10 册,北京:中央文献出版社,1992 年,第 491 页。

作中的错误、缺点提出尖锐的批评。毛泽东等人认为这是资产阶级右派攻击中国共产党和社会主义制度,是一场严重的阶级斗争。6月,开展反右派斗争。随后,反右派斗争在全国扩大成为大规模的、急风暴雨式的、群众性的政治运动,被错划为右派分子的达55万多人。这些人几乎都是知识分子。毛泽东估计,在知识分子中,资产阶级"右派"占10%左右,大部分是资产阶级的中间派,他们是同工人阶级较量的主要力量。反右斗争严重地扩大化,造成了不幸的后果。

从1955年年中起,毛泽东思考的中心问题,就是在中国加速实现社会主义社会。初期,他思考的侧重点是生产关系,特别是生产资料所有制怎样才能变成社会主义性质。他认为,只要把生产资料私有制变成了社会主义公有制,中国也就进入了社会主义社会。因此,他全力以赴地加速对农业、手工业中个体私有制和工商业中资本主义私有制的社会主义改造。使用的方法主要是反右倾加群众运动,掀起社会主义改造高潮。结果,只用了1年的时间,他的目标就达到了。新中国成立以后的各项成就,特别是对生产资料私有制改造为公有制一事的成功,在毛泽东看来是心想事成。这造成了他思想中的一种迷雾:原来以为那么艰难的社会主义改造事业和"严重的问题"(1949年6月,毛泽东认为新中国成立以后,"严重的问题是教育农民"),竟如此这般地容易。"一五"计划到1956年基本完成,1957年结束。"一五"期间(1953—1957年),新增固定资产达491.4亿元;施工的工矿建设单位达1万个以上,其中限额以上的有921个;新兴的工业部门不断建立和充实,一批技术力量正在各条战线上发挥作用。这使中国在工业化的道路上迈出了一大步。在毛泽东看来,经济建设也不是什么难事。他开始骄傲起来了。

1956年,中国人均国内生产总值是世界平均数的34%,与其他国家比,中国的经济仍然很落后。1957年,人均国民收入,美国为2331美元,苏联为612美元,法国为1304美元,中国为53美元。中国人的生活水平与发达的美、英等国水平相差悬殊。毛泽东看到,中国已经是社会主义社会,可农民吃的是窝窝头。他要"想个办法""加速实现社会主义"。此时要"加速实现"的社会主义,所指已经不是生产关系,而是要想办法加速发展生产力。他根据加速社会主义改造的经验,也把反右倾加群众运动作为加速生产力发展的主要办法。反右倾的主要形式有两个:

一是批评"反冒进",提倡、鼓励跃进和"大跃进"。从1955年下半年起,

毛泽东一再提出反保守。1956年，几位主管经济工作的领导人认为1955年经济发展速度太快了，造成各方面的紧张关系，使这种速度难以为继，提出既反对保守又反对冒进的方针。1957年，毛泽东认为对1956年冒进提出颇为尖锐的批评，影响1957年农业生产未能达到计划要求。在中国共产党八届三中全会上，他提出，反冒进的主张是错误的，并把1956年的反冒进说成是右倾的表现，对1956—1957年生产发展速度表示不满，认为太慢了，且把慢的原因归咎于实行既反对保守又反对冒进的方针。他认为这个方针中反对的冒进实际上是跃进，反冒进就是反对跃进，即反对高速度。1958年1月，在南宁召开的有部分中央领导人和地方领导人参加的会议（简称南宁会议）上，他尖锐地提出，一反冒进，人民就泄气，这是个政治问题。冒进是马克思主义的，反冒进是非马克思主义的，以后不要再提"反冒进"口号了。从这次会议以后，急躁冒进的错误日益发展。

二是对未来生产的发展提出比原计划更快的速度、更急的时间表，表现在经济计划上就是特定期限内的产品产量的高指标，以显示原计划是右倾了。正是在1957年11月18日，毛泽东在莫斯科提出15年赶上或超过英国的目标。在同一时间，毛泽东在莫斯科修改《人民日报》的一篇社论（11月13日发表），其中提出："我们有条件也有必要在生产战线来一个大的跃进。""大跃进"是作为实现"超英赶美"的途径与手段提出来的。这一口号的提出，标志着毛泽东的"加快"发展生产力的理论从思想转化到实践的阶段。毛泽东在这个时期的思想与理论，是过分强调人的主观能动性。他既没有清醒地看到中国经济基础薄弱的现状，又没有深入研究过经济现代化的规律。随着"超英赶美"经济发展战略的提出，对"反冒进"的批判也逐步升级，这是以后开展"大跃进"运动的认识论根源。

对1955年的发展速度，一些人认为是冒进，要反对。另一些人认为是跃进，要提倡。这是关于发展速度上的分歧。分歧还表现在多个重大问题上。

（二）对主要矛盾认识上的分歧与第二次工作重心转移的失败

从1956年到1957年上半年，毛泽东根据他对中国已经进入社会主义社会及社会主义制度刚刚建立时生产力与生产关系、经济基础与上层建筑矛盾状况的分析，认为中国已由革命时期转入建设时期。他说："现在的情况是，革命时期的大规模的急风暴雨式的群众阶级斗争基本结束"，"我国的六亿人民正在工人阶级和共产党的领导下,团结一致地进行着伟大的社会主义建设"。中国共产党的任务是"团结全国各族人民进行一场新战争——向自然界开战,发展我们的经济,发展我们的文化"。① 根据这种情况,他把正确处理人民内部矛盾作为我国政治生活的主题提了出来,以便调动一切积极的因素,团结一切可能团结的人,并且尽可能地将消极因素转变为积极因素,为建设社会主义社会服务。毛泽东的这种分析是符合实际情况的,为中国社会主义经济的发展找到了力量的源泉。

1956 年 9 月举行的中国共产党第八次全国代表大会,标志着和宣布了中国由革命到建设的转变。这次大会通过的决议认为:"我们国内的主要矛盾,已经是人民对于建立先进的工业国的要求同落后的农业国的现实之间的矛盾,已经是人民对于经济文化的迅速发展的需要同当前经济文化不能满足人民需要的状况之间的矛盾。这一矛盾的实质,在我国社会主义制度已经建立的情况下,也就是先进的社会主义制度同落后的社会生产力之间的矛盾。"②因此,全国人民的中心任务是经济建设,发展生产力。毛泽东作为这次会议的代表与领导人,在会上举手赞成这个决议。事实上,他对"这一矛盾的实质""是先进的社会主义制度同落后的社会生产力之间的矛盾"这句话,是有保留的,他认为这个提法是拿现在同将来比,拿中国同外国比,不符合实际,因而是不适当的。后来,他在 1957 年 10 月 7 日中共八届三中全会的组长会议上讲话时说,这个提法也反映了一个要求,要求加强物质基础。

毛泽东领导的 1957 年夏季反右派斗争严重扩大化,对他自己的思想发生了重大影响。反映在理论上,最主要的就是对社会主要矛盾认识的改变。在 1957 年 7 月写的《一九五七年夏季的形势》文章中,他提出了在整个过渡时期,城市和农村还有社会主义和资本主义两条道路的斗争。到了 9 月 19日,中共八届三中全会开幕的前一天,毛泽东说:"整个过渡时期,总的矛盾是社会主义与资本主义,即工人阶级与资产阶级的矛盾。"这次全会讨论了他提出的这个观点。10 月 9 日,会议结束时,他说:"无产阶级和资产阶级的矛盾,资本主义道路和社会主义道路的矛盾,毫无疑问,这是当前我国社会的主要矛盾。"这样,他改变了八大关于主要矛盾的提法。因为这是他为

---

①　毛泽东:《毛泽东著作选读》下册,北京:人民出版社,1986 年,第 769、757、770 页。

②　《中国共产党第八次全国代表大会文件》,北京:人民出版社,1956 年,第 82 页。

这次会议讨论此问题所作的结论,也就表明八届三中全会接受了他的观点,导致1958年5月中共八大二次会议作出改变八大决议的正式结论。这样,八大路线的理论基础被推翻,同时为阶级斗争的扩大化提供了理论根据;打断了中共八大提出的从革命到建设的转变的进程,而建设社会主义的途径和方法也随之发生变化,使中国社会主义建设偏离了正确的轨道。第二次工作重心转移失败。

从理论上讲,主要矛盾是和主要任务联系在一起的,主要矛盾决定主要任务。毛泽东在改变八大关于主要矛盾的提法以后,却坚持把尽快地从落后的农业国变为先进的工业国作为主要任务。他从1957年冬到1958年发动的"大跃进",正是为了替已经建立的社会主义经济制度加强物质基础。这样,从1957年冬至1958年,在毛泽东的理论中,发生了主要矛盾和主要任务不一致的情况。由于在主要矛盾和主要任务的关系中,是前者决定后者,所以两者的关系必然一致的内在要求,终于导致以阶级斗争为纲,使全党的工作重心又从经济建设转移到阶级斗争上去了,给社会主义经济建设造成了极大的危害。

(三)人口论与人手论之争和二元人口管理制度的形成

1. 人口理论大辩论

在1957年至1960年间,中国发生一场人口问题大论战。论战是采取大批判形式进行的。其影响之深远,后果之严重,无论在中国或世界人口理论史上,还是新中国成立后的学术论坛上,都是少见的。

在中国共产党即将在全国取得政权的前夕,美国国务卿艾奇逊在1949年8月给美国总统杜鲁门的信中说,中国革命的发生是由于中国人口太多,对土地造成了不堪负担的压力,中国的政府没有解决中国人的吃饭问题,中国共产党也不见得能解决这个问题,"一直到现在没有一个政府使这个问题得到了解决"。针对这种理论,毛泽东发表《唯心史观的破产》一文。他批判艾奇逊的人口决定论,指出旧中国之所以存在严重的人口问题,是因为帝国主义、封建主义的残酷剥削和压迫。因此,解决中国人口问题的根本办法,就是起来革命,废除私有制,"革命加生产即能解决吃饭问题"。"世间一切事物中,人是第一个可宝贵的","社会的财富是工人、农民和劳动知识分子自己创造的。只要这些人掌握了自己的命运,又有一条马克思列宁主义的路线,不是回避问题,而是用积极的态度去解决问题,任何人间的困难总是可以解决的"。"中国人口众多是一件极大的好事。再增加多少倍人口也完全有办法,这办法就是生产。"①1953 年第一次人口普查结果,人口总数60193 万人。1950—1953 年,平均每年增长 21.08‰。如何看待人口空前迅猛增长的现实?要不要在全国范围内有计划地控制人口增长?人们的认识不一致。1953 年秋,邓小平率先提出"要节制生育"。② 同年 8 月,政务院批准卫生部关于《避孕及人工流产法》,指示卫生部帮助群众节育,向群众提供避孕药具。1954 年 12 月,刘少奇主持召开节育问题座谈会。他指出:"关于节育问题,我们党,我们卫生机关和宣传机关,是提倡还是反对? 有些人是反对的,有的人还写了反对文章。现在我们要肯定一点,党是赞成节育的。"他对堕胎、绝育、避孕药品与器具的供应问题作了具体的指示。③ 1955年 3 月,中共中央发出《关于控制人口问题的指示》,其中指出:"我们党是赞成适当地节制生育的。"④1956 年 9 月,周恩来在中国共产党第八次全国代表大会所作的《关于发展国民经济第二个五年计划的建议》的报告中,又一次强调"我们赞成在生育方面加以适当的节制"。⑤ 邵力子、马寅初以及其他一些学者利用各种机会反复阐述要控制中国人口。马寅初于 1954—1956 年三次到浙江实地调查人口增长情况,发现 1953 年以及以后的两年,人口自然增长率已经超过 20‰。他看到人口发展趋势的严重性,在实地调查、分析研究的基础上,他提出了控制人口增长的见解。

1957 年 2 月,毛泽东说:"我希望这些人扩大眼界,真正承认我国有六亿人口,承认这是一个客观存在,这是我们的本钱。"⑥1958 年 4 月又说:"除了党的领导之外,六亿人口是一个决定的因素,人多议论多,热气高,干劲大。"⑦他提出要破除"人多了不得了,地少了不得了"的迷信。他提出实际人口到了 7 亿至 8 亿时再控制,现在还是人多好。毛泽东的上述论断后来成为批判"人口控制论"者主张计划生育和控制人口增长的依据。

在 1957 年春人口理论的学术讨论中,对人口问题素有研究的学者马寅

①　毛泽东:《毛泽东选集》第 4 卷,北京:人民出版社,1960 年,第 1511 页。
②　周恩来:《周恩来选集》下卷,北京:人民出版社,1984 年,第 230 页。
③　《文献和研究》1983 年汇编本,北京:人民出版社,1984 年,第 149 页。
④　《文献和研究》1983 年汇编本,北京:人民出版社,1984 年,第 149 页。
⑤　周恩来:《周恩来选集》下卷,北京:人民出版社,1984 年,第 230 页。
⑥　毛泽东:《毛泽东文集》第 7 卷,北京:人民出版社,1999 年,第 228 页。
⑦　毛泽东:《介绍一个合作社》,《红旗》1958 年第 1 期。

初、吴景超、费孝通、陈达、孙本文等撰写文章，主张控制人口增长。在随后的反右派斗争中，这些主张控制人口增长的经济学家、社会学家和人口学家，一部分被打成右派分子，对他们的人口理论进行批判。1957年10月，《人民日报》发表题为《不许右派利用人口问题进行政治阴谋》的文章。马寅初虽未被划为右派分子，但他的《新人口论》被扣上了新马尔萨斯主义者的帽子。1958年5月，中共八大二次会议的工作报告中说："某些学者甚至断定，农业增长的速度还赶不上人口增长的速度。他们认为，人口多了，消费就得多，积累就不能多。因此，他们对于我国农业以至整个国民经济的发展速度作出了悲观的结论。这种思想的本质是轻视我国组织起来了的革命的农民，因而不能不受到历史的反驳。"①这是用不点名的方法批判马寅初的人口论观点。7月，《光明日报》开辟专栏指名道姓批判马寅初的人口理论。在批判中，被批判者无权答辩。这是用政治压力的方法把辩论中的一方压制下去，以结束一场学术争论。

论战双方的观点针锋相对，被批判的一方，以马寅初《新人口论》为代表，主张"控制人口增长"；批判他的一方，以"人手论"为代表，主张"人越多越好"。论战问题的实质是：在中国人口基数大、经济落后的条件下，人口增长速度与社会生产力增长速度的关系问题。具体地说，涉及以下几个方面。

（1）是让人口自发地继续高速增长，还是实行控制，让其低速增长？"人口控制论"者认为："每个社会，每个时期，根据各种条件可以算出一个人口的适中数。人口增长率超过了这个适中数，是会迟缓社会发展速度的。"②"人多固然是一个很大的资源，但也是一个极大的负担"③，如果不加控制，任其盲目增长，势必严重影响国民经济的发展和人民生活的提高。因此，要提高人口质量，控制人口数量。"人愈多愈好论"者认为："人愈多，就愈能多快好省地建设社会主义……就能愈快地促使人民群众的生活优裕，文化提高。"④因此，国家要为人口高速度增长创设一切有利条件。人口不断地增加是社会主义社会的人口规律，是社会主义社会优越性的表现。提倡计划生育和节制生育，是马尔萨斯主义。他们认为："马寅初的人口理论的一切

① 刘少奇：《中共中央委员会向第八届全国代表大会第二次会议的工作报告》，《新华半月刊》1958年第11期。
② 费孝通：《人口总是研究搞些什么？》，《新建设》1957年第4期。
③ 马寅初：《马寅初经济论文选集》下册，北京：北京大学出版社，1981年，第353页。
④ 《大踏步前进的九年》，《红旗》1958年第9期。

基本观点,都是马尔萨斯主义的,只是表现形式上稍有不同而已。"①

(2)人口与人手的关系。"人口控制论"者马寅初说:"我国最大的矛盾是人口增加得太快而资金积累得太慢。""因为人口大,所以消费大,积累小……我要研究的就是如何把人口控制起来,使消费的比例降低,同时就可以把资金多积累一些。"②批判者自称是"人手论"者,他们认为:"人多就有可能生产得更多,积累得更多。"③"人多了,就可以增加国民收入,就可以增加社会积累。社会人口数与社会积累数不是成反比例,而是成正比例的。"④"新人口论者把新出生的人口看作是纯消费的因素,是妨碍积累的因素,这是马尔萨斯仇视人的观点的翻版,是绝对不能容许的。""归根到底,我国工业化建设资金能不能积累起来,取决于社会制度,而不是取决于人口多寡和增殖快慢。"⑤这种分歧,涉及一个重要认识问题,即人作为物质财富的生产者与消费者的相互关系问题。这是理解人口与资金积累、人口与工业化关系等一系列问题的关键。

(3)人口与提高劳动生产率及就业的关系。"人口控制论"者认为:"为了提高我国劳动人民的生活程度,最要努力之点,不在于增加整个社会的总劳动量,而在于提高每一个劳动者的劳动生产率。"⑥"社会主义事业愈发展,机械化、自动化必然随之扩大,从前1000人做的事,机械化、自动化以后,50个人就可以做了(假定到处都是1/20),请问其余950人怎么办?""因此一面控制人口,一面加速发展工农业,就业问题的解决不过是一个时间的问题。"⑦批判者认为:"社会主义社会永远不会产生失业现象,永远不会感到劳动力过剩。"⑧"谁都知道,'机器排斥工人'是作为马尔萨斯主义所兴起的资本主义特有的对抗性矛盾。在社会主义国家,工人成了机器的主人,这

---

① 《批判马寅初的"新人口论"》,《光明日报》1958年11月29日。

② 马寅初:《马寅初经济论文选集》下册,北京:北京大学出版社,1981年,第176～177页。

③ 《评马寅初的"新人口论"》,《光明日报》1958年7月8日。

④ 《评马寅初的"新人口论"》,《光明日报》1958年6月6日。

⑤ 王琢、戴园晨:《"新人口论"批判》,《经济研究》1958年第2期。

⑥ 吴景超:《中国人口问题新编》,《新建设》1957年第3期。

⑦ 马寅初:《马寅初经济论文选集》下册,北京:北京大学出版社,1981年,第180、257页。

⑧ 何建章、朱宗炎、廖集仁:《批判马寅初反动的"新人口论"》,《经济研究》1960年第4期。

一个矛盾也就根本消灭了。"[1]在社会主义制度下，"根本不会产生人口过剩现象"、"不会产生失业现象"的说法，既没有理论根据，也不符合中国社会主义的实际。

（4）人口增长与农业发展的关系。"人口控制论"者认为："我国地少人多，全国6.4亿人口，每人平均分不到3亩地。……虽然在1953年至1956年之间，每年开垦了1400多万亩荒地，但由于人口的增加，每人平均分到的耕地，已由1953年的2.8亩降至1955年的2.7亩……故就粮食而论，亦非控制人口不可。"[2]"人口增殖，粮食必须增产，经济作物的面积就要缩小，直接影响到轻工业，间接影响到重工业。"[3]"人口多了……粮食不够吃，要闹事。"[4]"人愈多愈好论"者认为："解放以来，在党的领导下，我们依靠优越的社会主义制度，依靠我们6亿人民的伟大力量，喝令高山低头，河水让路，使土地变出更多的粮食来。"由于粮食作物的单位面积产量在不断提高，"到1967年我国粮食的总产量不知要比现在高出多少倍。按人口平均计算的粮食数量将是几千斤，甚至于几万斤，都是可能的。"[5]事实已经证明，这不是认真地探讨问题，而是随口说胡话。面对着这样的一堆胡话，马寅初在《重申我的请求》一文中说："自《新建设》11月号登出我的文章后，同意我的信已经不是少数了，有的是表示同意，但不敢签名，只写'读者谨上'字样，这部分地表明了今日的'百花齐放，百家争鸣'的真实情况，我只得唱'独角戏'。我只得单身匹马出来应战。"[6]在此情况下，人愈多愈好的理论占了上风。在实际政策上，马寅初提出一对夫妇最好只生育两个孩子，主张"两个有奖，三个有税，以税作奖"。[7] 但是这一宝贵意见没有被采纳，节制生育、控制人口的措施也停止实行。1957年中国人口6.4亿，到1976年增加到9.3亿。这就是"批了一个人（批马寅初），多生了3亿人"一说的来源。

---

① 《马寅初的"新人口论"、"人口质量论"与马尔萨斯主义》，《武汉大学学报》1960年第1期。

② 马寅初：《马寅初经济论文选集》下册，北京：北京大学出版社，1981年，第189～190页。

③ 马寅初：《马寅初经济论文选集》下册，北京：北京大学出版社，1981年，第185页。

④ 马寅初：《马寅初经济论文选集》下册，北京：北京大学出版社，1981年，第367页。

⑤ 江山：《马尔萨斯"人口论"和"新人口论"的批判》，上海：上海人民出版社，1958年，第54页。

⑥ 马寅初：《马寅初经济论文选集》下册，北京：北京大学出版社，1981年，第361页。

⑦ 马寅初：《马寅初经济论文选集》下册，北京：北京大学出版社，1981年，第172页。

2. 二元户籍制度的形成

户籍制度是以家庭为本位的人口管理方式,是一项基本的国家行政制度。新中国成立之初,《共同纲领》和1954年《宪法》都明文规定,中华人民共和国公民有居住、迁徙的自由权。那时,人口在城乡之间可以自由流动。1950年到1952年,大约有1500万农村人口迁入城市。市镇人口占总人口的比例,1949年是10.6%,1952年,上升到12.5%。1953年,国家开始执行"一五"计划,实行优先发展重工业的工业化战略,农业哺育工业,为国家工业化提供资金的原始积累、农产品和劳动力。工业化的开展使城市人口增多,城市粮食供应出现严重紧缺,国家由此实行了农产品统购统销制度。农产品统购统销制度的实行,一是扩大了工农业产品的剪刀差;二是形成一种户籍制度,在这种户籍制度下,国家将居民的生活必需品供给,以及住房、医疗、教育、就业等公民权益与户口性质挂钩。城市人口享受国家保证供应的、维持生存所必需的粮、油等农产品和其他生活必需品,以及供给住房、医疗、教育、就业等福利。农村人口则在保证向国家交纳粮、油等统购物资任务后,享受其剩余的部分,绝大多数农村人口消费的粮、油比城市居民少。国家的政策向城市一方倾斜,从此出现一个"不平衡的中国"。于是,变成一个吃商品粮的城里人,成了农民的理想。农村人口有了涌入城市的强烈利益驱动,随即出现了新中国第一次人口迁移的高潮。从1954年到1956年,迁移人数高达7700多万。重工业资金投入大,而吸纳劳动力的能力较弱,这使城市压力加大。国家为减轻这种压力,开始将控制人口流动的功能引入户籍管理。1955年8月,国务院发布关于农村粮食统购统销和市镇粮食供应两个暂行办法,户口与粮食直接联系起来了。三个月后,国务院又颁布了《关于城乡划分标准的规定》,将"农业人口"与"非农业人口"作为人口统计指标。按"农业户口"与"非农业户口"进行划分与管理的二元户籍管理体制开始形成。1956年,在全国范围内出现了严重的"盲流"问题。1957年,全国职工人数达到2450.6万人,城市人口增至9949万人,占总人口的比重增至15.93%。1958年1月,《中华人民共和国户口登记条例》颁布,明确规定了迁移审批制度和凭证落户制度,对户口迁移作了约束性规定,将限制人口自由迁徙的功能纳入户籍管理,严格限制农村人口向城市流动。国家为保证工业化战略的实施,在城市,以社会福利制度,保持城市居民低工资的充分就业;在农村,则以将农民束缚在土地上的方式来保证农业生产的相对稳定。人民公社化运动的开展,使政府可以通过公社体制,直接介入农业生

产和农民生活的全过程,限定农村基本生产资料即土地和劳动力的使用方式。从此,城乡人口二元管理的户籍管理制度开始与人民公社体制相互融合,成为维持城乡二元社会结构的两个基本制度。

这种户籍制度是在计划经济条件下建立起来的,是计划经济体制的一个组成部分。它是实施优先发展重工业战略带来的制度效应,是在短缺经济下的被动选择。国家通过这一制度的实施,最大限度地掌握了社会资源,在小农经济基础上,迅速完成了工业化的起步,但也为此付出了高昂的社会成本。

首先,这种二元户籍制度,使城乡分割成两大块,劳动力、资金、物资等生产要素不能在城乡间自由流动。这种不合理、不科学的户籍制度使经济僵化,对经济发展很不利。在城市里,以户籍制度为中心,附着了住宅制度、粮食供给制度、副食品和燃料供给制度、生产资料供给制度、就业制度、医疗制度、养老保险制度、劳动保护制度、婚姻生育制度等十几项制度。城市居民可以享受较高的生活福利和行政性硬性划给的就业机会。农民则没有得到与城市居民同等的国民待遇,从而演化为两种不同的身份制度,形成不平等的两个社会集团。这就是通过限制人口流动,以牺牲农民利益来使农村服务于城市,城乡差距因而拉大。

其次,户籍制度取消了农民迁徙的自由。农村人民公社制度使农民丧失了支配自身劳动力的自由,在农民争取自由的历史中,这是一次制度性的倒退。这种户籍制度不仅限制了农村人口向城市的流动,也限制了城市间的流动,使人口流动长期处于凝固状态,抑制了社会有机的活力。

再次,这一制度的实行,控制了城市人口的膨胀,具有保护城市的功能,但同时也割裂了城市化与工业化过程,使中国的城镇化滞后于工业化,造成了城市化进程的迟滞。由于限制城乡人口流动,1949 年至 1978 年间,城市人口增加了 1 个亿,农村人口增加了 3 个亿。全国 80％的人口分散在广大农村,成为排斥在工业化进程之外的相对贫穷人口。

最后,国家把一些认为政治上不可靠的人从城市赶到农村以维护城市的安全,以政治运动的形式将城镇居民和知识青年迁徙到农村以解决城市就业不足的问题,向农村、向土地转移人口压力,使本来就人地关系紧张的农村更加窘迫,这造成农业生产率低下和农村人口贫困化。

所有这些,都有违于现代化发展的一般规律和社会主义平等原则,成为严重影响中国现代化进程的一项制度性障碍。

（四）急于求成思想的发展

从 1957 年开始,经济工作中的急于求成思想不断发展。这表现在经济工作的各个方面。其中,主要是以下四个方面。

第一,表现在上文所说的批判"反冒进"的逐步升级。

第二,表现在计划工作由"留有余地"到"积极平衡"和 1958 年计划指标的不断加码。计划工作的原则由综合平衡、留有余地,改为"积极平衡"、计划留缺口。1958 年 1 月,在杭州召开的部分中央领导人与地方领导人参加的会议(简称杭州会议)上拟出《工作方法六十条(草案)》。其中要求生产计划制定三本账。中央两本账:第一本是必成计划,这一本公布;第二本是期成计划,不公布。地方也有两本账:第一本账就是中央的第二本账,这在地方是必成计划;第二本账,在地方是期成计划。这三本账的实际内容就是要求计划指标层层加码。1958 年 2 月,第一届全国人民代表大会第五次会议批准的 1958 年国民经济计划,其主要指标安排情况是:同 1957 年比,农业总产值增长 6.1%,工业和手工业总产值增长 13.9%,基本建设投资增长 17.8%。这些指标已经过高。3 月,成都会议确定的第二本账中的各项指标是:与 1957 年相比,农业总产值增长 16.2%,工业总产值增长 33%。8 月,在北戴河召开的政治局扩大会议,再一次提高计划指标:粮食从 2 月批准的计划指标 3920 亿斤改为 6000 亿~7000 亿斤,棉花从 3500 万担改为 7000 万担,钢从 624 万吨改为 1070 万吨。提出这种一年内成倍增加产量的指标本身就是浮夸,而中央计划指标的不断加码必然导致地方的"浮夸风",中国共产党的实事求是作风开始受到破坏。1958 年 5 月,中国共产党第八次全国代表大会第二次会议(简称八大第二次会议)提出要求缩短"超英赶美"的时间,争取 7 年赶上英国,再加 8 年或 10 年赶上美国。在制定 1959 年计划时,其主要指标(除发电量外)均超过了英国。这就是说,"超英"的时间由 1957 年 11 月的 15 年,到 1958 年 5 月的 7 年,到秋天就改为 2 年了,主观主义思想发展到了高峰。

第三,表现在要求地方工业产值超过农业产值的期限不断缩短和实现农业机械化。《工作方法六十条(草案)》要求在 5 年到 10 年内,各地的工业产值(不包括中央直属企业)都要超过农业产值。在成都会议上,把地方工业产值赶超农业产值的期限,从 5 年至 10 年改为 5 年至 7 年,并进一步要求在 7 年内(争取在 5 年内)基本上实现全国农业机械化。这对各地制订

"跃进"计划有很大的压力。要求各地地方工业产值在短期内超过农业产值，不符合中国国情：（1）人口80％在农村，工业基础薄弱；（2）经济高度集中，大型企业、厂矿等集中于中央，地方工业很落后；（3）工业布局极不合理，工业集中在沿海和内地少数省份，有的省只有很少的地方工业。至于全国农业机械化，至今也未实现。

第四，表现在要求各大区、各省建立各自独立的工业体系。1958年6月，中共中央要求各协作区（每个协作区包括邻近的几个省，全国共有7个协作区）建立各自独立的工业体系。8月，毛泽东视察天津时提出，地方应该想办法建立独立的工业体系，首先是协作区，然后是许多省，只要有条件，都应建立比较独立的但情况不同的工业体系。建立地区独立的工业体系的要求不切合实际，第一，在当时办不到；第二，这种做法不符合现代化大生产的要求，是造成地区分割和小而全、大而全重复建设的主要原因。

（五）社会主义建设总路线的内容

社会主义建设总路线的内容，有其形成与变化的过程。1955年，周恩来提出建设事业要做到又多、又快、又好，李富春补充还要省，这些意见得到毛泽东的赞同。1956年春，周恩来提出多、快、好、省的社会主义建设方针。1958年3月，毛泽东在成都会议上正式提出鼓足干劲、力争上游、多快好省地建设社会主义的总路线。1958年5月，中共八大第二次会议正式通过这条总路线及其基本点。基本点包括：调动一切积极因素，正确处理人民内部矛盾；巩固和发展社会主义全民所有制和集体所有制；巩固无产阶级专政和无产阶级的国际团结；在继续完成经济战线、政治战线和思想战线上的社会主义革命的同时，逐步实现技术革命和文化革命；在重工业优先发展的条件下，工业和农业同时并举；在集中领导、全面规划、分工协作的条件下，中央工业和地方工业同时并举，大型企业和中小型企业同时并举。通过这些，尽快地把中国建设成为一个具有现代化工业、现代化农业和现代化科学文化的伟大的社会主义国家。这条总路线的核心是快，即高速度。

这条总路线提出工业、农业、科学文化三个现代化作为奋斗目标，是在中国革命和建设取得巨大成就，全国人民热切期望国家迅速现代化并因此繁荣富强起来的情况下产生的。同时，它也是在急于求成思想不断发展的情况下产生的。

总路线的部分内容反映了新中国成立后八年社会主义革命和建设的一

些宝贵经验,反映了中国共产党探索社会主义建设道路的部分成果,反映了广大人民群众要求改变经济文化落后状况的迫切心情与高度热情。在总路线的内容中,将技术革命、文化革命与经济战线、政治战线和思想战线上的社会主义革命相提并论,不是以经济建设为中心;在急于求成思想占主导地位下,从主观愿望出发,不顾客观规律,提出一系列的"同时并举",都是为1958年钢产量翻一番,为"大跃进"和迅速"超英赶美"战略服务的;在抗美援朝战争结束和1951—1958年对重工业多年大投资之后,还强调重工业优先发展,破坏了国民经济发展的比例关系;强调"速度是总路线的灵魂",一切围绕高速度,一切为早日超英赶美,这是总路线不科学的症结所在,也是导致这条总路线在贯彻之后,中国社会主义经济建设出现大起大落的重要因素。

第二节　"大跃进"和人民公社化运动

在急于求成的思想和社会主义建设总路线的指导下,出现了违背经济规律人为地加速生产力发展与生产关系改革的过程,造成严重的后果。

一、"大跃进"和人民公社化运动的发动

(一)农业"大跃进"和亩产"卫星"

"大跃进"的口号是在毛泽东批评"反冒进"中提出的。1955年底,在农业社会主义改造高潮的鼓舞下,毛泽东提出:"中国的工业化的规模和速度,已经不能完全按照原来所想的那个样子去做了,这些都应当适当地扩大和加快。"1955年12月5日,刘少奇在中南海召集有关负责人,传达毛泽东关于批判右倾保守思想的批示,其中说道,一切工作都要反对保守主义。毛泽东要求加快工业化的步伐,正是针对他所认为的保守思想而来的。

在批判右倾保守思想的热潮中,1956年的经济建设出现了冒进。周恩来、陈云、刘少奇等发现此问题后,及时加以纠正,效果很好。毛泽东对此很不满意。在1957年整风中,人们对于1956年冒进引起经济建设和人民生活的紧张局面颇多批评,最尖锐者如党外人士张奚若、陈铭枢。他们批评毛泽东和中国共产党"好大喜功,急功近利"。1957年6月26日,周恩来在第

一届人大四次会议上作《政府报告》时,使用了1956年"采取了跃进的步骤"、"有了一个跃进的发展"的说法。毛泽东对此深为赞赏,说应该颁发奖章。《人民日报》1957年11月13日的社论中,认为反冒进者是"把正确的跃进看成'冒进'",提出要在"生产战线上来一个'大跃进'"。此社论发表后,毛泽东建议将"第一号博士赠与发明这个伟大口号(即'跃进')的那一位(或者几位)科学家"。毛泽东如此赞赏"大跃进"这个提法,是因为它从褒义上概括了1956年经济建设的高潮,为"冒进"正了名。他解释说:"自从'跃进'这个口号提出以后,反冒进者闭口无言。'冒进'可反,当然可以振振有词。跃进呢?那就不同,不好反了。要反那就立刻把自己抛到一个很不光彩的地位上去了。"①此后,倡导"大跃进"就与反右倾保守、批判反冒进的思想融合在一起,逐渐形成了一种组织经济建设的方针与理论。

　　1958年2月,《人民日报》根据南宁会议的精神发表社论,提出国民经济"全面大跃进"的口号。这个口号是社会主义建设总路线的具体实施,是急躁冒进思想急剧发展的标志。发布这个口号后不久,浮夸风就吹遍全国。这种浮夸风首先表现在农业生产上。5—6月正是夏收时节,报纸上不断刊登小麦丰收、亩产量"放卫星"的信息。先是河南省遂平县亩产2015斤。《人民日报》报导湖北省光化县幸福公社小麦亩产3215斤的"高产"纪录,河南省遂平县卫星农业社放出小麦亩产3530斤的"卫星",并发表《向创造奇迹的农民兄弟祝贺》的社论。这些亩产都是假的,人们心中对此都有数。这些报导和社论使制造假产量的人得到表彰,推动说假话现象的进一步发展,"高产卫星"不断放出亩产3664斤,4353斤,4412斤,4535斤,4689斤,5103斤。7月23日的《人民日报》报道河南省西平县和平农业生产合作社小麦亩产7320斤;同时刊登农业部1958年夏收粮食作物产量公报,说总产量达到501万吨,比1957年增加206.5万吨,增长41％;小麦的总产量超过了美国,为此发表《今年夏季大丰收说明了什么》的社论,认为在夏季大丰收面前,一切以为农业产量只能按百分之几的速度而不能按百分之几十的速度增长的悲观论调已经完全破产了,现在,"我国粮食要增产多少,是能够由我们人民按照自己的需要来决定了。"对于这些假话、大话与唯心主义的判断,在报刊、电台等舆论阵地上没有也不许有公开的反对者。对那些私下怀疑

---

　　① 薄一波:《若干重大决策与事件的回顾》(修订本)下卷,北京:人民出版社,1997年,第663～666页。

的,毛泽东称之为"算账派"、"观潮派"、"右倾保守思想"和"促退派",予以压制。于是,浮夸风步步升级。8 月 13 日,《人民日报》报道湖北省麻城县溪河乡的早稻亩产 36956 斤。后来新的纪录,中稻亩产有 3 万多斤的,晚稻有 10 万斤的。《人民日报》发表社论批判"条件论",提出"人有多大胆,地有多大产"的唯心主义口号。在报道中,这类高产纪录往往是中共县委书记或县长,中共地委书记或专员,中国科学院或中国农业科学院的专家亲临检验的,大批干部、群众参观目睹的。很有名望的科学家著文论证这是可能的,将来的产量还可以比这更高。这一类的报道、文章和汇报,正是毛泽东所希望的,他也相信了。

　　浮夸风造成生产"大跃进"的假象。1958 年 8 月 4 日,毛泽东到河北省徐水县南梨园乡大寺阁庄视察了棉花、谷子的生长情况后,对中共河北省委书记解学恭和副省长张明河说:"世界上的事情是不办就不办,一办就办得很多! 过去几千年都是亩产一二百斤,你看,如今一下子就是几千上万!"①实际上,该县当年粮食亩产 200 多斤,人均工农业总产值 130 元。② 毛泽东把地方干部浮夸的数字当成了生产实际。并据以作为估计中国经济、构思美好未来的依据。

　　正是在徐水县,毛泽东第一次在中下层干部中公开提出办人民公社。而此时,毛泽东考虑的人民公社,是寻求由社会主义社会过渡到共产主义社会的组织形式。他离开徐水县后,紧接着发生了与该县有关的三件大事。(1)中共徐水县委第一书记在全县跃进大会上号召全县成立人民公社,向共产主义过渡。(2)中共中央农村工作部负责人到徐水县,传达要在徐水县搞共产主义试点的意图。8 月 12 日,成立有中共中央、河北省委、当地地委派人参加的徐水县委试点规划小组。22 日,制订了《关于加速社会主义建设向共产主义迈进的规划(草案)》,规定到 1963 年进入共产主义社会。中共徐水县委将它立即公布,并在全县掀起向共产主义过渡的群众运动高潮。(3)8 月 23 日的《人民日报》,在《奔向共产主义的乐园》的标题下,报道徐水县该年粮食亩产将达 2000 斤,并说徐水的人民公社将会在不远的时期,把社员带向人类历史上最高的仙境,这就是"各尽其能,各取所需"自由王国的

---

　　①　《人民日报》1958 年 8 月 11 日的报道《毛泽东视察徐水安国县》,及同日所载康濯:《毛主席到了徐水》。

　　②　《理论之光》,《人民日报》1987 年 10 月 27 日。

时光。

强劲的、旷古所无的浮夸风掀起尘雾，弥漫在神州大地的上空。当毛泽东俯察中国国情时，迷雾遮住了智者慧眼，使他看不清事情实况。以浮夸的"事实"作为认识国情、作出决策的依据，自然会使这些认识、决策远离实际，不可避免地成为空中楼阁。

毛泽东相信，在农业战线上，粮食亩产"一下子就是几千上万"，小麦的总产量比美国多；在工业战线上，钢产量 10 年可以超过美国，赶上或超过美国是毛泽东关于过渡到共产主义社会所需经济条件的现实标准。所以，在他看来，向共产主义过渡已经成为迫在眉睫、需要立即讨论和作准备的现实问题了。1958 年 8 月 17—30 日，也就是他视察徐水等地之后，在他的主持下，在北戴河召开中共中央政治局扩大会议，作出了《中共中央关于在农村建立人民公社问题的决议》，其中写道："看来，共产主义在我国的实现，已经不是什么遥远将来的事情了，我们应该积极地运用人民公社的形式，摸索出一条过渡到共产主义的具体途径。"这里提出了把人民公社作为向共产主义过渡的具体途径。会议认为困扰中国几千年的粮食问题得到了解决，经济工作的注意力必须转移到工业上来。对工业生产提出"以钢为纲"的方针，要求 1958 年钢产量在 1957 年的基础上翻一番，即达到 1070 万吨。会议通过《中共中央政治局扩大会议号召全党全民为生产一千零七十万吨钢而奋斗》等一系列文件，制订一批发展国民经济的高指标计划。会后，一个以全民大炼钢铁为标志的"大跃进"和人民公社化运动在全国展开，使以高指标、瞎指挥、浮夸风和刮"共产风"为主要标志的"左"倾错误严重地泛滥开来。

（二）人民公社化运动与"共产风"

1955 年下半年掀起合作化高潮之时，毛泽东多次谈到大社的优越性，提倡办大社。他在《中国农村的社会主义高潮》一书的按语提出，小社束缚生产力的发展，不能停留太久，应当逐步合并。有些地方可以一乡一社，少数地方可以几个乡为一社，更多地方可以一乡数社。成都会议通过《关于把小型的农业合作社适当地并为大社的意见》以后，各地开始并社工作。在中国共产党八大第二次会议后，并社工作普遍地展开。河南、辽宁在全省开展并社工作，并社后基本上是一乡一社，最大的社有 18000 户。在河南省遂平县成立了第一个人民公社——嵖岈山卫星人民公社后，8 月上旬，毛泽东先后视察河北、河南和山东等省的一些农村，称赞河南"七里营人民公社"这个名称,指出"还是人民公社好",它可以把工、农、兵、学、商合在一起,便于领导。作出《中共中央关于在农村建立人民公社问题的决议》的北戴河会议是在 1958 年 8 月 17—30 日召开的。8 月底,河南全省农村实现了人民公社化。该省为了推行人民公社化运动,采取"充分发动群众,开展鸣放"的办法,即通过群众运动、强迫命令的方式在一个月内完成人民公社化。10 月底,全国农村共有人民公社 265000 多个,参加的农户占农户总数的 99.1%,基本实现了公社化。这种进度可谓神速。

毛泽东考虑办人民公社,是寻求由社会主义社会过渡到共产主义社会的组织形式。所以在作出关于建立人民公社决议的北戴河会议期间,他集中地讲了要破除资产阶级法权思想问题,认为按劳分配、工资制度、脑力劳动者与体力劳动者的收入差别等是资产阶级法权思想的残余,要求考虑逐步废除工资制,恢复供给制。在"大跃进"的年代,他批判资产阶级权利("资产阶级法权"),倡导供给制,是要推动按需分配的逐步实现。对于人民公社化初期实行的吃饭不要钱,毛泽东很感兴趣。1958 年 9 月,他视察安徽省,当听到舒茶人民公社实行了吃饭不要钱时,他说:"吃饭不要钱,既然一个社能办到,其他有条件的社也能办到,既然吃饭可以不要钱,将来穿衣服也就可以不要钱了。"①在此之后,在浮夸风之外,又刮起共产风,迷眼的尘雾更浓了。这尘雾使毛泽东看不清楚中国大地上经济的实际情况,把中国的经济成就,尤其是经济发展速度与经济潜力,估计得很高很高,而且是越来越高,几乎是日新月异。北戴河会议后的第三天,1958 年 9 月 2 日,毛泽东在致刘少奇、周恩来等人的信中写道:"为五年接近美国,七年超过美国这个目标而奋斗吧!"②10 月 30 日,他认为冶金工业部部长王鹤寿提出的 1959 年生产铁 4500 万吨,钢 3000 万吨的报告"很好"。③ 这就是说,钢铁的产量在 1959 年就要超过英国。这是工业战线方面。在农业方面,他为粮食多了没有地方储藏而担忧,并酝酿实行少种、高产、多收的方针。11 月,他设想过"到一九七三年,争取全国现有耕地面积十八亿亩中,每年播种的面积只要六亿亩左右,以另一个六亿亩左右的耕地休闲和种植绿肥,其余六亿亩左右

---

① 《毛主席巡视大江南北后对新华社记者的谈话》,《安徽日报》1958 年 9 月 29 日。

② 中共中央文献研究室编:《建国以来毛泽东文稿》第 7 册,北京:中央文献出版社,1992 年,第 368 页。

③ 中共中央文献研究室编:《建国以来毛泽东文稿》第 7 册,北京:中央文献出版社,1992 年,第 476 页。

的耕地种树种草，使整个农村园林化。"①此时，全中国都成了共产主义的乐园。

1958年11月6日，毛泽东在第一次郑州会议上的一次讲话中提出，什么叫建成社会主义，什么叫过渡到共产主义，要搞个定义。苦战三年，再搞十二年，十五年过渡到共产主义。毛泽东在讲话中特别提到山东范县的计划，因为他在这天看到《山东范县提出1960年过渡到共产主义》一文。该文报道了1958年10月28日中共范县第一书记所作范县两年过渡到共产主义的规划报告（摘要）。报告中谈了工业，农业生产万斤化，林业、渔业、畜牧业多种经济，共产主义的乐园建设规划，文教、科学、卫生、福利、丰衣足食，共六个方面，其中，将1960年该县人民劳动生产、衣食住行等方面的情况描绘如下：

"到1960年基本上实行'各尽所能，各取所需'的共产主义分配制度。到那时：人人进入新乐园，吃喝穿用不要钱；鸡鸭鱼肉味道鲜，顿顿可吃四大盘；天天可以吃水果，各样衣服穿不完；人人都说天堂好，天堂不如新乐园。"

"新乐园，真正强，四方八面是楼房；有大学，有工厂，公园街上百花香；柏油马路明又亮，汽车穿梭排成行；有电影院，有戏院，劳动以后去听唱；冬天室内有暖气，夏天开开电扇乘乘凉；生活真是大变样，万年幸福乐无疆！"

"各种生产用机器，劳动、学习、娱乐'三八制'；出门坐上电汽车，到处花香真喷鼻；室内室外公路电灯化，有事摇摇电话机；定时广播有喇叭，饭前饭后开开收音机，北京、上海好戏随便听听它。"

"生产操作按电钮，难分劳动和休息；能产钢铁能产布，能造化肥、发电机，拖拉机、汽车也会造，生产用品样样齐，果品罐头范县酒，何时需要何时有。电灯电话收音机，使用起来真便利。这样的日子何时到，苦干二年拿到手。"

对于这个从经济文化很落后的境地两年进入胜过天堂的人间天国式的共产主义社会"新乐园"的规划，毛泽东于11月6日写了如此的批语：

"此件很有意思，是一首诗。似乎也是可行的，时间似太促，只三年，也不要紧，三年完不成，顺延可也。"②

---

① 中共中央文献研究室编：《建国以来毛泽东文稿》第7册，北京：中央文献出版社，1992年，第571页。

② 中共中央文献研究室编：《建国以来毛泽东文稿》第7册，北京：中央文献出版社，1992年，第494页。

　　毛泽东将这个批语和上述规划印发给参加 11 月 28 日—12 月 10 日召开的中共八届六中全会的中央委员与列席人员阅读。毛泽东对于中共河北省徐水县委与山东省范县县委等急于向共产主义过渡的一些设想之所以赞赏，其原因在于"心有灵犀一点通"。

　　毛泽东认为,中国在 15 年后将过渡到共产主义。这比苏联当时宣布的进入共产主义的时间还要早。中国将成为人类历史上进入共产主义社会的第一个国家。对于中国比"社会主义阵营的老大哥"、人类历史上第一个社会主义国家苏联反而早些进入共产主义社会一事该如何处理,毛泽东认为这已是一个马上要考虑处理办法的现实问题。1958 年 11 月 21 日,《在中央政治局武昌扩大会议上的讲话提纲》中,他写的第一个问题就是"过渡到共产主义问题"。"中国和苏联中哪个先过渡到共产主义？要从各方面慎重考虑。中国早过渡有无可能,是否有利,即使有可能,也可以用社会主义之名,行共产主义之实。"此时,在农村已是吃饭不要钱,实行生活资料与费用包下来的政策;公社、国家无偿调用劳动力,经常组织工人、农民进行无酬劳动;国家对人民公社的产品、公社对生产队与社员的财产实行全面调拨,这种所谓"破除资产阶级法权思想",实际上是否定社会主义初级阶段"资产阶级权利"存在的必要性,否定现阶段商品生产和商品流通存在的必要性,否定价值规律的作用,企图跨越商品经济的发达阶段而直接进入共产主义。

　　在毛泽东上述思想指导下建立的人民公社具有如下一些特点:在组织方面,实行政社合一。人民公社包括工、农、兵、学、商各个方面,公社管理生产,管理生活,管理政权。政社合一,管理层次多,机构复杂。公社的规模比农业社大得多,全国平均一个公社相当于 27.9 个农业社。在所有制方面,公有化程度高。实行生产资料公社直接所有制,废除自留地、自养牲口、自营果树等。在生产方面,实行生产过程中的集体劳动,往往采取"大兵团"作战的劳动方式。在分配方面,实行供给制和工资制相结合,生活资料与基本生活费用采取包下来的办法。在经营方面,采取国家与公社和公社上下级之间的调拨,排除商品交换,否定价值规律的作用,不讲经济核算。人们将人民公社的这些特点概括为"一大二公"。这种"一大二公"、政社合一的人民公社体制,混淆了社会主义和共产主义的界限,混淆了社会主义初级阶段与发达阶段的界限,混淆了社会主义初级阶段全民所有制和集体所有制的界限,脱离了生产力发展的状况。

　　政社合一的体制,突出地表现了急于由集体所有制向全民所有制过渡

和由社会主义向共产主义过渡的思想。确立政社合一的体制,又用行政手段搞经济建设,这与忽视经济规律有着紧密关联,因而使人民公社出现许多弊端。其中主要的是:

(1)助长平均主义思想的泛滥。由于在全公社实行统一核算,搞无偿调拨,在分配上提倡和推行按需分配的原则,实行供给制和工资制结合,办公共食堂,吃饭不要钱,将原来经济状况不同的农业社和社员一拉平,穷农业社共了富农业社的产,穷社员共了富社员的产。在生产力不发达的中国,这实际上是实行平均主义,其结果只能是共同贫困。

(2)严重妨碍农民独立自主地进行经营和建设,妨碍经济效益的提高。农业生产要因地制宜,发展多种经营,绝不能搞一刀切。政社合一体制把权力过分集中于公社,公社用行政办法搞农业生产,基层单位和农民没有独立自主、因地制宜的经营权和积极性,没有个人责任制,造成劳动纪律松弛,上工"大呼隆",出工不出力,经济效益差。

(3)政社合一的人民公社既是农民的经济组织,又是农村的基层政权单位,承担组织生产、分配、交换、生活和履行基层政权职能两方面的任务。经济工作的复杂和行政工作的繁琐,以及各自具有不同的规律,要求经济组织和行政机构分开。政社合一体制造成政企不分,行政管理与生产管理混在一起,两方面的职能都不能很好履行。

(三)工业"大跃进"与全民大炼钢铁

工业战线的"大跃进"运动以全民大炼钢铁,即大搞群众运动和土法上马为其特征。"三面红旗"有一个中心思想:充分发挥人多的优势,使人人都能有事做,把干劲发挥出来(于是实行几个并举的方针等),搞劳动密集型发展模式,可是选择的突破口却是钢铁工业。现代化的钢铁工业不适宜劳动密集型的产业,这就与初衷不一致。只有土法生产,才能容纳密集的劳动力。

在1958年仅剩下四个月的情况下,北戴河会议要求钢产量比1957年翻一番。这种高指标和急性子,违背实际的可能。它逼迫人们只能采取两种办法。一种办法是土洋并举,全民大炼钢铁。二是其他工业、农业、商业、人民生活都让路,将人力、物力、财力集中用于钢铁工业。这就是"以钢为纲"。为了在短时间内达到钢铁产量翻一番的目标,采取中央企业和地方企业同时并举、大型企业和小型企业同时并举、土法冶炼和现代冶炼同时并举的方针,大洋群(大中型钢铁企业)与小土群(小型土法土炉群体炼钢)相结合,以小土群为主。发动和抽调上亿的劳动力上山找矿、炼铁、炼钢(1958年11月和12月,抽调的农业劳动力达9000万人以上),办的小土炉达100多万座。为了炼钢铁,农民将田地里已成熟的农作物弃之不顾,滥伐树木作燃料,森林遭到有史以来的最严重的一次破坏。为了给炼钢铁让路,其他工业在原料、能源、运输等方面都得不到满足,纷纷减产。炼出的钢铁,绝大多数不适用。这次全民大炼钢铁运动造成极大的浪费,使国民经济遭受严重损失。

全民大炼钢铁带动了全民办工业的热潮,各地政府大办中小工业,农村人民公社办的(社办)工业遍地开花。到1958年底,工业企业达到26.3万个,其中,全民所有制11.9万个,集体所有制14.4万个,分别比1957年同类企业数增长50%、105%、29%。到1958年底,社办工业职工达1800万人。

(四)第一次经济体制改革的得失

为了解决经济管理中集中过多、统得过死的弊端,国务院于1956年6月召开体制会议。1957年11月发布关于改进工业管理体制、商业管理体制、财政管理体制的三个规定,1958年发布关于改进税收管理体制、计划管理体制、农村财政贸易体制的三个规定,从此拉开了新中国成立后第一次经济体制改革的序幕。改革的总原则是统一领导、分级管理。工业方面,下放一部分企业和产品给地方,增加地方在物资分配上的管理权限;扩大企业主管人员对企业内部的管理权限。商业方面,主要是调整商业机构设置,改进商业计划指标,中央商业企业利润实行与地方分成等。财政方面,实行"以收定支,五年不变"的管理体制,适当增加地方机动财力。税收方面,扩大地方对税收的管理权限和一定范围内的机动调整权限。计划方面,实行统一计划、分级管理、加强协作、共同负责的原则,强调扩大地方的管理权限。农村财政贸易方面,对农村财政贸易体制实行机构下放、计划统一、财政包干的办法。可见,分级管理实际上是扩大地方与企业的管理权限。经济体制改革方案的制订,是在探索中国式社会主义道路上迈出的一个重要步骤。

改革过分集中的经济体制,简政放权,是经济发展的要求。适当扩大地方与企业的管理权限,有利于发挥地方与企业的积极性。1957年制订的体制改革方案,虽然有很大的历史局限性(如没有涉及企业产权问题等),但方

向是对的。1958年的体制改革,问题在于体制改革与"大跃进"、人民公社化运动结合在一起进行,体制改革成了"大跃进"的一部分。从指导思想看,不是把该由地方管理的权限下放,而是把中央管辖的企业下放一些给地方管辖。这是为了使地方工业自成体系,实现"超英赶美"。同时,生产关系上急于过渡。城市中个体经济急于向集体经济过渡,集体经济急于向国营经济过渡。农村人民公社化运动中出现了急于向全民所有制过渡,急于向共产主义过渡,搞产品无偿调拨,搞供给制。这实际上是消灭城乡残存的私有制,脱离了生产力的发展水平。

体制改革的进行,从下放的管理权力看,不少下放过了头。在步骤上,要求过急过快。在方法上,不适当地采取政治运动的方式。企业下放后,不是更加密切地搞专业分工协作,而是向"大而全"、"小而全"方向发展,使企业组织结构更加不合理。企业下放后,多数地方又层层下放,地方管理跟不上,合理的、必要的规章制度被破坏,造成管理混乱,经济效益很差。

二、反右倾和继续"大跃进"

(一)人民公社化中的问题和农村政策的调整

1958年10月下旬,毛泽东到农村视察,发现农村经济中有严重的混乱现象,其根源在于不少做法混淆了社会主义与共产主义的界限,混淆了集体所有制与全民所有制的界限。这导致以供给制为特征的平均主义盛行,造成粮食等物资的大浪费,社员杀猪砍树,生产积极性不高。在人民公社化过程中刮起的这股"共产风",对生产发生了严重的破坏作用。为了解决这个问题,毛泽东在郑州主持了有部分中央领导人和部分地方领导人参加的会议(11月2日—10日,后来称为第一次郑州会议)。他在会上明确指出,要划清社会主义与共产主义、集体所有制与全民所有制的界限,中国现阶段是社会主义,农村人民公社基本上是集体所有制。从这个观点出发,他批驳了陈伯达等人关于废除商品、货币,统一调拨劳力、资金、产品的主张,认为这种主张就是剥夺农民。毛泽东对人民公社之所以仍是集体所有制做了论证。他说,这是因为人民公社的土地和其他生产资料归农民所有。他们还有劳动力所有权,因此,有产品的所有权。对他们的产品只能实行等价交换,不能无偿调拨。一些经济学家主张现在就消灭商品生产,实行产品调拨,是非常错误的。因为这样就混淆了全民所有制和集体所有制的界限,也是行不通的。他举例说,如果不实行商品交换,把陕西的核桃拿来吃,一个钱不给,陕西的农民干吗?把河南新乡七里营人民公社的棉花无代价地调出来,行吗?如果这样做,马上就要打破脑袋。人民公社的产品不能调拨,根本原因是生产力水平太低,产品不丰富。要过渡到全民所有制,必经一个生产力大发展的过程,完成公社工业化、农业工厂化。在这次会议期间,毛泽东在一次讲话中提出了中国是"社会主义初期阶段"的新概念。这是他对前一段超越阶段急于向共产主义过渡错误反思的理论成果。①

由于经济生活中存在的问题越来越多,越来越严重,毛泽东又连续主持召开几次中国共产党的会议。1958 年 11 月 21 日至 27 日,在武昌召开中央政治局扩大会议(简称武昌会议)。11 月 28 日至 12 月 10 日,在武昌召开中国共产党八届六中全会。1959 年 2 月 27 日至 3 月 5 日,在郑州召开政治局扩大会议(简称第二次郑州会议)。4 月 2 日至 5 日,在上海召开中国共产党八届七中全会。这几次会议都觉察到两个急于过渡及否定商品生产的理论是错误的,并对此进行了批评。八届六中全会通过的《关于人民公社若干问题的决议》强调,在全国农村实现全民所有制,还需要经过一段相当长的时间;由社会主义过渡到共产主义,需要经过更长的时间。实现这两种过渡,都必须以一定程度的生产力发展为基础。没有相应条件就实现这两种过渡,无疑是一个不切实际的空想,那将大大降低共产主义在人民心目中的标准,使伟大的共产主义理想受到歪曲和庸俗化,助长小资产阶级的平均主义倾向,不利于社会主义建设的发展。

《关于人民公社若干问题的决议》发表后,全国各地开始整社运动。此时正值征粮季节。由于在高指标压力下上报的浮夸产量与实际产量相距甚远,加上刮"共产风",吃饭不要钱,大家敞开肚皮吃饭,消耗粮食多。又由于大炼钢铁,使部分粮食没有收上来。当省、县政府按照公社、大队上报的产量征购、调拨粮食时,大队特别是生产队干部和社员被逼保护自己的一份口粮。于是上级指责社员和基层干部"瞒产私分"。整社运动变成反对农民"瞒产私分"的斗争,搞得国家与农民之间的关系更加紧张。这次整社,由于许多界限划分得不清楚,不具体,特别是没有涉及人民公社所有制,以致效果不大,"共产风"在继续发展。第二次郑州会议着手纠正人民公社所有制

---

① 杨蒲林、赵德馨主编:《毛泽东的经济思想》,武汉:湖北人民出版社,1993 年,第 397～423 页。

和纠正"共产风"。在《关于人民公社管理体制的若干规定(草案)》中,规定人民公社权力下放,实行三级(即公社、生产大队和生产队)所有,以生产队(相当于原农业生产合作社)为基础的三级核算的体制。规定人民公社内部废除供给制,实行按劳分配,允许收入差别存在。会后,整社工作开始走上正轨。鉴于已经形成的经济问题与干部思想作风问题相当严重,毛泽东在1959年4月写信给包括生产队长在内的各级地方干部,指出包产一定要落实,根本不要管上级规定的那一套指标,只管现实可能性。毛泽东觉察到浮夸风、讲假话,是由上级的"一吹二压三许愿"逼出来的。

针对市场副食品供应紧张和社员生活的需要,中共中央在1959年5—6月间,先后对社员个人私有经济作了具体规定:(1)对鸡、鹅、鸭、猪实行集体喂养与社员个人喂养并重的方针。(2)恢复自留地制度,社员自留地以不超过也不少于人均占有土地面积的5%为准。(3)鼓励社员充分利用房前屋后、水边路旁的零星闲散土地种植庄稼、树木,谁种谁收,不征公粮,不派购任务。

为了促进人民公社多种经营的发展,便利社员交换和调剂商品,活跃市场,1959年9月23日,中共中央、国务院发出《关于组织农村集市贸易的指示》,开放农村集市贸易,规定生产队在完成国家计划后,剩余部分可拿到集市上交易;社员家庭和个人生产的产品,可以在集市上出售。成立人民公社,本想削弱市场的作用。在碰壁以后,不得不重视市场,以挽救其生存。

(二)大炼钢铁引起的问题与对国民经济的调整

"大跃进"进行了几个月之后,问题逐步暴露出来。

第一,"以钢为纲"造成钢铁工业片面发展,破坏国民经济应有的比例关系。1957年基本建设投资143.32亿元,1958年为269亿元,增长了77%。施工的大中型项目,由原计划(第一本账)的1135个增加到1587个。积累率由1957年的24.9%猛增到1958年的33.9%。积累与消费的比例失调。基本建设规模的盲目扩大,挤占了消费基金,超过了国家的承受能力。

1958年,由于大炼钢铁,大量农村青壮劳力、农具、牲畜被抽调,大批粮食、棉花扔在地里无人收割,丰产不丰收。粮食产量经核实为4000亿斤,比当年发表的统计数字7500亿斤少了3500亿斤。

为了确保"钢帅升帐",轻工业被迫"停车让路":(1)分配给轻工业的钢材减少。不仅轻工业生产和基本建设用的钢材指标大为削减,连维持简单再生产的日常维修用的钢材也被削减了。(2)原先签订的轻工业设备供应合同,大都被承接制造任务的机械工业部门(或企业)撤销了。(3)由于交通运输部门优先安排钢铁工业的运输任务,使轻工业企业的原材料、燃料运不进来,产品运不出去,大量积压在港口、车站。(4)轻工业企业的职工,特别是集体所有制的生产合作社(工厂)的职工,或被抽调去大炼钢铁,或者从生产日用品转而为重工业生产服务。(5)许多生产日用陶瓷的窑炉,被迫改产大炼钢铁所需的耐火材料,甚至直接用来冶炼钢铁,严重地影响日用陶瓷的生产。"停车让路"的结果,使一些轻工业品和手工业品供应紧张。

所有这些都造成农、轻、重比例失调。重工业内部原材料工业和加工工业、燃料动力工业与其他工业之间比例失调。原材料动力工业不能满足钢铁生产跃进的需要,出现了严重问题。

工业的发展与交通、运输存在极大矛盾。1958年,货运量比1957年增长了40%,仍不能满足工业需要,大量物资积压不能运出,1958年货运量中,正常的运输能力只占80%,其余20%是靠人力畜力运输。

第二,浪费大,经济效益差。在钢铁生产中,1958年合格钢产量仅800万吨。在1369万吨生铁中,土铁达416万吨。土法炼钢、炼铁,成本高,浪费大。据粗略统计,1958年"小土群"所炼钢铁亏损达十几亿元。土铁、土钢质量差,含硫量高,难以加工,可利用性很低。许多工业部门机器超负荷运转,追求数量,造成质量下降和人力、物力的浪费,成本上升,经济效益差。

第三,因日用品及农副产品的生产大幅度下降,供应紧张,市场供应出现危险的信号。"大跃进"中,人民日夜劳动,身体疲劳,却买不到必需的生活资料。

1958年10月,国民经济已到了非调整不可的地步。11月下旬至12月上旬召开的中共八届六中全会,调整1959年计划的主要指标:钢产量由2700万~3000万吨降为1800万~2000万吨,生铁由4000万吨降为2900万吨,基建投资总额由500亿元降为360亿元,下降的幅度很大(20%~33%)。但由于原指标太高,调整后的指标仍不符合实际。中共八届七中全会又进行了调整,钢由2000万吨降为1800万吨,基建投资总额由360亿元减少为260亿~280亿元。虽然钢铁指标和基建投资指标作了大幅度降低,但还是过高。规定工业总产值比1958年增长41%,农业增长39%,粮、棉仍维持10500亿斤和10000万担。这都是不可能完成的。中共八届七中全会后,毛泽东请陈云落实钢铁指标,最后确定钢为1300万吨,比较接近实

际的可能。至此,毛泽东等人开始承认国民经济比例失调,认识到经济困难是没有搞好综合平衡的结果。

在降低计划指标的同时,中共中央还采取一些其他的措施。其中,主要有如下四项:

(1)开源、节流双管齐下,以缓和市场供应紧张的矛盾。在开源上,从1959年2月开始,积极安排日用必需品和副食品的生产,拨出一部分原材料专门保证日用品生产的需要;对已经改行的原来生产小商品的工厂,责令它们"归队"恢复生产;副食品生产实行"城乡并举"、"公私并举"的政策,即在大力发展国营副食品生产的同时,允许私人进行生产。在节流上,压缩公用开支,紧缩集团购买力;控制企业职工人数和工资总额,精简职工;严格控制农村货币投放。各地农业贷款一律不再增加,大力动员城乡群众积极参加存款储蓄;控制和压缩粮食销量。

(2)整顿企业。"大跃进"中,对企业管理制度只注意破不注意立,造成企业管理混乱,责权不明,无章可循,有章不循。邓小平强调工业企业要建立多种责任制,整顿和加强企业管理。

(3)清理财政信贷资金。在"大跃进"中,各地方和部门擅自挪用银行贷款和企业流动资金进行基本建设,或用于其他财政性开支的,据估算约有100亿元。1959年7月,中共中央要求清理财政信贷资金,划清基本建设和流动资金的界限,凡过去挪用的资金,应用财政资金偿还,主要由地方财政结余和企业留成收入负担。

(4)收回下放过头的企业和权力。1958年经济体制改革中,四权(人、财、商、工)下放过多过快。现在要求对下放过头的权力适当收回:上收部分企业和招收职工的审批权;调整部分基本建设管理权限,规定地方不再拥有不受限制的审批项目的权力;将"以收定支,五年不变"的财政体制,改为"总额分成,一年一定"的体制;统配部管物资由132种增加到285种。

对以上这些问题的认识和纠正,是在肯定"三面红旗"(即建设总路线、"大跃进"、人民公社)的基础上进行的,对急于求成思想造成的失误没有充分认识。所以纠正问题不彻底。这是庐山会议由纠"左"到反"右"的潜在原因。

(三)庐山会议上的争论与继续"大跃进"

1959年7—8月,中国共产党在庐山召开政治局扩大会议和八届八中全会,史称庐山会议。会议原定议题是纠正"大跃进"和人民公社化运动中出现的"左"倾错误。会议前期,与会者根据这一宗旨进行了热烈讨论,提出了不少意见。7月14日,彭德怀就"大跃进"中的"左"倾错误写了一封信给毛泽东。信中,彭德怀在肯定1958年成绩的前提下,对"大跃进"中存在的问题进行实事求是的陈述和分析。毛泽东将信转发与会者讨论,为批判彭德怀做准备。然而,黄克诚、张闻天、周小舟等赞同彭德怀的意见。张闻天并就"大跃进"中"左"的错误作长篇发言。7月23日,毛泽东在会上严厉批评了彭德怀的言行是资产阶级的动摇性、悲观性的表现,指责彭德怀把自己抛到右派的边缘上,并认为党内存在着大批反对派和怀疑派。会议因此由纠"左"转为反右。这说明党内对经济建设中严重存在的"左"倾错误没有从指导思想上加以认识,阶级斗争扩大化并没有消除。庐山会议助长了党内个人专断独行的不正之风和工作中宁左勿右的歪风,使党内正常的民主生活受到破坏,使经济工作由调整变为继续"大跃进",使严峻的经济形势变得更为严峻。

1960年1月,中共中央在上海召开政治局扩大会议。会议否定了庐山会议前对高指标的压缩,制定了更高的指标,1960年钢产量要达到1840万吨。4月,第二届全国人民代表大会第二次会议通过的1960年国民经济计划中的主要指标为:粮、棉各增长10%左右;生铁产量达到2750万吨,比上年增长34%;煤炭42500万吨,比上年增长22%;预算内基本建设投资安排为325亿元(不包括地方自筹的60亿元投资),比上年增长22%;工农业总产值比上年增长23%。5月,国家计委、经委、建委作出第二本账的安排,钢产量为2040万吨,煤炭46200万吨,预算内投资为382亿元。第二本账的计划,更加超过了现实可能性,在资金和物资上留下了很大的缺口。

庐山会议后,基本建设规模不断扩大,继续发展"小洋群"、"小土群",并将发展"小洋群"定为加速工业建设的一个长期战略。据21个省(市、区)统计,共有职工1820万人,其中"小洋群"686.6万人,"小土群"318万人,合计1004.6万人,占职工总数的55.2%。1960年上半年"大跃进"的一个特色,就是大搞全民性的技术革命运动。1960年1月,中共中央号召立即掀起一个以大搞半机械化和机械化为中心的技术革新和技术革命运动。这次运动,创造了一批行之有效的革新成果,解决了一些生产建设中迫切需要解决的技术关键问题,也出现了浮夸、乱改,提出不切实际的奋斗目标,不顾条件地盲目采用和推广超声波等新技术的偏差。

庐山会议后,各地大办公社工厂、养猪场,有些地方收回1959年发还给农民的自留地,社员家庭养的猪、鸡、鸭又归生产队公有。1959年底,全国农村在公共食堂吃饭的人数占人民公社总人数的72%。1960年3月,中共中央发出指示,要求普遍推广农村公共食堂,实现全国农村有80%的人到食堂吃饭,力争达到90%。在粮食管理上,要求推行"统一用粮,指标到户,实物到食堂"的办法。食堂化脱离了农民现实的生活水平和农村居住状况,违反自愿的原则,给农民生活带来许多不便;一些干部利用办食堂的制度,侵占、克扣农民口粮,引起农民不满。

1959年下半年到1960年上半年的继续"大跃进",把高指标、浮夸风、"共产风"的错误发展到新的高峰,使本来就病源遍体的国民经济又遭受了一次重击,把国民经济推向危机的深渊。

三、一次严重的经济危机

(一)农业生产连年大幅度下降

大炼钢铁抽调大批农村青壮劳力,生产关系的急于过渡造成的共产风和农业生产中的瞎指挥,浮夸风带来的高征购,使农民生活水平严重下降,严重地挫伤农民的积极性。其后果是农产品的产量连续下降。1959年粮食总产量为3400亿斤,比1958年减少了600亿斤。1960年为2870亿斤,比1959年下降530亿斤,比1958年下降28.25%。全国年人均粮食产量1958年为606斤,1960年下降为433.5斤,下降了172.5斤,即减少28.47%。棉花产量,1958年为3937.5万担,1959年下降到3417.6万担,1960年更降为2125.8万担,1960年比1958年下降46%。其他农作物产量也大幅度下降。1959年和1960年自然灾害比较严重,1959年受灾面积约2亿亩,粮食减产200亿斤至300亿斤。1960年受灾面积约3.7亿亩,粮食减产300亿斤至400亿斤。从受灾所造成的粮食减产幅度与实际粮食产量下降的幅度对比,以及其他农作物幅度更大的减产的现象可以看出,工作上的失误是造成农业生产大幅度下降的主要原因。"三分天灾,七分人祸"的说法,是符合实际的概括。

(二)基本建设规模超过国家财力、物力的承受力

"大跃进"期间(1958—1960年),基本建设规模越来越大。1958年,基

本建设投资 269 亿元,1959 年上升到 349.72 亿元,1960 年达到 388.69 亿元。1960 年比 1958 年增加 119.7 亿元,增长 49%(按当年价格计算)。1960 年基本建设投资在国民收入中的比重达到 30%,是新中国成立以来最高的一年。到处建工厂,建矿山,全面铺开基建摊子,造成基建战线过长,超越国家的负担能力,与人力、财力、物力的可供量存在矛盾。1958—1960 年的积累率分别为 33.9%、43.8%、39.6%。1960 年国民收入使用额比 1958 年仅增加 147 亿元,同期积累额却增加了 122 亿元。特别是 1959 年,国民收入使用额只增加 157 亿元,而同期的积累额增加了 179 亿元,新增国民收入不够积累的开支。积累的片面发展挤占了消费基金,建筑材料业、机器制造业在物资上不能保证庞大的基建工程的需要,农业不能满足基本建设对劳力、粮食和农业原料的需要,技术人员缺乏,无论财力、物力、人力都不能满足如此庞大的基建规模的需要。到 1960 年,庞大的基建规模便维持不下去了,当年下马的建设工程费达 150 亿元,客观现实迫使基建规模不得不降下来。

不顾国力的可能,不断扩大基建规模;各地各自为政,批准基建项目;在基本建设进行中,不顾基建程序,边设计、边施工,造成工程的巨大浪费和建设项目布局的不合理,效果极差。突出表现在:基建战线过长,"胡子"工程多,新增固定资产的交付使用率低。建设项目的投产率,由 1957 年的 26.4%降至 1958 年的 10.7%,1959 年 12%,1960 年 9.8%。新增固定资产的交付使用率,1957 年为 93.4%,1958 年为 74.8%,1959 年只有 69.2%,1960 年又降为 68.8%。1960 年比 1957 年下降了 24.6%,是新中国成立后最低的一年。1958—1960 年,基建工程报废、下马及其他损失,据不完全统计,共达 220 亿元,占这三年基建投资总额的 22.1%。在这种情况下,积累效果必然不好。每百元积累新创的国民收入,1959 年为 19 元,1960 年为 -0.4 元,大大低于"一五"时期平均 35 元的水平。

(三)工业内部比例失调

第二个五年计划(简称"二五"计划)期间,工业投资的 89.5%用于重工业,轻工业只占 10.5%。"二五"时期重工业基建投资主要集中在"大跃进"三年。重工业异军突起,发展过猛、过急,挤占轻工业生产所需的燃料、动力、钢材、木材及运输能力,造成重工业与轻工业的比例失调。从总产值看,按 1957 年不变价格计算,1957 年轻工业为 374 亿元,重工业为 330 亿元,两

者之比为 53∶47。1960 年,轻工业 550 亿元,重工业达 1100 亿元,两者之比为 33∶67,重工业是轻工业的 2 倍。从发展速度看,按当年价格计算,1960 年轻工业总产值比 1957 年增长约 41.3%,同期重工业总产值增长了约 244%。轻重工业比例严重失调。

"钢铁元帅"一马当先,脱离其他重工业部门而片面发展,造成重工业内部比例失调。其中,首先是加工工业与采掘工业的比例失调。"一五"时期,新增 1 吨炼铁能力,便新增 4 吨铁矿开采能力,1 吨炼焦能力。从 1958 年到 1960 年,每新增 1 吨炼铁能力,只新增 2.2 吨铁矿开采能力和 0.8 吨炼焦能力。铁矿开采能力和炼焦能力赶不上炼铁能力的增长,于是矿山强化开采,设备超负荷运转,产品质量下降。由于所采铁矿石和煤的质量下降,便需要更多的开采量,以适应炼钢铁的需要。如此循环追加,比例越来越失调。

(四)工业与交通运输比例失调

"大跃进"三年,生铁产量增加 3.6 倍,铁矿石产量增加 4.8 倍,煤产量增加 2.03 倍。同期货运量,包括大量使用人畜力运输在内,仅增加 1.8 倍。在挤了其他货运后,仍有 30% 的铁矿石和大量煤炭积压在矿区运不出来。由于运输能力不足,一切交通工具超负荷运载,造成交通工具的损坏,反过来影响运输能力的增加,加重了工业和交通运输之间的比例失调。

(五)经济效益低下

国民经济宏观比例严重失调,必然造成整个国民经济浪费大,效益低。在"大跃进"中提出只算"政治账",不算"经济账"的思想,造成人们思想上的混乱,是人们在生产中忽视质量、效益,只求速度、数量的思想根源。

花大量的人力、物力、财力生产的土铁、土钢,大多数是废品。不是废品的,有的需要回炉再炼才能使用,有的只能加工成一些简单的农具,可利用率很低。许多小钢炉、炼铁炉、小煤矿,由于效益太低,不得不停产报废。大炼钢铁中大肆砍伐森林,造成水土流失,使生态状况恶化,对以后经济发展的影响是巨大的、长期的,这种损失难以估量。

企业生产中盲目追求高指标,粗制滥造,许多产品质量低劣,有的没有使用价值。主要经济指标完成情况很差。(1)产品合格率低。生铁合格率由 1957 年的 99.4% 下降到 1960 年的 74.9%。(2)劳动生产率降低。1960 年与 1957 年比,全国工业企业全员劳动生产率下降 12%。(3)物资消耗增加,成本提高。全国工业企业每百元产值的生产费用,1957 年是 51.1 元,1960 年为 56.4 元。(4)亏损增加。由于企业不顾市场需要,生产大批没有使用价值的产品,造成企业的虚盈实亏。(5)产品品种减少。如北京市场著名的王麻子剪刀厂生产的剪子,由"大跃进"前的 200 多种减为 11 种;生产的刀子由 360 种减为 7 种。权限的盲目下放,造成企业管理上的混乱。"破除迷信"变成破除科学,合理的规章制度遭到破坏,造成企业"生产无计划,产品无标准,质量无检验,消耗无定额,操作无规程,经济无核算和安全无保证"的混乱局面。

（六）财政巨额赤字

1958—1960 年,在账面上财政尚有结余,实际赤字高达 169.4 亿元,占这三年财政总支出(按当年价格计算)的 10.48%。造成财政上"假结余、真赤字"现象的原因,主要是存在大量财政虚假收入。"大跃进"中,企业只追求产量而不注意质量,许多产品生产不对路,而商业部门对企业产品不管是否适合市场需要,一律收购,造成企业的虚盈,同时形成财政的虚假收入。企业为夸大成绩,把该纳入成本的不算进成本,该摊销的费用不摊销,人为地加大利润,是造成财政虚假收入的另一个重要原因。

财政赤字靠通过银行增发钞票来弥补。1958—1960 年,年末货币流通量累计增加 81.7%。流通中货币过多。同期,社会购买力有较大增长,年均增加 76 亿元。农业和轻工业产值下降,可以供应市场的产品急剧减少。这样,商品的可供量缺口很大。为了弥补这个缺口,只有动用历年的商品结存。这样做虽然短时间内减轻了市场的压力,但无济于事。1960 年社会商品购买力大于零售货源 74.8 亿元,差额占当年社会购买力的 10.4%,年终未实现的购买力总额达到 176.4 亿元。居民有钱买不到商品。这引起通货膨胀。1960 年全国集市贸易价格比 1957 年上涨 25.4%,有些商品,特别是主食与副食品,集市贸易价格高于计划价格 3～5 倍,有的甚至十几倍。国家计划价格已不能阻止这股急流的冲击。计划价格自发上涨和变相涨价。据有关部门估算,变相涨价使实际价格大约上涨 20%。

（七）人民生活水平下降

"大跃进"造成的最严重后果,就是人民的物质生活水平急剧地、大幅度地下降。粮食供应极度紧张。从 1957 年到 1961 年,全国每人平均消费的

粮食由 203.06 公斤降到 158.78 公斤,猪肉由 5.07 公斤降到 1.41 公斤,食用植物油由 2.42 公斤降到 1.37 公斤。1961 年与 1957 年相比,全国居民消费水平下降了 20.11％,其中非农业居民下降了 24.1％,农业居民下降了 21.4％。人民最必需的吃饭、穿衣,已成了大问题。从 1957 年到 1961 年,平均每人的消费量,粮食下降 21.2％,猪肉全国下降 71.9％,棉布、食用植物油下降 43.4％。1960—1961 年,消费品全国平均每人生活消费量(见表 11-1)和居民年平均消费水平(见表 11-2)都是新中国成立以来的最低水平。1960 年,北京、天津、上海、武汉和辽宁等地粮库几乎被挖空,出现脱销的危险。农村的口粮问题尤为严重。最困难的是西北地区,农村人均粮食消费量只有 200 多斤。最困难的时期,甘肃省的敦煌、玉门、酒泉、金塔四县农民每天口粮在半斤以下的占 70％,张掖县一半生产队社员口粮不到 3 两。

1959 年春,农村首先发生饥荒,人畜出现非正常死亡,随后进一步严重化。饥荒地域之广,在中国历史上罕见。人民生活所必需的日用品及食品、副食品供应极度紧张。城市排队购物现象非常严重。凭票供应的商品,由 1958 年以前的 7 种,增加到 1960 年的 40~50 种。农民粮食不够,只得用野菜、瓜果甚至树皮、观音土充饥。这一时期,由于营养不良引起的水肿病、肝炎、妇女闭经等疾病流行,其中农村患病比例高于城市。1960 年 10 月到 11 月间,太原市 14 所大学患水肿病的人数占师生总数的 13.5％。这是一次体制性饥荒,因而饥荒是全国性的,与自然灾害或战争造成的饥荒具有区域性特点不同。

表 11-1　1952—1961 年消费品平均每人生活消费量

年份	粮　　食 （公斤）	食用植物油 （公斤）	猪　　肉 （公斤）	各种布匹 （米）
1952	197.67	2.09	5.91	5.71
1957	203.06	2.42	5.02	6.82
1958	198.23	2.86	5.22	8.37
1959	186.59	2.25	3.03	9.72
1960	163.62	1.87	1.53	8.35
1961	158.78	1.37	1.41	2.87

资料来源:《中国统计年鉴(1984)》,北京:中国统计出版社,1984 年,第 477 页。

表 11-2　1952—1961 年居民年平均消费水平指数

（以 1952 年为 100）

年份	全国居民	农民	非农业居民
1952	100	100	100
1957	122.9	117.1	126.3
1958	124.9	120.0	120.0
1959	112.9	94.7	123.1
1960	106.2	90.4	108.6
1961	99.4	92.0	93.3

资料来源:《中国统计年鉴(1983)》,北京:中国统计出版社,1983 年,第 484 页。

　　由于粮食短缺,疾病流行,人口的非正常死亡现象严重,人口自然增长率出现负数,形成了新中国成立后人口生育的低谷(见图 11-1)。死亡率提高,出生率下降。1959—1961 年出现了新中国人口发展史上的第一次低潮。

　　从表 11-3 可以看到,1960 年是新中国成立后唯一一次人口自然增长率为负数的年份。1960 年和 1961 年,中国人口减少 1348 万人。中国人口 1949 年是 54167 万人,"大跃进"开始的 1958 年是 65994 万人,年均增长率 22‰。按此增长率,1959 年、1960 年、1961 年中国人口分别是 67446 万人、68930 万人、70446 万人。这三年实际人口数却如表 11-3 所列,1959—1961 年中国少增加 4587 万人。

表 11-3　1952—1961 年人口、出生率、死亡率和自然增长率

年份	人口(万人)	出生率(‰)	死亡率(‰)	自然增长率(‰)
1956	62828	31.90	11.40	20.50
1957	64653	34.03	10.80	23.23
1958	65994	29.22	11.98	17.24
1959	67207	24.78	14.59	10.19
1960	66207	20.86	25.43	−4.57
1961	65859	18.02	14.24	3.78

资料来源:《中国统计年鉴(1983)》,北京:中国统计出版社,1983 年,第 103、105 页。

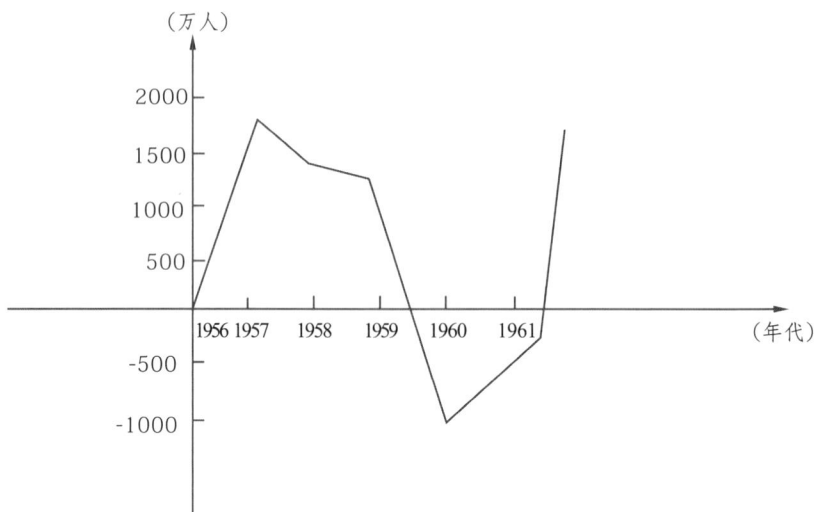

图 11-1　1957—1961 年人口年增减绝对数

1959—1961 年,是新中国经济史上最困难的时期。"左"倾指导思想的错误给辛劳的中国人民带来了巨大的灾难。

在中国经济处于最困难的时期,中苏关系因意识形态的争论而破裂。1960 年 7 月 16 日,苏联政府照会中国政府,单方面地决定撤走在华的苏联专家,撕毁几百个协定和合同,停止供应重要设备。这使中国一些重大的设计项目和科学研究项目被迫中途停顿,一些正在施工的建设项目被迫停工,一些正在试验生产的厂矿不能按期投入生产。新中国成立以后的外交政策是"一边倒",即倒向苏联,反对以美国为首的资本主义阵营。在 1960—1961 年间,中国与美、英等主要资本主义国家的关系仍然敌对,与苏联及东欧各社会主义国家除欧洲最穷的国家、南欧的阿尔巴尼亚外也处在对立状态。这使中国通过对外经济联系以解决国内经济困难的可能性几乎完全丧失,中国人民面临极大的考验。

在国内外如此严峻的局势面前,调整国民经济势在必行。除此没有第二条出路。

第三节 国民经济的调整、巩固、充实与提高

一、"八字方针"的制定与贯彻过程

(一)"八字方针"的制定与基本内容

1960 年 6 月,中共中央在上海召开政治局扩大会议。毛泽东在会上强调实事求是原则;计划指标要调整,订计划要留有余地;要把品种、质量放在第一位,数量放在第二位。在此之前,他主张订计划要留有缺口,他讲的计划指标只是数量,而不提及质量和品种。因此,他这次讲话已含有某些调整的设想。7 月 5 日至 8 月 10 日,在北戴河召开中共中央工作会议,研究国民经济调整问题。在讨论 1961 年计划时,李富春提出要按"调整、巩固、提高"的精神安排计划。后来,周恩来在"调整、巩固、提高"后面加上"充实"二字。9 月 30 日,中共中央在批转国家计委党组《关于 1961 年国民经济计划控制数字的报告》中,提出"调整、巩固、充实、提高"的方针(简称"八字方针")。这个方针在 1961 年 1 月召开的中国共产党八届九中全会上获得批准。国民经济发展从此由"大跃进"阶段转入调整阶段。

"八字方针"的主要内容是:调整各方面的生产关系、比例关系及有关政策;巩固国民经济发展中已取得的成果;充实一些部门的生产能力,使其成龙配套;提高产品质量、经营管理水平和劳动生产率。

"八字方针"的中心是调整。1960—1961 年经济中的一些严重问题,是发展速度过快,特别是基本建设、钢铁工业等部门不成比例地高速发展引起的。"八字方针"的贯彻,重点在于搞好调整,把该退的退够,把该进的搞上去,以改善整个国民经济的比例关系。通过调整,克服困难,恢复农业,恢复工业,争取财政经济情况的根本好转。它是为战胜经济困难而采取的重大决策,具有恢复经济的性质。"八字方针"的制定,是 1957 年以来经济工作指导思想的一次重要转折。

(二)调整是第一阶段的重心

"八字方针"的贯彻,在不同的阶段有不同的重心。在第一阶段,重心是

调整。

为了贯彻"八字方针"，首先做的工作是统一对经济形势的认识，集中调整权力。在1961年9月以前，领导干部中对于经济形势认识不一致。一部分人仍然盲目乐观，不甘后退；一部分人害怕实行调整会被扣上"否定三面红旗"或"右倾"的帽子。因此，工业生产和基本建设的调整进展缓慢，只是放慢了重工业前进速度。在这个时期，中央加强对国民经济的宏观控制，把计划决策权、基建审批权、财政税收权、货币发行权、物资分配权、劳动工资计划权、物价管理权等收归中央。国家计划实行全国一盘棋，上下一本账，不许层层加码。同时，精简机构，将精减下来的职工下放到农业生产中去，以恢复农业生产；调剂市场，制止通货膨胀；调整有关政策，制定一系列工作条例。所有这些都只是为克服经济困难采取的临时应急措施，没有对工业生产和基本建设进行"伤筋动骨"的大调整。结果是经济状况仍在继续恶化，许多企业由于动力不足被迫停产。

1961年8月下旬至9月中旬，中共中央在庐山召开工作会议，主要讨论工业调整后退问题。会后，对中共八届九中全会所制定的1961年国民经济发展计划作了大调整。1962年初，中共中央在北京举行扩大工作会议（即"七千人大会"），总结"大跃进"以来的经验教训，认识到经济困难主要是由于工作失误和作风上的错误引起的。毛泽东作了自我批评，对几年来的问题承担责任，强调要发扬民主。会议提出调整工作的十项要求，周恩来提出克服困难的八条主要办法。这次大会对指导思想的主体错误，没有从根本上加以认识和总结；在高级干部中，对经济困难严重程度的认识仍不一致。2月，刘少奇主持召开中共中央政治局常委扩大会议（史称"西楼会议"），发现当年预算中仍有50亿元财政赤字，商品供应量与社会购买力之间有很大差额，经济困难比"七千人大会"时估计的要重，最困难的时期并未过去。陈云分析困难的情况及克服困难的办法，提出今后10年分两步走的方案，前3～5年先下马，后退，进行恢复，后5年再发展；提出继续减少城市人口、精兵简政、回笼货币、制止通货膨胀、保证城市人民生活等措施；强调把增加农业生产、解决吃穿问题、保证市场供应放在第一位。4月，中共中央财经小组在关于讨论1962年调整计划的报告中，提出要对整个国民经济进行大幅度调整，并拟订当年计划指标的具体调整方案。5月，中共中央政治局常委工作会议通过了这个报告，作出要退够的战略决策。随后，采取了坚决调整措施：把一切可能的力量用于农业增产，为恢复工业生产、稳定市场创造条件;按农、轻、重次序进行综合平衡的方针,大力压缩基本建设规模,使之同经济的可能性相适应,同工农业生产水平相适应;对部分工业企业实行关、停、并、转,使工业生产战线同农业提供粮食和原料的可能性相适应,同工业本身提供原料、材料、燃料和动力的可能性相适应;继续减少城镇人口,把城市人口减少到同农业提供的商品粮食、副食品的可能性相适应的程度;"精兵简政",把文教事业的规模和行政管理机构缩小,精简到同经济水平相适应的程度。

(三)重心转向巩固和充实与四个现代化任务的提出

1961年9月以后的调整政策迅速生效。到1962年底,农业生产开始回升,工业生产出现转机,国家财政收支相抵,略有结余,城乡人民生活有所好转。在经济形势刚刚好转之际,又有一些人过于乐观地估计形势,认为各方面的关系基本上适应了,"八字方针"的历史任务已经基本完成,要求再次"大上"。对此,中共于1963年9月召开的中央工作会议,认为大调整的任务已经完成,但比例关系未完全协调,农业生产未恢复到1957年的水平,整个工业有大量巩固、充实、提高的工作需要进行,各行各业的经营管理需要改善和加强,产、供、销关系亟须调整。据此作出继续贯彻执行"调整、巩固、充实、提高"方针的决策,抵制了又急于"大上"的"左"倾思想的影响和干扰。1963年,继续精简职工600万人左右,减少基本建设投资7.9亿元,大中型项目24个,推迟125个项目的部分工程。此后,经济工作重点转向巩固和充实。主要是充实采掘、采伐、交通运输、为农业和为人民生活服务的薄弱部门和环节;进行填平补齐、成龙配套、技术改造的工作;组织工业企业的专业化生产与协作,以此改善工业内部各方面的比例关系。至1964年底,国民经济全面好转,工业和农业、工业内部的关系比较协调,工业支援农业的能力加强,企业设备损坏和失修的状况改善。

1964年12月,周恩来在第三届全国人民代表大会第一次会议上,宣布调整国民经济的任务基本完成。同时提出:今后,就是要在不太长的历史时期内,把中国建设成为一个具有现代农业、现代工业、现代国防和现代科学技术的社会主义强国。为了完成这个历史任务,从第三个五年计划开始,中国的国民经济发展,可以按两步来考虑。第一步,建立一个独立的比较完整的工业体系和国民经济体系;第二步,全面实现农业、工业、国防和科学技术的现代化,使中国经济走在世界的前列。

（四）重心转向提高与发展

1965—1966年,在继续完成国民经济调整工作中某些尚未完成的任务的同时,经济工作的重点转向力争使国民经济在比例比较协调的基础上,实现发展和提高。农业战线兴修水利,改造涝洼、盐碱、风沙地,建设稳产高产农田;掀起以建"样板田"、"试验田"为主要形式的群众性科学种田活动。这次活动对于提高农业单位面积产量起到推动作用。工业战线开展增产节约、技术革新和技术革命运动,以及"比、学、赶、帮、超"的劳动竞赛,增加品种,降低成本,提高产品质量与劳动生产率。对经济体制进行探索性改革,主要是试行固定工与临时工、合同工同时并存和半工半读的两种劳动制度,试办工业、交通托拉斯,按经济区域组织粮、油商品流通,理顺工农业产品价格。国家固定资产投资总额1965年比1964年增加30.7%,1966年又比1965年增加17.5%。1966年下半年开始了"文化大革命",国民经济开始受到破坏性影响。但由于几年来扎实地贯彻了"八字方针",1966年整个经济形势仍呈现蓬勃发展的势头。工农业总产值比上年增长13.4%,粮、棉、钢、煤等主要工农业产品产量都有不同程度的增长,财政平衡,市场稳定。国民经济得到全面恢复,并有所发展。

二、调整的措施与成效

贯彻"八字方针"的首要任务是调整,在不同的领域、不同的部门,调整的措施不同。

（一）农村

在农村经济工作中,贯彻"八字方针"的主要措施有:

1.调整人民公社内部的所有制结构

1962年2月,决定将农村基本核算单位下放到生产小队。后来,中国共产党八届十中全会通过的《农村人民公社工作条例修正（草案）》规定,人民公社实行"三级所有,队为基础"的体制,生产队（一般20～30户）作为基本核算单位,独立核算,自负盈亏,直接组织生产和收益的分配。这种体制没有突破农业集体劳动与集体分配的模式,但有利于克服队与队之间的平均主义。

2. 试行不同形式的生产责任制

各地广泛建立"任务到队,管理到组,措施到田,责任到人,检查验收"的集体责任制和个人责任制。主要是实行"三包一奖"(包产、包工、包成本,超产奖励)责任制。在某些地区出现包干到户、包产到户、分田到户的形式。取消工资制和供给制相结合的分配制度,重新推行农业社时期的按劳动工分分配的制度。停办公共食堂。社员的口粮分配到户,由各户自行支配。破除供给制和试行生产责任制,对于纠正队与队之间、社员与社员之间的平均主义,保护农民的生产积极性与节约物资起了重大的作用。

3. 清理"一平二调"(即平均主义和无偿调拨),实行退赔政策

要求彻底清算和退赔从人民公社建立以后所"平、调"或者占用大队、生产队、社员个人的生产资料、生活资料、劳动力和其他财物。1961年6月开始贯彻彻底退赔的规定,到年底,国家付给农民退赔款18.5亿元。这是政府对"共产风"中搞平均主义,损害农民利益的赔偿政策。由于数量巨大,涉及面广,政府财政困难,彻底清算几乎不可能,彻底赔偿也没做到。但有此政策,表明刮"共产风"是错误的,农民心情也就顺畅与安心了。

4. 恢复自留地、副业生产、集市贸易

将生产队耕地的5%～10%划作社员的自留地。自留地和开荒地生产的农产品,不计入口粮标准,不征农业税,不列入统购对象。鼓励社员饲养家禽家畜,从事编织、刺绣、养鱼、养蚕、养蜂等家庭手工业和副业生产,经营由集体分配的自留果树、竹木。鼓励生产大队、生产队恢复发展集体手工业、副业生产和多种经营。恢复农村集市贸易,允许国家不进行统购、派购的农副产品在集市上交易;国家统购、派购的农副产品,在完成交售任务以后,允许生产大队、生产队和农民在集市上出售。这些措施,增加了生产大队、生产队和社员的收入,促进了农副业生产与商品生产的发展,改善了农业生产,活跃了城乡市场。

5. 减轻农民负担和增加农民收入

纠正过高的粮食征购任务,1962年与1959年相比,粮食征购量减少43.4%。这缓和了政府与农民之间以及城乡之间的紧张关系,保护了农民增产粮食的积极性。从1960年11月起,陆续提高主要农副产品的收购价格。平均提高幅度是:粮食20%,生猪26%,家禽、蛋类37%,油料13%,棉花10%。对主要产粮区实行超购加价的奖励办法,全国平均加价5%。对主要经济作物实行奖励粮食或奖售政策,将农副产品区分为一、二、三类,分

别实行统购统销、派购、自由出售的购销政策。这些措施使农民收入增加。1961 年 6 月,将农业税的实际负担率从 1957 年的 11.6% 降至不超过 10%,规定三年增产不增税,稳定了农民的生产情绪。

6. 加强工业对农业的支援

在经济政策中把农业放在第一位,要求各行业以农业为基础,面向农业,支援集体经济。各行各业从各方面挤出一切可能挤出的劳动力充实农业战线。国家采取增发无息或低息农贷、无偿投资、社会救济款的形式,增加农业投资。加强工业对农业的支援。国家增拨钢材、木材等物资,组织工厂修复或赶制农具、农业机械。加快支农工业建设,增加支农工业投资,增产化肥、农药等农业生产资料。农业大中型拖拉机拥有量、机电灌溉面积、化肥施用量有较大幅度的提高,农业生产的物质技术基础得到加强。

以上这些措施都是政策的调整。其中前三项是关键。这三项措施的实质是纠正平均主义的错误。这些措施的贯彻,很快取得成效。1962 年扭转了农业生产下降的势头,走向恢复与发展。农业在工农业总产值中的比重,由 1960 年的 21.8% 提高到 1966 年的 35.9%。1966 年粮食、棉花总产量分别比 1960 年增长 49.1%、119.8%。粮食总产量,1957 年 1950.45 亿公斤,1958 年 2000 亿公斤,1965 年 1945.25 亿公斤,接近 1957 年的水平,1966 年 2140 亿公斤,超过 1958 年的水平。棉花是 1964 年恢复到 1957 年的水平。这是总产量的情况。主要农产品的人均产量是在 1966 年或 1966 年以后恢复的。全国城乡居民人均粮食、食油、布的消费量,1961 年分别是 317.57 斤、2.75 斤、8.60 尺,1966 年增加到 379.14 斤、3.52 斤、19.89 尺。农民年平均消费水平指数,如以 1952 年为 100,则 1957 年为 117.1,1958 年为 120,1961 年为 92,1964 年为 114.1,恢复到 1957 年的水平,1965 年为 124.8,恢复到 1958 年的水平。

(二)基本建设

1. 大幅度压缩基本建设投资规模

基本建设战线贯彻"八字方针"的措施,首先是大幅度压缩基本建设投资规模,这是基本建设战线调整的关键。基本建设只有退够,整个经济才能调整好。1961 年中央基建投资总额 127.42 亿元,比 1960 年(388.69 亿元)削减 67.2%,1962 年又在 1961 年的基础上压缩 44.1%。同时,大力压缩预算外基建投资,控制地方和企业用自筹资金搞基建。主要办法是:收回下放的财权,取消利润留成办法,严格基建项目审批审查制度,限制投资方向和建设规模。

2.停建或缓建部分工程项目

根据工农业生产、市场需要及建设条件具备的程度,对在建工程进行排队,停建一批项目。生产上急需但当年人力、物力、财力无法负担的项目,使之缓建。全国施工项目,1960 年 82000 多个,1961 年减少到 35000 多个,1962 年又减少到 25000 多个。停建或缓建一批基建项目的目的,一是减轻农业与农民的负担,并腾出一定数量的人力、物力和财力,用到最急需的方面,特别是农业生产方面;二是集中用于那些最重要的建设项目,使之早日建成,发挥作用。

3.调整继续施工的项目

一是调整继续施工项目的投资方向,重点放在农业、市场、国民经济的薄弱环节及"填平补齐"的工程项目。二是对继续施工项目,根据实际情况,区别对待,采取缩小规模、放慢速度、合并部分项目、简易投产、结尾建设等不同措施。三是根据综合平衡、保证重点、照顾一般的原则,严格按照轻重缓急及建设条件具备的程度做出一、二、三线的施工排队,以集中有限的人力、物力和财力,加快建设速度,提高经济效益。

4.加强基本建设的集中统一管理

规定一切基本建设项目和投资都要列入国家计划,基本建设投资由地方财政包干改为中央财政专项拨款。基本建设项目都要按照国家规定的程序,逐项分级审查批准后方可动工。这些措施,保证了压缩基建规模、缩短基建战线这一调整目标的实现。

基本建设调整卓有成效,国民经济逐步扭转比例失调的局面。农、轻、重的比例,1960 年是 21.8∶26.1∶52.1,到 1966 年是 35.9∶31.4∶32.7。1961 年、1962 年、1963 年,国民收入的积累率分别降至 19.2%、10.4%、17.5%,几乎无力搞建设。1964 年、1965 年、1966 年,积累率分别上升至 22.2%、27.1%和 30.6%。随着积累率上升,基本建设投资额连年增加。1964—1966 年分别比其上一年增加 46.8%、24.6%和 16.6%。1961—1966 年基本建设新增固定资产 666.43 亿元,固定资产交付使用率由 1961 年的 74.5%提高到 1965 年的 93.6%,施工项目建成投产率由 1961 年的 3.3%提高到 1965 年的 22.9%。

（三）工业

工业的调整首先是退，其间经历了开始后退（1961 年 9 月—1962 年 1 月）和主动退够（1962 年 1—12 月）两个阶段。

1. 降低工业生产指标，压缩工业生产规模

降低工业生产指标，特别是钢铁生产指标，同时压缩工业生产规模，这是调整必先退够的关键。根据原材料、燃料、动力供应的可能及农业与市场的需要，对工业企业进行排队。排队之后，根据经济合理，拉长短线，保留骨干企业的原则，分批制订工业企业关、停、并、转的计划，限期执行。工业调整的重点在于"关、停"。到 1962 年底，国营工业企业减少 4.3 万个，相当于 1960 年底国营工业企业总数 9.6 万个的 44.8%。在"关、停"的同时，注意截长补短，在"并、转"上下功夫。巩固煤炭、石油、化肥等 14 种短线产品和拖拉机、内燃机、交通配件的生产能力，并使之得到充实或加强。60 年代工业企业的关、停、并、转，是一次工业在面向农业、面向市场、面向短线产品方面的工业内部结构的大改组和大调整。

2. 充实或加强薄弱部门和薄弱环节

一是加强农业生产资料和以工业品为原料的日用工业品的生产。国家在工业原材料、燃料、电力以及设备的分配上，优先保证农业生产资料和日用工业品生产的需要；积极生产与试制大部分用工业原料，特别是化工原料制造的轻工产品；组织力量解决农村急需的中小型农具、农业机械、化肥、农药等农业生产资料的生产。二是加强现有工业生产能力的填平补齐，使之成龙配套，改善工业内部结构。实行"先采掘，后加工"的方针，加速发展采掘工业，改变采掘工业和加工工业发展不平衡状况。实行"先维修，后制造"的方针，在机械工业中优先搞好配套产品的生产，着力抓生产资料产品的项目配套、机组配套和单机配套工作。对老企业、老基地进行设备更新和技术改造。加强国防工业所需新型材料的研究、试制和生产，充实国防工业生产能力。三是从日本、英国、瑞典、法国、意大利、联邦德国以及东欧一些国家进口和引进生产维尼纶、特殊钢、聚氯乙烯、合成氨、石油加工等设备和技术，填平工业生产空白，提高工业技术水平。

3. 整顿企业的经营管理

1961 年 9 月 16 日，中共中央颁布《国营工业企业工作条例（草案）》（简称《工业七十条》）。它强调企业是独立的经济核算单位，国家对企业实行

"五定",即定产品方案和生产规模,定人员机构,定主要原料、材料、燃料、动力、工具的消耗定额和供应来源,定固定资产和流动资金,定协作关系。企业对国家实行"五保",即保证产品的品种、质量、数量,保证不超过工资总额,保证完成成本计划,力求降低成本,保证完成上缴利润,保证主要设备的使用期限。要求企业建立和健全以党委领导下的厂长负责制为核心的企业各个方面、各个环节的责任制和各项规章制度,贯彻按劳分配原则,反对平均主义。其核心是贯彻责任制,用经济办法管理企业经济。结合贯彻《工业七十条》进行清产核资,重新制定企业的物资消耗、周转、储备定额,重新核定企业的流动资金,以解决企业盲目生产、盲目采购、大量积压问题;通过开展扭亏增盈运动,健全企业经济核算制、责任制以及计划、物资、技术、财务、劳动、工资福利等各项管理制度。

4.调整与改革工业管理体制

调整与改革工业管理体制,主要从两个方面进行工作。

一方面是调整工业经济管理权限。从 1961 年 1 月起,将管理权集中到中央、中央局和省(市、自治区)三级,在最初两三年内,工业管理的权力更多地集中在中央一级。扩大国家计划范围,增加计划指标,上收一批下放的企业。至 1965 年,中央各部直属企业、事业单位,由 1959 年 2400 个增加到10533 个。它们的产值占全国工业总产值的 42.3%。集中管理企业,是为了保障对企业产、供、销活动的统一指挥,保证中央对财力、物力的需要,以利于消除国民经济重大比例关系严重失调状况和"八字方针"的贯彻实施。这次工业体制调整,是在国民经济出现严重困难的情况下采取的非常措施。它是在维持原有体制模式前提下对工业经济管理权限的局部调整,没有突破在企业隶属关系和权力划分上的框框,所以无法克服"一收就死,一放就乱"的痼疾。

另一方面是尝试用经济办法、经济组织管理工业。这包括:(1)按照专业化生产和协作原则、经济合理原则改组企业,调整和加强企业、部门和地区之间的经济协作关系,按照就近就地、合理运输、直达供货等条件,分期分批地建立企业之间的固定协作关系,实行燃料、备品、配件和配套产品的定点供应,这使企业之间产需衔接、产销对路,提高管理水平。(2)把加工工业中的全能企业分散,按零部件组织专业化生产企业。经过改组,企业规模庞大、产品繁多、工艺齐全、自给自足、管理多头的弊病有所克服,有利于提高产品质量和技术水平。(3)试办托拉斯,探索用经济办法管理经济的路子,

改变新中国成立后相当长的一段时间里偏重于用行政办法管理经济,使企业成为行政单位的附属物的管理体制。从 1964 年第三季度起,试办了多个全国性、地区性、地方性托拉斯。托拉斯是在国家统一计划下的相对独立的国营经济单位,国家直接同托拉斯发生计划管理、资金调拨、上缴税利等经济关系。托拉斯按本行业的特点,根据专业化协作原则改组企业的生产。在改组生产的基础上,对所属企业的产供销、人财物实行统一管理。它克服了企业经营分散、各自为政的现象;实行产销结合,便于统一调度,加速物资周转,节省流通费用;统筹合理地安排人力、财力、物力,提高了经济效益;精简机构,减少管理层次,改变了单纯用行政手段管理经济的状况。用经济办法、经济组织管理经济,代替传统的工业经济乃至整个国民经济的行政管理模式,乃是国民经济发展的需要。

贯彻“八字方针”后,逐步扭转工业内部比例失调状况。轻重工业产值的比例,从 1960 年的 33.4∶66.6 提高到 1966 年的 49∶51。各部门内部的各环节之间的比例趋向合理。从 1963 年起,工业总产值直线上升,1966 年比 1962 年增长 98.3%。1966 年与 1961 年相比,钢产量增长 76.1%,原油产量增长 174%,发电量增长 71.9%,主要工业品品种增加 3 万余种。工业主要经济技术指标都有较大的提高。

（四）财政与金融

在财政与金融部门,主要是加强财政、银行的集中统一,严格控制货币投放。

首先,上收财税权。将“以收定支,五年不变”的财政体制改为“总额分成,一年一变”。先是调低国营企业利润留成比例,继而取消利润留成办法,新产品试制费、技术组织措施费、劳动安全措施费、零星固定资产购置费,改由财政拨款。对各地区、各部门和各单位的预算外资金,采取纳入预算、减少数额、加强管理的办法进行整顿。国家财权基本上集中在中央、中央局和省(市、自治区)三级。

其次,收回银行工作下放的一切权力,对银行业务实行垂直领导,集中货币发行权、信贷管理权。为了制止通货膨胀,严格货币发行,紧缩社会购买力;暂时冻结单位存款,在预算拨款中预扣经费,严格控制非生产性用品和设备开支,以压缩集团购买力;精简职工,压缩工资支出;控制贷款规模,实行信贷资金的统收统支。通过采取以上措施,全国平均市场货币流通量,

1963 年比 1961 年减少 25.2％,1964 年、1965 年又每年减少 10％。至此,通货膨胀基本得到制止,货币流通实现了正常化。

再次,加强财政、现金管理。国家预算从中央到地方实行一本账,保持收支平衡,不准打赤字预算。划清财政资金的界限,不许挪用银行贷款作财政性支出,不得在计划外增加贷款。坚持收入按政策,支出、预算追加按程序,"量入为出"的原则。对企业、事业单位的财务管理进行整顿,严格现金管理和结算纪律,使大量现金集中于银行。

由于采取上述措施,自 1962 年起,财政年年有结余,还清了苏联债款。1966 年财政结余达 17.1 亿元,财政状况根本好转。

"大跃进"追求高速度,基本建设规模超过国力负担能力,导致财政赤字和信贷失控。财权过度分散又加剧了这种状况。工农业生产下降、财政赤字和信贷失控的直接后果是通货膨胀。在此情况下,上收财权,严格控制货币投放是必要的。它对于集中财力,改善社会总需求和总供给严重不平衡状况,扭转国民经济的重大比例失调,起了重大作用。但这一时期有重新实行"一五"时期统收统支制度的倾向,某些方面甚至超过国民经济恢复时期和"一五"时期,缺乏更多的创新和发展。高度集中的财政管理体制的重新形成,是以后"大锅饭"体制的前奏。

（五）商业

在商业领域中贯彻"八字方针",目的是逐步恢复与发展比较合理的商品流通体系。措施主要有以下五项。

(1)恢复多种经济成分的商业渠道。其中,主要是恢复被撤销或被合并的农村供销社,把并入国营商业和合作社商业的小商小贩划出去,恢复合作商店、合作小组。让小商小贩和由他们组织的合作小组、合作商店经营小饮食、小土产、小百货、零星蔬菜、日用杂货和修理服务业,发挥他们点多、分散、机动、灵活、方便群众的特点。

(2)开放农村集市贸易,在大中城市设立过一些集贸市场和商贩市场。对品种繁多、来路分散的农副产品和手工业品,恢复过去行之有效的物资交流会、合作货栈、信托货栈、骡马大会等传统的商品流通形式。

(3)调整购销政策,改进购销方式。将农副产品区分为一、二、三类,分别实行统购统销、派购、自由购销办法。适当减少统购、派购任务,以此增加农副产品中可以自由购销的部分。区别不同情况,实行奖售、换购、加价奖

励的收购政策。这些政策对于鼓励农民多生产、多交售国家需要的粮食和农副产品起了积极作用。改进工业品经营方式，在继续实行工业品统购、包销的同时，对一些三类日用工业品，分别不同情况，实行订购、选购、工厂自销等多种经营方式。疏通渠道，组织工业品下乡。按经济办法组织商品流通。把商业行政部门同商业企业分开，恢复和建立各级专业公司，开展工业品跨行政区供应，粮食、农副产品跨区交售，以及商品的直拨运输工作，逐步恢复城乡之间、地区之间历史上形成的合理经济联系，以改变按行政区划分割市场的状况。

（4）改进生产资料流通。一是重新建立集中统一的物资管理体制，扩大统配、部管物资范围。对统配、部管物资，进行统一销售、统一供应、统一收费标准试点。二是按经济办法改进生产资料流通。成立主管生产资料流通的物资管理部门。改进订货工作，推行经济合同制度。组织定点供应和直达供货。按经济区域调整物资机构和组织物资供应。建立生产资料服务公司和服务队。

（5）与财政、银行工作相配合，制止通货膨胀，稳定市场。在商业方面坚决稳定粮食、棉布、煤炭等占职工生活开支 60% 左右的 18 类生活必需品的价格，平价定量供应。同时，有计划地增设糕点、糖果、酒等高价商品，开办高价饭馆，以回笼货币，平衡商品的供应量与社会购买力之间的差额。全国零售物价总指数，1963 年比 1962 年下降 5.9%，1964 年、1965 年、1966 年又分别比上年下降 3.7%、2.7% 和 0.3%。1963 年以后，市场商品供应比较充足，高价商品逐步退出市场。

20 世纪 60 年代前半期，商业部门较好地利用市场调节，采取各种经济办法，逐步建立起比较合理的商品流通体系，使得社会商品零售总额由 1961 年的 607.7 亿元增加到 1966 年的 732.8 亿元，增长了 20.6%。

（六）精简职工、城镇人口与调整城乡关系

"大跃进"时期大办工业，基本建设规模大，加之搞所有制的"穷过渡"，集体所有制的工商企业转为国有企业，职工人数 1960 年达 5969 万人，比 1957 年增加近 1 倍；城镇人口 1960 年底达 1.3 亿人，比 1957 年增加 3124 万人。这导致粮食供应量、工资总额、社会商品购买力急剧增加，商品供不应求，物价上涨。这导致企业人浮于事，劳动生产率下降。要加强农业战线，提高企业的劳动生产率和机关的工作效率，解决城市供应困难，大规模精简职工和城镇人口势在必行。

这项工作从 1960 年 7 月开始,首先是清理劳动力,加强农业第一线。措施是把县、社、管理区多余的劳力压缩到生产队;压缩基本建设队伍、企业非生产人员和事业单位的机关人员、行政人员、辅助人员和服务人员;清退合同工、临时工。到 1961 年春,农村劳力占农村人口的比重,由 1960 年上半年的 38.3% 增长到 39%。同一时期,农业劳力占农村劳力总数的比重由 57.4% 增加到 67.4%。1961 年 5 月,中央工作会议决定三年内减少城镇人口 2000 万人以上,1961 年至少减少 1000 万人。9 月,决定 1961 年精简职工 960 万人,主要是 1958 年后从农村来的职工。至 1961 年底,与年初相比,职工减少 872 万人,城镇人口减少约 1000 万人,农业劳力比上年增加 2730 万人。1962 年决定,在 1962 年到 1963 两年内再减少职工 1000 万人以上,城镇人口 2000 万人以上。1963 年 7 月基本结束精简工作。从 1961 年 1 月至 1963 年 6 月,总共精简职工 1940 万人,城镇人口 2600 万人左右。这次精简职工和城镇人口,对于保护农民的积极性,恢复农业,稳定市场,促进财政经济状况的好转,配合基建战线的压缩和工交企业的关、停、并、转工作,调整工业与农业、城市与乡村的关系具有重要意义。

这次精简职工与城镇人口,是由于前进速度太猛而带来的后退,带有被迫的性质。1957—1960 年,城镇人口增加了 3100 多万,城市化跨步前进。1961—1963 年,城镇人口减少 2600 万,城市化大步后退。在这次前进与后退中,城市的数量与规模,在总体上,1963 年与 1957 年,变化不大,而镇则快速减少。1953 年,全国有建制镇 5402 个。1956 年,减少为 3672 个。[①] 1958 年人民公社化后,一则政社合一,二则公社内部经济自给,农村集市被当作资本主义尾巴割掉,镇中居民由经营工商改为务农,镇已不成其为镇。镇的数量剧减,至 1982 年 2819 个,[②] 仅相当于 20 世纪 30 年代江苏一个省镇的数量。1933—1934 年,江苏省 59 个县(另有 2 个县未统计在内)有镇 2813 个,另有集市 2202 个。1950 年江苏省有镇 790 个,人民公社化以后剩下了 25 个。1933—1934 年,山东省 90 个县(另有 18 个县未统计在内)有镇

---

① 民政部区划处编:《中华人民共和国行政区划手册》,北京:光明日报出版社,1986 年。

② 胡焕庸、张善余:《中国人口地理》上册,上海:华东师范大学出版社,1986 年,第 304 页。

2488 个,集市 4678 个,人民公社化后一个不剩。[①]

第四节　十年经济建设的成就
与大起大落中的教训

1957 年,中国进入社会主义初级阶段和社会主义建设时期。在中国开展社会主义经济建设,是前人未曾经历过的事业,一切都要从头开始探索。1957—1966 年是初步探索的十年,十年的探索不仅取得重要的成就,也留下了宝贵的经验和深刻的教训。

一、经济建设的成就

(一)经济国力增强

1966 年与 1956 年相比,按当年价格计算,国内生产总值增长 81.7%,人均国内生产总值由 165 元增加到 254 元,即增长 53.9%;工农业总产值增长 102.4%,国民收入增长 57.8%,国家财政收入增长 94.4%。10 年中,建成投产限额以上的大中型项目 1413 个。

(二)工业生产有较大发展

1966 年,全国工业固定资产比 1956 年增长了 3 倍,工业总产值增长 1.7 倍。主要工业品的产量和品种的增长情况如表 11-4 所列。原材料和设备的自给率提高,主要机器设备的自给率从 60% 以上提高到 90% 以上。建立起原子能工业、电子工业等新兴工业部门,工业布局有所改善,广大内地和边疆的各省、自治区建起不同规模的现代化工业和现代交通运输业。在 1964—1966 年间,工业产品质量、消耗、劳动生产率等技术经济指标,达到新中国成立后的最佳状态。

---

① 慈鸿飞:《近代中国镇、集发展的数量分析》,《中国社会科学》1996 年第 2 期。

表 11-4　1956 年与 1966 年主要工业产品产量对比

品名	1956 年	1966 年	增长倍数
原煤(亿吨)	1.1	2.52	1.3
发电量(亿度)	166	825	4
原油(万吨)	116	1455	11.5
钢(万吨)	447	1532	2.4
机床(万台)	2.59	5.49	1.1
汽车(万辆)	0.17	5.59	31.9
自行车(万辆)	64	205.30	2.2
缝纫机(万架)	20.6	142.40	5.9

资料来源:《中国统计年鉴(1983)》,北京:中国统计出版社,1983 年,第 242～248 页。

(三)交通运输设施改善

1956—1966 年,全国新增铁路通车里程 11300 公里,铁路货运量增加 123.3%。公路通车里程增加 1.4 倍。1957—1965 年,内河航运拥有的轮驳船增加 1.9 倍。扩建了沿海主要港口。

(四)农业现代化有所前进

1966 年与 1956 年相比,全国耕地面积减少 1.33 亿亩,粮食产量增长 11%,棉花产量增长 61.7%。在这 10 年里,修建了大量水利工程,黄河、淮河、长江等几大水系的抗洪和灌溉能力增加。农业的现代技术装备程度有所提高,拖拉机的拥有量和化肥的施用量增长 6 倍以上,农村用电增长 70 倍。在推广优良品种(如矮秆水稻的培育成功)、建立气象预报等方面做了不少工作。

(五)人民生活有某些改善,文教科技得到发展

如以 1952 年为 100,居民年平均消费水平指数由 1956 年的 120 上升到 1966 年的 138.2。到 1966 年,市场商品供应不错,物价基本稳定。医院床位数 1966 年是 1956 年的 2.7 倍。1957—1966 年,高等学校毕业生 139 万人,为 1950—1956 年的 4.9 倍;中等专业学校毕业生约 211 万人,为 1950—1956 年的 2.3 倍。1957—1966 年间,科技人员增加 1 倍多。科学技术取得突出成

果。大庆油田的发现和开发,首次人工合成牛胰岛素,原子弹和导弹核武器试验成功,是中国科学发展的重要标志。中国成为世界上五个拥有原子弹和导弹的国家之一。

二、主要的经验教训

(一)大起大落带来得不偿失

1957—1966 年经济发展的重大特点是大起大落。这在图 11-2 中表现极为明显。

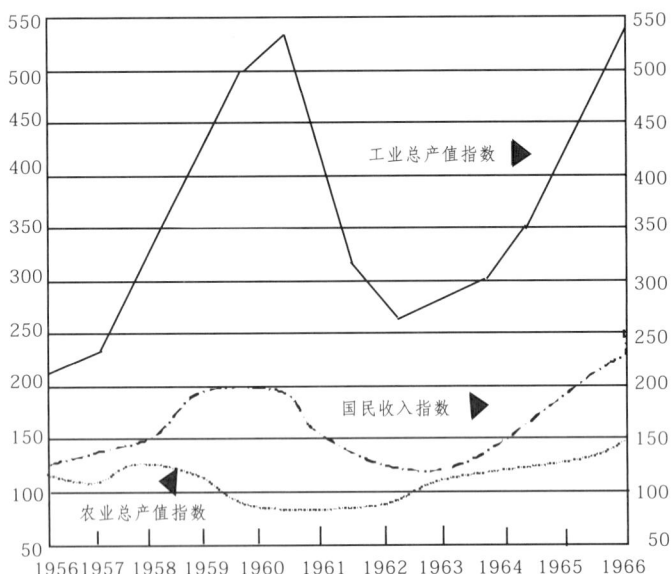

图 11-2　1956—1966 年工业总产值农业总产值、国民收入指数

（以 1952 年为 100）

注：——工业总产值指数；—·—·国民收入指数；……农业总产值指数。

资料来源:《中国统计年鉴(1983)》,北京:中国统计出版社,1983 年,第 17、23 页。

1958—1960 年工业总产值猛增,指数急剧上升("大上")。工业发展的速度与农业发展速度脱节,它导致国民经济比例关系失调和人力、物力、财力的惊人浪费,因而不能持久。这种工业发展速度是以牺牲农业为代价的,因此经济下降首先从农业开始。从 1959 年起,粮食、棉花产量一年比一年少,下降的速度也很猛("大下")。1961 年,粮食产量下降到 2950 亿斤,比 1957 年减少 24.1%;棉花产量 1600 万担,比 1957 年减少 51.2%,1962 年又比 1961 年减少 6.3%。随着农业减产,轻工业产量下降。到了 1961 年,重工业再也无法坚持高速度了。钢、原煤产量 1961 年比 1960 年分别减少 53.4%、30%,1962 年又比 1961 年分别减少 23.3%、20.9%。下降速度之猛烈,在经济史上是少见的。"大上"带来了"大下",大上大下的结果是得不偿失。"大跃进"推行高积累、低消费,人民生活水平大幅度下降,人口数量减少,挫伤了干部和群众的积极性;使生态恶化,给农业生产带来长期的不利影响。"大跃进"给人们一个最深刻的教训是:经济规律是无情的,谁忽视它,谁就要受到惩罚。

(二)经济建设必须循序渐进

经济发展的速度不取决于领导人与群众迅速摆脱贫穷的主观愿望,而取决于农业能够提供多少商品,财政能够积累多少资金,能源和交通能够承担多少生产能力等因素。中国是一个经济落后的农业大国,人们只能去做那些经过努力可以做的事情,只能根据需要和可能合理规定国民经济的发展速度,把计划放在既积极又稳妥可靠的基础上,以保证国民经济比较均衡地发展。1957 年,陈云提出建设规模要和国力相适应,并提出防止建设规模超过国力的五条措施:(1)财政收支与银行信贷平衡,略有节余。(2)各种重要原材料供应的顺序,要先生产,后基建。基本建设搞多少,不决定于钞票有多少,而决定于原材料有多少。(3)人民的购买力要有所提高,但提高的程度必须同能够供应的消费资料相适应。(4)基本建设规模和财力、物力之间的平衡,不但要看当年,而且要瞻前顾后。(5)经济建设不能超过农业的负担能力。"大跃进"年代出现的问题,正在于破坏了这些正确原则,各种"大办"到头来都不得不"下马",造成人力、物力、财力的大浪费。从 1961 年开始执行"八字方针",把高指标降下来,把基本建设和工业生产,特别是重工业生产规模调整到与国力相适应的程度,正确处理需要与可能的关系。结果,1963—1966 年,国民经济稳步而迅速恢复与上升。实践证明,经济建设必须量力而行,循序渐进,才能稳中求快。主观地要求一个高速度,欲速则不达。

(三)效益比速度更重要

1957—1966 年的经济发展事实告诉人们,经济发展的好坏不能仅以发

展速度这一个指标去衡量。发展快不一定是好事，短期的发展快更不一定是好事。从 1958 年和 1959 年的增长情况来看，1958 年工农业总产值增长32.2％，1959 年又增长 19.5％。这种年增长率在中国经济史上没有过，在世界经济史上也没有。到了 1960 年，虽然不顾已出现的不正常死亡，仍然大反右倾，鼓足干劲，也只增长 5.4％。1961 年猛然下降 31％，1962 年接着又下降 10.1％。1958—1962 年，即国民经济第二个五年计划期间，工农业总产值年平均只递增 0.6％，是新中国成立以来所有五年计划中增长率最低的。国民收入在此期间年平均还下降 3.1％。这五年，得不偿失，净损失财富估计 4000 亿～5000 亿元，人口净减少 1134 万，1959 年人均国民收入171 元，1964 年才恢复到 167 元。所以"大跃进"的高速度给人民和国家带来的不是福利，而是祸害。中国是个落后的穷国，经济发展要有一定的速度，但经济发展必须把效益摆在第一位。没有效益的速度是没有意义的。要实现经济效益好的高速度，国民经济必须协调地发展。1958—1960 年，忽视国民经济内部比例关系和经济效益，虽然短时期内得到高速度，但很快跌了下来。1961 年开始，调整比例关系，扭转比例失调的状况后，国民经济迅速恢复。1963—1965 年，工农业总产值年均增长 15.7％，国民收入年均增长 14.7％。许多部门和企业的经济技术指标和经济效益达到或超过新中国成立以来的最好水平。经验证明，应当在速度和效益的辩证统一中，找到一种平衡，这就是按比例地发展国民经济。有最佳的比例关系，才会有最大的经济效益和最佳的增长速度。

表 11-5　1957—1966 年主要农产品人均占有量与消费量

年份	粮食		棉花（布）		食油	
	占有量（斤）	消费量（斤）	占有量（斤）	消费量（尺）	占有量（斤）	消费量（斤）
1957	612	406	5.2	20.5	13.2	4.8
1966	582	379.14	6.4	19.89	10.1*	3.52

＊ 为 1965 年的数字。

资料来源：《中国统计年鉴（1983）》，北京：中国统计出版社，1983 年，第 184 页；《中国贸易物价统计资料（1952—1983）》，北京：中国统计出版社，1984 年，第 27 页、第 28 页、第36 页。

1961—1966 年，国民经济各部门的比例关系有所改善，但仍存在严重的不合理情况。主要表现在国民经济中的薄弱环节，即能源、运输与农业问题没有得到解决。能源生产总量,1966 年比 1961 年还少 1.84%。占能源消费总量 86% 以上的煤炭产量,1966 年比 1961 年减少 7.6%。运输能力的增长速度赶不上货运量的增长速度。1966 年与 1961 年相比,货运量增加 18.9%,运输线路长度增加 5.8%,交通运输紧张的局面没有根本消除。1963—1965 年,农业总产值年均增长(恢复性增长)11.1%,工业总产值年均增长 17.9%。农业的发展速度远远低于工业。全国农产品人均占有量与消费量增长极其缓慢。食物中两个主要品种,即粮与油,1966 年的人均占有量和消费量低于 1957 年的水平。人均棉花的占有量,1966 年比 1957 年多,但消费量却不及 1957 年。若以人均数量为标准,1966 年尚未恢复到 1957 年的水平,农业基础仍很脆弱。

(四)指导思想是关键

1957—1966 年经济工作中出现错误,原因是多方面的,如经验不足等。其中,关键的是在经济工作中"左"的指导思想占了主导地位。除了上述脱离国力追求高速度外,"左"的指导思想还表现在以下三个方面。

1. 以阶级斗争为纲,用阶级斗争促经济发展,未能及时地把工作重点转移到经济建设上来

在 1956 年社会主义改造基本完成之时,中国共产党八大明确指出,国内主要矛盾已经是人民对丁建立先进的工业国的要求同落后的农业国的现实之间的矛盾,已经是人民对于经济文化迅速发展的需要同当前经济文化不能满足人民需要的状况之间的矛盾。今后工作的重点要由社会主义改造和阶级斗争转移到社会主义建设上来。可是,八大以后毛泽东仍然认为阶级斗争是主要矛盾。他把知识分子整体划入剥削阶级范围,1957 年上半年发动反右派斗争,所划的右派分子多数是知识分子。这次反右派斗争的实际后果,造成了群众中不说共产党有什么缺点、错误的局面。在毛泽东的影响下,1957 年 9—10 月举行的中国共产党八届三中全会,改变了八大关于国内主要矛盾的分析和结论,认为无产阶级和资产阶级的矛盾,社会主义道路和资本主义道路的矛盾,仍然是中国社会的主要矛盾。1959 年庐山会议后期,将思想认识上的意见分歧视为阶级斗争,错误地发动对彭德怀等人的批判,在全党开展反右倾运动。这次运动,造成了共产党内不说毛泽东有什么缺点、错误的局面,它使"大跃进"不断升级。调整时期,纠正了具体工作中的某些"左"倾错误,"左"的指导思想却未根本纠正。所以,在国民经济刚

刚走出低谷后，"左"倾错误思潮重新抬头。在 1962 年七八月间召开的中共中央北戴河工作会议和之后召开的中共八届十中全会上，毛泽东发动对"翻案风"（主要指彭德怀在"七千人大会"后给党中央和毛泽东写信，对自己受到的不公正批判和处理进行申述）、"单干风"（指在调整农村经济体制的过程中一些地区的干部、群众自发地实行了包产到户的责任制，并得到许多中共党内高层干部的支持）和"黑暗风"（指陈云、刘少奇、周恩来等人于 1962 年初在一系列会议上对经济困难形势的判断）的批判。并以此为重要依据，把社会主义社会在一定范围存在的阶级斗争作了扩大化、绝对化的论断，断言在整个社会主义历史阶段资产阶级都将存在和企图复辟，并成为共产党产生修正主义的根源。这种论断使得阶级斗争扩大化的"左"倾观点更加系统化、理论化，使中国共产党越来越深地陷入阶级斗争的迷雾，并提出"以阶级斗争为纲"的口号。这次会议接受了 1959 年庐山会议批右造成三年经济危机的教训，在刘少奇等人的建议下，毛泽东提出："不要因为强调阶级斗争放松了经济工作，要把经济工作放在第一位。"[①] 这使"左"倾思想没有严重影响生产力方面的调整工作。但是，第一，根据毛泽东对国内阶级斗争形势的估计，1963—1965 年，在部分农村和少数城市基层开展了城乡社会主义教育运动。运动从"五反"（即反对贪污盗窃、反对投机倒把、反对铺张浪费、反对分散主义、反对官僚主义）、"四清"（即清理账目、清理仓库、清理财物、清理工分）开始，很快将干部作风和经营管理方面的问题，以及农村干部和社员对"大跃进"和人民公社化运动的"左"倾错误不满，上纲为两个阶级和两条道路的斗争。1965 年初，提出"四清"运动的重点是"整党内走资本主义道路的当权派"。其结果，打击和伤害一大批基层干部，把广大干部的注意力从生产建设转移到阶级斗争方面来。第二，在生产关系方面的调整已经无法沿着正确的轨道前进了，甚至发生逆转。在"以阶级斗争为纲"的错误思想指导下，经济政策上"左"的错误又有了新的苗头。这主要表现在以下三个方面。

第一，在农村体制方面，在人民公社基本核算单位退到生产队后，毛泽东认为这已经是退到了底，是最后的政策界限，不能再退了。把农村广大农民和基层干部创造的适合国情的多种经营形式，如"定产到田，责任到人"，"按劳划片，包工、包产到户"等适合农业生产力水平和农民自愿原则的农业

---

① 《中共党史大事年表》，北京：人民出版社，1987 年，第 324 页。

生产责任制,指责为"单干风",认为这是资本主义和社会主义两条道路斗争的表现。主张实行多种形式农业生产责任制的邓子恢,又被指责为"鼓吹单干"而遭到批判,并撤销了由他领导的中央农村工作部。这场批判使得行之有效的多种形式的生产责任制被废止了,平均主义在农业集体生产劳动和分配中愈来愈严重,伤害了广大社员的生产积极性,影响了农业生产的发展。

第二,在工业方面,把工业企业根据《工业七十条》的精神,严格实行经济核算,注意利润指标,贯彻按劳分配和物质利益原则,恢复奖金制度等当作"利润挂帅"、"奖金挂帅"、"资本主义经营管理"来批判。经济学家孙冶方早在1956年就提出社会主义经济要讲价值法则,利润是考核企业经营好坏的综合指标;并主张扩大企业权限,实行企业的独立经济核算制,建立企业之间的供产销合同制;等等。他被扣上"走修正主义道路"的提倡者的帽子而遭到批判。这些批判使刚刚试行按经济规律管理经济的改革夭折,对后来经济体制长期政企职责不分,统得过多过死,忽视商品生产、价值规律和市场的作用,企业吃国家的"大锅饭",职工吃企业"大锅饭"局面的形成,有严重的影响。

第三,在商业、市场方面,对恢复合作商店、合作小组,恢复多种商品流通渠道,运用市场调节,只是着眼于克服经济困难,作为解决市场供应紧张的权宜之计,并非作为社会主义经济内在机制的需要。因此,恢复合作商店和商业合作小组时,只强调它们是对小商小贩的改造形式,对它们采取了与对资本主义工商业同样的利用、限制、改造的政策。提出所谓"要让他们有饭吃,又不能吃得过多"的口号。对集体和合作商业限制过多,卡得太死,没有充分发挥它们各自的积极作用,而更多的是注意防范其消极影响。1963年以后,对城市集市贸易又采取逐步由国营商业和供销合作社代替的方针。农村集市贸易也时常发生类似情况。这样,使刚刚恢复的多种流通渠道重又陷入停滞,影响农副业生产的发展和人民生活的改善。

实践证明,对主要矛盾认识不清和对阶级斗争形势认识上的失误,是经济工作的"左"倾错误和工作重点偏离社会主义建设轨道的根本原因。反过来,工作重点的偏离又加剧了经济工作的"左"倾错误和阶级斗争的扩大化。"在我国社会主义改造基本完成以后,党在长时期内的重大失误,就是没有把工作重点转移到经济建设上来,仍然坚持以阶级斗争为纲,轻视教育科学

文化建设,极端夸大意识形态领域的阶级斗争,直到发生'文化大革命'那场内乱。"[①]

2.强行拔高生产关系,给生产力带来极大的破坏

1957 年,中国建立以生产资料公有制为基础的生产关系时,生产力却很落后,80％以上的劳动力是在手工劳动。在这种生产力状态下之所以急于建立生产资料公有制,是因为有些人认为,生产资料所有制愈公有化,标志着生产关系愈先进,生产关系愈能促进生产力的发展。1958 年以后,这种思想进一步发展,人为地组织生产资料所有制的"升级"、"过渡"。先是并小社为大社;继之是改大社为人民公社,随后又将人民公社从一乡一社改为一区一社,或一县一社;接着又提出将人民公社的集体所有制改为全民所有制。与此同时,否认按劳分配原则,实行供给制和工资制相结合的分配制度;否认社会主义时期商品生产和商品交换的必要性,搞"一平二调"。这种不顾生产力性质与水平,用不断变革生产关系的办法促进生产力发展和向共产主义过渡,违反了生产关系一定要适合生产力性质的客观规律。结果,不是促进生产力,而是破坏了生产力,使粮食产量连续三年下降,出现农业生产的大倒退。普遍的饥馑迫使人们注意到不能超越生产力发展阶段去改变生产关系。在社会主义阶段,必须强调发展商品生产,实行等价交换。于是把人民公社所有制调整为"三级所有,队为基础"的结构,取消供给制,停办公共食堂,实行评工记分,发还自留地,开放农村集市贸易。这样,生产关系与农村生产力的矛盾有所缓和,农业生产逐步恢复。实践证明,在中国这样生产力水平不高、多层次并存、发展不平衡、人们还存在利益差别的国家,必须允许多种经济成分和多种经营方式长期并存,逐步建立和完善社会主义的生产关系、交换关系和分配关系。强行拔高生产关系,即使似乎一时成功了,也一定会给生产力带来极大的破坏,生产关系最终也必须退回到现实的生产力基础上来。生产关系不是人们可任意予以变动的。[②]

3.将平均主义看成共产主义因素

1949 年以前,中国是半殖民地半封建社会,小生产者像汪洋大海,大生

---

① 《中共中央关于社会主义精神文明建设指导方针的决议》,北京:人民出版社,1986年,第 6 页。

② 杨蒲林、赵德馨主编:《毛泽东的经济思想》,武汉:湖北人民出版社,1993 年,第 432～433 页。

产企业像大海中的几个孤岛。小生产经济长期依附于封建经济,小生产者受封建思想的熏陶。中国共产党长时期以农村为根据地开展革命斗争,革命队伍中的成员大部分是农民出身,他们中的不少人自觉或不自觉地带有小生产者的某些传统思想习惯。新中国成立后,在意识形态领域更多地强调反对资本主义倾向,而忽视反对封建主义遗毒的斗争,甚至有些时候在反对资产阶级思想斗争中,客观上还助长了一些封建主义的东西,特别是一些小生产者的东西。一些人把小生产者的平均主义思想当作社会主义、共产主义思想,划不清社会主义、共产主义与以平均主义为特征的农业社会主义的界限,错误地把平均主义当作共产主义。在这种小生产思想的影响下,在"大跃进"中,不管各地的实际情况,要求农村人民公社一律都要发展粮、棉、油生产。这实际上把公社、大队、生产队都变成为不同程度上的自给自足的经济实体;要求各地建立独立的工业体系,在企业中搞"大而全"、"小而全",工厂里办社会。把共同富裕的理论曲解成一拉平,搞"穷过渡"、"一平二调",实行供给制的分配办法,使"穷富拉平",造成一部分人无偿占有别人的劳动成果。这是农业连年减产的主要原因。小生产者思想影响是深远的,不易清除的。随着经济形势的好转,曾经为纠正平均主义而实行的一些措施,如包产到户、包干到户等等又被当作"单干风"进行批判;将工业管理上实行经济核算、讲求物质利益原则当作"利润挂帅"、"资本主义经营管理"进行批判。这就使经济中的平均主义思想长期得不到纠正,长时间存在着吃"大锅饭"问题。实践证明,平均主义思想既是滋生"左"倾思想的一个重要社会历史条件,又是"左"倾思想的一种重要表现形式。它同"左"的其他思想形式紧密结合在一起,束缚人们的精神。它排斥商品经济和社会分工,阻碍生产的社会化与专业化。它脱离生产力的发展和物质财富的极大丰富的前提,而片面追求分配上的平均,否定社会主义按劳分配原则,实际上导致懒惰者、不求上进者剥削他人的劳动成果,挫伤勤劳者的积极性,造成社会的普遍贫困与社会经济生活的停滞,破坏社会生产力。

（五）经济决策必须科学化、民主化

导致1958—1960年经济挫伤的直接原因,是经济决策的失误。

新中国成立时,面临着与民主革命时期解放区财经工作大不相同的经济环境:国民经济的一部分建立在社会化大生产基础上;各个部门、各个环节的关系错综复杂;各地区、各经济部门发展极不平衡;国有制经济部分不

断壮大；财政赤字大，通货严重膨胀；敌人封锁，抗美援朝战争持续三年。在这困难重重的三年（1950—1952年）中，却恢复了12年战争带来的创伤。这种成功是由于经济决策和经济工作与环境变化相适应，开始由经验型向科学型转变，由直观决策向理性决策转化，更主要的是具有民主决策的观念。在做一项经济决策时，广泛吸收党内党外的有关人士，特别是经济学家（如马寅初、黄炎培、沙千里、千家驹等）参加工作，参加讨论，参加调查研究。调查研究的过程也是发扬民主的过程。主持财经工作的陈云说："我们做工作，要用百分之九十以上的时间研究情况，用不到百分之十的时间决定政策。所有正确的政策都是根据对实际情况的科学分析而来的。"[①]

1954年以后，特别是1957年以后，这种情况大有改变。1957年提出要用15年左右的时间在钢铁和其他重要工业品的产量方面赶上或超过英国。北戴河会议提出1958年钢产量1070万吨和1959年2700万～3000万吨的任务，计划两年赶超英国。在农村搞工资制、供给制，办公共食堂，等等，所有这些从战略目标到具体政策的决策，都没有经过调查研究，没有起码的量的分析，没有经过实验，就匆忙地作决定并普遍实行。1960年下半年以后，毛泽东和中共中央逐步觉察到对社会主义建设规律的认识有问题，强调要作调查研究。毛泽东号召将1961年作为调查年、实事求是年。随后，中央主要领导人分赴全国各地，深入调查研究，在此基础上，制定一系列工作条例草案，降低高指标，取消供给制、公共食堂等不切实际的做法。贯彻这些措施，逐步扭转了国民经济严重困难局面。事实证明，科学的调查研究是采取正确经济决策的基础。对于这一点，毛泽东颇有体会。毛泽东在1960年6月18日写的《十年总结》一文中，真诚地自信地认为："从1956年提出十大关系起，开始找到自己的一条适合中国的路线。"他的认识"开始反映中国客观经济规律"。他同时指出："对于我国的社会主义革命和建设，我们已经有了十年的经验了，已经懂得不少东西了。但是我们对于社会主义建设时期的革命和建设，还有一个很大的盲目性，还有一个很大的未被认识的必然王国。我们还不深刻地认识它。"[②]1961年8月23日，毛泽东在第二次庐山会议上的讲话中说："对社会主义，我们现在有些了解。但不甚了了。我们搞社会主义是边建设边学习。搞社会主义，才有社会主义的经验。'未有学

① 陈云：《陈云文选（1956—1985年）》，北京：人民出版社，1986年，第35页。
② 毛泽东：《十年总结》，《党的文献》1992年第3期。

养子而后嫁者也.'……搞社会主义,我们没有一套,没有把握。"①1962 年 1 月 30 日,他在中共扩大的中央工作会议上说:"在社会主义建设上,我们还有很大的盲目性。社会主义经济,对于我们来说,还有许多未被认识的必然王国。""社会主义建设从我们全党来说,知识都非常不够。我们应当在今后一段时间内,积累经验,努力学习,在实践中间逐步加深对它的认识,弄清它的规律。一定要下一番苦工夫,要切切实实地去调查它,研究它。"②

决策要科学,必须按客观经济规律办事。对客观经济规律的认识,不是任何天才人物冥思苦想的结果,而是千百万人民在实践中总结出来的。只有实现民主化,才能避免主观随意性。我国社会主义发展的主要历史教训之一"是没有切实建设民主政治"。"社会主义在实践中,现代化建设和全面改革是极其复杂的创新事业,没有也不可能有现成的答案,理论上和工作上不同意见是会经常发生的。必须坚决执行'百花齐放,百家争鸣'的方针,支持和鼓励以科学研究为基础的大胆探索和自由争论,使马克思主义的理论研究大大活跃起来,使各项决策建立在更加民主和科学的基础之上。政策和计划的决定,要遵守民主集中制原则。"③

结　语

(一)中国国内生产总值在世界国内生产总值中占的比重,1956 年是 7.5%,1966 年降至 6.6%,10 年下降了 0.9 个百分点。下降的速度仅次于长期战争的 1929—1950 年。在和平时期,这是下降速度最快的年代。1956 年,中国人均国内生产总值为世界人均国内生产总值平均数的 34%,1966 年为 30%,10 年中下降 4 个百分点,下降的速度次于 1929—1950 年和 1966—1976 年,高于其他历史时期。这 10 年,中国的经济实力,就自身而言,有很大的增长;相对于世界经济整体而言,则减弱了。中国与世界经济的差距拉大了。

①　转引自薄一波:《若干重大决策与事件的回顾》下卷,北京:人民出版社,1997 年,第 1270 页;参见《毛泽东和他的秘书田家英》,北京:中央文献出版社,1989 年,第 59 页。
②　毛泽东:《毛泽东著作选读》下册,北京:人民出版社,1986 年,第 827、829 页。
③　《中共中央关于社会主义精神文明建设指导方针的决议》,北京:人民出版社,1986 年,第 20～21 页。

（二）1957—1966年间中国经济与世界经济差距拉大的主要原因，是计划经济体制的建立和主观决策的严重失误。将市场经济体制强行改造为计划经济体制这件事的本身，已是主观决策的严重失误。有利于加强国家对经济干预的力度，既是计划经济体制的主要优越性，也是它的主要弊病。国家对经济的干预是人的主观能动性对经济的干预。这种干预的力度，与经济体制有关，也与政治体制有关。中国1957—1966年间的经济体制与政治体制，使毛泽东个人的经济思想对中国经济运行干预的力度发挥到极致的程度。1957—1966年对中国式社会主义建设道路的探索，积累了丰富的正反两面的经验，其中的教训尤其值得记住与研究。

复习题

1. 发动人民公社化与"大跃进"运动的历史背景与指导思想。

2. 1957—1966年探索中国式社会主义建设道路过程中积累的经验教训。

第十二章

"抓革命,促生产"
与经济徘徊(1967—1978)

进入 20 世纪 60 年代,以美、苏两个超级大国为首的资本主义与社会主义两个阵营冷战相持,毛泽东对国际国内形势的估计过于严重,形成了以备战为中心的经济发展战略。他认为,对外要反帝(以美国为首的帝国主义国家)反修(以苏联为首的执行"修正主义"路线的社会主义国家),要准备战争;对内要反修防修,要防止资本主义复辟。为此,他提出无产阶级专政下继续革命的理论,于 1966 年 5 月发动持续了十年之久的"文化大革命"运动,目的是把被"党内走资本主义道路的当权派"篡夺的权力夺回来,保证中国沿着他晚年设想的社会主义模式道路前进。"文化大革命"时期实行"抓革命,促生产"方针,可实际上经济发展经历几上几下,损失重大,经济徘徊。1976 年毛泽东逝世后,华国锋继任中共中央主席,坚持"两个凡是",继续推行极"左"路线,在经济工作中急于求成,直到 1978 年 12 月中共十一届三中全会召开,实行拨乱反正和改革开放。1967—1978 年是中国经济现代化进程中曲折、复杂而又很特殊的时期,中国又痛失了一次发展机遇。

第一节　极"左"思潮与战略转轨

一、不利于经济发展的理论

1965—1966年，国民经济调整任务基本完成，市场商品增加，人民生活改善。一批干部与经济学家对经济建设的道路进行积极认真的探索，但是，在国民经济恢复的过程中，出现了不利于经济发展的理论与经济决策走向失误的倾向。这主要表现在以下两个方面。

（一）对国际国内形势的不正确估计

20世纪60年代，在国际上，新技术革命的浪潮风起云涌。在美、英、法、苏诸国，原子能、宇宙航行、电子、激光、遗传工程、新材料等尖端技术从开发走向运用，逐渐形成新的产业，并使老产业的劳动生产率大幅度提高，经济发展进入黄金时代。在二战中受到严重破坏的联邦德国和日本，利用这种世界经济形势，重新发展为经济强国。一些原来不发达的国家和地区，如亚洲的韩国、新加坡，中国的台湾与香港地区，利用这个时机实现了经济起飞。

以美、苏两个超级大国为首的资本主义与社会主义两个阵营冷战相持，斗争的中心地区在欧洲。美国出兵越南而陷入泥潭，苏联、东欧国家内部矛盾重重，中国与美国的关系一直不好。从20世纪50年代末起，中苏关系因意识形态分歧而恶化。中国批判苏联搞"修正主义"；苏联批判中国搞"教条主义"，并在政治、军事上对中国施加压力。20世纪60年代中期，美国在越南南方增兵，轰炸与中国直接接壤的越南北方，中国支援越南抗美。中印因边境争端一度发生战争。

此时，如何正确估计国际形势，利用矛盾，采取灵活对策，化解或在一定程度上化解对中国的不利因素，充分利用国际环境中的有利因素，关系到中国能否抓住时机，跟上世界经济发展的潮流，使经济现代化前进一步，缩小与发达国家的差距。

中国共产党分析国际形势得出的结论是，我们时代特征仍然是列宁提出的帝国主义与革命的时代，是帝国主义走向全面崩溃、社会主义走向全面胜利的时代,不是革命制止战争,就是战争引起革命。战争与革命是时代的主题,第三次世界大战不可避免。对世界大战的态度,主张"小打不如大打,晚打不如早打",做出了准备战争早打、大打的部署。在20世纪60年代中期,改变了以解决人民吃穿用为基点的和平建设方针,形成了以备战为中心的经济发展战略。涉及国际事务的主旋律是反帝反修,"打倒帝国主义"、"打倒修正主义"、"打倒各国反动派"、"解放世界上三分之二受压迫的人民"这类口号和标语,充斥各种媒体,写在城乡建筑物的墙壁上。中国退出了几乎所有的国际组织和国际会议,全部召回在外留学人员,停止接受外国留学生,中国一度变成了四面树敌的斗士。中国对政治局势估计过于严重,对经济与科技的挑战及其后果认识不足,与世界潮流脱节。与此同时,严重地夸大国内阶级斗争形势,把对许多工作问题上的不同意见上纲为两个阶级、两条路线的斗争,提出"以阶级斗争为纲"作为各项工作的指导思想。毛泽东认为,无论做什么工作,"阶级斗争一抓就灵"。

根据对形势的这种估计,便把党和全国人民的中心任务放在国外"反帝反修"、国内"反修防修"上,而不是放在经济建设上。

(二)毛泽东设想的社会主义模式

1956年对生产资料私有制的社会主义改造基本完成之后,中国进入社会主义建设时期。建立一个什么样的社会主义社会,是毛泽东早已考虑过的理论问题,此时则已成为要立即实践的现实问题。

20世纪头20年间,世界上各种主义,包括各种社会主义学说传到中国。爱好学习、追求救国真理的青年毛泽东接触过多种学说,受到过多种社会主义的影响,特别是新村主义的影响。[①] 后来,他选择马克思主义作为终生信仰。马克思的科学社会主义脱胎于空想社会主义,它带有空想社会主义的胎痕,是合乎规律的现象。毛泽东从幼年到青年,接受中国传统儒学教育。儒学中的一个重要内容是大同思想,这是一种中国传统的空想社会学说。毛泽东出身于农村,长年与农民为伍,他与农民"心有灵犀一点通"。中国农民追求的,是洪秀全在《天朝田亩制度》中表达的那种农业社会主义。从1927年起到1949年,毛泽东长期过着军事共产主义的生活。1949年以

---

① 汪澍白:《毛泽东早年对空想社会主义的追求》,《同舟共进》1998年4月21日;《毛泽东对人民公社运动的发动、构思及其深层思想渊源》,《东方文化》1998年第6期。

后,特别是 1958 年后,他特别眷恋战时军队里的供给制。世界上现实生活中的社会主义社会,是斯大林领导下建立的苏联模式。20 世纪 50 年代初,毛泽东提出要向苏联学习。如此等等的因素,对毛泽东设想的社会主义模式的形成都发生作用。

在 1957 年中国进入社会主义社会阶段之后,特别是在 1958 年,毛泽东对他理想中的社会主义模式有过具体的描述。而在理论上的表达,则集中在 1965 年至他 1976 年逝世之时。在这个时期,他通过批斗所谓"十七年(1949—1966 年)的资产阶级路线",特别是 1960—1965 年刘少奇主持中共中央日常工作时期,亦即国民经济调整时期的经济政策方针,否定中国原来的社会主义社会模式;他想通过"文化大革命"建立新的社会主义社会模式。这种模式在他的《五七指示》和《理论工作指示》中有较为完整的表述。

《五七指示》是指毛泽东 1966 年 5 月 7 日对中国人民解放军总后勤部一个关于搞好部队农副业生产报告的批语。在这个批语中,毛泽东阐发了关于中国社会主义基层组织形式,社会主义经济原则,以及实现这个目标的手段、途径的思想。他认为,军队应该是一个大学校,"这个大学校,学政治、学军事、学文化,又能从事农副业生产,又能办一些中小工厂。……又要随时参加批判资产阶级的文化革命斗争。这样,军学、军农、军工、军民这几项都可以兼起来"。"同样,工人也是这样,以工为主,也要兼学军事、政治、文化。也要搞四清,也要参加批判资产阶级。在有条件的地方,也要从事农副业生产,例如大庆油田那样。农民以农为主(包括林、牧、副、渔),也要兼学军事、政治、文化,在有条件的时候也要由集体办一些小工厂,也要批判资产阶级。学生也是这样,以学为主,兼学别样,即不但学文,也要学工、学农、学军,也要批判资产阶级。学制要缩短,教育要革命,资产阶级知识分子统治我们学校的现象再也不能继续下去了。商业、服务业、党政机关工作人员,凡有条件的,也要这样做。"[①]

《理论工作指示》是指毛泽东在 1974 年下半年多次讲话中阐述的一系列论点,其中反复强调的是对社会主义制度下按劳分配和商品货币制度的观点。他说:"总而言之,中国属于社会主义国家。解放前跟资本主义差不多。现在还实行八级工资制,按劳分配,货币交换,这些跟旧社会没有多少

---

① 中共中央文献研究室编:《建国以来毛泽东文稿》第 12 册,北京:中央文献出版社,1998 年,第 53～54 页。

差别,所不同的是所有制变更了。"他还说:"我国现在实行的是商品制度,工资制度也不平等,有八级工资制,等等。这只能在无产阶级专政下加以限制。所以,林彪一类如上台,搞资本主义制度很容易。"①

在《五七指示》与《理论工作指示》中,毛泽东表达了建设什么样的社会主义和如何建设社会主义的主张。他要建立的社会主义,是"一大二公三纯"的,限制"资产阶级权利"、在分配上大体平均的,各种职业的人都亦工亦农亦文亦武、都批判资产阶级和都搞文化革命,亦即都参加阶级斗争的,限制商品经济和货币关系、基层社会组织自给半自给的社会主义。在这种社会主义社会里,只有纯一色的公有制,人们享受的物质生活是完全相同的,穿的衣服以至发式都是纯一色的。人们的生产、工作积极性不靠物质利益刺激,而靠一心为公的无私奉献。为了做到这一点,毛泽东在"文化大革命"中提出人人都要"斗私批修",从灵魂深处爆发革命,纯洁自己的心灵。毛泽东对社会主义社会的设想,是一个内容广泛、复杂的思想体系与国家体制。他对社会主义关注的重点,不是从低生产力水平的现实出发,使生产关系与生产力相适应,以促进生产力,加快社会主义经济的发展,而是着眼于消灭在现阶段中不可避免地存在的个体经济与私营经济,限制商品生产与商品交换,自由市场和按劳分配,以及由此带来的收入的差别与"不平等",追求他向往的平等。他的这种主张,违背了科学社会主义关于社会主义社会要建立在生产力高度发达的基础上,社会主义社会只能实行按劳分配等原理,违背了经济现代化过程中社会分工、商品交换、市场不断发展的规律,脱离了中国经济与人民群众思想水平的现状,与社会经济前进的方向背道而驰。实际上这是一种空想,其本质是落后的、倒退的,是不利于中国社会生产力发展的。毛泽东的这套关于社会主义的主张,不为中国共产党的其他领导人和广大干部、群众所赞同,受到自觉不自觉的抵制。他把抵制、不同意他的社会主义社会模式的人等同于不走社会主义道路的人,也就是走资本主义道路的人和资产阶级的代表。因此,他认为党内出了"资产阶级的代表","走资本主义道路的当权派"。毛泽东要推行他的社会主义社会模式,就要批判这些人的社会模式及相关的理论、方针、政策,就要剥夺他们手中的权力,为实现自己的社会主义社会模式扫清障碍。因此,他把以阶级斗争为

---

① 中共中央文献研究室编:《建国以来毛泽东文稿》第13册,北京:中央文献出版社,1998年,第413页。

纲,经常、反复开展"两个阶级、两条路线、两条道路"的斗争作为建设社会主义的途径。大批判及"文化大革命",从某种意义上说,就是毛泽东用阶级斗争的强制手段实现他的社会主义理想模式的政治运动与社会改造运动。

（三）否定国民经济调整措施的大批判

从 1963 年到 1966 年,开展一系列大批判。这些大批判,都是用毛泽东的社会主义社会理论批判另一些人的社会主义社会理论及由此形成的方针政策。在经济领域,批判的矛头对着调整国民经济的政策措施、探讨经济体制改革的理论与探索经济建设道路的实践。在以阶级斗争为纲的思想影响下,一部分人把经济的恢复与发展说成是"阶级斗争一抓就灵"的结果;把改革经济的理论与措施视为修正主义言行;把发挥市场的作用以改善计划经济、采用更灵活的经济组织形式,视为复辟资本主义行为。在大批判中,所谓"无产阶级专政下继续革命"的理论开始形成。

在政治与经济关系的问题上,毛泽东强调政治挂帅,忽视经济基础的作用。早在 1958 年 1 月,毛泽东提出思想和政治是统帅,是灵魂。林彪把这种忽视经济是政治的基础,只注意政治对经济的反作用,政治对经济起决定作用的"政治挂帅"发展为"突出政治",其实质是突出主观主义、阶级斗争和个人崇拜。1966 年,林彪把"突出政治"提到社会主义社会发展规律的高度。他说:"突出政治不是一项任意的政策,不是可以这样做,也可以那样做。这是根据社会主义社会的发展规律和社会主义社会的经济基础所提出来的根本措施。不突出政治,就是违反社会主义社会发展的规律。"

在经济政策与经济理论方面,批判者否定 1959 年以后对社会主义经济体制、经济建设道路、经济政策探索的积极成果。从 1959 年起,在总结"大跃进"经验教训的历史背景下,经济学界对商品生产和价值规律、按劳分配、速度与比例、经济核算、经济效果、所有制以及再生产等问题展开讨论。这些讨论提出了社会主义建设中某些带有规律性的东西。有的学者鉴于实际工作中违反客观经济规律带来的严重危害,提出经济工作应按经济规律办事,用经济方法管理经济,并据此提出要学习资本主义国家企业管理方面对我们有用的经验,如组织托拉斯等。到了 20 世纪 60 年代中期,这些经济理论的正常讨论和实践探索遭到批判,并通过批判予以否定。

在发展生产力问题上,批判者把提倡努力生产说成是搞"唯生产力论",是"埋头拉车不抬头看路",把政治与经济建设对立起来,认为"卫星上天,红旗落地",主张用阶级斗争、大批判去促生产。斗争、批判的结果是伤害、压抑人的积极性,生产上不去。批判者用两个阶级、两条道路的眼光观察一切,把生产力也区别为资本主义的与社会主义的,提出农业生产中"宁要社会主义的草,不要资本主义的苗"的谬论。

在所有制问题上,批判者把农业生产中实行包产到户责任制,商业中实行合作小组,说成是刮单干风,是倒退到资本主义,宣扬"一大二公"的优越性,鼓吹"穷过渡",即在中国现有的水平还很低的生产力的基础上,人为地拔高生产关系。在农村中,将以生产队为基础升级为以生产大队为基础,废除自留地与家庭副业;在城镇中,将手工合作社集体所有制升级为全民所有制;在商业中,废除集市贸易,建立纯而又纯的社会主义经济制度。

在商品生产与价值规律的问题上,批判者把商品生产、价值规律与资本主义等同起来,认为主张发展商品生产,就是主张发展资本主义,因为商品生产的发展必然导致资本主义。经济学家孙冶方曾提出,要把国民经济计划放在价值规律的基础上。但这个观点被批判为鼓吹经济自由化,妄图使社会主义企业蜕变为资本主义企业。

在分配问题上,批判者把政治思想工作与物质利益原则对立起来,大批所谓"物质利益原则"、"利润挂帅"、"资金挂帅"、"工分挂帅"。实际上就是批判按劳分配,鼓吹平均主义。批判者认为,按劳分配是"资产阶级法权",是产生贫富悬殊和两极分化的根源,是资本主义得以产生的土壤和条件;现行的工资制度是强化资产阶级法权,刺激起来的不是社会主义的积极性,而是资产阶级的个人主义积极性,是产生资本主义当权派的温床。

在批判正确的经济理论的同时,经过实践证明是行之有效的方针政策、规章制度等也遭到了批判。如主张把计划和统计放在价值规律的基础上,就是"要使社会主义经济蜕化为资本主义经济";主张把折旧下放给企业,给企业相对的独立性,就是"鼓吹经济自由化,反对无产阶级国家对经济的统一领导和管理";主张用利润指标来推动企业管理,就是"妄图改变社会主义生产关系,把社会主义企业变成资本主义的企业"。另外,还把在国营工业、商业和交通运输业中推行和完善各种形式的经营管理责任制,建立健全各项合理的规章制度等,说成是"修正主义的管、卡、压",甚至提出要建立不要行政领导、不要管理、不要规章制度的"三无工厂"。

大批判为开展"文化大革命"起到向导作用,揭开了"文化大革命"的序幕。1965 年姚文元写的《评新编历史剧〈海瑞罢官〉》,对吴晗在《海瑞罢官》

剧本中所写的"退田"，毫无根据地与1962年所谓的"单干风"即农业生产责任制联系起来，诬蔑《海瑞罢官》"要求退田，就是为地主富农的代表鸣冤叫屈，要拆人民公社的台，恢复地主富农的罪恶统治"。此文的发表，除了政治目的外，在经济建设问题上预示着对建设道路的探索成果要来一次全盘否定。

所有这些批判，集中到一点，就是毛泽东认为1962年以来调整经济的政策是错误的，主持经济调整工作的刘少奇犯了右倾的错误。在正式决定开展"文化大革命"的中共八届十一中全会上，毛泽东写了《炮打司令部》的大字报，历数"资产阶级司令部"的罪状，其中一个重要的罪证就是"1962年的右倾"。毛泽东发动"文化大革命"的经济方面的原因由此可见。

在中国进入社会主义初级阶段之后，对什么是社会主义和怎样建设社会主义仍未搞清楚的情况下，本应让大家在实践和理论上大胆探索。毛泽东发动的这场大批判，说的是批判修正主义，批判资本主义，但由于没有完全搞清什么是马克思主义，什么是修正主义，什么是社会主义，什么是资本主义，实际上批的是中国共产党把马列主义的原理与中国社会主义建设实践相结合的正确方针与政策，批的是探索中国式社会主义道路的积极成果，特别是调整国民经济的一些重要措施。从理论上看，是用唯意志论批历史唯物主义，用平均主义思想批按劳分配理论，用自然经济思想批商品经济理论。结果颠倒了是非，在思想理论方面造成严重混乱，搞得真假不分，黑白不清，是非不明，使广大干部和群众弄不清楚什么是马克思主义，什么是修正主义，什么是社会主义，什么是资本主义；使"左"的错误思想再度在经济建设中占据指导地位，对经济建设造成极大的危害。

这场大批判表明，在中国共产党领导人的思想中，在理论界中，对于什么是社会主义，中国应该建立一个怎样的社会主义社会，以及如何建立这个社会，有不同的想法。从发表的理论观点与实施的方针政策看，主要的是两种。一种表现在1960—1965年刘少奇主持中共中央日常工作（在第一线工作）期间的方针政策上。另一种表现在毛泽东发动的从1963年开始，特别是1965年以后，以否定1960—1965年方针政策为目的的大批判，及1967—1976年的理论与方针政策上。毛泽东所说的中国共产党内两条路线的斗争，实际上是两种社会主义社会模式的意见分歧。从二者之分歧及共同处看，双方对什么是社会主义以及如何建立社会主义的问题，都没有完全弄清楚。

二、备战与经济建设转轨的总体设想

(一)备战与"三线"建设思想的形成

1956 年,生产资料公有制的建立,为逐步改变不合理的生产力地区布局创造了前提条件。毛泽东在 1956 年发表的《论十大关系》讲话中,强调要重视沿海和内地的关系,以沿海支持内地的发展。"一五"、"二五"期间有计划地进行内地建设,取得了一定的成绩。但是,直到 20 世纪 60 年代初期,中国生产力的布局仍然呈沿海畸重、内地畸轻的不平衡态势,70％以上的工业分布在东部沿海地区。其中,重工业主要集中在东北,轻工业主要集中在上海、广州、天津等少数几个大城市。广大内地和边远少数民族地区,现代工业很少。占国土面积 69％的西北、西南和内蒙古地区,其工业总产值仅占全国的 9％。当 20 世纪 60 年代中期决定大规模建设内地,特别是"三线"地区时,影响决策的因素,一是经济布局问题,二是为了防御侵略战争,后者占了首要地位。

中共中央根据对国际形势的分析并考虑到苏联卫国战争初期的教训,做出"注意国际形势的发展,准备打仗,在长远规划中首先要搞好战略布局,加强'三线'地区建设"的重大决策。"三线"是一个国防地域概念,在发生战争时将直接受到假想敌攻击的地区为一线,缓冲地带为二线,战略大后方为"三线"。从战备需要出发,按战略位置的不同,将全国分为一、二、三线地区。一线地区是沿海和边疆地区的省、区,二线地区是介乎一、三线地区之间的省、区,三线地区是全国的战略大后方。大后方是针对入侵之敌可能由中国北部和东南方向侵入而划定的。1970 年 9 月,国务院关于《第四个五年国民经济计划纲要》中说:"全国大三线,一般来说,是在长城以南、京广线以西的广大地区。具体来说,西南的四川、贵州、云南,西北的陕西、青海和甘肃的大部分地区,中原豫西、鄂西,华南的湘西、粤北、桂西北,华北的山西和冀西地区,是我国的大三线。"大三线位于我国腹地,离海岸线最近的 700 公里以上,距西南国土边界上千公里。四面分别有青藏高原、云贵高原、太行山、大别山、贺兰山、吕梁山等连绵山脉作天然屏障。同时,在全国一、二线地区内的各省、区,又依本地情况,划出若干个腹地为区内的"三线"地区,即"小三线"。中共中央和国务院决定把"三线"建设当成国民经济建设的头等大事来抓,使得经济建设发生了一次战略性转轨。

（二）经济建设中心的转变与三个五年计划

准备打仗的指导思想对国民经济计划的方针、任务以及建设重点的最终确定起了决定性作用。这在"三五"（1966—1970 年）、"四五"（1971—1975 年）、"五五"（1976—1980 年）计划的制订和执行过程中表现很明显。

1. "三五"计划

1963 年,中共中央提出经济工作实行"解决吃穿用,加强基础工业,兼顾国防和突破尖端"的方针。1964 年 4 月底,国家计委草拟了关于"三五"计划的初步设想,提出贯彻执行以农业为基础、以工业为主导的发展国民经济的总方针。"三五"计划的基本任务按照农、轻、重的顺序进行安排:(1)大力发展农业,按不高的标准基本上解决人民的吃、穿、用问题。(2)适当加强国防建设,努力突破尖端技术。(3)加强基础工业,提高产品质量,增加产品产量、品种。相应地发展交通运输业、商业、文化、教育和科学研究事业,使国民经济有重点、按比例地向前发展。与"一五"、"二五"计划相比,这个设想在指导思想、方针、任务方面都有重大改变,即把以发展重工业为中心改变为以大力发展农业,解决人民的吃、穿、用问题为发展国民经济的第一位任务。计划用于农业的投资占投资总额的 20%,明显高于"一五"时期和"二五"时期 7.1% 和 11.3% 的（实际）水平,也高于 1963—1965 年继续调整时期 17.7% 的比例。工业的发展也是面向农业,面向人民生活,首先比较充分地考虑了农业与人民生活的需要（如化肥、农业用电、排灌机械、化纤等）,再兼顾国防的需要,然后,从以上两方面出发来安排重工业——基础工业。这种安排,反映了对 1953 年以后特别是对"大跃进"的历史经验与对国情的新认识,是一种新的经济发展战略。

可是,这种发展战略未能付诸实践。就在 1964 年,由于美国在越南的军事行动,引起中国政府的极大关注,于是中共中央做出了调整经济发展战略的决策。1964 年 6 月,毛泽东在中央工作会议上的讲话中提出,要进行备战,要搞"三线"工业基地的建设,一、二线也要搞点军事工业,各省都要有军事工业。8 月,提出了经济建设如何防备敌人突然袭击的意见:一切新的建设项目应摆在"三线",并按照分散、靠山、隐蔽的方针布点,不要集中在某几个城市;一线的重要工厂和重点高等院校、科研机构,要有计划地全部或者部分搬迁到"三线";不再新建大中型水库;恢复人民防空委员会,积极准备北京地下铁道的建设,考虑在上海、沈阳建设地下铁道,并按照上述精神安排1965年工作和"三五"计划。

　　1965年4月12日,针对美国侵越战争升级的趋势,中共中央发出《关于加强备战工作的指示》,指出美国在越南采取扩大侵略的步骤,直接侵犯越南,严重地威胁着中国的安全,全党、全军和全国人民在思想上和工作上要准备应付最严重的局面。据此,毛泽东提出"备战、备荒、为人民"的战略方针。9月初,国家计委在草拟的《关于第三个五年计划安排情况的汇报提纲》中,提出"三五"计划必须立足于战争,从准备大打、早打出发,积极备战,把国防建设放在第一位,加快"三线"建设,集中力量尽快地把"三线"地区的基础工业和交通运输业建设起来,逐步改变工业布局;发展农业生产,相应地发展轻工业,逐步改善人民生活。与此相适应,把建设重点放在"三线"地区,认为把"三线"建设成为初具规模的战略大后方,是关系"三五"计划全局、关系国家安危的大问题,也是解决长远和当前备战任务的一个根本问题,加快"三线"建设是"三五"计划的核心。10月召开的中共中央工作会议决定"三五"计划的基本方针是:"以国防建设第一,加速'三线'建设,逐步改变工业布局。"这样,经济建设的中心从解决吃穿用转变为备战,把农业第一变为国防第一。

　　经济建设中心的转变,使国家资金的使用方向发生重大变化。在国家预算内投资中,农业投资比重由原订的20％降到18％,再降为14.1％,工业投资比重由47％提高到52.4％(其中国防工业投资比重由9％～9.5％提高到10.2％),交通运输投资比重由11.5％提高到15.6％。从建设项目看,大中型项目1475个中,"三线"地区占55.8％。"三线"地区的投资360亿元,占总投资额的42.4％。从建设内容来看,"三线"地区的国防工业、原材料工业、机械制造业和铁路运输的投资,占该地区总投资的72％。这种投资结构不利于农、轻、重比例关系的协调发展。

　　2."四五"计划

　　"四五"计划是一个"以临战姿态,准备打仗"的计划。"四五"计划最早编制于1970年年初。《第四个五年国民经济计划纲要(草案)》中规定的奋斗目标是:狠抓备战,集中力量建设大"三线",初步建成中国独立的、比较完整的工业体系和国民经济体系。根据国民经济发展状况和备战的要求,以大军区为依托,将全国划分为西南、西北、中原、华南、华东、华北、山东、闽赣、东北、新疆10个经济协作区,要求在每个协作区内逐步建立各有特点、各自为战、大力协作的工业体系和国民经济体系;大力开展各省、区的"小三

线"建设，要求各省尽快做到粮食自给有余，改变南粮北调的局面；加快江南各省的煤炭开采，到1972年扭转北煤南运；各省、区都要能生产一定数量的钢，建立"大中小结合、星罗棋布"的钢铁工业布局；各省、区做到轻工业产品基本自给。"四五"计划有两个突出的特点：一是继续把备战作为经济建设中心环节；二是主要经济指标偏高。如要求1975年粮食产量达到6000亿~6500亿斤，比1970年预计产量增长30%~40%；钢产量达到3500万~4000万吨，比1970年预计增长106%~135%；工业总产值达到4000亿元，比1970年增长82%。这种安排脱离了国家财力、物力的负担可能和"文化大革命"混乱环境的实际，因而是不可能实现的。在执行过程中不得不于1973年7月、10月和1974年底三次进行了修改，降低指标。按照降低指标后的计划，到1975年，工农业总产值完成计划的101.7%，国家预算内基建投资完成计划的101.6%，财政收入没有完成计划。"四五"期间，大中型项目投产率只有25%，基本建设新增固定资产交付使用率只有61.4%，每100元生产性积累增加的国民收入只有21元。这些都是1949年以后比较低的水平。

"三五"计划与"四五"计划的本身只是一个纲要，换言之，完整的详细的计划始终未能制定出来。在执行过程中，又遇到"文化大革命"动乱、多变的环境。实际上，是如毛泽东当时概括的："计划经济无计划"。

3. "五五"计划、十年规划与经济现代化的三个阶段

1974年8月，国家计委着手拟订1976—1985年发展国民经济的十年规划。1975年10月，拟定《1976—1985年发展国民经济十年规划纲要（草案）》。规划中的奋斗目标是：1980年以前建立独立的比较完整的工业体系和国民经济体系，有步骤地建设经济协作区，基本上实现农业机械化；到1985年，基本完成国民经济的技术改造，六个大区（东北、华北、西北、东南、中南、华东）基本建成不同水平、各有特点、各自为战、大力协同、农轻重比较协调发展的经济体系，并为在本世纪内全面实现农业、工业、国防和科学技术的现代化打下巩固的基础；随着生产的发展，逐步提高人民的物质和文化生活水平。

规划对"五五"计划提出的主要要求是：(1)建立起比较稳固的农业基础，基本上实现农业机械化，农、林、牧、副、渔全面发展。(2)建立起比较丰富多彩、适应国内市场和外贸需要的轻工业，一般日用工业品大部分省、区基本自给。(3)建立起比较发达的重工业和比较强大的国防工业。(4)建立起基本适应经济发展和战备需要的交通运输网和邮电通信网。(5)有一个活跃的城乡物资交流网，对外经济交流进一步扩大。(6)有比较先进、发达的科学技术和文教卫生事业。(7)人口做到有计划地增长。

"五五"计划的主要经济指标是：工农业总产值年均增长 7.5%～8.1%，农业总产值年均增长 4.1%～5.3%，工业总产值年均增长 8.8%～9.2%。1980 年要求达到粮食 3250 亿～3500 亿公斤，棉花 285 万～310 万吨，钢 3800 万吨，煤 5.8 亿～6 亿吨。五年合计财政收支各 5100 亿元。国家预算内基本建设投资 1780 亿元，加上地方自筹等资金，全国基建投资总额达 2030 亿元。其中"三线"建设投资占 31.5%。

1977 年 12 月提出"六五"的规划设想，与 1975 年拟定的十年规划相比，钢产量由 5500 万吨增加到 6000 万吨，原煤由 7 亿～7.5 亿吨提高到 9 亿吨。在"五五"和"六五"10 年间，工业生产平均每年增长的速度由 8% 提高到 10%，国家直接安排的基本建设投资总额由 3880 亿元增加到 4580 亿元。

1978 年 2 月，经中共中央政治局批准的国家计委《关于经济计划的汇报要点》提出，今后 23 年，经济上要分三个阶段，打几个大战役。第一阶段，在"五五"计划后三年，重点是打好农业和燃料、动力、原材料工业这两仗，为"六五"大上作准备。第二阶段，在"六五"期间，各项生产建设事业都要有较大的展开，提高到新的水平。到 1985 年，钢要达到 6000 万吨，原油达到 2.5 亿吨。工业方面要新建和续建 120 个大项目，其中主要有 30 个大电站、8 个大型煤炭基地、10 个大油气田、10 个大钢铁基地、9 个大有色金属基地、10 个大化纤厂、10 个大石油工厂、10 多个大化肥厂及新建 6 条铁路干线和几个大港口。第三阶段，在 2000 年以前全面实现四个现代化，使国民经济走在世界的前列，农业将成为世界上第一个高产国家，许多省的工业水平将赶上和超过欧洲的某些工业发达国家。

这个时期经济工作的指导思想，有正确的，也有错误的。就整个时期来说，错误的占主导地位。错误的指导思想的基本特征可用"极左"二字来概括。这种"极左"表现在经济工作的各个方面，表现为各种形式。就其总体来说，有两个互为表里的方面：(1)"以阶级斗争为纲"来开展经济活动，指导和安排经济建设和经济工作，使经济发展从属于阶级斗争。(2)试图建立一种超越历史阶段的"理想的"社会主义经济模式。这种模式的特点是混淆商品经济与资本主义的界限，建立自然经济与产品经济相结合的封闭型的经济;混淆平均主义与按劳分配的界限,认为按劳分配和商品经济是产生资本主义的土壤。为了建立这种模式,千方百计过渡到单一的全民所有制、按需分配和产品经济,限制按劳分配和商品经济。谁主张发展商品经济和按劳分配,谁就会被当作"走资本主义道路的当权派"受到批判,即用阶级斗争的方式加以处理。"以阶级斗争为纲"成为推行排斥商品经济、建立自然经济和产品经济相结合的封闭型经济模式的手段和工具。

第二节　由政治形势多变带来的经济跌宕起伏历程

一、无政府状况给经济带来的灾难

1966 年 5 月 16 日,中共中央发出关于开展"文化大革命"的通知,标志着"文化大革命"的开始。在 8 月 1 日至 12 日举行的中共八届十一中全会上通过的《关于无产阶级"文化大革命"的决定》中规定:"文化大革命"的重点是打倒党内走资本主义道路的当权派;要充分运用大字报、大辩论、大鸣大放的形式,揭露一切牛鬼蛇神;要破除"文化大革命"的阻力,不要怕出乱子。接着,红卫兵在全国各地大串联,到处鼓动"造反",揪斗"走资派",冲击地方各级党政机关,对国民经济造成严重的危害。首先是影响工业和交通。其中突出的问题有:(1)由于全国师生大串联,导致交通运输紧张。到年底,有 1000 多万吨货物运不出去。水运、港口物资积压严重。(2)各省、市、自治区主管经济工作的领导干部大都忙于运动,不能集中精力抓生产。全国有 5%～10% 的工厂领导班子陷入瘫痪。企业领导干部不敢过问生产情况,不敢抓管理工作的倾向日益严重,生产秩序不安定。(3)企业设备维修差。地方企业维修计划只完成 60% 左右。(4)机械工业的制品大量减少。(5)钢、铁、煤的日产量从 6 月份起下降。

从 1967 年元旦起,"文化大革命"进入"全面夺权"的阶段,运动从机关、学校和文化各界发展到工矿企业和农村,由上层建筑领域波及经济领域。造反派随意揪斗各级领导人,从中央到地方,大批从事经济工作和工业管理的有丰富经验的领导干部,被当作"走资派"批判。打、砸、抢、抄、抓等问题越来越严重,包括生产指挥系统在内的各级领导机构陷入瘫痪状态,群众分裂成对立的两派或多派,各地群众组织武斗不断。这就形成打倒一切、全面内战的局面,全国经济状况迅速恶化。1967年工农业总产值完成计划的80.2%,其中,工业完成计划的74.3%。这一年的经济效益极差,每100元积累增加的国民收入是负39元,国有工业企业全员劳动生产率比上年下降19.2%,基本建设固定资产交付使用率只有50.6%。

1968年是"文化大革命"期间最为混乱的一年。相当多的工厂企业停工停产"闹革命",迫使大批职工离开工作岗位,少数人则乘乱抢劫国家资财,机器设备被毁坏,原材料被浪费,生产大幅度下降,给国民经济造成极大的损失。工农业总产值(按当年价格计算)比上年下降4.2%,每100元积累增加的国民收入是负22元,国民收入下降6.5%,财政收入下降13.9%,工业企业全员劳动生产率下降7%,粮食减产175亿斤,钢产量减产125万吨,固定资产交付使用率仅有45.9%,是新中国成立以来最低的。这一年的国民经济年度计划未能编制出来,国民经济处于无计划和倒退状态。

二、政治局势相对稳定情况下经济的恢复与冒进

1969年4月,召开中国共产党第九次代表大会。会后出现相对稳定的政治局势,开始编制国民经济年度计划,强调发展农业、国防工业、基础工业和内地建设;安排轻工业和市场;狠抓交通。同时,着手恢复各主管部门和其他综合经济部门的工作。1969年,扭转了经济连续两年大幅度下降的局面。工农业总产值比上年增长23.8%,国民收入增长19.3%,财政收入增长45.8%。1970年继续大幅度上升,与上年比,工农业总产值增长了25.7%,国民收入增长23.3%,财政收入增长25.8%。这两年经济的增长带有恢复性质,经济效益仍很差,产品质量低劣,物资供应、能源交通等都不能满足生产的需要,不具备经济高速增长的条件。

由于对1969—1970年经济增长的恢复性质缺乏认识,由于"左"的指导思想居主导地位,面对稍有好转的经济形势,急于求成,盲目追求高指标、高速度的思想故态复萌,这体现在前述的1970年2月至3月提出的《第四个五年计划纲要(草案)》中。"四五"计划提出过高的不切实际的经济指标,造成1970年的冒进。冒进主要表现在:(1)基本建设规模过大,战线拉得太长。计划安排国家预算内基建投资228亿元,比上年增加37%。后因新上项目和扩大规模,又陆续追加投资50亿元。当年实际施工的大中型项目达1409个,比计划多了296个。(2)积累率由1969年的23.2%陡升到32.

9％。当年新增国民收入使用额的 77％用于增加积累基金,这造成积累和消费的比例关系严重失调。(3)为了加强国防和"三线"建设,计划安排在物资供应等问题上留有较大缺口。过大的建设规模和过高的积累率,对以后国民经济的发展带来很多严重问题。到 1971 年下半年,职工人数突破5000 万人,工资支出突破 300 亿元,粮食销量突破 800 亿斤。市场商品匮乏,国民经济出现危机信号。国民经济比例关系严重失调和这"三个突破",导致工农业生产由回升转为停滞。

1971 年 9 月 13 日,林彪叛逃,摔死在蒙古温都尔汗以后,周恩来主持中共中央的日常工作,使经济工作和其他各项工作再次出现转机。在 1972年全国计划会议上,周恩来指出:"三个突破"给国民经济各方面带来一系列的问题,如不注意解决,就会犯错误。会后,国务院采取下列措施:(1)加强对基建工作的管理,控制基建规模的扩大。(2)强调劳动工资要集中统一管理,重申劳动工资大权在中央。(3)解决粮食购销差额问题。(4)降低"四五"计划纲要(草案)中的指标。1973 年 2 月 16 日,周恩来提出整顿国民经济的措施:(1)加强农业、轻工业的生产,以满足人民物质生活的需要。(2)整顿产品质量。(3)农业生产中在抓好粮食的前提下,坚持多种经营、全面发展的方针。(4)落实各项经济政策,健全规章制度。(5)贯彻按劳分配的原则,实行计时工资加奖励的办法,允许少数重体力劳动搞计件工资。

在这个阶段,中国在国际关系中采取多样化、灵活化的外交方针,取得一系列对外关系上的重大突破:恢复在联合国的合法席位,中美签署上海联合公报,中日实现邦交正常化。对外经济交流逐年扩大,1973 年初,国务院决定从联邦德国、日本、美国、英国、法国等国家引进价值 43 亿美元成套设备及部分单机设备,这些设备对中国钢铁、化纤、化肥等工业的发展和改善人民生活起了积极作用。

随着对外关系的进展,以备战为中心的经济建设方针开始在实际工作中发生转变。1972 年经济形势好转,工农业生产有不同程度的增长。特别是 1973 年,工业总产值增长 9％,农业总产值增长 8.4％。其中,粮食比1972 年增产 400 亿斤,增长 10.2％;棉花增产 1100 万担,增长 30.8％。平均每个农民从集体分得的收入增加 5.8％,国有工业企业全员劳动生产率比 1972 年提高 3.3％,财政收入比 1972 年增长 4.6％。

三、"批林批孔"运动与"批邓"运动造成经济的两次波动

1974年1月开展了"批林批孔"运动,批判的矛头实指"周公"(周恩来)。工业生产骤然下降,1974年,工业总产值仅完成年计划的93.2%,同1973年相比,工业增长速度下降9.2个百分点。

1975年1月13日,周恩来向第四届全国人民代表大会第一次会议作《政府工作报告》,重申他在三届人大提出的,在20世纪内全面实现农业、工业、国防和科学技术的现代化,使中国国民经济走在世界前列,把中国建设成为社会主义现代化强国的宏伟目标。邓小平在这次大会上出任国务院第一副总理,同时主持中共中央的日常工作。

在邓小平主持工作后,着手国民经济的整顿工作。为了整顿铁路运输工作中的混乱,中共中央作出《关于加强铁路工作的决定》,明确指出:加强党的集中统一领导,健全必要的规章制度,整顿铁路秩序,同各种破坏行为作斗争,确保运输安全正点。各铁路局调整充实各级领导班子,逮捕一小撮造反派组织中的坏头目,初步稳定运输秩序。到4月份,几条堵塞严重的铁路线都疏通了。全国20个铁路局,有19个超额完成装车计划。5月,中共中央召开钢铁工业座谈会,邓小平指出,从冶金部到各个厂,都要建立敢字当头的、有能力的领导班子,发动群众同派性作斗争,建立强有力的生产指挥系统和规章制度。经过近两个月的整顿,全国钢的平均日产量,不仅不再欠账,而且超过全年计划平均日产量。接着,邓小平抓整个工业的整顿。根据他8月18日的谈话精神,国务院起草了《关于加快工业发展的若干问题》。这个稿子虽然未形成正式文件,但对实际工作却产生积极影响。9月中旬,在全国农业学大寨会议上,邓小平提出要落实农村政策。会后发出文件,强调不能把社员的正当家庭副业当作资本主义来批判。与此同时,根据邓小平的意见,先后起草《科学院工作汇报提纲(草稿)》《论全党全国各项工作的总纲(草稿)》等文件,分别提出科技战线和全党进行整顿的具体方针、政策,强调科研要走在国民经济的前面,科学技术也是生产力,科技队伍要扩大,科研机构要加强等问题,揭露和批判"左"倾错误,宣传、贯彻全面整顿,把国民经济搞上去的思想。1975年,各条战线的工作秩序和生产秩序大大改善,经济形势明显好转。工农业总产值比1974年增长11.9%。其中,工业总产值增长15.1%,农业总产值增长4.6%。钢产量由上一年下降410万吨变为增长278万吨,达到2390万吨;粮食产量达到5690亿斤,比上

年增加 185 亿斤。

邓小平主持各条战线的整顿，就是系统地纠正"文化大革命"的错误。邓小平后来说："改革在 1975 年就开始了，那时的改革用的名称是整顿。"所以"改革"最初的原意是摆脱"文化大革命"，这与毛泽东肯定"文化大革命"的观点相反。毛泽东因此发动"批邓、反击右倾翻案风"的运动。1975 年底，形势急剧变化。江青集团（"四人帮"——由江青、王洪文、张春桥、姚文元等四个中共中央政治局委员组成）为了乘机夺权，把邓小平落实党的一系列正确的政策污蔑为推行"修正主义"，把对各方面的整顿污蔑为"全面复辟"，提出"老干部是民主派，民主派就是走资派"，中国共产党内有一个"资产阶级"等观点。他们煽动层层揪"走资派"，处处抓"还乡团"，迫使大批领导干部无法工作。他们抛出"踢开党委闹革命"、"不为错误路线生产"等口号，煽动停工停产。一些单位、工矿企业和农村的党组织瘫痪，人心涣散，生产处于停顿状态，产量大幅度下降，全国再度陷入了混乱。中国人民再也不能容忍江青集团的倒行逆施，这也正是"四人帮"覆灭，中国实现伟大转折的经济背景。

四、粉碎"四人帮"后经济的恢复与"洋跃进"

1976 年 1 月，国务院总理周恩来逝世。5 月，全国人民代表大会委员长朱德逝世。9 月，中国共产党主席毛泽东逝世。毛泽东逝世后不久，在华国锋、叶剑英、李先念等人领导下，将"四人帮"成员抓了起来。粉碎"四人帮"，标志着"文化大革命"结束，使中国经济进入一个新阶段。

"文化大革命"这场动乱结束之时，中国共产党面临的主要任务是：集中力量恢复和发展受到严重破坏的国民经济。在 1977—1978 年两年间，国民经济的恢复取得显著进展。然而，由于华国锋在指导思想上继续推行"左"倾政策，在经济工作中急于求成，对十年动乱给国民经济造成的严重困难认识不足，导致经济工作又出现了一些失误。

（一）国民经济的恢复

1. 恢复经济的主要措施

"文化大革命"结束后，国民经济面临的首要任务是迅速扭转停滞趋势与混乱局面，恢复国民经济正常发展所必要的环境。为此，中共中央采取以下措施。

　　第一,重建国民经济的指挥和领导系统。逐步恢复和充实国家一级的综合经济管理机构,清除了各级经济领导部门的"四人帮"帮派势力,恢复了一大批经验丰富的经济管理干部的职务。

　　第二,从疏通铁路运输入手,恢复国民经济的循环系统。1977年2月召开全国铁路工作会议,重申铁路运输由铁道部集中统一指挥,要求迅速解决铁路运输严重堵塞的问题。从3月份开始,铁路日装车量超过历史同期最好水平。4—5月间,铁路运输达到历史最好水平,水运货量也创历史同期最好水平。交通系统的畅通,带动和促进整个国民经济的恢复。

　　第三,1977年2—5月间,召开冶金会议和工业学大庆会议,强调要从对企业进行各方面的整顿入手,恢复工业企业的生产秩序。1978年4月,开始贯彻《关于加快工业发展若干问题的决定》。这个决定对企业整顿的任务、基本制度和工作方法作了具体规定。它强调企业是生产单位,必须以生产为中心;通过整顿,各企业要建立起强有力的领导班子,又红又专的产业大军,要建立和健全以岗位责任制为核心的各项规章制度。此后,工业企业正常的生产秩序逐步恢复。

　　第四,由安徽、四川两省带头,恢复、落实一系列农业合作化以来行之有效的经济政策,初步调动广大农民的生产积极性,促进了农业的恢复。

　　第五,发展国内、国际贸易,疏通流通渠道。首先恢复重要物资的集中统一管理。1978年,统配、部管物资增加到689种。统配煤矿、大型水泥厂以及国家重点企业生产的重要物资,由原来的"地区平衡、差额调拨",改由国家计委统一平衡分配,国家物资总局统一调拨管理。1978年7月召开的全国财贸工作会议,重申"发展经济、保障供给"的方针,提出反对闭关锁国,发展对外贸易,提高财贸工作水平。流通领域的物资积压与阻滞现象逐步消除。市场紧张状况得到缓解。对外贸易迅速发展起来。

　　第六,1978年3月,召开全国科学大会。4月,召开全国教育工作会议。这两次会议充分肯定科学技术和教育在国民经济发展中的重要作用。全国科学大会明确指出:科学技术是生产力,中国科技人员绝大多数是工人阶级的一部分。大会通过的《1978—1985年全国科学技术发展规划纲要》,对自然资源、农业、工业、国防、交通运输、海洋、医药卫生、文教、财贸等27个领域和基础科学、技术科学两大门类的科学技术研究任务作出全面安排,促进了科学技术教育事业的发展及其与经济建设的结合。

　　第七,开展理论探讨,目的在于端正长期以来逐步形成并在"文化大革

命"中进一步发展的"左"的经济理论与经济建设中"左"的指导思想。

1957—1978年经济建设实践的失误,在长达22年的时间里,人民生活没有多大改善,中国这个社会主义国家经济发展的速度不如发达国家和一些发展中国家,不如实行资本主义制度的台湾和香港地区,这促使人们在经济理论上进行反思与探索。反思首先是从对"文化大革命"中流行的理论的分析批判入手。

在批判的过程中,经济理论界对新中国成立以来经济建设历史进行系统的反思。邓小平关于解放思想、实事求是的论述以及对"两个凡是"批判,为这一反思打开了思想禁区。1978年5月开始的关于真理标准的讨论和"实践是检验真理的唯一标准"这一观点的树立,直接推动并指导这一反思过程。同时,在反思中,经济理论工作者探讨了中国经济建设历史中的发展速度、所有制结构、计划管理、积累和消费、农业轻工业重工业之间比例关系等重要方面的经验教训,探讨了社会主义的生产目的、社会主义经济体制、企业相对独立的商品生产者地位、市场机制和各种经济杠杆的作用等,阐明了必须按照客观经济规律组织社会主义经济建设这一根本经验。这种讨论、批判和探讨,为经济的恢复与经济发展道路的转轨,作了舆论准备,起了先导作用。

2. 经济恢复的状况

上述一系列措施的执行,促使社会总产值、工农业总产值、国民收入连续两年大幅度增长。社会总产值1977年比1976年增长10.3%,1978年比1977年增长13.1%。工农业总产值1977年比1976年增长10.7%,1978年比1977年增长12.3%。国民收入总额1978年比1977年增长12.3%,比1976年增长19.4%。社会商品零售总额1978年比1976年增长16.4%,其中消费品零售总额1978年比1976年增长15.1%。进出口贸易额1977年恢复并超过历史最高水平,1978年比1977年增长30.3%。出口大于进口,外汇收支平衡,略有结余。财政收入和支出连续两年大幅度增加,收支相抵,略有结余,扭转了1974—1976年连续三年财政赤字、财政收支恶化的状况。在财政状况好转的条件下,政府开始偿还长期以来对人民生活的欠债。1977年,全国60%的职工增加了工资,增加的工资总额和增加工资的人数都是新中国成立以来最多的一次。国有企业职工的平均年工资由1976年的605元增加到1978年的644元。由于农业经济的恢复和农村分配政策的落实,按全部农业人口计算,平均每人从集体分得的收入,1976年

63 元，1977 年 65 元，1978 年 74 元；人均口粮，1977 年 407 斤，1978 年 442 斤，增幅不小。

1977—1978 年国民经济的进展，是在前 10 年全面停滞的基础上获得的。因此，这种经济增长具有恢复的性质。

(二)"洋跃进"与主要比例关系的严重失调

1. 经济建设指导思想上极"左"错误的延续

华国锋继任中共中央主席后，提出"两个凡是"(凡是毛主席作出的决策，我们都坚决维护；凡是毛主席的指示，我们都始终不渝地遵循)的指导方针，继续推行极"左"的路线，在经济工作指导思想上，他对"文化大革命"摧残国民经济的广度和深度估计不够，对长期以来形成的国民经济比例严重失调状况认识不足，对经济恢复的成绩估计过高，对经济发展的速度要求过急。1977 年 5 月，华国锋在全国工业学大庆会议上提出："我国国民经济必将出现一个全面跃进的新局面。"8 月，他在中国共产党第十一次全国代表大会的政治报告中断言："一个国民经济新跃进的局面正在出现。"1978 年 7 月，又在全国财贸学大庆、学大寨会议上声称，中国经济已经"开始转上持续增长、健康发展的轨道"，"经过一个不太长的历史时期的艰苦奋斗，赶上和超过最先进的资本主义国家的经济水平和技术水平"。对经济形势的这些估计与国民经济恢复性增长这一事实严重不符，结果导致在经济建设的速度和规模上，提出一系列不切实际的目标和指标，重犯不顾客观实际、急于求成的错误。这表现在前文叙述的，1977 年提出 2000 年以前国民经济三个阶段的发展目标和具体规划中的项目和指标，它们都超过人力、物力、财力的承受能力。

2. 经济建设实践中的"洋跃进"

由于极"左"的指导思想，在 1977—1978 年的经济建设实践中犯了一系列的错误。

在农村工作中，盲目追求普及"大寨县"，追求基本核算单位由生产队核算改变为生产大队核算的"穷过渡"的比例数，追求实现农业机械化的目标，许多地方盲目大搞农田基本建设，重复建设地方工业企业，粗制滥造高耗低效的农业机械。这些措施，一方面造成人力、财力、物力的大量浪费，另一方面挫伤农民的生产积极性，妨碍农业生产的正常发展。

在基本建设工作中，不顾客观条件的可能，盲目扩大基本建设规模，造

成不断拉长基本建设战线和追加基本建设投资。基本建设投资总额 1977 年为 364 亿元，1978 年猛增到 480 亿元，增长 31.6%。1978 年，大中型项目个数比 1977 年增长 20%。到 1978 年底，全国在建项目投资规模高达 3725 亿元，扣除已完成部分，还需要 1600 亿元的投资。1600 亿元差不多相当于"四五"计划规定的基本建设投资总额。1977—1978 年基本建设投资的增长幅度，超过了国民收入和财政收入的增长速度，超出了能源、交通、建筑材料等增长的可能。基本建设规模与国力严重不相适应。

1977—1978 年，政府开始重视利用国外资金、设备和技术。这对于长期闭关自守的中国，具有重要的意义。但引进工作是在急于求成的思想指导下进行的，具有盲目性。1978 年第四季度中国与外国签订的 22 个成套设备引进项目，计划总投资为 561 亿元，其中需外汇 123 亿美元。当年签订的 78 亿美元的引进项目合同，全部要用现汇支付。总投资与外汇均超出国力及外汇支付能力。华国锋提出的"新跃进"、"全面跃进"，与 1958—1960 年的"大跃进"相比较，有一个新的特点，即表现在大量引进外国资金、设备与技术上，因而称之为"洋跃进"。

3. 国民经济比例关系进一步失调

1977—1978 年的基本建设投资和资金、设备、技术的引进，没有着眼于协调国民经济各部门的比例关系，加强薄弱环节，而仍按片面发展重工业特别是钢铁工业的方针进行。在 1978 年签订的 22 个引进项目中，冶金项目占总投资额的 45.4%。这使国民经济朝着更加畸形的方向发展。1978 年，轻工业增长速度 0.8%，重工业则为 15.6%。自 1969 年以来轻工业增长速度低于重工业的趋势仍在延续。在重工业内部，发电能力短缺，1/4 左右的工厂因此开工不足，有 20% 左右的工业生产能力发挥不出来。能源工业的相对落后，在相当长的一段时间内制约着国民经济的发展。

1970 年以后，积累率在 30% 以上，积累与消费的比例一直处于失调状态，在人民生活等各方面欠账甚多。"文化大革命"结束后，经济发展处于恢复阶段，应该适当降低积累率，调整积累与消费的比例关系。由于追求"新跃进"，1977—1978 年两年基建投资额猛增，致使 1978 年积累率高达 36.5%，仅次于 1959—1960 年两年的水平。1977—1978 年两年间新增国民收入使用额，用于消费的部分只占 38%，积累和消费的比例更加失调。

1967—1976 年间，棉、油、糖的人均年产量，分别下降 30%、20%、10%。农业越来越成为国民经济的薄弱环节。1977 年以后，本应着力扭转这种状况。实际情况却是 1978 年与 1976 年比,工业总产值增长 29.69%,农业总产值增长 10.78%,农业总产值在工农业总产值中所占比重连续下降:1976 年为 30.4%,1978 年 27.8%。农业更加满足不了工业发展与人口增长的需要。作为世界农业大国的中国,不得不从外国进口农产品。1978 年花了 21 亿美元进口粮食(695 万吨)、棉花(950 万担)、糖料,占当年进口总金额的 1/5。

交通运输业的发展与整个国民经济发展的比例关系进一步恶化。1977—1978 年期间的运输弹性系数(即货运量增长速度与工农业总产值增长速度之间的比值)仅为 1.0,而在"一五"、"二五"时期分别为 2.3 和 2.1。由于运输能力的不足,山西省积压大量煤炭运不出来,有的在矿区自燃。由于港口吞吐能力不足,外贸船舶停港时间长。1978 年,仅这一项损失就达 8000 万美元。

由于国民经济比例关系严重失调,经济体制存在种种弊端,1977—1978 年国民生产经济效益低下。1978 年全国重点企业主要工业产品的 30 项主要质量指标中,有 13 项低于历史最好水平;38 项主要消耗指标中,有 21 项没有达到历史最好水平。国营工业企业每 100 元工业产值提供的利润、每 100 元资金实现的利税、资金利润率等指标,都大大低于 1965 年的水平。

1977—1978 年经济建设的指导思想和实际工作的失误,加剧了长期以来形成的比例失调,国民经济发展中潜伏着深刻的危机。认真肃清"左"的错误,把经济的发展引上一条适合中国情况的健康轨道,成为生产力发展的迫切要求。

1967—1978 年经济运行的基本特征是曲折。12 年间,经济两下两上,波动大,不稳定。

第三节　以"三线"为重点的工业交通建设与第二次开发西部

1967—1978 年,工业交通建设的一大特色是以"三线"建设为重点,并由"三线"建设带动西部开发,从而具有浓厚的备战色彩。

一、"三线"建设的发展历程与工业交通的地区结构变化

(一)决策与第一个高潮

为保证"三线"建设的顺利展开,建立"三线"建设的组织管理体制。1964 年,在国务院内成立一个"小计委",全面负责"三线"建设的规划工作。1965 年 2 月,中共中央和国务院作出《关于西南建设体制问题的决定》。其主要内容是:(1)凡是在一个地区建设的综合项目,都应该采取集中领导、各方协作的办法,以中央主管部委为主,负责统一指挥、统一管理,有关各省、市、自治区和各部门协助进行。(2)西南的中央直属建设项目,建设的施工力量、技术力量、设备和材料,由各有关部委统一安排,并由国家经委督促检查执行情况;所需的地方建筑材料、地方协作产品、粮食和副食品供应、临时工等其他问题,由有关省、市、自治区负责安排。(3)成立西南"三线"建设委员会,加强对整个西南建设的领导。同月,中共中央批准"以重庆为中心的兵器工业基地的建设"方案。这就拉开了以西南为重点的"三线"建设的序幕,随后出现第一个高潮。

(二)全面铺开与第二个高潮

1969 年 3 月,苏联和中国在边界未定的珍宝岛交战。战后,苏联在中国边境地区集结了更多的兵力,又在中国新疆巴尔鲁克山西部、铁列克提等地区制造新的流血事件。面对这种局势,中共中央认为应该大力发展兵器工业,加快"三线"建设的步伐。4 月,中共中央决定由部队管理国防工业,在中央军委办事组下,先后设立国防工业领导小组、常规兵器工业领导小组及其相应的办事机构。6 月,中央军委办事组按照林彪提出的"用打仗的观点观察一切、检查一切、落实一切"的要求,提出一个庞大的脱离实际的国防建设计划,即"国防工业大规划"。这个计划提出要搞全国范围内"独立的完整的国防工业体系"。为了把"大规划"付诸实施,11 月召开有各大军区司令员参加的会议。这次会议在研究规划方案时,仅兵器工业就要求在三年内新建 95 个项目,改建扩建 93 个项目,总投资估算需要 120 亿元,新建厂区建筑面积 1300 万平方米,新增职工约 90 万人。实施规划在 1970 年全面铺开,形成全军、全民大办国防工业的局面。1969 年的国防开支比 1968 年猛增 34％,1970 年、1971 年又分别递增 15％和 17％,形成了由国防工业带动的整个"三线"建设的第二个高潮。

这一阶段，全国"三线"建设的重点地区，在继续建设西南的同时，逐步向湘西、鄂西、豫西转移。至此，"三线"建设全面铺开。

由于国防工业建设的高指标和急于求成，各地重复建设，造成极大的损失浪费。据不完全统计，从1970年到1980年仅兵器工业的工程和器材损失报废达2.26亿元，加上停建缓建项目维持费2.6亿元，二者共计4.86亿元，相当于建设一个规模以千辆计的坦克车厂的资金。

贯彻实施这次战略转轨的基本特点是：(1)从和平方针转向以备战为中心。(2)从大力发展农业，以基本解决吃穿用作为发展国民经济的首要任务，转向以国防建设为中心，重点建设国防工业和为之服务的重工业。(3)建设的重点地区重新转向内陆腹部地区。(4)因为是备战，要抢在战争爆发之前建设好战略大后方，强调紧迫性，因此，抢速度，不顾国民经济的比例关系、合理布局以及经济效益的高低。这次经济发展战略转轨对中国1964年以后至整个70年代经济发展的影响巨大，这个时期经济建设的成就与问题都与它有关。

(三)对过热的调整

1971年9月林彪叛逃，周恩来主持中共中央工作。中国在对外关系上取得一系列新的进展，中华人民共和国政府取代台湾当局在联合国的席位和安理会常任理事国席位，中美关系解冻，中日关系正常化，中共中央估计战争暂时还不会爆发。因此，改变了"临战的姿态"，缓和了"狠抓备战"，注意了备战与各项经济建设的比例关系，把"狠抓军工"改变为"继续加强军工"；把从备战角度强调发展农业改变为从农轻重比例角度发展农业；把沿海支援内地作为"主要任务"改变为"重要任务"。这些变化说明，以备战为基点的经济建设指导思想开始发生转变，从而为国民经济各项比例关系的进一步调整创造了条件。周恩来针对经济工作，特别是"三线"建设中出现的盲目性和急于求成等问题，着手对国民经济进行调整。调整的主要内容有：纠正经济工作中"左"的表现，修改"四五"计划纲要草案，努力压缩基本建设规模。

1964年开始的以备战为中心的经济发展战略，实施到1973年调整为止。在这次调整中，沿海地区的经济发展受到重视。从1970年的国防建设"大规划"开始，国家连续三年用于"三线"地区的投资超过全国总投资额的

50％；集中全国最强的技术力量、施工力量和先进设备,使"三线"地区的生产能力得到迅速提高。投资过于集中,也给整个经济发展带来严重问题。第一,由于施工难度大,而"三线"地区经济基础比较薄弱,造成大量施工队伍和物资积压。第二,由于配套措施跟不上,使许多建成的企业不能开工或开工不足。第三,沿海地区由于资金、设备、技术力量不足,原有的经济优势难以得到发挥。这种状况如不改变,必将进一步阻碍整个经济建设的发展。由于经济建设指导思想发生转变,国家在这一时期对国民经济的整体以及"三线"建设提出了新的要求,把"三线"建设大部分精力转向建成企业的配套和生产组织上来,以求尽快发挥其效益。同时,把"充分发挥沿海工业的生产潜力,并且适当发展"摆在与"三线"建设同等重要的地位。1973年用于沿海地区和"三线"地区的投资比重已大体持平,1974—1975年用于沿海地区的投资则大大超过"三线"地区。从此时起,经济建设中的备战色彩逐步淡化,"三线"建设开始走上一条漫长的调整、改造、配套、挖潜之路。

（四）工业交通投资重点西移与工业交通地区布局的新态势

"三线"建设是在工业基础薄弱、交通很不便利的西部地区进行的。"三线"建设的积极成果之一是带动了西部地区经济发展。可以说,"三线"建设时期是新中国成立以后的第二次西部开发,它的规模较第一次大。它从宏观上调整了工业交通的地区布局,使沿海与内地畸形发展状况有所改变。

在1967—1976年间,重点建设西部地区,工业投资重点西移,国家先后投入"三线"地区建设资金近2000亿元,形成工业固定资产原值1400亿元,建成国有企业29000个,其中大中型骨干企业和科研单位近2000个,均占全国的1/3。"三线"地区已形成重大产品专业生产、科研基地45个,各具特色的新兴工业城市30个,初步建成一个以重工业为主体的、门类比较齐全的战略后方基地。这个战略后方集中国防工业、电子工业、机械工业的相当大一部分生产能力。"三线"建设促进西部地区能源、资源的开发。"三线"地区矿产资源种类多,储量丰富,分布相对集中。煤炭储量占全国的1/4,铁矿、铜矿储量约占全国的1/3,钒、钛、锰、铝、锌、锑、钨、磷的储量在全国都占有重要地位。"三线"建设期间,新建和扩建20多个黑色、有色金属大中型企业。1985年,"三线"地区的钢产量已占到全国的30％,有色金属的产量占全国的一半多。"三线"企业建设得比较晚,设备比较新,又由于国防工业属技术密集型,工作技术人员与工人的比例,相当于沿海地区企业的 3～4 倍。对于"三线"地区雄厚的技术力量和设备，人们形象地称之为"深山藏虎"。这对西部地区经济的发展有长远的影响。

西部地区和一部分中部地区的工业建设，即内地工业建设，使内地工业生产增长速度快于沿海地区。1965—1975 年间，内地工业总产值增长 143.9％，快于沿海 123.3％ 的速度。内地工业产值占全国工业产值的比重，由 1965 年的 36.9％ 提高到 1975 年的 39.1％。[1] 这改变了工业地区布局的态势，形成工业地区分布的新格局。工业基础薄弱的西南地区，已建成比较完整的地区工业体系。

"三线"建设期间，先后修通川黔、贵昆、成昆、湘黔、襄渝、焦枝、阳安等 7 条铁路干线，全长达 4928 公里，新增运输力约 8000 万吨。公路通车里程增加到 37 万公里，路面质量大为改观，西南等地区交通状况明显改善。

"三线"地区的工业、交通建设，带动了农业生产、商业、文化、教育和卫生事业的发展。一些偏僻山区和少数民族地区的经济、文化面貌有了很大改观。新中国成立后，"一五"计划中，将很多大中型项目放在西部，是现代时期开发西部的第一个高潮。1964 年以后的"三线"建设是第二个高潮。第一个高潮是在和平时期建设方针下展开的，开发是从发展经济角度考虑的，不限于某个地区。第二个高潮是在备战方针下展开的，开发是从战争角度考虑的。"三线"地区只是西部的腹地部分，它距西北、西南国土边界几百公里至上千公里，因而不是整个西部的开发。

(五)"三线"建设与工业交通建设中的问题

1967—1978 年间的"三线"建设与工业交通建设中存在一些问题，对整个国民经济发展有消极的影响。

首先，建设规模过大，战线拉得太长，要求过急。在实施中，一些工业企业布点、选择，未经过必要的资源分析和水文、地质考察等经济技术论证，厂址选择草率。许多工业企业建成后，因选址不当而不能进行正常生产，甚至报废。一些工厂建在断裂层、滑坡带、山洪口、缺水区，遗留一些以后不好解决的工程建设问题。在建设过程中，大批项目仓促上马，不按基建程序办事，没有搞好总体设计就全面施工。片面追求速度，忽视施工质量。辅助和

---

①　国家统计局：《中国工业经济统计资料(1949—1984)》，北京：中国统计出版社，1985年，第 139 页。

配套设施没有建设成，就凑合投产，造成返工浪费。

强调"山、散、洞"的结果，布局过散，工厂分布像在崇山峻岭间"天女散花"，致使微观的生产布局不合理。少数企业钻山太深，把一个工厂、一个基地建在几个县内，纵横上百公里，拉大车间的距离，割裂合理的生产流程，给生产的组织管理带来许多困难。工业企业内部结构本来就存在追求完整、自给的倾向，加上工厂分散在一些山沟中等种种原因，大多数企业各搞一套乃至几套厂外工程和生活服务设施，形成"一厂一水"、"一厂一电"的"小而全""万能工厂"格局。工厂远离城镇，信息不灵、协作不便，职工子女升学、就业困难，文化生活贫乏，医疗条件很差，影响职工队伍的稳定，必然会导致技术逐步落后，成本增大，缺乏竞争力。

其次，工业交通建设的主要特点是备战，建设的主要项目是国防工业和重工业，使工业部门结构中重工业与轻工业、加工工业与采掘工业比例失调的问题更加严重。1966—1970年和1971—1975年间，在工业基本建设投资中重工业占的比重分别为92.1％和89.5％，均高于"一五"时期和"二五"时期。在物资供应方面，轻工业受排挤的现象相当严重，供应轻工业的成套设备，1972年为7320台，仅占全国成套设备量的6.1％；1976年降到2400台，占全国成套设备的比重降至2.1％。轻工业生产用电占全部用电的比重，1965年为14.8％，1978年为12.8％。[①]在产值方面，轻工业总产值在工业总产值中所占比重，1967年为53％，1976年下降到44.2％。采掘工业产值的增长速度低于制造工业产值的增长速度。1966—1970年和1971—1975年，采掘工业产值年平均增长速度为8.7％和10.5％，制造工业则为16.6％和12.7％。采掘工业发展缓慢，导致能源供应紧张，生产能力严重开工不足。

第三，由于在短时期内大批资金集中投放在经济落后、缺乏大规模建设前期准备工作的内地，造成这些地区工业建设的速度、规模与经济的水平不相适应，投资效益低下，建成的新生产能力得不到充分发挥。1976年，湖北"小三线"建设形成32种新产品，其中，生产能力利用率在90％以上的8种，不到70％的有9种，军事工业则有70％的设备闲置。就全国来说，工业布局向新地区展开的速度与经济发展的速度不相适应，新的工业基地建设

---

① 国家统计局：《中国工业经济统计资料（1949—1984）》，北京：中国统计出版社，1985年，第116页。

规模与当时国家财力、物力不相适应,带来国民经济和工业经济在生产投资能力和效益上的损失和低下。国家的财力和物力大部分用于内地工业建设,沿海地区原有工业企业和基地得不到足够的改造、充实和发展,使沿海地区工业在生产能力和效益上受损失。沿海地区工业产值增长速度逐渐下降,工业产值年平均增长速度,1962—1965 年间为 17.5%,1966—1970 年间下降到 11.7%,1971—1975 年间又下降到 5.1%。[①] 1967 年,上海各企业的设备中,处于 20 世纪 30—40 年代水平的占一半以上,处于 50—60 年代水平的近一半,处于 70 年代水平的只有极少数,生产能力被削弱。

1967—1978 年工业交通建设,特别是"三线"建设留下了重要的经验教训。其中主要的是:只有正确估计形势,才能制定出正确的经济发展战略;在执行经济发展战略的过程中,必须量力而行,全盘规划,兼顾国民经济各部门、各地区间的协调发展,充分利用和发挥各自的资源优势;在改变生产力布局的过程中,要按照客观经济规律办事,不能操之过急;在国防建设中,要正确处理好其特殊规律与一般经济规律的相互关系。

二、地方小工业的迅速发展和企业规模结构的变化

20 世纪 50 年代后期兴起的地方小工业,在 20 世纪 60 年代上半期的调整中收缩。1966 年,地方小工业得到国家财政、物资等方面的支持,开始恢复。此时发展地方小工业的目的,主要是为农业机械化服务,同时为市场、国防、外贸出口及大工业服务。1967—1968 年,因政治局势动荡,地方小工业停滞不前。1969 年开始回升。此时,中央要求各省(区)建设"小三线",实现各地区经济与军事工业的自成体系和自给自足,同时推进农业机械化。为此,1970 年 2 月,在《第四个五年计划纲要(草案)》中,要求各省、市、自治区都要建立自己的小煤矿、小钢铁厂、小化肥厂、小水泥厂、小机械厂(以上 5 项称"五小"工业),特别强调要发展中、小钢铁厂及相应的采矿业。从 1970 年起,中央财政在五年内安排 80 亿元专项资金用于扶植"五小"工业的发展。对资金困难的"五小"工业企业,由银行或信用社贷款支持。同时,国家采取支持"五小"工业发展的政策性措施。如规定新建的县

---

① 国家统计局:《中国工业经济统计资料(1949—1984)》,北京:中国统计出版社,1985年,第 139 页。

办"五小"工业，在两三年内所得利润的 60％留给县财政，继续用于发展"五小"工业；对于亏损的"五小"工业，经省、市、自治区批准，可以由财政给予补贴；一定时期内减免"五小"工业的税收。地方政府对于发展"五小"工业表现出很高的热情。东北等老工业基地为地方工业提供了大量设备。例如，1970 年，上海市在超额完成国家计划的同时，为各地制造 100 多套小化肥厂的关键设备。[1] 各省、市工业部门，以及各工业部门的大型骨干企业，也为地方工业生产了大量设备。1970 年地、县两级财政预算外资金用于发展地方工业的投资 100 万元。到 1973 年增加 1.48 亿元。1975 年又增加到2.79 亿元。[2] 1970 年，全国有约 300 个县、市办起小钢铁厂，有 20 多个省、市、自治区建起手扶拖拉机厂、小型动力机械厂，有 90％左右的县建立农机修造厂。到 1975 年，"五小"工业中的钢、原煤、水泥、化肥年产量，分别占全国总产量的 6.8％、37.1％、58.8％和 69％。[3] 地方小工业的范围，除了原有的钢铁、煤炭、化肥、水泥、机械等 5 个部门以外，还发展到水电、化纤、化工、塑料、制糖等其他工业部门。其中，直接为农业生产服务的小机械、小化肥、小水泥发展最快，构成这一时期地方小工业的骨干。1970—1976 年地方小工业的发展速度，是前所未有的。

地方小工业的发展，对工业经济、农业经济和地方经济的发展起了重要作用。首先，地方工业构成工业的一个重要组成部分。其次，大多数地方小工业坚持面向农业的方向，为农机修造网和广大的社队企业的建设提供大量的设备和原料，为农业生产和建设提供农具、农业机械、化肥、农药、燃料、动力、建材。地方政府从地方工业的利润中提拨一部分支援农业。最后，地方工业发展使县级经济结构发生重大变化，从单一的农业向农工业转变。地方小工业有助于利用和发挥当地资源优势，满足当地工农业生产及市场的需要，提高当地的经济水平。

地方小工业迅速发展引起工业结构的变化。1966 年以后，工业企业数目大幅度增加，由 1965 年的 15.77 万个，增加到 1976 年的 29.36 万个，每年约增加 1.24 万个。其中，1970 年到 1976 年间增长最快，1970 年 19.11

---

[1]　汪海波等：《新中国工业经济史》，北京：经济管理出版社，1986 年，第 357 页。

[2]　《人民日报》1971 年 1 月 18 日。

[3]　马洪、孙尚清主编：《中国经济结构问题研究》（下），北京：人民出版社，1981 年，第693 页。

万个,1976 年 28.76 万个,平均每年增加 1.64 万个。[1] 这主要是由于小企业的增加,增大了小企业在工业企业中的比重。

小型工业企业的迅速增加,有符合中国工业经济发展客观要求的一面。首先,随着国家工业基础的初步建立,工业经济发展客观上要求进行专业化分工和协作生产,这就需要建立大、中、小企业相辅相成的企业规模结构。其次,中国国土面积大,资源丰富,但大多不易于大规模开采,交通不便利,客观上需要因地制宜发展一些规模适度的小型工业企业,以充分利用各地资源,弥补大工业企业的生产之不足。

由于办地方工业的指导思想之一是使各地经济自成体系,在战时能独立作战,自给自足;由于地方工业由地方政府主办,各自为政,既没有全国统一的计划安排,也不受市场调节的影响,故发展中产生的问题也不少。第一,重复建设。各地建设的都是这几种工业。第二,一些地区的"五小"工业脱离本地的资源情况。例如:各县都建化肥厂,而生产化肥需要大量煤炭,长江以南许多地区缺乏煤炭资源,大批县化肥厂不得不依靠从远地购买煤炭,化肥生产成本大幅度提高。强调各地建立中小钢铁厂,一些无铁矿、煤矿的地方也办钢铁厂。湖南湘潭钢铁厂和广西柳州钢铁厂附近没有铁矿,只得长途运输矿石。广东、广西、湖南一些钢铁厂没有就近的煤炭供应基地,不得不长途运煤,或以高昂投资和生产成本开采本地劣质煤矿。一些地方小企业与大企业争原料、争动力,影响了大工业的发展,甚至破坏国家计划。[2] 第三,地方小工业一哄而起,摊子铺得过大。1970—1972 年,地方小工业每年新增企业达 1 万户以上。1970—1971 年,地方工业新增职工 400 万人,占这两年全国新增职工的 40.7%,[3] 成为导致国民经济出现"三个突破"的重要原因之一。第四,企业规模发生这种情况,一是由于地方政府限于财力、物力,往往只能兴建小规模企业。二是由于受备战战略思想的影响。例如,在电厂规模上,根据一颗原子弹造价高于 20 万千瓦发电站的造价,敌人不会用原子弹袭击 20 万千瓦以下电厂的理论,规定电厂规模不得超过 20 万千瓦的发电容量。[4] 一些企业规模过小,不符合规模经济效益原

---

① 《中国统计年鉴(1984)》,北京:中国统计出版社,1984 年,第 193 页。

② 周恩来:《周恩来选集》下册,北京:人民出版社,1984 年,第 465 页。

③ 汪海波等:《新中国工业经济史》,北京:经济管理出版社,1986 年,第 358 页。

④ 李代耕编著:《新中国电力工业发展史略》,北京:企业管理出版社,1984 年,第 225 页。

则。例如,依据每一纱锭平均提供利税,棉纺织企业的规模在 4 万～10 万锭之间时,规模经济效益最好。但 1967—1976 年间建立的地方小棉纺织企业多在 4 万锭以下。由于以上这些原因,绝大多数地方工厂经济效益低下。以化肥厂为例,1976 年,全国 1500 个小合成氨厂中,亏损者 1066 个,亏损总金额 5.9 亿元。

三、新兴工业的崛起与工业部门结构的改变

"小三线"建设与农业机械化的部署推动地方工业的快速发展,"大三线"建设则使与备战有关的新兴工业快速崛起。

1967—1976 年工业结构的另一个重要变化是建立和发展一批与"备战备荒为人民"有关的新兴工业部门,包括石油化学工业、电子工业、航天工业、核工业等,与备战有关的传统工业部门得以充实和发展。

1967—1976 年是石油化学工业大发展的时期。石油工业的迅速发展为石油化学工业的发展提供了基础。在此基础上,国家增加对石油化学工业的投资,引进一批先进的石油化工成套设备。在化肥方面,70 年代初从日本、美国等国引进 13 套大型成套设备,并于 1974 年以后陆续投产。在石油化工方面,从日本引进年产 30 万吨的乙烯及配套装置。在石油化纤方面,在上海、辽阳等地建设 4 个大型石油化纤企业。[①] 石油化学工业企业的建立,使石油化工产品大幅度增产,1976 年比 1967 年,化学纤维产量增长93％,合成洗涤剂增长 4.17 倍,乙烯增长 36.1 倍,[②]石油化学工业在化学工业中占据主导地位。化学工业又开始改变原有的以电石和粮食为主要原料、以有机化工产品为主要产品的格局,逐步形成以石油、天然气、煤炭为原料,以化学纤维等石油化工产品为主的格局。

同一时期,电子工业在许多领域取得重大进展,奠定了进一步发展的基础。这 10 年,国家对电子工业预算内投资累计达 27.15 亿元,为前 10 年电子工业投资的 1.9 倍;开工项目 81 个,其中大中型 58 个;建成项目 71 个,

---

① 当代中国丛书编辑组编:《当代中国的纺织工业》,北京:中国社会科学出版社,1984年,第 60 页。

② 国家统计局:《光辉的三十五年统计资料》,北京:中国统计出版社,1984 年,第310 页。

其中大中型 57 个。[①] 这些项目构成中国电子工业发展的骨干和重要基础。各省、市、自治区建立一些地方电子工业项目。电子工业产品产量迅速增长。1976 年与 1967 年相比,电视机产量增长 35.2 倍,收音机增长 9.6 倍,录音机增长 3.7 倍。[②] 电子工业产值 1976 年比 1966 年增长 5.6 倍。[③] 电子工业的科研试制取得重大成果,配合卫星、氢弹和火箭试验等重点工程研制的电子设备取得成功。自行研制成功卫星地面站、彩色电视发射设备、第三代电子计算机;发展了激光红外技术;自行试制成功小同轴三百路载波机、大功率间边带发射机、散射通讯机等通讯设备。1966 年研制出国内第一块集成电路之后,迅速实现了批量生产,到 1976 年达到 2000 万块以上。

1967—1976 年,核科学研究进展很快,突破了核科学技术的许多难关。核工业依靠国产设备、材料,依靠自己的技术和设计能力,建成核工业后方基地,探明了相当数量的铀矿地质储量,基本形成了从铀矿地质勘探、矿石开采、冶炼到核燃料生产,从科研、设计到制造设备、建筑安装,从核武器研制、生产到安全防护,具有一定规模和纵深布局的、比较完整的核科技工业体系。中国成为世界上少数几个拥有较完整的核科技工业体系的国家之一。

1967—1976 年,初步建立了研制、生产、试验相配合的航天工业体系。自 1964 年 6 月第一枚运载火箭发射成功之后,在 20 世纪 60 年代后期发射成功中程及中远程运载火箭。1970 年春天,用 ·枚三级运载火箭将 300 公斤重的人造卫星送入近地轨道。20 世纪 70 年代中期,研制成功可将 1200 公斤重的人造卫星送入近地轨道的新型运载火箭。1970 年 4 月,成功发射第一颗人造地球卫星。到 1976 年,先后发射了五颗人造地球卫星,其中两颗按预定计划返回地面。航天工业的发展推动了空间技术在国民经济中的应用。空间技术在土地资源清查、林业监测、区域地质、水文调查等方面已开始应用,并取得初步成效。此外,在空间武器、核武器、中程和中远程导弹的研制、生产上取得了重大进展。

新兴工业部门的建立,使中国工业部门结构趋向完整。1967—1976 年是中国建立独立的比较完整的工业体系的一个重要阶段。

---

① 据《中国统计年鉴(1984)》第 220、222、227 页计算。

② 国家统计局:《光辉的三十五年统计资料》,北京:中国统计出版社,1984 年,第 311 页。

③ 汪海波等:《新中国工业经济史》,北京:经济管理出版社,1986 年,第 385~386 页。

第四节　"农业学大寨"与农村经济的停滞

一、"农业学大寨"性质的变化

1967—1978 年,农村经济的变化与城市经济相比,有相同之处,也有不同之处。造成不同之处的原因,首先是由于"文化大革命"对农村与城市的影响不同,其次在于政府以推行"农业学大寨"来带动整个农村经济。此外,还有所有制与产业的不同。

(一)从四清运动到"文化大革命"

1963 年开始的农村四清运动是在以阶级斗争为纲的指导思想下开展的。如把实行自留地、自由市场、自负盈亏和包产到户(简称"三自一包")政策定为"走资本主义道路",把生产队实行不同形式的生产责任制说成是"搞单干",否定调整时期农村经济工作中的正确做法和成功经验。1966 年 12 月 15 日,中共中央发布《关于农村无产阶级"文化大革命"的指示(草案)》,要求农村在"文化大革命"中把四清运动纳入进来,采取大鸣、大放、大字报、大辩论的方式打倒党内的"走资派"和未改造好的地、富、反、坏、右分子。

农村的"文化大革命"最初是利用农闲时间,在社队之间进行串联。后来是县、社、生产大队、生产队举办各级各类毛泽东思想学习班,把本单位的斗、批、改同批判"三自一包"等结合起来。进而依靠贫下中农打倒各级"走资派",组成县、社两级或县、社、生产大队三级"新生红色政权"。到 1968 年,大多数地区农村的政权和中国共产党的基层组织已在发挥作用。农村人民公社是集体经济组织,社员的生活与生产队的生产状况直接相关,并且农民担负着向国家交纳与出售农副产品的义务。这就决定广大农民不可能像某些工厂那样长期停止生产,否则,农民本身与城市居民都无法生活下去。农民对 1960—1961 年生活困难的教训记忆犹新。广大社员群众不愿丢下生产搞斗、批、改。农村形势相对稳定。1969 年以后,农村各种形式的斗、批、改或与"农业学大寨"运动相结合,或通过"农业学大寨"运动来进行。

（二）大寨经验的演变

大寨大队地处山西省昔阳县东南海拔 1000 多米的山区,4700 多块(共 800 亩)耕地分散在"七沟八梁一面坡"的贫瘠土地上。从 50 年代初到 60 年代初,大寨人凭着镢头和箩筐,在土石山上开沟造田,平整田面,用秸秆还田,增施农家肥等方法改良土壤,改变了恶劣的生产条件,使粮食产量逐年上升,农业总收入和公共积累不断增加。大寨大队党支部教育群众正确处理国家、集体、个人以及同周围其他社队的关系。1963 年,大寨遭受严重的洪水灾害,社员们依靠自力更生,艰苦奋斗,取得抗灾夺丰收的胜利。他们的事迹引起了地方和中央各级领导人的注意。1964 年,毛泽东发出"农业学大寨"的号召。同年,在全国人大三届一次会议上,周恩来指出:"大寨大队所坚持的政治挂帅、思想领先的原则,自力更生、艰苦奋斗的精神,爱国家、爱集体的共产主义风格,都是值得大大提倡的。"这是对大寨经验的概括。从 1964 年开始的全国农村"农业学大寨"运动,主要是学大寨人自力更生、艰苦奋斗的精神,各地农村因地制宜,努力改善生产条件,起到了推动农业生产发展的积极作用。

"文化大革命"开始后,大寨大队从农业生产战线上自力更生、艰苦奋斗的先进典型,转变为推行极"左"路线的样板。大寨大队的经验变了样,大寨经验的精髓被总结为"斗"。首先是斗阶级敌人。生产上不去,被认为是阶级斗争抓得不紧,有阶级敌人破坏捣乱。于是到处抓"敌人",人为地制造出批斗的靶子。凡是地主、富农、历史反革命分子、坏分子、右派分子,无论其表现如何,必定是斗争对象。若无这些分子,则找他们的子女批斗。若这类子女也没有,则找以往犯过某种大大小小"错误"的人中或现在有"错误"言行的人批斗。其次是与资本主义斗。在中国农村中,资本主义从来就没有得到过什么发展,尤其是实现了合作化之后,生产资料公有,集体劳动,集体分配,资本主义失去存在的基础。大寨的经验是在没有资本主义的地方找出"资本主义"来斗。这包括把中农,特别是上中农作为"资本主义自发势力的代表"批斗。把社员经营的自留地、家庭副业,以及农村集市贸易和集体工副业,都作为"资本主义尾巴",要求割掉。在推广这条经验的过程中,社员自留地收归集体的比例占到 99%,社员家庭副业只限于"一猪、一树、一鸡、一兔",农村集市贸易被关闭取缔。这样,堵住的并不是资本主义的路,而是发展农村商品经济和社员群众脱贫致富的路。这样,极大地消耗广大

社员群众改造大自然的精力，极大地挫伤了干部群众发展生产的积极性。从全国来看，农村"斗"得最凶的年份，如 1967—1971 年的农作物总播种面积和 1968 年农业总产值，都低于 1966 年的水平。

被广泛推行的大寨经验还有"自报公议"工分制。这种工分制本是取代依据劳动定额评工记分制度的。大寨大队要求社员在自报工分和评议工分时要"斗私批修"，不要计较个人利益。这样，社员都不能自己争工分。评出的工分只能是"大概工分"，不能体现按劳分配，以致"评工开会没人吭，会后意见乱纷纷，上地一窝蜂，干活磨洋工"。这种工分制极大地挫伤社员群众的积极性。

昔阳县从 1958 年人民公社化到 1961 年实行的是大队核算制。1961 年搞核算单位下放时，有 94％的大队由大队核算制改为生产队核算制。大寨大队规模小，实行的是大队核算制。为使学大寨"不走样"，昔阳县从 1967 年冬到 1968 年，将所有的生产队核算制改为大队核算制。这两次"过渡"到大队核算制都是在政治运动（1957 年反右派斗争与 1966 年开始的"文化大革命"）之后，以政治高压实现的。于是，实行大队核算制也成了大寨经验。推广这条经验的结果是在全国掀起"穷过渡"的浪潮。用"穷过渡"的办法来消灭富队与穷队之间在物质利益上的差别，富队的利益受到损害，穷队可以通过"过渡"沾富队的光。于是，各队不求致富，社员的积极性受到挫伤。

在"农业学大寨"运动过程中，要求建设"大寨县"。为了建设"大寨县"，一个县之内调动各队的人力、物力、财力，兴修农田、水利、道路等工程。据大寨大队所在的山西省晋中地区 1978 年 8 月的统计，1974—1978 年全区在"农业学大寨"运动中所搞的农田基本建设，向非受益队共摊派粮食 1100 万斤，现款 140 万元，劳力 1500 万个，物资折价 120 万元。所有制的"穷过渡"和这种无偿摊派，是重搞"一平二调"。它侵犯生产队的所有权、自主权，违反等价交换、自愿互利的原则。这些做法同其他一些原因汇合在一起，使农业经济效益越来越差。以昔阳县为例，1967—1976 年，与前 10 年比，平均农业生产总消耗增加 1.36 倍，农业总产值仅增加 0.93 倍；农、林、牧、副、渔等各业的综合效益降低 18％；粮、棉、油等农业生产的综合经济效益降低 13.6％。

因为把学大寨提到了是否抓阶级斗争和革命的高度，造成一股强大的政治压力。在这种气氛中，强调学大寨要"不走样"。于是，大寨大队生产中的一些具体做法，如搬山造田、偏废多种经营以保证粮食稳产高产等，在一些地区被不切实际地照搬，在有水面的地方围湖、填塘造田，在山区毁林开荒，在牧区毁草种地。这些做法违反自然规律和经济规律，劳民伤财，破坏生态平衡，后患长久。素有"千湖之乡"之称的湖北省，原有面积1000亩以上的湖泊1065个，它们的水面面积在学大寨期间减少3/4。浙江和上海市郊分别填塘5万亩和8万多亩。林区、牧区毁林、毁草开荒，固土的林木、植被遭到破坏，水土流失、草原沙化越来越严重，旱、涝、雹等自然灾害增多。陕西省镇巴县原来森林覆盖率达60％以上，无水、旱、雹灾，林茂粮丰。毁林开荒后，林产品产量大降，水、旱、雹灾频至。全县粮食产量反比原来减少一半以上。内蒙古伊克昭盟开垦草原后，1800万亩草原沙化，风沙南侵，每年在原有耕地上重种、毁种达100万亩之多。大多数荒地的土壤肥力只能维持二至三年，粮食亩产一般在50斤以下，遇到旱年连种子都收不回来，最后不得不弃耕。

二、农业生产缓慢增长

(一)农业受到重视

国家重视农业，这主要表现在以下几个方面：

(1)通过新中国成立后17年经济建设的实践，中共中央领导人已比较清醒地认识到，在中国这样一个经济不发达的农业大国里，不以农业为本，就无法支撑起一个稳固的国民经济框架。加上1959—1961年三年经济生活严重困难的教训，国家对农业甚为重视。尽管这一时期受"左"的思想的干扰，在经济建设的实践中对农、轻、重的比例关系处理得不太好，但始终没有对农业撒手不管。即便是在1967—1968年造反派闹得最凶的时期，中共中央也一再发布指示，不准"文化大革命"运动冲击农业。几乎年年都强调要不误农时，"打响春耕第一炮"，号召各行各业支援春耕、夏收、秋收。

(2)国家采取一系列保护农业稳定发展的优惠政策。如降低农业生产资料、农药的零售价格，同时提高农副产品、土特产品的收购价格；对受灾地区减免农业税；实行增产不增税的政策，稳定生产队负担，使生产队能够把增产的部分农产品用作扩大再生产。

(3)国家拿出大量的资金和物资支援农业的发展。1966年财政支农资金54.1亿元，1976年增加到110.5亿元，增长了104.3％。同一时期农业

贷款增长近 3.5 倍。对许多地方长期收不回来的农业贷款，国家统一核销，将这些贷款变成了国家对农业的无偿拨款。

（4）部分工业生产转向为农业生产服务的轨道，这部分工业生产能力逐步提高，工业向农业提供的生产资料大幅度增长。1975 年与 1965 年相比，农用钢材增长 292.2%，农村用电量增长 393.5%，农用水泥增长 537.9%。农用化肥和化学农药，1976 年比 1966 年分别增长 117.7% 和 49.2%。加上农业机械的大量生产，国家投资兴修农用水利工程等，提高了农业生产的装备水平，增强了农业生产抵御自然灾害的能力。

（二）农业生产物质条件的改善

在农业生产的生态条件恶化的同时，另一些物质条件有所改善。这主要表现在农田水利基本建设的发展，农业机械增多，农业科学技术的推广和广泛施用化肥、农药等方面。

这个时期新建和续建一大批水利设施。如修建了子牙河工程、江都水利枢纽工程、丹江渠道主体工程，修治了新汴河、湖南欧阳海灌渠、新沂河、新沭河、红卫河、苏北灌溉总渠等。1976 年，淮河流域的农田灌溉面积达 1 亿亩，比 1965 年扩大 1 倍。1975 年全流域粮食产量比 1965 年增长 70%。在没有河、湖的地区，打机井提取地下水来灌溉农田。1966 年到 1971 年，河北、河南、山东、山西、陕西、甘肃、黑龙江、吉林、辽宁、安徽、北京、天津等省市新建的机井，相当于 1950—1965 年机井建设总数的 3 倍。大量水利工程的兴建，加上农业排灌机械的使用，全国农田灌溉面积由 1965 年的 49582 万亩，增加到 1975 年的 64925 万亩，增长了 31%。同期，有效灌溉面积占耕地总面积的比重，由 31.9% 上升到 43.4%。农田水利工程的兴建，改善了耕地质量。到 1975 年为止，全国耕地中的盐碱地已有一半以上改造为良田。

1966 年 2 月，毛泽东对中共湖北省委《关于逐步实现农业机械化的设想》作了批示。3 月，又就这个问题给中共中央写信。他指出，要充分发挥地方的积极性，逐步实现农业机械化。此后，各级政府重视农业机械化问题。到 1972 年，全国已有 96% 的县建立农机修造厂，农业机械生产量大幅度增长。

这个时期，农业科学技术工作者做出不少成绩。1968 年，中国找到解决国内外农业生产上长期以来被认为是难以解决的马铃薯退化问题的途径,育出小麦杂交后代"红旗一号"。1970年,浙江省带头普遍推广水稻"小苗带土移栽"新技术。1972年,中国科学院与湖南农业科学院共同研究成籼型杂交水稻良种。1976年,培育出由小麦和黑麦人工综合而成的一个异源八倍体小黑麦,为瘠薄干旱的高寒地区发展细粮生产开辟了新途径。良种研究成果的推广较为迅速。1974年,水稻良种占全国水稻播种面积的80%左右,小麦良种占到小麦播种面积的80%以上。选用丰产性能好、抗锈病、抗倒伏能力强的水稻、小麦良种,加上栽培技术的改进,打破了传统的稻麦种植界限,稻麦两熟制由大江南北扩展到长城内外。

1966年以后,国内生产的与进口的农用化肥和农药有较大的增长。每公顷耕地的化肥施用量从1965年的18.7公斤增加到1978年的88.9公斤。高效化肥的施用,使作物的生长周期缩短。化学、农药的普及,使作物的抗病虫害能力显著增强。

农村工业的发展安置大批农业剩余劳动力。社队企业的利润,为解决农业现代化的资金问题提供一条可行的道路。

所有这些物质条件的改善,表明农业生产在物质条件方面的现代化又前进了一步。

(三)农业劳动力的增加

农业生产的主要力量是集体所有制经济单位的成员。他们是自负盈亏、只有发展生产才能解决自己吃饭问题的劳动者,这是集体所有制经济形式内部的自组织功能。农民的辛勤劳动和分配中的积累比重大,使劳动积累和资金积累增加。

农村人口迅速增加带来劳动力迅速增加。人口的压力以及决策上的"以粮为纲",使这个时期的农业生产结构基本上是两个约等式:农业≈种植业,种植业≈粮食生产。过剩的农业劳动力既不能大规模地转移到搞经济作物,转移到林、牧、渔业,转移到社队工副业上去,又不能自由流入城市。这使单位耕地负载的劳动力不断增加,平均每亩种植粮食作物的耕地上所投入的劳动力人数,1956年为0.09人,1966年为0.13人,1976年为0.16人。增加劳动集约度是这个时期农业生产增长的一个因素。这种过密化,对农业生产和国民经济的长期发展来说,是一种不好的趋势。

(四)农产品总量在波动中增长

1967—1978年间,每年的农业总产值与上年相比,其增减情况如下:

1.6%,－2.5%,1.1%,11.5%,3.1%,－0.2%,8.4%,4.2%,4.6%,2.5%,1.7%,9.0%。[①] 可见,农业生产增长速度比较慢,波动大。12年中,有2个年份是负增长,有4年增长率在1.1%~2.5%之间,增长率高的3年都带有恢复性质。1967—1978年农业总产值年均增长率3.4%,比1950—1966年的4.8%低1.4个百分点。

在贯彻"以粮为纲"方针的形势下,将发展农业生产的主要力量放在增加粮食产量上,其次是棉花和油料。1966年,全国粮食产量为21400万吨,棉花为233.7万吨,油料为386.4万吨。1976年,这3项的产量分别为28631万吨,205.5万吨和400.8万吨。10年间粮食增长33.8%(年均增长3%),油料增长3.7%(年均增长0.4%),棉花下降了12%。1976年人均粮食308公斤,比1966年(291公斤)增加17公斤,增加5.84%,比1956年(310公斤)减少2公斤。1976年人均棉花2.2公斤,比1966年(3.2公斤)减少1公斤,减少31.25%。1976年人均油料4.3公斤,比1965年(5.1公斤)减少0.8公斤,减少15.67%,比1956年(8.2公斤)减少3.9公斤,减少47.56%。在上述粮、棉、油产量中,按总量计算,粮食产量增长最快;按人均计算,唯有粮食有所增加。

三、指令经济下的农业生产效益与农民生活状况

(一)经济效益下降

1953年开展工业化之时,通过"剪刀差"的方式,从农业中吸取经济剩余以加速工业积累。从短期看,这是无可厚非的一种工业化选择。但是这种积累方式的结果,必然会造成农业的停滞和萎缩,破坏农业与工业之间的协调发展。农业生产力从1955年到1978年几乎处于停滞状态,1975年农业按不变价格计算的劳动生产率比1957年还低11.6%。农业生产率的长期停滞,使农产品的供给约束成为工业化进程中的重要瓶颈,在优先发展重工业战略下发动的每一次工业化的高潮,都因农业无法支撑而宣告结束。1961—1963年、1966—1976年,甚至出现了工业化进程中两次著名的就业结构逆转。在这两个时期,大量城镇青年不得不到农村就业,这就动摇了实

---

① 《中国统计年鉴(1987)》,北京:中国统计出版社,1987年,第45页。

施重工业超前发展战略的基础。

如果从经济效益上进行分析,1966—1978 年这一时期的农业生产发展状况,无论是同其他历史时期相比,还是同农业生产水平较高的国家相比,都是很差的。

表 12-1 1953—1978 年各个时期农业生产经济效益比较

年　　份	1953—1957	1958—1962	1963—1965	1966—1978
每个农业劳动力负担的耕地面积(亩)	11.65	10.57	9.36	7.89
每个农业劳动力养活的人口数(人)	3.15	3.22	3.10	3.01

资料来源:《中国统计年鉴(1983)》,第 103、120、154 页。

表 12-2 1975 年中美农业劳动生产率比较

国　　别	平均每个农业劳动力养活的人口(人)	平均每个农业劳动力生产的肉类(斤)	平均每个农业劳动力生产的粮食(斤)
中国	3.01	51.11	1931.53
美国	82	12815	227077
美国是中国的倍数	27.24	250.74	117.56

资料来源:《世界经济统计简编(1978)》,第 210～214 页;《中国统计年鉴(1983)》,第 103、120、154、162、178 页。

问题的严重性在于,美国农业劳动生产率不仅比中国高得多,而且在基数大得多的情况下,增长率也比中国高得多。表 12-2 的 1、2、3 项 1966—1975 年的增长率,中国分别是 0.1%、0.8%、5.2%,美国则是 5.5%、6.1%、8.1%。

在农村两种所有制生产组织中,集体所有制的人民公社生产效益下降,全民所有制的国营农场生产效益下降得更严重。1960 年以后下放部分城市居民到国营农场,1968 年以后又下放城市部分知识青年到国营农场。1976 年同 1966 年相比,国营农场职工人数增长 75.4%,耕地面积增长 28.4%。就国营农场经济效益来看,这一时期是新中国成立以来最差的。1966—1976 年国家共向国营农场投资 46.6 亿元。在这 11 年中,除 1966 年略有盈利外,其余 10 年年年亏损,亏损额共计 32 亿元。这个时期形成的问题,决定了以后几年不可能不继续亏损。1978 年全国农垦企业的产值利润率为 -1.09%,累计固定资产值率为 52.3%,销售收入利润率 -1.23%,粮食商品率为 30.48％。这些指标分别比 1965 年下降 125.9％、15.3％、124.7％和 11.9％。

（二）农民实际收入下降

农业生产经济效益的下降，不仅影响了农业扩大再生产的正常进行，也使农民生活长期得不到应有的改善。

把家庭副业、自留地、集市贸易当作"资本主义尾巴"割掉，堵塞了农民利用闲暇时间开展多种家庭经营，增加收入的门路。社员的收入基本上来自生产队的分配。生产队的生产完全听从政府的指挥，政府叫生产什么就生产什么，叫何时下种就何时下种，没有生产经营的自主权，不能因地制宜种植收益最大的作物。在"以粮为纲"方针的制约下，一切都要给粮食生产让路。在不适宜种植粮食作物的地区或地块上强行种植粮食作物。农业生产的效益本来就很差，加上积累比例大，分配给社员的不可能多。1965 年社员人均集体分配收入 52.3 元（基本现金 14.5 元），1976 年为 62.8 元（基本现金 12 元），增长了 20％，平均每年只增加 0.95 元，而现金分配下降 17.2％。如果考虑到社员因自留地归公和不从事副业生产而减少的收入，社员的实际收入不是增加，而是减少。社员人均集体分配收入增长缓慢与农业人口的迅速增长有关。1966—1978 年，全国农业人口从 61229 万人增加到 79014 万人，增长 29.1％，平均每年增长 2.2％。这种增长速度抵消了农业生产总值平均每年增长 3.4％中的 2/3。

（三）农民的消费状况

1966—1976 年，农民从生产队分得的作为消费资料的产品和用现金购买到的基本消费品数量，几乎没有什么增加，有的还减少。1976 年与 1966 年相比，全国农村居民人均粮食、食用植物油、猪肉和各种布料的消费量，分别增长－2.07％、－7.94％、3.47％和 16.88％。生活用煤的消费量下降 12.4％。在秸秆不够的情况下，要解决燃料的问题，只得伐木掘草，以解燃眉之急。生态平衡进一步被破坏。1967—1976 年，农村居民人均购买消费品的支出，平均每年只增加 1.32 元。问题在于每年增长的这么一点购买力，还常买不到适用的消费品。社员只有将钱存入信用合作社和银行。所以社员个人储蓄，1976 年比 1966 年增长 152.7％，平均每年增长 4.3％。农民在吃、穿、用、住方面基本上没有什么改善。

（四）农村文化、教育、卫生状况

1976 年与 1966 年相比，农村小学、中学学生人数有显著的增长，学校的教学质量却严重下降。学制缩短了，师生花大量的时间参加政治活动与生产活动。一批有教学经验的教师挨批挨斗，或回家劳动，师资水平下降。不少学龄儿童和青少年由于家庭经济条件差，入不了学，农村的文盲率有所回升。

农村文化活动单调，传统的灯会、庙会、赛龙舟等游艺活动遭到禁止，传统的文艺节目被视为"封（封建主义）、资（资本主义）、修（修正主义）"的东西，禁止演出。民间文艺社团有的被取消，有的停止活动。所有的社团只能学演八部样板戏，仅有的几部"有教育意义"的影片来回重复放映。由于物质生活改善缓慢，或某些方面的恶化，不少地方农民的精神文明程度退化。新中国成立后逐渐消亡的买卖婚姻、包办婚姻又死灰复燃。

自 1965 年 6 月 26 日毛泽东发出"把医疗卫生工作的重点放到农村去"的指示后，农村的合作医疗事业有长足的发展。到 1976 年止，全国有 90％以上大队实行合作医疗制度，5 万多个人民公社基本上社社有卫生院。农村赤脚医生数达到 180 万人，平均每 10000 农业人口中有 23 个赤脚医生。加上卫生员、接生员，农村共有 600 万人左右的初级卫生保健人员。农村卫生机构每 10000 人拥有的床位数，1965 年 5.10 张，1975 年 12.30 张。赤脚医生没有经过正规的专业训练，接生员、卫生员更是如此。加上农村医疗机构的药品不齐，医疗器械简陋，很多疾病得不到有效治疗。由于农民收入低微，虽然医疗收费极少，药品几次降价，多数农民还是无钱医病。

第五节　商业的衰落

一、贱商与限商的舆论

毛泽东在《五七指示》中提出学工、学农、学文化、学政治、学军事，就是不提学"商"。"文化大革命"期间，把商品交换中实行等价交换原则，对农副产品搞奖售和超购加价，按购买力多少在城乡之间、地区之间分配商品，集市贸易等，都当成"资产阶级法权"加以批判和限制。

中共中央机关刊物《红旗》杂志 1969 年第 2 期发表（《人民日报》1969 年 2 月 1 日转载）辽宁省革命委员会等四个单位联合调查组所写的《按照毛主席的五七指示改造集镇》的调查报告。这个调查报告说，位于辽宁省盘锦垦区南部的田庄台镇，是一个资本主义势力泛滥的消费城镇。报告列举资本主义泛滥的证据是：全镇 1.4 万多人，在有劳动能力的近 6000 人当中，家庭手工业者、小商贩等个体劳动者达 2800 人；全镇居民所需主副食品全部由国家供应；全镇商品零售额有 20％是小商小贩所经营；镇上自由市场成交的商品中，有国家统销的粮食、油料、布匹等。不难看出，该调查报告是把小商小贩、手工业者当成资本主义看待的。其实，田庄台镇是一个有 1000 多年历史的水陆小码头，商业和手工业比较发达，是工农业产品的集散地，手工业者、小商小贩集聚于此，是商品经济发展的一种正常现象。在社会主义条件下，完全可以利用他们来为社会主义服务，更谈不上是什么资本主义。然而，从调查报告中可以看出，在批"资本主义"的名义下，该镇小商小贩、手工业者被一扫而光，统统被组织参加集体生产劳动，该镇随之衰落。全国各地的城镇的命运大体相同，例如湖北省 1957 年有小城镇 170 多个，到 1975 年只剩下 104 个，工商业日趋萧条。[①]

《人民日报》1970 年 10 月 1 日发表《我国社会主义商业的方向》一文，指责商业部门搞"流通决定生产"，以流通为中心，压工业，卡农民，实行刀鞭政策，一手拿刀，一手拿鞭，多了砍，少了赶，压制和破坏了生产的发展。这种批判片面强调生产对流通的决定作用，忽视流通对生产的能动反作用，搞乱了商业人员的思想。批判"流通中心论"以后，许多商业人员认为商业只能消极地迁就生产，不少地方又重犯 1958 年"生产什么，收购什么，生产多少，收购多少"的错误，大量的不适合市场需要的商品放在仓库中积压浪费。

1967—1978 年期间，经济工作指导思想的特征之一，是严格限制市场的发展，造成货源紧缺，市场萎缩，商品流通渠道单一，商业管理混乱，商业网点减少，商业体制僵化，买难卖难的现象日益严重，阻碍国民经济的发展，给人民生活带来极大的不便和困难。

二、批"四旧"对商业的冲击

"文化大革命"初期，对商业冲击得最为直接的，一是扫"四旧"（指旧思

---

① 　湖北省统计局编：《湖北省情》，武汉：湖北人民出版社，1987 年，第 395～396 页。

想、旧文化、旧风俗、旧习惯)给商业造成的巨大损失,二是夺权武斗带来的市场萧条。

1966年6月1日,《人民日报》发表题为《横扫一切牛鬼蛇神》的社论,提出破"四旧"的口号。8月中旬,红卫兵运动兴起,各地学生纷纷冲向社会破"四旧"。

(一)取消名牌老字号商店

在破"四旧"的行动中,把名牌老字号商店的招牌、牌匾、对联、门面的画饰,以及广告、橱窗、霓虹灯等等,当作"封、资、修的黑货"予以砸烂。商店换上的新名称大体都一样。例如,北京大栅栏改名"红旗街"后,大部分商店以"红旗"命名。王府井大街有6家以"红旗"命名的商店。上海市服装鞋帽公司417家零售店,店名重复的达349家,其中名为"红卫"者就有32家。这使顾客摸不清门面,辨不出商店经营特色和专业分工,造成很大不便。

(二)禁止出售"有问题"商品

"有问题"的商品包括三类。第一类是被认为商品属于"为封、资、修服务的",比如口红、唇膏、头蜡、香水、胭脂等化妆品,耳环、项链、手镯、戒指等各种装饰品,西装裙、舞袜、高跟鞋、尖头皮鞋等穿着用品,绣花枕头等床上用品,机动玩具、扑克牌、象棋、围棋等文体用品,还有古字画等文物、高级工艺美术品、高级烟酒、高级食品等,一律停止出售。第二类是商品名称"有问题",包括"有封、资、修烙印的",如天王补心丹、修正液、贵妃鸡等,和用外文译音命名或带有"洋"字头的,如凡力丁、维尼龙、华达呢、巧克力、洋葱、洋姜、洋芋等。这些商品要改名称出售,如买洋芋一定要改为买土豆,否则售货员不卖。第三类则是认为商品的商标、图案、造型等"有问题"的,比如商标、图案、造型上有帝王将相、才子佳人、八仙过海、观音送子等,要停止出售。停售的"有问题"商品品种一般要占到原经营品种总数的1/5,有的地区达到1/4。如北京市百货大楼停售的商品达6800种,占原经营品种的22%;武汉市武汉商场(原友好商场)停售的商品4200种,占原经营品种总数的24%。沈阳市铁西百货商店停售的商品1700多种。停售的商品,或加工改制,或改换图案、商标,或报废、销毁。这导致经营品种减少、人民群众多种多样的需要得不到满足,造成巨大的经济损失。

（三）取消传统服务项目，砍掉各地风味特色

在饮食业中，取消雅座；取消服务到桌，一律实行顾客自我服务，即由顾客自行排队购票，自找座位，自取饭菜，自找碗筷；取消高级菜和西餐，一律经营普通中餐；所有饭馆一律停售各种酒，酒馆改营糖果糕点。照相业规定"几不照"："全家福"不照，男女靠近不照，斜体、歪头不照，穿婚纱不照，穿民族服不照等。旅店业取消为旅客打扫房间、厕所和打开水等服务项目，取消单间。男子理发就是平头、光头、小分头，不做其他发型方式，取消烫发、洗头、吹风、修面等服务项目。浴池业取消修脚、搓澡、擦背等。禁止和取消的项目，被视为非大众化、非工农化，是资产阶级法权的体现。这种"大众化"、"工农化"，实际上是"简单化"、"粗劣化"。饮食服务业中的服务态度和服务质量空前地坏，商店经常因全体职工听报告、开大会、游行、政治学习、雷打不动的"天天读"而关门停业，商业和市场一片混乱。

三、商业亏损与供应紧张

由于批判"利润挂帅"，人们谈"利"色变，形成以赔钱为"光荣"，赚钱为"耻辱"的反常现象。不讲核算、不计成本的情况普遍，商业经营亏损情况越来越严重。仅 1971 年至 1973 年，商业部系统清出销小存大、冷背呆滞、质次价高、残损变质及其他有问题的商品总值 54 亿元。1975 年与 1957 年比较，每销售 100 元商品所占用的资金多 15.98 元，即高达 61.16 元；资金周转减慢 0.58 次，即下降到 1.63 次；费用水平上升 11.6％。[1] 1966—1976 年是新中国成立以来商业经济效益最差的时期之一，有 5 年的经营利润比上年减少。1966 年，商业部系统独立核算单位中的亏损单位 6053 个，1976 年增加到 13200 个，增长 118％；同期亏损金额由 53525 万元增加到 178256 万元，增长 230％。[2]

在粮食供应紧张的情况下，粮产区只强调种粮食，忽视经济作物和其他项目的生产，结果是"以粮为纲，全面铲光"。在经济作物种植区，提倡"菜农

---

[1] 商业部商业经济研究所：《新中国商业史稿》，北京：中国财政经济出版社，1984 年，第 319 页。

[2] 商业部商业经济研究所：《新中国商业史稿》，北京：中国财政经济出版社，1984 年，第 320 页。

不吃商品粮"、"果农不吃商品粮"、"茶农不吃商品粮"、"棉农不吃商品粮"、"牧民不吃商品粮"等,经济作物种植区将部分土地改种粮食作物,其结果是,不仅粮食生产商品率低,而且全部农副产品的商品率也很低。1967年到1969年,社会农副产品收购总额连续三年下降,由1966年的345.9亿元下降到1967年的344.8亿元,再下降到1968年的338.2亿元,1969年又降低到324亿元。食用植物油、菜羊、家禽、鲜蛋的社会收购量,1966年分别为20.8亿斤、1142万头、12542万只、1077.1万担,1976年分别为17.7亿斤、1013.5万头、9934.4万只、899.8万担,1976年比1966年分别减少14.9%、11.25%、20.79%、16.46%。[①]农副产品商品率低,收购量少,提供给市场的农副产品严重不足,市场供应长期紧缺,造成市场的呆滞。

由于以上种种因素的作用,社会购买力长期超过商品可供量,缺口越来越大,市场商品供应紧张的程度有增无减,不仅粮食、棉花、食油、猪、禽、蛋、水产品、蔬菜等主要农副产品长期供应短缺,而且纺织品、毛线、手表、自行车、缝纫机、搪瓷制品、铝制品、肥皂、火柴、煤炭、铁锅、饭碗等日用工业品供应也全面紧张,凭票证供应的商品范围越来越广;有的商品有票无货;有的商品数量太少,连票证也不能发。以蔬菜为例,由于许多城市郊区的菜田改种粮食或套种了粮食,蔬菜产量减少,而城市人口与职工人数却在增加,蔬菜供应日趋紧张。有的城市菜场排队现象严重,年老体弱者和双职工经常买不到菜;有的城市则实行蔬菜定量供应,发卡记证;有的城市采取由菜场把蔬菜分配到居民点,由居民委员会组织按户限量供应。供应的蔬菜品种很少,多是粗菜、大路菜,很少供应细菜,城市居民天天为吃菜犯愁。1973年至1976年,上海每年缺菜时间少则90天,多则140～150天。1976年2月份,上海市蔬菜上市量最低的一天只有180万斤,每人平均不到2两蔬菜。为了保证淡季居民吃菜,不得不采取对某些蔬菜凭卡轮流购买的办法。[②]

由于限制商品经济发展,导致市场商品匮乏,市场机制削弱,商品供求关系长期紧张,城乡市场呆滞,它反过来又阻碍了生产的进一步发展,使市

---

① 《中国贸易物价统计资料(1952—1983)》,北京:中国统计出版社,1984年,第125～127页。

② 上海市统计局:《上海经济(1949—1982)》,上海:上海社会科学院出版社,1984年,第611、621、624页。

场商品供应困难加剧，如此恶性循环，把市场拖入了绝境。

第六节　又一次不成功的经济体制改革

从 1969 年开始，进行以下放管理权力为中心的，涉及生产、流通、分配三个领域的经济体制改革。

一、生产领域管理权与企业的匆忙下放

生产领域里体制的变动，主要体现在工业、农业和基本建设体制的变更上。农业体制的变动已在上文中分析，下面叙述工业和基本建设的情况。

（一）工业方面

1966 年 3 月，毛泽东在给刘少奇的一封信中说：“一切统一于中央，卡得死死的，不是好办法。”①根据毛泽东的意见，中共中央讨论改革中央集权过多的管理体制。由于“文化大革命”的发动，改革的行动被推迟。经过混乱的 1967—1968 年后，进入 1969 年，政治经济局面稍为平稳，工业交通管理体制改革的计划便被推上台来。1969 年 2 月至 3 月召开的全国计划会议，提出企业管理体制要以“块块”（即地方）管理为主，中央直属企业可以分为地方管理、中央管理和双重管理三种形式。1970 年 3 月 5 日，国务院拟定《关于工业交通各部直属企业下放地方管理的通知》。随后，一场以下放企业为中心的工业管理体制改革在全国范围内展开。在这次下放中，鞍山钢铁公司、武汉钢铁公司、包头钢铁公司、第一汽车制造厂、第二汽车制造厂、洛阳拖拉机厂、大庆油田、开滦煤矿、吉林化学工业公司等许多关系国民经济全局的重点企业都被下放。中央部属企业，1965 年有 10533 个，1970年下放后只剩下 142 个；其产值在国有制工业总产值中占的比重，由46.9％下降到 8％。

一些大型国营企业下放后，地方管不了，不得不仍由中央各部代管，生产计划和物资供应仍然按“条条”纵向下达。地方主要管劳动和资金。这

---

① 　毛泽东：《关于农业机械化问题的一封信》，《人民日报》1977 年 12 月 26 日。

样,造成中央与地方多头、多层管理,人权、财权、物权、计划权彼此脱节,协作关系受到破坏。这次下放企业,没有给企业带来活力,反使经济效益下降。按1980年不变价格计算,1970年国有工业企业全员劳动生产率比1965年增长13.2%,1976年却比1970年下降9.8%。1976年全国工业企业资金利润率只及1965年的一半,亏损企业达1/3,亏损额达73亿元。

(二)基本建设方面

1970年拟定《第四个五年计划纲要(草案)》时,为支持地方发展"五小"工业,提出了试行基本建设投资大包干,即由地方负责包干建设国家规定的任务。为了扩大地方的投资权限,把基本折旧基金下放给地方,用于设备更新、技术改造和综合利用。国务院安排80亿元专项资金由各省、市、自治区在1971—1975年内统一掌握,重点使用。1974年进一步规定按"四三三"的比例分配投资,即40%由中央主管部直接安排,30%由中央各部商同地方安排,30%由地方统筹安排。这样,由地方安排的投资占预算内投资的比重,由1969年的14%提高到1975年的27%左右。由地方支配的资金多用于基本建设。例如,上述用于设备更新、技术改造和综合利用的折旧基金,1975年达到100亿元。其中的1/3被挪用于盲目上马的基本建设。由于缺乏正确的行业规划和强有力的计划指导,这些基本建设大多数是重复的。全国近300个县办起了小钢铁厂,有90%以上的县建立了县农机修造厂,重复建设造成了巨大的浪费。

二、流通领域的体制反复

流通领域的体制变动,主要反映在商业、物资管理体制和银行信贷的变动上。

(一)商业体制的变动

1967—1968年,许多地方再次大砍合作社商店,保留下来的也比照国营商店的办法来管理。集市贸易处于不合法状态,到1976年则几乎全部被关闭,使流通渠道单一化。1970年6月,商业部、粮食部、全国供销合作总社、中央工商行政管理局合并成商业部,撤销专业总公司。地方商业部门相应地撤销省级专业公司,由各级商业行政部门直接处理各项经济事务,政企合一。与此同时,商业企业层层下放。商业体制的这种变动是1958年那次

体制变动的扩大,危害也比那次体制变动更大些。各级专业公司、批发站的下放,使每个专区不管有无必要,都设一个归同级商业部门管理的专业公司和二级站,造成机构重叠,冗员增加。这种按行政区划组织商品流通,使统一的市场被分割,中央必要的集中统一领导被削弱,专业公司业务指挥系统中断,商品调拨不灵,经营管理混乱,浪费现象严重。

(二)物资管理体制的变动

物资管理体制主要有如下变动:1970年撤销物资管理部,把统配物资的平衡工作交给国家计委管;统配金属材料、机电设备、化工材料、建筑材料、木材的销售管理工作和5个专业公司及其一级站,划给有关工业部门管;各省、市、自治区的物资局相继被撤销。从1971年起,对部分重要物资实行"地区平衡、差额调拨"试点。因生产计划由中央掌握和物资由地方掌握的矛盾难以协调,这种办法未能推广。1972年,大量物资管理权下放,统配和部管物资从1966年的579种减为217种。这削弱了对物资的统筹安排和综合平衡,致使很多物资处于无人管理的无政府状态。问题出现后,周恩来主持抓物资的整顿工作。到1973年,统配、部管物资回升到617种。1975年,邓小平整顿经济工作时,加强物资集中统一管理,认真解决物资分散、积压、浪费问题。同年11月,重建国家物资总局,原有的169个物资专业公司中,有134个先后恢复由物资部门领导。物资管理体制从1970年放权,到1973年开始收权,三年内来了一个循环。

(三)信贷管理的变动

由于否定商品、货币在社会主义制度下的积极作用,银行信贷管理体制遭到破坏。1969年10月,中国人民银行总行并入财政部,成为财政部所属的二级机构,成为财政部的出纳机构。这种"大财政,小银行"体制,是1969年经济体制的特殊处之一。与此同时,批判银行工作中许多正确作法,给银行工作造成混乱。1967年以后,简化利率种类,下调利率水平,利率不能有效地成为调节资金运动的经济杠杆。信贷计划管理遭到严重的削弱和破坏,信贷收支不能平衡,货币发行很不正常,1966—1969年连年增加货币发行。贷款经济效益很差。这四年中,国营企业定额流动资金增长40.6%,银行贷款增长46.5%,工农业总产值增长25.8%,国民收入增长21.1%,财政收入仅增长11.3%。针对1971年职工人数、工资总额、粮食销量出现

"三个突破"的情况,1972年召开全国银行工作会议。这次会议重申银行工作在社会主义历史阶段的重要作用,强调银行工作必须有一定程度的集中统一,重新制定《信贷、现金计划管理办法》,实行"统一计划,分级管理"的管理体制。这对恢复被破坏的信贷计划管理,加强银行工作,促进经济发展,起到一定的作用。

三、分配领域的体制频繁变动

分配领域的体制变动主要体现在财政和工资管理体制的变动上。

(一)财政管理的变动

1967年以后,财政体制变动频繁。1968年,由于生产停滞,有的省、自治区的财政收入竟不能保证正常的经费开支。为了保证地方必要的支出,临时实行收入全部上缴,支出全部由中央分配的办法。1971—1973年,在经济体制"大下放"、"大包干"的情况下,财政实行收支包干体制,即地方收支指标核定后,收大于支的,包干上缴中央财政;支大于收的,差额包干由中央补助。1974—1975年,实行"收入按固定比例留成(即地方从所负责组织的收入中,按一定比例提取地方机动财力),超收另定分成比例,支出按指标包干"的体制。1976年实行"收支挂钩、总额分成"的体制,即把地方负责的总收入同地方财政总支出挂钩,以地方财政总支出占地方总收入的比例,作为地方总额分成比例,地方按此比例分得财政收入。财政体制的频繁变动,基本上是为了解决临时困难。在批判"利润挂帅"时,企业在发展生产的基础上增加盈利,同时也增加财政收入的做法遭到批判。在工商税制上,为简化税制,合并许多税种,减少税率档次,使税收的经济杠杆作用削弱。在批判"条条专政"之后,盲目下放企业,下放财权,不仅未调动企业增产节支的积极性,反而造成中央财政财源枯竭,财力分散。中央直接掌握的财力下降到占全国财政收入总额的百分之十几,而分散在地方的财力多被用作盲目扩大基本建设,致使不少地方连简单再生产都难以维持,造成生产下降、财政收入减少的恶性循环。

(二)工资制度的变动

在劳动工资制度方面,1970—1971年期间,将增加临时工的权力下放给各省、市、自治区。有的省、市、自治区又进一步下放给专区、省辖市。各

地有了此项权力,便从农村大量招收职工。1971 年 11 月 30 日,国务院发出通知,决定改革国有企业、事业单位的临时工、轮换工制度。根据这个决定,全国临时工、轮换工(共 900 多万人,其中,从事常年性生产的约 650 万人,从事临时性、季节性生产的约 250 万人)中的大多数转为固定工,使临时工在职工总数中的比重,由 12%~14%降为 6%。固定工几乎成为单一的用工制度。这不利于企业效益的提高,增加了国家安排就业的压力。由于各地大量招收职工,加上临时工、合同工转为正式工,造成职工人数和工资总额突破国民经济计划的控制限额。1970—1972 年,国有企业职工增加 1200 万人,是 1949 年以后第二个职工人数增加数量与速度最快的时期。国务院不得不于 1972 年收回下放的劳动工资管理权。1967—1976 年的 10 年间,仅在 1971 年对职工调过一次工资,调资面只有 28%。对一些行业、部门和工种行之有效的计件工资制被取消。1969 年取消按计划完成情况提取奖金的制度,改为按工资总额 11%的比例从成本中提取职工的福利基金。把企业综合奖改为附加工资,固定发放。效益好的企业与效益差的企业,赚钱的企业与亏本的企业,职工工资一样,福利(奖金)也一样。企业间的平均主义进一步发展,严重地挫伤职工的积极性。

1975 年 3—4 月,在国家计委召开的长远规划工作会议上,提出了经济管理体制改革主要是权力下放。主要内容是进一步搞好企业下放,工业企业原则上实行省、市两级管理。与此同时实行的是:基建投资一小部分由国家安排,大部分由国家定任务,请地方统筹安排,包投资,包能力;物资分配,有步骤地实行在国家统一计划下"地区平衡,差额调拨,品种调剂,保证上交"的办法;财政收支,除地方仍按固定留成比例提取机动财力以外,对地方财政收支实行"经常费比例包干,五年一定"的办法;尽快把六个大区的经济计划协作机构建立起来。权力下放后,很快就出现散和乱的问题。同年 6 月 16 日至 8 月 11 日,国务院召开计划工作务虚会。会议认为经济生活中的主要问题是乱和散,必须狠抓整顿,强调集中。在计划体制上,要实行自下而上、上下结合、块块为主的办法。国家计划不能层层加码,也不能随便降低指标。在企业管理体制上,凡跨省市的铁路、邮电、电网、长江航运、民航、输油管道和专业施工队伍、重要科研设计单位、重点建设项目以及大油田等少数关键企业,要以中央各部委为主进行管理,其余由地方管理,但也不能层层下放。在物资管理体制上,物资部门管通用物资,专业部门管专用物资。在财政体制上,推行"收支挂钩,总额分成"的办法。

1967—1976 年发生的以盲目下放权力为中心，以简化税收、信贷、劳动工资制度为重要内容的体制变动，是以追求高指标，建成自给自足、自成体系的协作区为指导思想的，在实施步骤上是一哄而起，仓促行事，缺乏必要的论证、试验与其他准备工作。这次体制改革仍是在中央和地方管理权限的分配上兜圈子。盲目下放权力的结果使国家宏观失控，简化税收、信贷、劳动工资制度又使经济杠杆对经济的调节作用削弱，形成了既僵化又散乱的经济管理体制的模式。这种经济体制的基本特征，是以指令性计划为主，以行政手段为主，排斥商品货币关系。与这种经济体制相适应的，是以党代政、以政代企、权力过分集中的"一元化"领导的政治体制。

第七节　成就与反思

一、成就与原因

(一)取得成就的几个主要方面

1966—1976 年，中国的经济规模有所扩大，经济国力有所增强。1976 年社会总产值达到 5433 亿元，比 1966 年的 3062 亿元增长了 92.8%；工农业总产值达到 4536 亿元，比 1966 年的 2534 亿元增长了 99.1%；国民收入达到 2427 亿元，比 1966 年的 1586 亿元增长了 62.1%，年均增长率分别为 6.8%、7.1% 和 4.9%。国民收入中农业所占比重，1966 年为 43.6%，1976 年降低到 41%；工业所占比重由 38.2% 上升到 43.3%。工业化的程度有所提高。

农业方面，粮食产量增长。1966 年为 42800 亿斤，1978 年为 60954 亿斤，1978 年比 1966 年增长 42.4%，平均每年增长 3%。人均粮食产量 1966 年为 582 斤，1978 年为 633 斤，增长 10.9%，年均增长 0.8%。

工业方面，兴建一批大型企业，引进一些先进的技术和设备。建成的和在建的大型企业有：大庆、胜利、大港油田，贵州六盘水、四川宝顶山、芙蓉山，山东兖州等大型煤矿，甘肃刘家峡、湖北丹江口、葛洲坝等大中型水电站，攀枝花、酒泉钢铁厂，成都无缝钢管厂，贵州铝厂，第二汽车制造厂，第二重型机械厂，等等。1967 年到 1972 年，引进工作完全处于停顿状态。1973

年,先后从日本、美国、联邦德国、法国、意大利、瑞士、荷兰等国引进 13 套大型化肥装置,形成年产 357 万吨合成氨和 580 万吨尿素的生产能力。武钢引进的"一米七"轧机,建成投产后可形成热轧 300 万吨钢板,冷轧 100 万吨钢板,7 万吨钢片能力的大型自动化生产线。还有 4 套大化纤,3 套石油化工,1 个烷基苯厂,43 套综合采煤机组,3 个大电站,以及透平压缩机、燃汽轮机和斯贝发动机等。1976 年工业总产值达到 3158 亿元,比 1966 年的 1624 亿元增长 125%,年均增长 8.5%。主要工业产品产量也有提高。1967 年钢产量达到 2046 万吨,原煤 4.83 亿吨,石油 8716 万吨,棉纱 196 万吨,化纤 14.61 万吨,水泥 4670 万吨,农用化肥 524 万吨,发电量 2031 亿度,分别比 1966 年增长 33.6%、91.7%、5 倍、25%、86.1%、131.8%、117.4%和 146.2%。1978 年,交通运输和邮电通讯方面,建成南京长江大桥和成昆线、湘黔线、焦枝线。襄渝线、京原线、枝柳线、太焦线、通坨线等铁路线相继动工。建成大庆至秦皇岛、秦皇岛至北京、山东临邑至南京等输油管道。1976 年,建成全长 1700 多公里的中同轴 1800 路载波波通讯干线和联通全国 20 多个省市的微波通讯干线。北京、上海各建一座卫星地面站。

科学技术方面,1966 年爆炸中国第一颗氢弹、发射第一枚导弹,1969 年首次进行地下核试验,1970 年发射第·颗人造地球卫星,同年研制成功第三代小规模集成电路计算机,1971 年 3 月 3 日发射一颗科学实验卫星,1975 年 11 月 26 日收回人造地球卫星,成为世界上继美国、苏联之后第三个收回卫星的国家。

（二）取得成就的原因

1967—1978 年,政治局势大动荡,广大人民群众的爱国主义精神没有变,绝大多数工人、农民和知识分子,以主人翁的责任感坚守工作岗位,辛勤劳动,这在人们对待"三线"建设的态度与"三线"建设的成就上表现得最为显著。

1967 年之前培养和造就了一大批经济、文化建设的骨干力量,积累了正反两个方面的经验,这些工作及其成就所产生的"滞后效应",正好在 1967 年以后逐步得以发挥。

1967—1978 年间气候好是农业产量基本稳定的重要因素之一。

1967—1978 年,中国共产党和国家领导人对发展经济的认识和态度各不相同。从整体上说,极"左"思潮占主导地位。1971 年冬,周恩来提出要批判极"左"思潮,批判空头政治,针对企业管理的混乱局面,提出抓整顿、抓生产、抓业务的方针。针对把农业多种经营当作"资本主义"批判、搞穷过渡等"左"的错误,着手在农村纠"左",落实党的农村政策。1972—1973年国民经济得到较大的发展。1975年,邓小平主持召开解决工业、农业、交通、科技等方面的一系列会议,狠抓铁路运输、钢铁生产等薄弱环节,迅速扭转铁路运输长期阻塞,钢铁生产欠产,整个工业下降的局面,工业总产值比1974年增长15.1%,农产品产量除油料作物外都有所增长,农业总产量比1974年增长4.6%。

20世纪70年代初,中国在外交上获得重大成功。这有利于打破资本主义世界对中国经济技术的长期封锁,为开展对外技术交流,发展对外贸易提供了条件。1972年,中国进出口贸易总额146.9亿元,突破1965—1971年在100亿~127亿元徘徊的水平,1973年、1974年、1978年猛增到220、292、355亿多元。

从1967年到1976年,干部职工的平均工资水平不仅没有增加,反而下降了4.5%。1965—1976年间,农民收入平均每年增加不到1元,人民生活水平低下。这个时期经济的发展,主要是靠紧缩人民消费,保持高积累,并动用合理储备取得的。

以紧缩人民消费与动用以往储备发展经济的路子,从表面上看,使某个时期经济增长速度并不很慢。但是,人民没有得到什么实惠。一般来说,经济要持续不断地发展,就应该留有合理的生产储备。1967—1978年,在盲目追求高产量的指导思想支配下,动用1967年前17年经济建设成果的积蓄和提前动用为以后经济发展留下的储备,只借前期储备之便,不遗未来发展之利。以原煤开采为例,1976年原煤矿产量比1966年增长91.7%,而同期开拓进尺反而减少4万米,下降9%。诸如此类褊狭的短期行为,虽然能使经济一时发展得快一点,但给经济的进一步发展带来了许多困难,是不可能持久的。从长远看,这是经济发展的战略失误。

二、问题与反思

这里重点总结"文化大革命"给经济造成的损失与相关的教训,因而叙述与分析的对象是1967—1976年间的事。

（一）主要问题

1. 波动多而剧烈，损失惨重

1967—1976 年，国民经济是在政治运动强烈地不断地冲击过程中，在僵化体制的轨道上，在管理散乱的局势下艰难地运行，出现三次大波动，每次波动都很剧烈，波幅大，带来巨大损失。同新中国经济史上其他时期比较，1967—1976 年间经济发展是缓慢的。工农业总产值和国民收入年平均增长率，在 1967—1976 年间是 7.1％和 4.9％，1953—1966 年是 8.5％和 6.2％，1977—1984 年是 8.3％和 7.7％，1984 年以后更高达 9％以上。按 1966 年前的增长速度推算，1967—1976 年的工农业总产值要多约 5000 亿元，国民收入要多 2000 亿元左右。由此可见"文化大革命"给经济造成的损失之大。

2. 重大比例关系严重失调

1967—1976 年间国民经济比例失调有两个突出的方面。

第一是积累与消费的比例严重失调。1967—1969 年，由于到处搞武斗，许多建设工程陷入停顿状态，积累率比 1966 年平均下降 8.8％。1970 年，社会秩序和生产秩序稍有好转，高积累、高速度的思想重新抬头。从 1970 年到 1976 年，积累率都在 30％以上。1971 年，因大搞内地和国防工业建设，积累率竟高达 34.1％。积累率过高影响人民消费水平的提高，1965 年，国民收入使用额中消费的比重为 72.9％，1975 年降为 66.1％。同时，在积累额中用于非生产性积累的比重也在下降。"一五"时期，非生产性投资占总投资的比重为 33％，1967—1976 年下降到 17.2％。非生产性投资的减少，使住宅、教育、文化、卫生、环境保护等方面的设施大量欠账，降低人民的公共消费水平。

第二是产业结构比例不协调的情况加剧。在工业内部，轻重工业比例失调。在工业净产值中，轻工业所占的比重，1966 年为 47.2％，1976 年为 40.4％；重工业所占比重，则由 52.8％上升到 59.6％。在重工业内部，原料工业占的比重，1966 年为 38.3％，1976 年为 34.9％；相同年份，制造业占的比重由 50.5％上升到 52.8％。在农业内部，农业总产值中牧业和渔业的比重，1966 年分别为 14.2％和 1.7％，1976 年下降到 14％和 1.5％。国民收入中，商业所占的比重，1966 年为 10.3％，1976 年为 7％。运输业净产值占国民收入的比重，由 1966 年的 4.2％下降到 1976 年的 3.8％，使这个原有的"瓶颈"进一步缩小。

3.经济效益全面下降

从工业看,1966 年国有制工业企业每 100 元资金实现利税为 34.5 元,1976 年降为 19.3 元;每 100 元工业总产值实现利润,1966 年为 21.6 元,1976 年降为 12.6 元。上述两项指标,1976 年比 1966 年分别下降 44.1％和42.5％。

从农业看,农业总产值中若扣除社办企业的产值,1975 年农业总投入的生产率(总产出与总投入之比)比 1965 年下降 6％。

从基本建设看,1966 年固定资产交付使用率为 70.4％,1976 年下降到58.9％,1976 年比 1966 年下降 16.3％。

4.国库亏空

由于经济效益下降,财政收入增长速度慢于生产发展速度。工农业总产值 1976 年比 1966 年增长 99.1％,平均每年增长 7.1％。财政收入 1976年比 1966 年增长 39％,平均每年增长 3.4％。因为"三线"建设,国防开支,支援农业和弥补国有企业亏损等,财政支出增加很快。在 1967—1976 年的10 年中,1967 年、1974 年、1975 年、1976 年的财政赤字总额达 65.1 亿元,其余 6 年的财政结余共计 29 亿元,冲销赤字后还欠账 36.1 亿元。这是账面情况。在账面之外,还有如下事实:(1)由于片面追求产量,不顾质量,国营企业的废、次品率高。国家商业、物资部门把这些废、次品收购入库,并计缴了利税。这部分财政收入实际上是没有相应物资保证的虚假收入。(2)由于本应由财政拨付的流动资金不足,从而造成过多的信贷支出和货币发行。这应该看作是财政向银行透支,一种变相的财政赤字。(3)由于重积累,轻消费,对人民生活欠账很多。这部分欠账是"滞后"赤字,未在当年从账面上反映出来,但为以后财政收支的平衡工作埋下了祸根。

5.物资缺乏

由于生产情况不正常,市场商品供应紧张,物价有失去控制的危险。国务院于 1967 年和 1970 年两次发布文件,冻结物价。这种模仿战时经济的强制手段,是迫不得已而采取的。用这种办法获得的物价稳定是表面的,隐形的通货膨胀不可避免。用这种办法虽然能暂时缓和市场供求矛盾,但使经济状况恶化,供求矛盾加深。1971—1972 年粮食、棉花购销价格倒挂,出现粮、棉两大主要商品收支的"大窟窿",被迫进口粮、棉和动用库存粮、棉。1971 年、1976 年,商品可供量与社会购买力长期不平衡,每年货币流通量与

商品流通量的比例一般都在 1∶6.5 左右（在正常条件下两者的比例应为 1∶8 左右）。市场上吃、穿、用、烧各类商品仍然全面紧张，凭票证供应的商品种类不断增多。

6. 人口增长过快

1967—1970 年，各级政府中负责计划生育工作的机构基本上陷入瘫痪状态，生育恢复到无政府状态。20 世纪 50 年代人口快速增长时期增加的人口，到 20 世纪 70 年代进入生育年龄。"三五"时期人口平均增长速度高达 26.3‰，净增加人口 10454 万。1970 年，在拟定"四五"计划纲要（草案）时，周恩来强调要把计划生育纳入国家计划。从该年开始，采取大力控制出生率的措施。1973 年恢复解散多年的国家计划生育委员会，使"四五"时期人口增长率降低到 21.7‰，人口增加 9428 万。1967—1976 年，人口增加 19175 万。这些新增人口，从短期来看，只是消费者而不能为社会创造财富；从长期来看，像中国这样在维持和发展生产所需要的劳动力人口已呈饱和状态的情况下，人口增加与增加人口为社会所带来的经济效益成反比。无论从近期还是从远期来看，过量的人口增长都给就业、国民经济的发展和人民生活的改善背上沉重的包袱。

7. 就业困难

由于企事业单位对劳动力的需要量，受到生产发展规模、社会对职工消费资料提供能力、职工劳动保护和福利设施等一系列因素的限制，招工增长速度呈现下降趋势。1953—1966 年增加职工 3595 万人，平均每年增长 9.5%。1967—1976 年增加职工 3475 万人，平均每年只增长 5.3%。

同时，第三产业萎缩，城镇劳动者就业门路变窄。中国的第三产业本来就落后，"文化大革命"中把许多正当的商业、服务业当作资本主义的东西砍掉。这样做，不仅拖了第一产业和第二产业的后腿，给人民群众的生活带来许多不便，而且也堵塞了扩大劳动者就业的门路。1965 年，第三产业劳动者占整个社会劳动者人数的 10%，1975 年下降到 9.3%。大批城镇劳动力找不到饭碗，不得已组织城镇居民到农村去。1967—1976 年，知识青年是在"上山下乡，接受贫下中农再教育"的口号下下乡的（共计 1400 万人，占城市人口的 1/10）。城镇无业居民在"我们也有两只手，不在城市里吃闲饭"的口号下，全家被送到农村落户，从事农业生产。机关干部和学校教职工及其家属，在"走五七道路"的口号下，下放到农村插队落户，亦数百万人。这是一次特殊的移民，是人口城市化的逆转。

从 1970 年开始,各省及部分专区、县市获得招工权后,许多干部照顾自己的家属、亲戚、朋友,从农村抽调大批青壮年劳力进城(1970 年、1971 年两年就招收了 600 多万人),造成城乡劳动力大对流。由于城镇知识青年真正"扎根"的很少,大多数只是接受几年"再教育"就要回城待业,而工矿企业和事业单位因已超计划招收了来源于农村的职工,不可能再扩大计划大量招收新职工。城乡劳动力对流,加剧了已经很突出的就业矛盾,给当时和后来安置城镇青年就业造成极大的困难。

8. 人民生活水平下降

关于人民的收入水平,下面作两种年份的比较。一种是 1976 年与 1966 年("文化大革命"结束时与开始时),另一种是 1978 年与 1957 年(计划经济被改革时与建立时)。

1966 年,国有单位职工的平均工资是 636 元,1976 年降为 605 元,1976 年比 1966 年降低了 4.9%。这一时期,因为限制或取缔农民家庭副业,农产品商品率低,加上工农产品剪刀差扩大,农民货币收入减少。在实物消费水平方面,1966 年全国城乡居民平均每人的粮食和食用植物油消费量分别为 379 斤和 3.5 斤,1976 年为 381 斤和 3.2 斤。1976 年与 1966 年相比,粮食消费量增长 2 斤,增长 0.53%,平均每年增长 0.2 斤;食用植物油消费量下降 0.3 斤,即下降 8.57%。由于自留地、开荒地归公,由于自留地产量列入生产队产量统计,由于豆类列入粮食产量等原因,农村居民的粮食消费量增长的幅度可能比统计数字上要小一些,食用植物油下降的幅度要大一些。

1957—1978 年,人民生活水平提高很慢。农民家庭每人纯收入平均每年增长 2.9%。国有单位职工平均的名义工资,1957 年为 637 元,1978 年为 644 元,22 年间增加 7 元。就实际工资言,1978 年仅为 1957 年的 85.2%,22 年间减少 14.8%。就实物消费量而言,全国平均每人每年消费的主要消费品,1978 年与 1957 年相比,减少的有粮食、食用植物油、牛羊肉等种类。粮食由 203.06 公斤降到 195.46 公斤,食用植物油由 2.42 公斤降到 1.60 公斤,牛羊肉由 1.11 公斤降到 0.75 公斤,家禽由 0.50 公斤降到 0.44 公斤,水产品由 4.34 公斤降到 3.42 公斤。增加的有猪肉和食糖两种,前者由 5.08 公斤增加到 7.67 公斤,后者由 1.51 公斤增加到 3.42 公斤。1959 年以后,物资和商品短缺,市场供应紧张,是经济的一大特征;拿着大把票证,在商店门前排长队,是城镇的一大风景线。

1978 年,在食的方面,人均占有粮食 390.92 斤,食用植物油 3.19 斤,

猪肉 15.43 斤,鲜蛋 4.00 斤,食糖 6.84 斤。在穿的方面,人均占有布 24.08 尺(其中棉布 19.94 尺,化纤布 4.14 尺,呢绒 0.25 尺,绸缎 0.84 尺),袜子 0.66 双(其中线袜 0.35 双,绵纶袜 0.31 双),鞋 0.91 双,针织内衣裤 0.73 件。在住的方面,城镇人均居住面积 3.6 平方米,农村 8.1 平方米。在用的方面,每 100 人拥有电视机 0.3 部,收音机 7.8 部,手表 8.5 只,缝纫机 3.5 架。在行的方面,每 100 人拥有自行车 7.7 辆(其中城市 23.3 辆,农村 4.3 辆),城市每 10000 人拥有公共汽车 3.3 辆。在文化生活水平方面,全国城乡居民平均每人文化生活服务的支出,“一五”时期 3.84 元,“二五”时期 6.70 元,1963—1965 年 6.60 元,1966—1975 年“三五”、“四五”时期 5.93 元。文教用品及书报杂志类费用支出占社会商品零售额的比重,“一五”时期 3.60％,“二五”时期 4.60％,1963—1965 年 4.10％,1966—1975 年 3.60％,都降到了“二五”以前的水平。[①]

(二)沉痛的反思

1967—1976 年间的国民经济大起大落,损失严重。沉痛的经验教训提出许多值得深思的问题。其中最重要的一条是,搞社会主义经济建设,首先要弄清什么是社会主义。毛泽东一生都追求在中国建立社会主义社会,使中国富强和人民生活美好的目标。他为什么要发动一场“文化大革命”使经济受到如此巨大损失,人民生活长期得不到改善?邓小平在 1985 年 4 月 15 日的一次谈话中说:“毛泽东同志是伟大的领袖,中国革命是在他的领导下取得成功的。然而他有一个重大的缺点,就是忽视发展社会生产力。不是说他不想发展生产力,但方法不都是对头的,例如搞‘大跃进’、人民公社,就没有按照社会经济规律办事。”“问题是什么是社会主义,如何建设社会主义。我们的经验教训有很多条,最重要的一条,就是要搞清楚这个问题。”[②]毛泽东未能解决如何建设社会主义问题,特别是没有找到中国社会主义经济建设的道路。

---

① 根据 1983 年、1984 年、1985 年《中国统计年鉴》、《中国贸易物价统计资料(1952—1983)》第 27～28 页和崔世爽《国内零售市场商品供求关系统计问题》第 47 页有关资料整理。

② 邓小平:《邓小平文选》第 3 卷,北京:人民出版社,1994 年,第 116 页;参见中共中央文献研究室编:《邓小平关于建设有中国特色的社会主义论述专题摘编》,北京:中央文献出版社,1992 年,第 46 页。

对什么是社会主义和如何建设社会主义的问题之所以没有完全搞清楚,与长期轻视知识和理论研究有关。这种研究要及时总结实践经验,它要求有宽松的政治环境与学术环境,使研究者能解放思想,大胆思考,无拘束地展开争论。可是,自1950年以后,一直不具备这些条件,以至对许多根本性质的问题,如:在中国,进入社会主义社会要具备什么样的物质条件与精神条件? 建设社会主义要经历哪些发展阶段? 在每个阶段中,什么是社会主义性质的,什么是资本主义性质的? 什么是建设社会主义过程中所必须做的和必须经历的? 如此等等。对这些问题一直没有深入地探讨过,以致在理论上、认识上没有弄清楚或没有完全弄清楚,导致或经常摇摆、反复,或把关于未来社会的一般特征当作现实社会主义永恒不变的僵死教条和"绝对真理",把以平均主义为特征的小生产者的农业社会主义的东西当作科学社会主义的内涵,或掺入科学社会主义的理论体系中,结果是无产阶级"自己革自己的命",政治、经济、文化的正常秩序全部被打乱,国民经济向崩溃的方向滑动。由此可见,只有弄清楚什么是社会主义和资本主义,并结合中国的实际情况,走出一条适合中国国情的建设社会主义的新路子,才能团结广大干部群众同心同德建设繁荣富强的中国。如果让社会科学工作者自由探讨,领导者又能择善而从,这场使经济停滞十年、民族遭受重大创伤的灾难,原是可以避免的。

结　语

(一)1967—1978年经济工作指导思想的基本特征是"左"倾。经济运行过程的基本特征是曲折。经济建设的基本特征是备战,经济发展的时代特征是商业的衰落。作为促进工农业发展的动力,是在各自领域内推行一种单一的微观模式:"农业学大寨"与"工业学大庆"。

贯彻经济工作指导思想与政策的武器是大批判。所有的批判集中到一点,就是毛泽东认为1962年以来调整经济的政策是错误的,主持经济调整工作的刘少奇等人犯了右倾的错误。

透过"文化大革命"错综复杂的现象,人们发现,不同的社会主义者在经济工作指导思想上是有分歧的。分歧的核心是建立什么样的社会主义,怎样建设社会主义。争论的发生源于对什么是社会主义、什么是资本主义的

不同理解，其重点在如何对待市场经济、按劳分配以及与此有关的经济政策上。新中国成立以后，在经济理论与实践方面，困扰中国共产党人的问题之一，就是对商品经济和按劳分配的认识。"左"倾指导思想的特征之一是把发展社会主义的商品经济，坚持按劳分配，当成推行修正主义，复辟资本主义；把主张社会主义时期发展商品经济、坚持按劳分配的干部和学者，当成资产阶级的代表人物、党内走资本主义道路的当权派；把在实践中发展商品经济和贯彻按劳分配的劳动者，当成资本主义的自发势力，从而引发了无休止的、广泛的所谓两个阶级、两条道路、两条路线的斗争。"左"倾经济指导思想的核心和实质，是把市场经济看成与社会主义不相容的对立物，把市场经济当作所谓资产阶级法权，把市场经济和按劳分配等社会主义必须实行的经济政策当成资本主义来反对。"揪走资派"，"以阶级斗争为纲"，"批修正主义路线"，都是经济指导思想上把商品经济、价值规律、按劳分配等等混同于资本主义的严重错误所造成的。

（二）1957—1978 年是中国经济史上实行计划经济体制的时期。这个时期的总体情况是：

就经济增长的速度而言，国内生产总值年平均增长 6.1％。这个速度似乎不慢，但是，比社会制度相同的苏联东欧各国的平均数慢，比发达国家的平均数也慢，比亚洲"四小龙"慢得多，比基数大得多的日本还慢一些。从国民生产总值看，按 1982 年汇率计算，1965 年，日本为 3633 亿美元，中国为 1040 亿美元。1975 年，日本为 7762 亿美元，中国为 2036 亿美元。1975年与 1965 年相比，日本和中国分别增长 102.5％和 95.2％。中国国民生产总值的增长速度在这 11 年中比日本差 7.3％。从国民收入来看，日本于1966—1975 年增长了 145％，平均每年递增 9.4％。同期，中国增长 95％，平均每年增长 6.9％。10 年总计的增长速度，中国为日本的 65.5％；平均每年递增的速度，中国为日本的 73.4％。若按人口平均计算，日本 1975 年比 1965 年增长 118％，平均每年增长 8.1％；中国 1975 年比 1965 年增长41％，平均每年增长 3.5％。比较经济发展速度，只有把比较的各方面放在一个大致相当的基点上，才具有可比性。日本在第二次世界大战中成为战败国，国民经济严重衰退，1945—1953 年财政年度是日本战后的恢复阶段，这与中国到 1952 年基本完成国民经济的恢复工作大致是同步的，中国所恢复到的战前水平比日本低。在上述对比的起点（即 1965 年）上，中国经济发展的水平也比日本低。经济发展水平低的国家，在基数比较小的基础上达到一定的发展速度,较之于经济发展水平高,基数比较大的国家要容易。因此,在同一时期,中国的经济发展速度低于日本,更能说明中国在该时期经济发展与世界先进国家的差距越来越大。

据安·麦迪森的计算,中国的国内生产总值,若以1956年为100,则1978年为238.67,年均增长4%。同期,世界国内生产总值增长了1.62倍,年平均增长4.5%。中国经济增长速度比世界平均水平慢12.5%,这使中国国内生产总值在世界国内生产总值中总的比重由7.5%下降到6.8%。其间,1976年为6.42%,仅比1950年的6.25%(中国历史上的最低点)高0.17个百分点。在世界现代经济史上,第一次世界大战前的40年和第二次世界大战后的半个世纪,是后进国家追赶发达国家最有利的两个时期,也是追赶最成功的两个时期。中国既丧失了第一个时期的机遇,又在1957—1978年丧失了第二个时期的机遇。在1957—1978年这个时期,中国经济的发展没有显示出社会主义制度的优越性。

就经济增长的经济效益而言,平均每增加100元国民收入所需积累额,1957—1978年为526元。投入大,产出小,这只要与下一个时期比较一下便能看出。1979—1991年为270元,也就是说,为获得同样的收入,前一阶段的投入要比后一阶段多一倍。1957—1978年的速度主要是靠大投入取得的,大投入的资金来源靠压低人民消费水平,以取得高积累。这个时期全国消费水平是1949年以来增长最慢的。

就经济增长的稳定性而言,此时期竟有七个波谷,其中有三次(五个年份)是负增长。1958—1961年的一次,波差之大超过美国1929—1932年经济大危机,是中国经济史上所未有,在世界经济上也罕见。这是一次真正的经济危机,大上大下的波动,耽误了整整十年的发展时间。

正是根据以上情况,邓小平在1987年时说:"目前我们国内正在进行改革。我是主张改革的,不改革就没有出路,旧的那一套经过几十年的实践证明是不成功。过去我们搬用别国的模式,结果阻碍了生产力的发展。在思想上导致僵化,妨碍人民和基层积极性的发挥。我们还有其他错误,例如'大跃进'和'文化大革命',这不是搬用别国模式的问题。可以说,从一九五七年开始我们的主要错误是'左','文化大革命'是极'左'。中国社会从一九五八年到一九七八年二十年时间,实际上处于停滞和徘徊的状态,国家的经济和人民的生活没有得到多大的发展和提高。这种情况不改革行吗？"①"一九五七年后，'左'的思想开始抬头，逐渐占了上风。一九五八年'大跃进'，一哄而起搞人民公社化，片面强调'一大二公'，吃大锅饭，带来大灾难。'文化大革命'就更不用说了。一九七六年粉碎'四人帮'后，还徘徊了两年，基本上还是因循'左'的错误，一直延续到一九七八年。从一九五八年到一九七八年整整二十年里，农民和工人的收入增加很少，生活水平很低，生产力没有多大发展。一九七八年人均国民生产总值不到二百五十美元。这年年底召开了党的十一届三中全会。我们冷静地分析了中国的现实，总结了经验，肯定了从建国到一九七八年三十年的成绩很大，但做的事情不能说都是成功的。"②

（三）1937—1949 年，中国经济现代化出现一次中断。直到 1952 年，主要工农业产品的总量才基本上恢复到 20 世纪 30 年代前期的水平。按人均工农业主要产值、国内生产总值和国民收入计算，50 年代中期与 30 年代中期基本持平。这次中断耽误了 20 年。它是战争造成的，主要是日本侵略中国的战争造成的。1957—1978 年，经济停滞与徘徊 22 年，它是由于主观决策造成的，主要是因为缺乏自己的社会主义现代化的经验，学习苏联的经济经验，实行计划经济体制造成的。这两次中断损失的时间合计是 40 多年，给我们留下的经验是：要实现经济现代化，首先要有能力抵御外国发动的侵略战争，防止它们破坏中国的经济建设；同时，自己也要深入研究中国经济发展规律，谨慎决策，防止政策失误造成对经济建设的破坏。

新中国成立以后，抓住了一些机遇，经济和社会发展取得了令世人瞩目的成就；又丧失了一些机遇，耽误了发展。1957—1978 年这 20 多年中，错过了两次大的发展机遇。一次是 50 年代中后期，违背客观经济规律，搞"大跃进"，人为地变革生产关系，搞"一大二公"的"人民公社"，结果事与愿违，导致了生产力大滑坡。恰恰在这一时期，世界上出现发展的极好机遇，日本、联邦德国抓住了这一契机，一跃而成为经济强国，中国却错失了这一良机。另一次是 1966—1976 年，世界新科技革命方兴未艾，经贸增长，资金充足，世界经济再次出现产业大调整，是又一次世界范围的不可多得的发展机

① 邓小平：《邓小平文选》第 3 卷，北京：人民出版社，1994 年，第 237 页。
② 邓小平：《邓小平文选》第 3 卷，北京：人民出版社，1994 年，第 115～116 页。这是邓小平同志会见坦桑尼亚联合共和国副总统姆维尼时谈话的主要部分。

遇,韩国、新加坡及中国的台湾、香港地区,利用这一机遇从发展中国家的水平发展到发达国家的水平。中国却在"左"的错误思想指导下,开展"文化大革命",又一次痛失发展机遇。抓住机遇,不要因自我折腾而丧失发展的机遇,是1957—1978年经济工作的重要经验教训。

欧洲从16世纪开始了向现代社会转型的历程,中国走向现代化门槛的起步不比欧洲晚,但或自己没有抓住机遇,或被外国侵略战争所延误。其中重要的有四次,其时间是:郑和下西洋到第一次鸦片战争前,第一次鸦片战争到甲午战争,日本侵华战争,1958—1961年"大跃进"到1978年中共十一届三中全会召开前。这四次延误,滞怠了中国发展成为现代化强国的历史进程。

复习题

1.限制商业经济理论、政策的内容及危害。

2."三线"建设对国民经济的影响。

3.20世纪70年代的经济体制改革。

第十三章

改革开放与社会主义经济形态从传统式向中国特色式转轨的起步(1979—1984)

1979 年,中国开始实行改革开放政策。这使中国经济发展和经济现代化进程进入新阶段,开始了中华人民共和国经济史的第三个时期。

改革,主要是改革经济体制;这种改革是从农村开始的。1979—1984年,经济体制改革的重心在农村,从而导致了中国农村新的黄金时期到来。

第一节　经济现代化道路历史性转折的契机

一、新的工作方针

1978 年 12 月召开的中国共产党十一届三中全会,确定了新的工作方针,这是经济现代化道路历史性转折的契机。

中共十一届三中全会批判"两个凡是"的错误方针,提出解放思想,开动脑筋,实事求是,团结一致向前看的指导方针。这个方针的精神实质是从实际出发,从毛泽东晚年"左"的理论和社会主义社会模式中解放出来,即纠正"左"的错误。在这一方针的指引下,确立了正确的政治路线、思想路线和组织路线。这次会议是中国共产党的指导思想回到正确轨道的开始,是中国共产党各个方面工作发生历史性转折的开端。在此基础上,会议解决了与中国经济建设有关的一系列重大问题。

这次会议决定把以经济建设为中心的现代化建设,作为中国共产党工作的重心,停止使用以"阶级斗争为纲"的口号。从 1979 年开始,全党工作重心和全国人民的注意力转移到社会主义现代化建设上来。这次会议标志着政治运动冲击经济建设历史的结束。

这次会议初步总结 1949 年以后经济建设的经验教训:要获得国民经济持续、稳定的发展,必须保持必要的政治安定,按照客观经济规律办事。为此,必须对经济管理体制和经济管理方法实行认真的改革;必须在自力更生的基础上积极发展同世界各国平等互利的经济合作,努力采用世界先进技术和先进设备;必须加强科学和教育工作。这次会议标志着中国经济的发展步入改革、开放的道路。

这次会议分析国民经济发展和经济管理体制中存在的一系列问题,初步提出调整、改革的任务和措施。会议指出,国民经济发展中存在的比例失调和混乱,人民生活欠账问题必须逐步解决,做到综合平衡;国民经济体制的一个严重缺点是权力过分集中,应该给予地方和企业以足够的自主权;应该充分利用经济组织、经济手段、价值规律的作用。这次会议标志着对国民经济调整与改革的开始。

这次会议决定优先发展农业,深入讨论加快农业发展的措施,决定试行《中共中央关于加快农业发展若干问题决定(草案)》和《农村人民公社工作条例(试行草案)》,这标志着对农业经济发展的重视与发展经济的新思路。

中共十一届三中全会对上述重大问题的解决,从根本上冲破了经济工作中长期存在的"左"的指导思想的束缚,标志着经济现代化已踏上新的发展道路。这次会议是中国经济发展道路历史性转折的开端。

二、新的指导思想

中共十一届三中全会以后,中国共产党形成了新的、第二代领导集体,这个集体的核心是邓小平,指导思想是邓小平理论。这标志着毛泽东时代的结束与邓小平时代的开始。从 1979 年开始,指导中国经济工作的是邓小平的经济理论。

在邓小平的经济理论中占着核心地位的,也是邓小平经济思想与毛泽东经济思想一个根本不同之处,就是社会主义市场经济理论。这个理论是他在中共十一届三中全会之后提出并逐步丰富的。从 1978 年起,以邓小平

为代表的中国共产党领导人以及经济学家,开始对中国经济体制改革进行深入系统的思考。1979 年,邓小平在理论务虚会上指出:"我们面前有大量的经济理论问题,包括基本理论问题、工业理论问题、农业理论问题、商业理论问题、管理理论问题等等。"①他号召理论界对这些问题进行认真研究。他对这些问题的思考,集中在经济体制上,具体地说,集中在计划与市场的关系,计划经济体制与市场经济体制上。1979 年 11 月 26 日,邓小平在会见美国和加拿大客人时说:"我们是计划经济为主,也结合市场经济,但这是社会主义的市场经济……市场经济不能说只是资本主义的……社会主义也可以搞市场经济……这是社会主义利用这种方法来发展社会生产力。把这当作方法,不会影响整个社会主义,不会重新回到资本主义。"这是国家领导人首次提出"社会主义市场经济"概念。"说市场经济只存在于资本主义社会,只有资本主义的市场经济,这肯定是不正确的。社会主义为什么不可以搞市场经济,这个不能说是资本主义。"②邓小平在提出"社会主义市场经济"概念的同时,又使用"我们是计划经济为主,也结合市场经济"的提法,这是为了与李先念 1978 年 9 月的"计划经济与市场经济相结合"的观点以及陈云 1979 年 4 月"计划调节与市场调节相结合"的意见相吻合。在当时全党和全国人民的认识还没有从"市场经济等于资本主义、计划经济等于社会主义"的传统观念中完全解放出来时,这样的提法能减少改革起步时的阻力,争取更多的支持。邓小平强调市场经济与社会主义不是对立的,社会主义也应该发展市场经济,也可以利用市场机制促进社会主义生产力的发展。这个观点成为他领导中国经济体制改革的理论基础。1979 年以后,中国经济体制改革的基本内容是转变资源配置方式,由计划经济转到发挥市场在资源配置中的基础性作用的市场经济。

在经济工作指导思想的转变过程中,长期主持经济工作、熟知新中国成立后经济建设经验教训、坚决支持邓小平工作的陈云、李先念等中共第二代领导集体成员起了重要作用。陈云认为,认清国情是社会主义现代化建设的关键问题。在 1979 年 3、4 月间,他明确指出,我们搞四个现代化,要讲实事求是。先要把"实事"搞清楚,这个问题不搞清楚,什么事情也搞不好。新中国成立以后经济建设中发生错误的原因在于脱离国情。关于实现现代化

---

① 邓小平:《邓小平文选》第 2 卷,北京:人民出版社,1994 年,第 180 页。
② 邓小平:《邓小平文选》第 2 卷,北京:人民出版社,1994 年,第 236 页。

的途径与道路,陈云指出,前进的步子要稳,不要再折腾,必须避免反复和出现大的"马鞍形"。整个社会主义时期经济必须有两个部分:一是计划经济部分,二是市场调节部分。李先念指出,我国人口多,经济落后,人民生活水平低,要改善;资金少,劳力多,与现代化有矛盾。我们一定要从自己国家的实际出发,走出一条在社会主义制度下实现现代化的中国式道路,即:(1)从我国9亿人口中有8亿农民这个基本特点出发,安排好工业和农业的比例和其他各方面的比例;(2)根据财力的可能,分别轻重缓急实现现代化;(3)大力发挥现有企业的作用,逐年建设一些必要的项目,但基本建设的规模必须同国家的财力物力相适应;(4)引进先进技术、利用外资是为了增强我国自力更生的能力,引进也要量力而行,并根据我国特点,分别轻重缓急。这种从国情出发、量力而行、循序渐进的指导思想,成为1979年提出调整、改革、整顿、提高方针的基本依据。

第二节　对国民经济的调整

一、对经济实行调整、改革、整顿与提高方针的提出

1979年,中国经济面临的主要问题是:比例关系严重失调,经济管理体制不合理,管理不善,效益低下。要改革这种状况,必须对国民经济实行调整、改革、整顿和提高,在实施调整、改革、整顿和提高的过程中对经济新路子进行探索。从1979年起,中国进入探索新道路时期。

中共十一届三中全会提出的要对国民经济进行调整、改革的基本思想,在会后贯彻执行的过程中得到充实和完善。1979年3月8日,陈云在总结中国和苏联、东欧社会主义国家过去经济工作中重计划、轻市场调节等教训的基础上,提出整个社会主义时期的经济必须有两个部分,即计划经济部分和市场调节部分。14日,负责经济工作的李先念、陈云给中共中央写信,指出国民经济比例失调情况严重,国民经济的发展中要有一个调整时期。21日,陈云指出,按比例发展是最快的速度。接着,中共中央政治局会议决定,集中三五年时间搞好国民经济的调整。30日,邓小平指出,搞经济建设,必须走出一条中国式的道路,必须从中国的特点出发,作出符合实际的决策。这些观点为4月中共中央工作会议正式提出"调整、改革、整顿、提高"方针

（简称"八字方针"或"新八字方针"）做了理论上和思想上的准备。这次会议指出实施这一方针是全党工作重点转移以后实现四个现代化的第一战役。

"新八字方针"中的"调整"，就是通过理顺经济发展中农业、轻工业、重工业之间，积累、消费之间等一系列重大比例关系，使经济结构趋向合理，整个经济纳入有计划、按比例健康发展的轨道。"改革"，就是改造和变革经济管理体制，以充分发挥中央、地方、企业和职工的积极性。"整顿"，就是整顿企业的领导班子、管理制度、劳动纪律，建立健全良好的生产秩序和工作秩序。"提高"，就是通过调整、改革和整顿，提高整个经济的生产水平、技术水平、管理水平和经济效益。在1980年12月的中共中央工作会议上，陈云谈到这次调整的性质时说："开国以来经济建设方面的主要错误是'左'的错误。1957年以前一般情况比较好些，1958年以后'左'的错误就严重起来了。这是主体方面的错误。这次调整是清醒的健康的调整，调整意味着某些方面的后退，而且要退够。通过调整，我们会站稳脚跟，继续稳步前进，如不调整，才会造成大的耽误。"

提出"新八字方针"的目的，是要消除国民经济所面临的比例失调的困难局面，使国民经济走上稳步健康发展的轨道，进而为今后经济的发展创造良好的条件，为全党工作重点的转移创造一个良好的开端。调整是达到这一目的的关键，因此，调整是"新八字方针"的中心环节，改革、整顿、提高则围绕这一中心环节进行并直接为它服务。"新八字方针"是在对新中国成立以后经济建设正反两方面经验以及经济发展现状进行客观认真的分析之后确立的，它的提出，标志着经济建设指导思想开始发生转折。

二、1979—1980 年的初步调整

对国民经济的调整是通过一系列政策性措施的实施而实现的。1979—1980年实施的这类措施主要是：

（一）加快农业的发展，以改善工农业的比例关系

根据中共十一届三中全会通过的《中共中央关于加快农业发展若干问题的决定（草案）》(1979年9月，中共十一届四中全会将它变成正式决定），贯彻如下的政策：

(1)恢复和重申一些行之有效的政策。如继续稳定"三级所有、队为基础"的制度，不搞穷过渡；尊重人民公社、生产大队、生产队的所有权和经营

自主权;不允许无偿调用和占用生产队的劳力、资金和物资;保障社员家庭副业和自留地;发展农村集市贸易;坚持"各尽所能、按劳分配"的原则,克服平均主义。

（2）加强国家对农业的支援。国家对农业基本建设投资总额占全部基本建设投资额的比重,由1978年的10.6％提高到1979年的11.1％。国家财政和银行信贷支援农业资金总额,1979年比1978年增长18.2％。1979—1980年的两年内,国家对农业的基本建设投资总额和支农资金总额,分别占整个"五五"计划时期国家对农业基本建设投资和支农资金的一半以上。

（3）缩小工农产品价格剪刀差。从20世纪50年代中国工业化的起步时期起,尽管农业很孱弱,很落后,由于想迅速实现工业化,由于走资金密集型的工业化道路（从重工业开始的道路）,由于不能从国外取得资金来源,所以只得通过剥夺农业所积累起的有限资金来推动中国工业化的起步。中国的农业一开始就定位在被剥夺的位置上,工农产品的剪刀差成为中国经济生活中的突出现象,这种现象在"文化大革命"期间达到顶峰。1979—1980年,农用机械、化肥、农药等农用工业品的出厂价格和销售价格降低15％～20％。1979年,提高粮食、棉花、油料、猪、羊、牛、蛋、水产等农副产品的收购价格。1980年,提高羊皮、黄麻、红麻、木材、生漆、桐油等农副产品的收购价格。这两次收购价格提高的幅度,分别为20.1％和7.1％,是1949年以后最大的。

（4）减轻农村负担。在1979年4月到1980年3月底这个粮食年度,国家对粮食负担较重的地区和困难地区,减免55亿斤粮食征购任务。1979年和1980年两年共减免农村税收45亿元。

（5）纠正片面强调"以粮为纲"的错误,按照因地制宜、发挥优势的原则指导农业生产。因地制宜地发展农业、林业、牧业、副业、渔业,实行农、林、牧、副、渔五业并举。在种植业上,因地制宜地发展经济作物。1979—1980年粮食作物种植面积减少5000万亩,经济作物面积增加2200万亩。

在贯彻上述政策的同时,试验和推广形式多种多样的农业生产责任制,逐步展开农村经济体制的改革。

（二）加快轻工业的发展,调整工业内部的比例关系

调整工业内部的比例关系,主要是使轻工业增长速度快于重工业。

1979 年,对轻工业采取增加贷款、保证原料燃料供应、广开生产门路等特殊措施。1980 年,对轻工业实施能源、原材料的供应优先,挖潜、革新、改造措施优先,银行贷款优先,基本建设优先,利用外资和引进技术优先,交通运输优先等"六个优先"。国家用于轻工业生产的原料,多数比上年有显著增长,如造纸用木材增长 70％,缝纫机生产用铁增长 25％,纺织用纯碱增长 18.8％。国家安排的轻工业基本建设等项费用比上年增加 15％,用于进口轻工业原料的外汇比上年增加一倍。在实行"六个优先"的同时,针对轻工业中集体企业多和小商品多的特点,大力支持集体企业和小商品生产的发展。

与此同时,开始使重工业的生产面向农业、轻工业以及市场供应,以扭转重工业自我服务的方向。在 1979—1980 年两年机械工业生产的产品中,重工业设备相继比上年减少 5.9％、6.45％,轻纺专用设备增加 45.3％、25.5％。军工企业生产的民用产品产值占军工企业总产值的比重,1979 年为 11.5％,1980 年达到 21.6％。

压缩能源生产,调整能源生产的内部关系。1979 年一次性能源产量只比上年增长 3％,1980 年还下降 1.3％,从而初步调整了采储、采掘比例。1980 年,全国煤矿开掘进尺比 1978 年增加 12.3％,开创了开掘进尺的最高纪录,采掘比例趋向协调。

（三）偿还人民生活方面的欠债

在农村,采取落实分配政策,提高农副产品收购价格,减免部分地区和社队的农业税收与统购任务等措施。在城市,1979—1980 年,共安排 2000 多万人就业。1979 年,提升 40％职工的工资级别,调整部分地区的工资类别,发放职工副食品补贴;企业普遍实行奖金制度;在基本建设中,扩大职工住宅、科学、教育、文化、卫生以及城市建设等非生产性投资的比重。

由于上述调整措施的实施,国民经济重大比例关系失调的状况在 1979—1980 年开始得到改变。在工农业总产值中,农业总产值的比重 1980 年比 1978 年提高 3％,轻工业总产值的比重比 1978 年提高 4.1％,这使农、轻、重的比例关系有所改善。积累率从 1978 年的 36.5％下降到 1980 年的 31.6％,这种势头标志着"新八字方针"的实施取得了初步的成效。但是,由于国民经济中长期形成的比例失调状况太严重,难以在短期内根本改变,以致重大比例关系仍处在失调状态。由于长期形成的经济建设指导思想上

"左"的错误难以在短期内纠正,表现在对调整的必要性认识不统一,执行调整措施的步骤不统一、不得力。按计划,预算内基本建设投资将从1978年的396亿元降至1979年的360亿元,1980年的240亿元;施工的大中型项目由1978年的1700多个降到1000个以下。执行结果是,这两年预算内投资分别为418.57亿元和349.27亿元,大大地超过计划指标。1980年大中型项目数仅压到1106个,也未达到计划要求。一些投资额大、建设周期长的特大项目没有压下来。地方政府和企业利用改革所带来的扩大的财力,盲目建设几万个小型工厂和扩建工程,使预算外投资大增。预算外投资,1978年为83亿元,1979年增至104亿元,1980年竟达209亿元,即一年之中翻了一番。这使基本建设投资规模不仅没有缩小,反而由1978年的500.99亿元增加到1979年的523.48亿元和1980年的558.98亿元。基本建设规模超过国家人力、财力、物力的承受能力。

基本建设规模过大带来物资供应与消费增长问题。本来,1979年,国家财政用于提高农产品收购价格、安排就业、提高职工工资和奖金等项支出,连同减免税收共超过计划41亿元,1980年又超过100亿元。由于国民收入使用额中积累与消费同时增长,1979年和1980年分别出现170.6亿元和127.5亿元的巨额财政赤字。两年中银行分别增发货币26亿元和78亿元。农业、轻工业未能提供足够的消费品供应市场。这使市场上货币流通量超过正常需求量,致使零售物价总水平连续两年上涨,上涨幅度分别为5.8%和6%。

经济发展中的这些问题表明,国民经济没有从根本上摆脱原有比例失调带来的危机,又受到了新的潜在危机的威胁。财政赤字动摇整个国民经济的稳定,增发货币已经接近了要引起经济危机的临界点,物价上涨将使人民1979—1980年获得的好处丧失殆尽。所有这些,如不及时消除,刚好转的经济形势将发生逆转。这要求采取进一步调整的措施。

三、1981年开始的进一步调整与"六五"计划的基本任务

1980年12月,中共中央工作会议针对上述经济问题进行分析,认为主要原因在于一些干部仍在沿着老路子发展经济,没有认清老路子的经验教训。会议进一步总结经济工作的经验教训,认为1953年以后,中国走的是一条重基建轻生产、高积累低效益的道路。表面上看增长速度并不慢,但是真正创造的社会财富很少,人民得到的实惠也不多。今后经济建设应当量

力而行,稳步前进,走一条速度不那么快,但经济效益好、人民得到实惠多的新路子。在此基础上,进一步统一对新中国成立以来经济工作中"左"的主体错误的认识,统一对经济发展中潜在危机和调整的必要性的认识,决定从1981年起对国民经济进行进一步调整。进一步调整的近期目标是达到"二平一稳",即财政平衡,信贷平衡,物价稳定;远期目标是走出一条真正符合中国国情的经济现代化新道路。为此,确定1981年采取该退的坚决退够,该进的坚决前进的调整方针。为贯彻这条方针,采取六项主要措施:

(1)坚决压缩基本建设战线。国家预算内投资减至251亿元。基本建设投资总额减至442亿元。施工的大中型项目减至893个。自1979年开始调整以来,1981年是基本建设规模得到真正压缩的一年。

(2)工业战线坚决退够,控制超过能源和原材料供应能力的加工工业的发展。1978年签订的22个进口项目中耗能高、投资大的项目,或下马,或缓建。关、停、并、转一批小型加工企业。

(3)进一步放宽农村经济政策,完善和稳定各种形式的农业生产责任制,促进农村经济的发展。

(4)继续采取特殊措施优先发展轻工业。1981年,在工业总产值中,轻工业的比重达到51.5%。这是自1970年以来轻工业总产值的比重第一次超过重工业总产值。同时,继续扩大重工业为轻工业、农业和市场生产的部分。

(5)加强对国民经济发展的宏观控制。在基本建设计划管理、财政和信贷管理、物价管理、资金发放等方面,加强集中统一管理和必要的行政手段。

(6)依据改革必须服从调整,有利于调整的改革继续进行,不利于调整的改革推迟的原则,调整国民经济体制改革的项目和步骤。

这些措施很快地取得成效。1981年,财政赤字降至25.5亿元。当年货币投入中,财政性发行份额减少。市场物价上涨趋势有所缓解,社会零售物价总指数仅上升2.4%。这就基本上实现了稳定国民经济的目标。

然而,国民经济的这种稳定是不巩固的。(1)财政收入大幅度减少(比上年减少二成),支出大幅度紧缩。为了紧缩银根和控制社会购买力,发行了48亿元国库券,冻结各单位银行存款30亿～40亿元。财政赤字缩小是在这种条件下获得的。(2)农业、轻工业发展不快,市场上消费品的供应仍然赶不上购买力增长速度。(3)重工业出现下降趋势。(4)能源供应与经济发展的矛盾日益尖锐。整个国民经济耗能高,节能水平低下。这些情况表明比例关系失调状况仍未从根本上扭转,国民经济结构仍不合理,各项经济关系仍未理顺。这些问题是中国经济建设中长期以来就存在的。通过1979—1981年三年的调整,虽然状况有所改善,但基本局势依旧。这就促使人们一方面在近期现行政策方面实行进一步的调整,另一方面,从更高的层次来探寻这些问题产生的根本原因,寻找解决的根本方法。

在近期政策方面,1982年制定并于12月经第五届全国人大会议通过的"六五"计划,确定1981—1985年的基本任务是:继续贯彻执行调整、改革、整顿、提高的方针,进一步解决过去遗留下来阻碍经济发展的各种问题,取得实现财政经济状况根本好转的决定性胜利,为以后的经济和社会发展创造更好的条件。这种基本任务也是1982年、1983年和1984年经济工作的主要内容。1982年以后的调整、改革、整顿与提高是围绕提高经济效益这个中心,力图使经济工作转入以提高经济效益为中心的轨道。调整侧重于调整投资结构、企业组织结构、产品结构和技术结构,以提高国民经济的整体效益。为了有利于调整,改革必须充分考虑经济的承受能力,故强调积极稳妥进行改革的试验。改革的主要措施是巩固和完善家庭联产承包责任制,继续改革农村经营体制,进一步放活农村经济;改革购销体制,搞活流通;促进商品生产和商品流通;对国有企业逐步推行以税代利,改进国家和企业的关系,搞活国有企业;发挥中心城市的作用,解决"条条"和"块块"的矛盾,开始改革宏观管理体制,把改革措施配套起来。

在经济发展方面,"六五"计划有四个突出的特点与思想:一是强调提高效益,稳步前进。二是注重发展基础产业。三是扩大对外开放。四是改善人民生活。这些特点与思想表现在计划的具体要求上:在提高经济效益的前提下,1985年工农业总产值比1980年增加21.7%,平均每年递增4%。其中农业总产值平均每年递增4%~5%,高于过去28年的速度;工业总产值平均每年增长4%,低于历史平均水平;基本建设安排2300亿元,大体保持"五五"计划的水平。施工的大中型项目减少到890个,提高投产比例,计划全部建成400个;能源、交通是基建投资的重点(占38.5%);技术改造投资安排1300亿元,占固定资产投资的比例为36%,比过去28年的平均水平提高16个百分点;教育、科学、文化、卫生、体育事业经费占国家财政支出总额的15.9%,高于"五五"计划的11%;1985年进出口贸易总额比1980年增长51.8%;积极利用国外贷款,吸收外商投资,要特别注意发挥沿海城市在扩大对外技术交流中的作用;五年内在城镇吸收2900万人就业,全国农

民人均纯收入每年递增 6％，职工工资总额每年递增 4.5％，到 1985 年，城乡居民人均消费水平比 1980 年提高 22％。

在高层次探索方面，人们在探索中发现，自 1957 年以来，中国经济发展走的是一条高积累、低效益的道路。经过 1979—1981 年的三年调整，由这条道路所产生的一系列问题没有从根本上消除。这意味着要解决中国经济发展中的这些痼疾，必须摒弃这条老路，另辟新道路，使社会主义经济制度能够自我完善，能充分发挥其优越性。这是中国经济发展到 80 年代提出的客观要求。因此，"六五"计划要求抓紧制定经济体制改革的总体方案和实施步骤。

四、从总结历史经验过程中提出新道路的内涵

1981 年 6 月，中国共产党十一届六中全会通过的《关于建国以来党的若干历史问题的决议》，宣布自中国共产党十一届三中全会以来，我们党已经初步确立了一条适合中国情况的社会主义现代化建设的正确道路。决议概括了这条道路的基本点。在经济建设方面，它主要体现在如下两个方面：(1)社会主义经济建设必须从我国国情出发，量力而行，积极奋斗，有步骤分阶段地实现现代化的目标。既反对急于求成，也反对消极情绪。(2)社会主义生产关系的变革和完善必须适应生产力的现状，有利于生产的发展。社会主义生产关系的发展并不存在一套固定的模式，我们的任务是要根据我国生产力发展的要求，在每一个阶段上创造出相适应和便于继续前进的生产关系的具体形式。

这表明经济建设指导思想中"左"的主体错误已经基本得到清算，比较符合中国国情的经济建设道路的指导思想已经确立，经济工作指导思想的历史性转变已经基本完成。这个决议是经过党内反复讨论，在取得基本一致认识的基础上通过的。它全面总结新中国成立以来的历史经验，包括领导经济建设的经验。这为经济建设新道路的探索准备了理论基础。

同年 11 月召开的第五届全国人大四次会议，系统总结新中国成立以来特别是"新八字方针"实施以来经济建设的经验教训。在总结经验教训的过程中，认识到哪些事做错了，错在哪里，明确今后应该怎么办，从中发现经济现代化新道路的内涵。这次会议明确提出，为了求得经济全局的稳定，以及在此基础上长期健康的、稳步的发展，必须切实改变在"左"的思想指导之下的一套老做法，走出一条符合中国国情的经济发展的新道路。经济发展新

道路的基本内容应该是:经济建设要真正从实际出发,做到速度比较实在,经济效益比较好,人民可以得到更多的实惠。这条新道路的核心是提高基本建设、生产、流通等领域的经济效益。

经济效益差是中国经济发展长期以来的痼疾。1980 年同 1952 年比,工业固定资产增长 26 倍,工农业总产值增长 8.1 倍,国民收入只增长 4.2 倍,全国人民平均消费水平只提高 1 倍。① 国民经济的投入产出系数很低,国民收入的增长幅度比工农业总产值增长幅度低得多,人民生活水平提高幅度又大大低于国民收入的增长幅度。经济效益低下是经济发展中一切问题的症结所在,提高经济效益是今后经济建设的出发点。在速度与效益的关系上,作为衡量经济工作好坏的主要标准,不应再是速度高低,而应是经济效益的高低。在生产资料生产和消费资料生产的关系上,不应再片面强调发展重工业,而应是围绕消费品生产来组织两大部类的协调发展。在产品产量与质量的关系上,不应再片面追求产量,忽视质量、品种规格与销路,而要按照消费者、市场和建设各方面需要,生产质优、适销的产品。在外延扩大再生产和内涵扩大再生产的关系上,不应再主要靠扩大基本建设规模、建新厂来发展生产,而应该靠提高现有企业的经营管理和生产技术水平,充分发挥现有企业的作用。在积累和消费的关系上,不应再追求高积累,而应统筹安排生产建设与人民生活。在经济建设与科学文化事业的关系上,不应再忽视教育、科学、文化的发展,而要加强这些方面的发展,使之与国民经济的发展相协调。在国内与国外的关系上,不应再闭关自守,也不应单纯依赖外力,而应在自力更生的前提下,努力对外开放。这些都是历史经验的总结,标志着探索经济现代化新道路的理论成果与新道路的基本内涵。

为了使国民经济切实走上这条新道路,这次会议提出与之相应的十条经济建设方针,即依靠政策和科学,加快农业的发展;把消费品工业的发展放在重要地位,进一步调整重工业的服务方向;提高能源利用效率,加强能源工业和交通运输业的建设;有步骤有重点地进行技术改造,充分发挥现有企业的作用;分批进行企业的全面整顿和必要的改组;讲究生财、聚财、用财之道,增加和节省建设资金;坚持对外开放政策,增强自力更生能力;积极稳妥地改革经济管理体制,充分地有效地调动各方面积极性;提高全体劳动者

---

① 《中华人民共和国第五届全国人民代表大会第四次会议文件汇编》,北京:人民出版社,1981 年,第 12 页。

的科学文化水平,大力组织科研攻关;从一切为人民的思想出发,统筹安排生产建设和人民生活。经济建设十条方针标志着经济建设指导思想的转变开始具体体现在经济工作的具体方针之中。

这条经济发展新道路,是新中国成立后 32 年中国经济建设历史经验的结晶,是"新八字方针"的进一步发展,它标志着中国经济现代化进程正在经历重大的战略性的转轨。

第三节　农村经济体制改革与农业现代化新道路的开创

一、家庭联产承包制的推广与农村人民公社的废除

(一)改革先从农村开始

1956 年农业合作化高潮中形成的农村经济体制,严重束缚农村生产力的发展。1956 年以后,农村经济长期处于徘徊状况。在国民经济各个部门中,农业发展最慢,成为国民经济中的一块"短板"。对于体制改革的要求,农业最为迫切。解放农业生产力是发展国民经济的急切任务,更是农业发展的急切任务。要发展农村经济,见效最快的途径是改革农村经济管理体制。

农村对改革要求的迫切,可以从下述事实中表现出来:在中共十一届三中全会提出改革任务之先,农村的改革已经开始。1977—1978 年,部分地区的农民开始恢复和创造多种形式的生产责任制,改革农村人民公社的经营管理体制。中共十一届三中全会通过的《关于加快农业发展若干问题的决议(草案)》指出,为了迅速改变农业的落后状况,必须着重在最近两三年内采取一系列政策措施,必须进行包括实行农业生产责任制在内的农村经济体制改革。中国的经济体制改革是从农村开始的。

中国的新民主主义革命,经历了以农村包围城市、从农村到城市的过程,也就是农村先解放、城市后解放的过程。中国社会主义改造的高潮,先出现在农村,农业合作化高潮促进城镇中工商业和手工业改造的高潮。在经济体制改革这一场革命中,又是先从农村开始。几十年中的这种农村先

行的历史现象,蕴含丰富的理论内容和中国特色。

(二)人民公社经营形式的弊端

1957—1978 年,农村存在两种所有制经济形式:全民所有制的国有农场和集体所有制的人民公社。与此相适应,存在两种经营形式:国有农场的国营形式和人民公社的集体经营形式。在这两种经济形式和经营形式中,人民公社占着主要地位。

农村人民公社体制的基本特征是"三级所有、队为基础"和"政社合一"。这种体制,在大型农田水利基本建设、社队企业的建立与发展等农村经济个别领域中,起过一定的积极作用。公社、大队、生产队是三种不同范围内联合的经济组织,三者之间的关系应是不同所有者之间的平等经济关系,但在"三级所有、队为基础"和"政社合一"的体制下,它们之间是行政隶属关系。在"政社合一"体制下,作为国家基层政权的公社机构,具有直接支配人民公社、生产大队、生产队三级集体经济组织生产、交换、分配等经济活动的权力。这造成人民公社体制的一系列弊病:公社在对各级经济组织的经营管理上,违背经济规律和自然规律,搞瞎指挥,侵犯各级经济组织的自主权;国家不能运用经济组织、经济手段来调节农村经济;更重要的是,每个公社实际上成为一个自给自足的自然经济组织,阻碍农村经济向商品化、社会化发展。

农业生产合作社和农村人民公社经济经营形式的特点,是生产过程中的集中劳动,以及由此决定的统一经营与统一分配。这种经营形式没有能够解决集体经济中农民的经济责任、经济权力、经济利益相结合的问题,因而形成劳动组织上责任不明、监督成本高、分配上的平均主义等弊病。这些弊病是广大农民积极性长期得不到发挥的基本原因。农村经济体制的改革便自然地以经营形式的改革作为中心环节。

(三)农业生产责任制的恢复

农村经济经营形式的改革是在农业生产责任制的恢复、推广,特别是在家庭联产承包制的产生、推广和完善过程中逐步进行的。

农业生产责任制这种经营形式,出现在农业合作化运动开展之初。它是农业生产合作社的社员与干部为了弥补上述经营形式弊端而创造的,目的在于保护自己的利益,因而有着深厚的群众基础。1959—1962 年,它对

农业生产的迅速恢复起过重要作用，证明它能促进生产力的发展。1963年以后，被当作"资本主义倾向"受到批判，被明令禁止，实际上却以各种形式广泛地存在着。1977年以后，生产队经营自主权开始受到尊重，群众和干部的积极性与创造性得到发挥。这是农业生产责任制能够得到迅速恢复和发展的原因。

1978年秋，安徽省部分地区在旱情严重，生产队集体无法进行秋播的情况下，率先恢复包产（田）到组、包产（田）到户等责任制形式。1979年，在中国共产党十一届三中全会解放思想、实事求是路线的指导下，广大农村出现包工到组、包工到户、包工到劳（劳动力）、包产到组、包产到户等多种责任制形式并存的局面。全国有一半以上的生产队实行包工到组，有1/4的生产队实行包产到组。这几种形式在包的程度上各有千秋，但都有利于打破集中劳动带来的劳动管理混乱（俗称"大呼隆"）和统一分配带来的平均主义（俗称"大锅饭"），而作用却大小不同。从承包者负责的内容看，包工到组、包工到户、包工到劳动力是"包工制"，即承包者对生产项目的数量和质量负责，按工计酬。包产到组、包产到户是"包产制"，即承包者对生产项目的最终成果——产量负责，联产计酬。就承包者所得经济利益与支出劳动二者之间联系的紧密程度看，"包产制"大于"包工制"。从劳动组织形式看，包工到组、包产到组只不过是集中劳动的规模缩小，原有经营形式中劳动管理混乱的弊端仍然存在。从分配形式看，包工到组、包工到户、包工到劳、包产到组等形式，仍保留统一分配，原有经营形式中平均分配的弊病未得到根治。包产到户的家庭联产承包制的根本特征与优点在于：承包者的收入与劳动成果直接挂钩，经济权力、经济责任、经济利益紧密结合在一起；实行符合中国现阶段农村生产力水平的家庭劳动方式，取消集中劳动，社员劳动不再需要由生产队干部分配、叫工、监管、计工，克服了人民公社经营形式中劳动管理混乱、成本过高的弊病；取消直接的集体统一分配，只对部分劳动产品（承包部分）进行间接的统一分配，消除了原有经营形式中分配平均主义的弊端。家庭联产承包制的上述特点使它优越于其他形式，最受农民欢迎。

（四）家庭联产承包责任制的推广与完善

家庭联产承包制受到农民的普遍欢迎，它的普及是不可避免的。因为长时间内它被认定为"资本主义倾向"，受到严厉的批判，这使许多干部对它存在错误的认识，对它的普及心存疑虑。家庭联产承包制逐步普及过程是

干部解放思想、端正对它的认识的过程。1980 年 9 月,中共中央在《关于进
一步加强和完善农业生产责任制的几个问题》中,肯定"包产到户"这一家庭
联产承包制形式是"依存于社会主义经济,而不会脱离社会主义轨道的"。
这种判断对解决干部的认识起了重要作用,家庭联产承包责任制从此进入
推广阶段。

　　家庭联产承包责任制在推广中不断完善,出现了"包干到户"这一新的
形式。这种形式完全取消集中劳动、统一核算、统一分配,经济权力、经济责
任、经济利益结合得更直接、更紧密,办法更简便。这种形式逐渐成为家庭
联产承包制的主要形式。1984 年,实行"包干到户"家庭联产承包制的农户
占全国农户的 96.6%。在这个过程中,家庭联产承包制不仅推广到农村集
体经济组织中,而且推广到国营农场,形成了以家庭农场为主体的中国社会
主义农场管理体制;不仅推广到农业生产领域,而且推广到林业、牧业、副
业、渔业等农村经济的各个领域之中。

　　人民公社家庭联产承包制的推行,是以家庭劳动承担农业生产过程,代
替以往农业生产过程中的集体(生产队)劳动,农业生产活动由家庭安排代
替生产队干部安排,生产计划、成本核算等也由生产队负责变为家庭负责,
土地及其他主要生产资料由集体使用变为分到各户使用。这是一次制度的
创新与制度的变迁。其中,最为主要的是社员(包括生产队干部)获得人身
解放,获得本人及家庭成员安排生产活动与其他社会活动时间的自由。经
济体制改革是一场深刻的生产关系革命,带来了生产力的解放与发展。

　　农业生产中这场制度变迁从 1978 年开始,至 1984 年基本结束,历时 6
年多。与 1949 年以后农业生产中多次制度变迁不同的是:没有采取群众运
动的形式,没有思想批判与政治压力,没有给各地规定进度与发展指标,而
是中共中央在理论、舆论、政策上进行引导,各地干部从实行家庭联产承包
制的地区或生产队的效益中认识到它的优越性,自觉地推行。最根本的原
因是家庭联产承包制符合绝大多数农民的切身利益,他们要求实行,因而不
需要用群众运动、大批判等向他们施加压力。这是中国现代经济史中最成
功的一次制度变迁的案例。

(五)废除农村人民公社的过程

　　农村经济经营形式的改革以及经济形式的多样化,导致人民公社原有
一系列经济职能的分散。农村中新出现的各种经济组织及自主经营的农

户,要求有自己的各级经济组织为他们提供技术、资金、信息、购销方面的服务,保证自己作为商品经营者进行独立自主的经营。国家也有必要通过真正的经济组织对农村经济进行有效的管理和指导。所以改革人民公社管理体制是农村经济发展的需要。同时,农村经济形式和经营形式的改革,已经突破了"三级所有、队为基础"和"政社合一"的体制,从而为人民公社体制改革创造了条件。1979 年 8 月,四川省广汉县开始人民公社改革试点,拉开了人民公社体制改革的序幕。接着,吉林、河北、浙江、广东、辽宁、安徽等省纷纷展开试点。1983 年,中共中央在《当前农村经济政策的若干问题》中提出人民公社要政社分开,标志着人民公社体制改革进入展开阶段。

　　人民公社体制改革的基本内容是由政社合一改为政社分设。具体来说分三个层次:(1)将人民公社的政权职能和经济职能分开。人民公社原有经济职能由原有或新成立的各种形式的经济组织执行,原来由人民公社行使的基层政权职能,由新成立的乡政府或镇政府行使。(2)撤销作为行政机构的生产大队,但生产大队作为独立的经济组织可以保留。成立农村基层群众性自治组织村民委员会,办理本地区的公共事务和公益事业。(3)生产队成为独立的自负盈亏集体经济组织,其名称或保留,或采用农业生产合作社等其他名称。这样,生产大队、生产队不再是原来三级经济组织中的下级组织;各种和各级经济组织是相互独立的、自负盈亏的生产经营单位,与乡(镇)、村两级行政组织不存在行政隶属关系。乡、村政权对这些组织只能进行行政领导,包括制订本乡经济、社会发展规划并组织实施,对各级经济组织和农户下达国家规定的生产计划和交售任务,监督其执行与国家签订的经济合同等。这些改革使农村各级合作经济组织成为独立核算、自负盈亏的企业,达到了党政分开、政企分开的目标。

　　1984 年底,28 个省、市、自治区全部完成建乡工作,已经实行行政社分开的公社占其总数的 98.36%。人民公社体制改革基本完成。"农村人民公社"成了一个历史上的名词。

　　废除农村人民公社的过程从 1979 年试点到 1984 年基本结束,历时 5 年多,是一个逐步推开、分层次完成的渐进过程,它与农业生产的迅速增长相伴随,未引起社会的震动。这与人民公社成立时,在短短的 5 个月内急风暴雨式完成,引起社会震动与农业生产大幅下降,大不相同。

　　人民公社解散得如此之快,如此的平稳,在于它们本身的弊端。公社化运动违反农民的要求和利益,实质上是一种反现代化运动。第一,人民公社的平均主义严重挫伤农民群众的主动性和创造性,阻碍生产力的进步和农民生活水平的提高。第二,把农村人口固定在农村土地上,与工业化和城市化相背离;工农商学兵合为一体与专业分层化相背离。第三,农民身份固定化与社会身份流动相背离。第四,人民公社忽视了农村社会主体——农民的生存需求和发展需要,社会生活单一化与多样化的发展方向相背离。农民早就想抛弃它,摆脱它,解散人民公社受到农民的欢迎。

农村人民公社从1958年成立,到1984年废除,它在中国历史上存在27年。20多年的历史事实证明,它不利于中国经济的发展,不受中国农民的欢迎。它不是中国经济发展的自然产物,不是农民自愿参加的经济组织。在这20多年中,虽然政府采取许多办法去巩固它,在所有制与经营形式上,从公社所有统一经营,退到公社、生产大队两级所有,生产大队为基本核算单位,再退到公社、生产大队、生产队三级所有,生产队为基本核算单位,最后退到土地归生产队所有,由家庭使用,家庭为基本核算单位,人民公社由此走到它的历史道路的尽头,它仍然避免不了被撤销的命运。人民公社的历史是经济史和经济学上一个具有多重意义的案例,一个凭主观意志、理想模式而建立的经济组织,因其不符合生产力水平、中国国情、经济发展规律与劳动者的切身利益,不管用多大的思想的、政治的、物质的力量去支持它、巩固它,也不能挽救它被群众抛弃的命运。一种存在20多年的经济组织与经济现象,不一定就是合乎历史规律的,置身于其中的经济学家,必须用长远的历史眼光去观察它,才能看清它的实质与前途。

(六)农村经济形式多样化与农村合作经济的新道路

农业生产经营方式的改革和人民公社的废除,推动农村经济形式的改革。长期以来,农村经济形式只有人民公社和国营农场两种,从1979年起,政府鼓励社员发展家庭副业生产,扩大农民自留地数量;鼓励个体工商户发展;鼓励多种形式的自营专业户的发展;鼓励农民购买大型农业生产资料,促进个体经济的发展;鼓励农户之间、农户与集体经济之间形成各种形式的经济联合,促进新型的合作经济形式的发展。这使农村形成一个组织规模不等、经营方式不同的以国有经济(国营农场)和集体经济(人民公社)为主的、新型合作经济、个体经济等多种形式并存的农村经济形式结构。

1979年前,中国农村合作经济发展的道路,从总体上说,没有跳出苏联的模式。1979年开始的农村经济体制改革,一方面继承以往农业合作化的

积极成果（如土地由私有变成集体所有），另一方面创造合乎国情的新内容，形成中国农村合作经济的新道路。

1. 农村合作经济多种新形式

1979 年以后的农村经济体制改革中，出现多种形式的、多层次的农村合作经济新形式。新型的农村合作经济组织有多种类型。

第一类是在原有公社、大队、生产队这几级经济组织基础上演变而来的合作经济组织。这些组织坚持生产资料的公有制，进行多种形式的统一经营。生产队实行家庭联产承包制。这种制度坚持土地公有制，经济活动受合作经济组织统一经营的指导，采取较能体现按劳分配原则的联产计酬的分配方式，通过经济组织、经济手段、法律手段同国家和其他经济组织发生关系。它适合农业生产受自然影响程度深、活动分散、生产过程有顺序等特点；适合中国农村生产力层次多、水平低的特点；适合中国农村经济管理水平不高的状况，是中国式的农村合作经济新形式。

第二类是新出现的各种经济联合体。这些新的经济联合体以成员共有生产资料作为基础，按成员提供的劳动和股金进行收入分配，依据国家计划进行经营活动。

以上两类都是生产领域的。

第三类是流通领域中的供销合作社与信用合作社。

自营专业户等个体经济形式是农村合作经济形式的补充。

2. 农村合作经济新的经营体制

合作经济多种新形式的出现，形成多层次的合作经济经营体制。这就冲破原有的单一的集体经济经营体制。

在上述第一类（也是占绝大多数的一类）合作经济中，实行家庭联产承包责任制后，合作经济内部，形成统一经营和家庭分散经营相结合的经营体制。农户以家庭为单位进行分散经营，承包的是合作经济组织的生产资料。农民经营活动受合作经济组织的指导，并从经济成果中直接获得集体的统一分配。因此，农户的这种分散经营是合作经济组织统一经营中的一个层次。合作经济统一经营寓于农户分散经营之中。它被概括为"统分结合的双层体制"。

在上述第二类即新的合作经济组织内部，出现全新的合作经营的经营体制。

在上述第三类合作经济中,由于供销社、信用社的资金从国家供给①,变为由社员入股,供销社、信用社由实际上的国有企业变为社员集体所有的企业,经营体制亦随之变化。

在个体经济形式中形成个体经营的经营形式。

这样,就构成了新型的、多样化的农村合作经济经营体制。这种体制一方面继承统一经营的优越性,另一方面充分发挥了个体经营、合作经营的积极性,并将两者结合起来。

3.新的经济联合组织

1955—1956 年农业合作化高潮以后,农村中合作经济组织是通过行政手段、行政机构来组织并维系的,这种做法违背自愿的原则。合作经济组织的参加者只限于人民公社、生产大队行政区域内,这种做法违背经济发展横向联系的要求。1979 年开始的农村经济体制改革过程中,农户和各种经济组织之间,依据发展商品经济的内在要求,根据平等、互利、自愿的原则进行联合。这种联合所形成的各种形式的经济组织,按经济合理的原则组成。它们具有多种形式,既有农户之间的联合,又有农户与合作经济单位、国营企业之间的联合;既有本地域内的联合,又有跨队、跨乡、跨县、跨省的联合;既有劳动的联合,又有资金的联合;既有生产的联合,又有供销、加工、储运等产前产后的联合。经济组织内部实行民主的经营管理、按劳分配和股金分红的原则。这样形成的合作经济组织适合农村经济发展的需要,适合现阶段生产力的水平。

农村合作经济多种新形式、新的经营体制和新的联合组织的出现,标志着中国农村合作化走上了合乎国情的道路,标志着马克思列宁主义关于农业合作化的理论在中国的实践中得到了丰富和发展。

二、农业现代化新道路的开创

（一）由半自给经济向商品经济的转化

发展商品经济,是农村现代化的必由之路。1949 年以前,中国农村由

---

①　1957 年以前,供销合作社、信用合作社的资金主要来自社员的股金。经营活动中出现资金不足时,向银行借贷。1958 年人民公社化后,供销社和信用社实际上成了国有企业,社员股金也未退还。

自然经济向商品经济方向发展。到 1949 年时,农村处于半商品经济半自然经济状态。1949—1957 年,这种状况没有大的改变。1958 年以后,自给倾向反而有所加强,表现在农产品商品率低下;农民为自己生产绝大部分消费资料;农业劳动力自给自足,自然就业;以公社为单位的经济体,生产本公社所消耗的多数生产资料;农民的交换,有相当大的一部分是在公社范围内进行的;农村经济结构是一种"小而全"的结构模式。1979 年以后,农村经济体制的改革为农村商品经济的发展创造条件,农村经济开始从半自然经济向商品经济转化。

农村经济体制改革带来农业劳动生产率的提高,突破"小而全"的经营模式,这使剩余农产品和剩余劳动力增多,有的农户或合作经济组织有剩余资金。农村出现一大批从事专业化生产的专业户,有的合作经济组织小起为市场生产的企业或经营商业。1984 年上半年,全国共有专业户 3000 万户,占全国农户总数的 16%。在专业户的带动下,出现专业村、专业乡、专业市场,以及以第三产业迅速发展为标志的、专门化的商品生产社会服务体系,农村经济正在向专业化方向发展。

农村经济的专业化发展,促进农村经济向社会化、商品化发展,农村经济的商品化程度迅速提高。1984 年,社会农副产品收购总额,扣除价格因素外,比 1978 年增长了 68%,年均递增 9%。农村对非农业居民零售金额以及集市贸易总额,分别比 1978 年增长了 4.5 倍和 2.8 倍。随着农业生产的商品化,农民的生活消费开始由以自给性消费为主转变为以商品性消费为主。农民用货币支付的消费支出占全部生活消费支出的比重,由 1978 年的 40% 上升到 1984 年的 60%,自给性消费所占的比重相应由 60% 下降到 40%。农村经济由半自然经济向商品经济转化的速度,是 1949 年以后最快的。

(二)农村经济管理方式与调节体系的改革

商品经济的发展和人民公社体制的改革,推动着农村经济管理方式的改革。1979 年以后,国家对农村经济的管理,逐步由计划经济方式向市场经济方式转变,逐步减少对农村经济的直接行政管理,相应地逐步建立一套以经济杠杆为主的农村经济调节体系。

在计划管理方面,国家除向生产队下达主要农产品的收购指标以外,不再下达其他计划。国家采取同生产队、农户签订经济合同的方法,调节农产品的生产、收购与工业品的供应。

在税收方面,对整个农村,特别是贫困地区的农村,实行减税、免税,以促进农村经济的发展。农业税占农村经济总收入的比重,1958—1978 年平均为 7%,1979 年为 3.23%。1979 年以后逐年下降,1983 年和 1984 年为 2.8%。国家把调整对农产品以及农产品加工品的税种、税率,作为调节农业生产和农村经济结构的杠杆之一。

在价格方面,1979 年大幅度提高农产品收购价和降低农用工业产品价格,缩小工农产品差价。从 1979 年起,扩大农产品浮动价格和自由定价的范围,从 1978 年到 1984 年,社会农副产品收购总额中国家牌价部分所占比重由 84.7%降至 33.9%,议价和市价部分由 7.4%上升到 32.5%。

在金融方面,恢复信用合作社的集体经济性质;同时组织民间自由借贷、集资入股、合作基金会、信托公司等多种形式的资金融通渠道。

在商品流通领域,首先是放宽购销政策,允许集体经济组织和个体农户经营农产品购销,允许多渠道经营,取消对集市贸易、长途贩运的不合理限制,放开产品,放开价格,放开市场。在集市贸易上组织农产品批发市场。其次是改革农村供销合作社体制,恢复农村供销合作社的集体经济性质,吸收农民股金,把农村供销社真正办成农民自己的合作商业组织。1983 年底,全国 80%的社员参加农村供销合作社,吸收农民直接参与供销社的管理。到 1984 年底,全国已有 62000 多农民当选为供销社正、副主任。供销社恢复农民在生产、加工、销售等方面的联营。

(三)农业机械化与科技化发展的新路径

农村经济体制改革加快了现代科技同农业的结合过程,开创了一条中国农业现代化的新路径。

机械化是农业现代化的中心环节。长期以来,中国农业机械化走的是一条或由国家(1952—1965 年)或由集体经济(1966—1978 年)出资发展农业机械化的道路,成效低下。家庭承包制的实行,农村经济体制改革带来农业劳动生产率的提高,农村经济专业化的发展,使部分农民迫切需要和有能力购买农业机械。1983 年 1 月,政府允许农民个人购买农业机械。从此,中国的农业机械开始走上国家、集体、个人一起上的道路。1984 年底,全国拥有拖拉机 411 万台,比 1978 年的 193 万台增加了 1 倍多。1979 年到 1984 年的 6 年中,全国农机总动力净增 1.05 亿马力,相当于 1949—1978 年

30 年增加总和的 60%。1984 年,农户拥有全国拖拉机总数的 77.9%,农用汽车的 57.1%。农户拥有并使用农业机械已成为中国农业机械化的主要方式。国家和集体拥有的农业机械,在管理体制上进行了改革,使用效益提高了,使用范围扩大了。与此相适应,农业机械技术服务体系日益强大和完善,农业机械化日益成为推动农业现代化的重要力量。

科技化是农业现代化的关键。农村经济体制改革带来了农村科技热潮和农业科技发展的新路径。1979 年以前,农业科技的推广主要靠集体经济,路径是自上而下,驱动者是政府。实行家庭联产承包后,农民要致富,想学科技。农业科技化的推动力来自农民。1984 年,全国有 3000 个县办起了农民技术学校和技术教育中心,参加的农民达 1490 万人,多数县已建立农业推广体系,农业科学技术与农村经济的结合日益紧密。

在农业机械化与科技化的过程中,农村经济加速了由传统农业向现代化农业的历史性转变。

（四）农村产业结构的新格局

长期以来,由于自然经济思想的影响和片面强调"以粮为纲",中国农村产业结构是单一的种植业结构模式。这种结构阻碍农村向商品化和现代化发展。1979 年以后,通过农村经济体制的改革以及农村产业结构的调整,这种单一的种植业结构向多层次、综合性农村产业结构模式转换。

在"大农业"中,打破原有农业畸重,林业、牧业、副业、渔业畸轻的局面,开始农、林、牧、副、渔五业一齐发展。在农业总产值中,1984 年,林、牧、副、渔业产值所占比重已达到 41.9%,而 1978 年仅为 32.2%。

在种植业方面,打破原有单纯经营粮食的局面,粮食与经济作物均得到发展。农作物总播种面积中,经济作物的比重由 1978 年的 9.6% 上升到 1984 年的 13.4%。棉花、油料、黄麻、红麻等经济作物的产量年年提高。

遍布于农村经济各领域的乡镇企业迅速发展。1984 年有 164.96 万个乡镇企业,其中农业、工业、交通运输业、商业企业分别占 15%、54.6%、7.8%、17.5%。全国村办工业产值占农业总产值的比重,由 1978 年的 11.6% 上升到 1984 年的 17%。1984 年,乡镇企业总产值已占农村社会总产值的 5%。农村开始出现农业、工业、商业、建筑业、运输业等多层次综合发展的产业结构。

这种综合性、多层次产业结构模式,从根本上改变了八亿农民被束缚在粮食生产和小农业生产上的局面,广大农民进入工业、商业、建筑业等领域,有的脱离土地进入集镇或城市。这不仅标志着中国农村产业结构的变化,也标志着整个国民经济结构质的变化。

农村经济向商品经济的转化,农村经济管理方式与调节体系的改革,农业机械化与科技化发展的新路径,农村产业结构的新格局,构成中国式农村经济发展新道路的基本内容。1979—1984 年,农村经济体制改革中开辟的中国式农村经济发展的新道路,是国民经济发展新道路的重要组成部分。1979—1984 年农村经济体制改革基本上限于农村合作经济体制改革的层次,经过初步改革以后的农村经济体制,与由于改革带来的商品经济的发展趋势严重不相适应。这种情况要求农村经济体制改革进一步深入。

农村经济体制改革,基本上是对原有农村合作经济体制的改革。这种改革的实质是纠正长期以来农村政策中"左"的错误,探寻符合农村经济现状的农村生产关系形式,初步找到了符合农村生产力现状的农村经济体制模式。

农村经济体制的改革促进了农村经济的发展。1979—1984 年,农业总产值翻了一番。农业总产值以 9.4% 的年平均增长速度递增,这是 1953 年以来增长最快的时期。主要农产品迅速增加,粮食、棉花分别比 1978 年增长 1.9 倍和 1.3 倍。农民年平均消费水平提高 1 倍多。农村经济摆脱了长期以来停滞的局面,出现迅速发展的势头。农业已经由国民经济发展的牵制因素变成牵动因素。1979—1984 年是中国经济体制改革史上的起步时期,也是以农村为重点的时期,也是农业生产迅速增长、农民收入快速增长的时期,这是中国农村经济史上新的黄金时期。

第四节　城市经济体制改革的起步

1979—1984 年,农村经济体制改革的展开,要求并推动城市经济体制的改革。经济体制的改革逐渐由农村向城市推进。

在农村经济体制改革普遍展开的同时,城市经济体制改革也在起步,即处于试点时期。试点工作分为两个步骤,两个阶段。第一步是单项的,主要是改革国家与企业的关系。这项工作是 1979—1982 年进行的,在取得经验后,1983 年进入城市综合改革的试点。综合改革的对象是城市经济体制的各个方面。在综合改革取得一定经验后,1984年秋季决定全面展开城市经济体制的改革。

一、单项改革试点阶段

1979—1982年,城市经济体制围绕国民经济的调整这个中心任务,开始试验一些有利于调整的改革。改革的内容是单项的,其中主要是国家与企业的关系,在工作步骤上是先试点,后推广。

(一)扩大企业自主权与试行企业经济责任制

企业是城市经济的细胞,也是国民经济的细胞。城市经济体制改革的中心环节是国家与企业的关系。这方面改革的试点,在1979—1982年间经过两种形式、两个阶段。

1.扩大企业自主权

改革国家与企业的关系是从扩大企业自主权,亦即把政府的某些权利下放给企业(简称扩权或放权)入手。1978年10月,四川省选择六个工业企业进行扩大自主权的改革。1979年5月,国家经济委员会等部门又选择八个企业,进行扩大自主权试点,拉开了国家与企业关系改革的序幕。试点企业改革的基本内容是:改企业基金制为利润留成制;政府给予企业在产品生产、销售、试制,资金使用,人事安排,职工奖惩等方面的部分权利;企业实行党委领导下的厂长负责制,建立职工代表大会。这些改革扩大了企业在各项经济活动中的权力和利益,扩大了工人的民主管理权力,政府给予企业部分权力,也就是政府将手中管企业的权力,部分地下放给企业,使企业的权力扩大。扩大企业的权力与利益,主要是扩大企业负责人管企业的权力和企业全体职工的利益。所以它受到企业职工特别是企业负责人的欢迎。全国许多部门和地区仿照试点企业的经验,自行制定办法,组织试点。

1979年7月,国务院发布关于扩大国营工业企业经营管理自主权、实行利润留成、征收固定资产税、提高折旧率和改进折旧费使用方法、实行流动资金全额信贷等五个文件,就扩大企业自主权工作中的一些关键问题作出了统一规定,并要求各地区、各部门按统一规定办法,选择少数企业作试点。这五个文件发布后,扩大企业自主权的试点工作开始在工业、商业、物资、建筑、交通、邮电、军工等部门展开。1980年,试点工业企业达到6600个,约占全国预算内工业企业数的16%,产值的60%,利润的70%。商业系统试行扩权的企业共 8900 个,占商业系统独立核算单位的 5% 左右。试点企业扩权之后,拥有制订生产计划、产品销售、资金使用、劳动人事等方面的部分权利,初步改变企业被统得过死、缺乏活力的状况。企业开始建立和增强经营观念、市场观念、服务观念和竞争观念。试点企业的产值、实现利润、上缴利润的增长速度以及产品质量等项经济指标,明显高于未扩权企业。同时,在试点工作中,国家与企业在经济利益关系,以及国家对企业的指导、调节、监督方面出现一些新问题。例如,在收入分配中,企业得小头、国家得大头的原则难以得到很好的贯彻;企业自筹资金的基本建设项目与国家宏观计划产生矛盾,这影响国民经济调整的顺利进行,也使企业积极性难以发挥。这种状况要求进一步探索完善国家与企业关系的途径。鉴于上述情况,1980 年 12 月,中共中央工作会议决定,停止扩大企业自主权试点面的扩大,以集中精力搞好经济的进一步调整。1981 年,扩大企业自主权的试点工作进入巩固阶段。同时,在工商企业中推行企业经济责任制。

2. 试行企业经济责任制

扩大企业自主权是从管理权限着眼,改革国家与企业的关系。企业经济责任制是从分配关系着眼,改革国家与企业的关系。在扩大企业自主权试点过程中,已经出现利润留成、利润包干等多种形式的企业经济责任制。1980 年下半年,国家对一些工业企业和行业开始试行"以税代利、独立核算、自负盈亏"的改革。1981 年 4 月,国务院决定把经济责任制推广到工业、商业、交通运输等各种企业。1982 年,80% 的预算内工业企业和 35% 的独立核算商业企业,实行利润包干的企业经济责任制。企业经济责任制强调国家与企业之间经济责任、经济利益、经济权力的统一,并将企业应对国家承担的经济责任放在首位。在改善国家与企业的关系方面,企业经济责任制比扩大企业自主权前进了一步。由于原有价格体系不合理,国家对企业宏观管理机制不健全,推行企业经济责任制后,产生了企业之间苦乐不均,国家利益得不到保障等问题。这种情况要求进一步探寻更为合理有效的形式来解决国家与企业的关系。

（二）改革所有制形式,发展多种经济成分

1979 年开始进行公有制占绝对优势条件下多种经济成分并存的改革。1981 年 10 月,中共中央在《关于广开门路,搞活经济,解决城镇就业问题的若干问题》文件中强调,实行多种经济形式并存是一项战略决策,要迅速地

发展城镇集体所有制经济和个体经济。此后,国务院就集体经济和个体经济的资金筹集、经营场地、价格、税收、供销渠道、收益分配等问题制定具体政策。1979—1982 年,城镇集体经济和个体经济发展较快。以 1982 年城镇各种经济类型劳动力的比重为例,国营企业劳动者所占比重由 1978 年的78.3%降到 75.5%,集体企业劳动者由 21.3%提高到 33.2%,个体劳动者由 0.6%提高到 1.3%。随着改革开放措施的实施,股份制经济、中外合资经济和外商独资经济等形式相继出现,它们各自起着重要的作用。新的多种经济成分并存的格局初露端倪。

(三)改革中央与地方的财政分配关系

1980 年实行新的财政体制,它包括以下几种不同的财政分配形式:上海、天津、北京三个直辖市的"统收统支",江苏省的"比例包干",广东省的"定额上交",福建省的"定额补贴",云南、贵州、青海和 5 个民族自治区的"特殊照顾",其余 15 个省的"划分收支、分级包干"。新的财政体制有两个优点:第一,依据不同省市的情况,实行不同的办法,而不是"一刀切"。第二,改变了国家统得过死的局面,地方收入和收入使用权限扩大。这有利于调动地方增收节支的积极性和安排地方经济建设的主动性。这种体制也有弊病,如:地方政府为了增加财政收入,加强对企业的行政干预,对商品流通进行地区封锁等等;一些地方有了钱,便搞基本建设,这类建设大都是能赚钱的项目,故各地之间的投资多是重复的。这既不利于调整,也造成资金的浪费。1981 年,国家加强对地方财政的宏观控制,使财政体制的改革朝着有利于调整、改革的健康方向发展。

(四)改革流通体制和物资体制

从 1979 年起,开始改革对生产资料和消费资料统购包销的流通形式。在工业生产资料方面,对原有 256 项统配物资,除 30～40 种最重要的燃料、原料、机电产品外,其他部分实行敞开供应和凭票供应。在基本建设所需物资供应方面,试行承包配套供应。在物资经营方面,组织生产资料商场和各种综合性交易商场,将原有物资统一调配经营方式逐步改为商业性经营方式。对工厂生产的消费品,实行统购统销、计划收购、订购、选购等多种购销形式。扩大工业企业自销产品的权力。1982 年,把工业消费品的流通,由按城乡分工改为按商品分工、城乡通开、归口经营、城乡统管的新体制,统筹安排城乡市场。

在改革流通形式的同时,进行多种商业渠道和商业经营形式的改革。在发挥国营商业、供销合作社商业主渠道作用的同时,充分发挥集体、个体商业的作用。集体所有制商业的零售总额占社会商品零售总额的比重,由1978年的7.2%提高到1982年的16.1%。同期个体商业的比重则由0.1%提高到2.9%。

在商业经营形式方面,工商之间、工贸之间的联合经营形式,以及工厂、农场的自销经营和厂店挂钩经营、贸易货栈、小商品市场等一系列经营形式得到迅速发展。

（五）推进企业改组和经济联合

1979年开始按社会化大生产、专业化分工协作原则,合理调整经济组织结构。这项工作在三个不同层次展开。

（1）在城市范围内,采取三种形式推行企业改组和经济联合。即围绕优质名牌产品组织专业化协作生产;组织工艺协作中心,集中提供生产中要求高、精、尖的工艺项目;组织生产服务的社会化,集中提供运输、修理等产前产后服务。

（2）在行业之间与部门之间,组织多种形式的经济联合。即组织围绕资源综合利用的跨部门经济组织;组织围绕零配件专业化协作生产的跨部门、跨地区经济组织;发展工商之间、工贸之间、农工商结合等多种形式的经济联合。

（3）在全国范围内,组织一批全国性的行业公司,对全行业的各项经济活动实行统筹安排。

1979—1982年的城市经济体制改革是单项的,局部的。这些改革在一定程度上使地方、企业的活力增强,使僵化的体制开始松动。在此基础上,商品生产和商品流通得到发展。这些单项改革未能消除经济体制中企业"大而全"、"小而全"、城乡分割、条块分割、重复建设、流通堵塞等一系列全局性的根本问题。这些问题限制着改革所带来的商品经济的发展,抑制企业活力的发挥。同时,这些单项、局部改革之间出现一些相互矛盾的现象。上述情况表明,城市经济体制改革的步伐要加快,同时,要朝着增强企业活力、促进商品经济的发展综合性改革方向前进。

二、综合改革试点阶段

1979—1982 年,经济工作的中心任务是调整,城市经济体制改革必须围绕经济调整这一中心任务展开。1979—1980 年的某些改革措施,在没有加强相应的宏观控制时,一度给调整带来不利的影响。1981—1982 年间,坚持开展有利于调整的改革,同时加强宏观控制。这样,改革的发展才推动经济调整的进行。1981 年冬,经济调整任务基本完成,比例关系失调状况基本得到扭转。这时,经济体制的弊病及其对经济发展的影响显得突出了,这要求加快经济体制特别是城市经济体制的改革进程。国民经济初步走上健康发展的轨道,也为经济体制改革步伐的加快创造了条件。1982 年 11 月召开的第五届全国人大五次会议,作出积极稳妥地加快经济体制改革进程的具体部署,使城市经济体制改革试点进入新阶段。

(一)城市经济体制综合改革试点

在 1981 年 10 月和 1982 年 3 月,在湖北省沙市市和江苏省常州市这两个中等城市开始城市经济体制综合改革的试点工作。

实践证明,城市经济体制综合改革有利于发挥城市在经济中的中心作用,促进商品经济的发展,带动并协调国民经济运行机制、经济组织结构、政府机构管理经济的体制等各项改革,从而有利于消除原有体制中长期存在的条块分割、城乡分割、重复生产、重复建设的弊病。

在试点工作取得初步经验后,1983—1984 年,城市经济体制综合改革逐渐在下述三个方面展开:

第一,进行大城市经济体制综合改革试点。1983 年 2 月,重庆市开始综合改革试点。在沙市、常州两个中等城市和重庆这个大城市综合改革都摸索到一些经验之后,1984 年,武汉市、沈阳市、大连市、哈尔滨市等大中城市以及各省一些省辖市,相继进行综合改革试点。到 1984 年底,试点城市达 54 个。对这些试点城市,国家采取下述一系列特殊的措施:计划单列,建立这些城市与国家计划的直接联系;赋予这些城市以省级管理权限;增加这些城市在财政分成中所留比例;下放部属大型工商企业给它们管理等。在这些特殊措施的基础上,这些城市对辖区内的经济体制进行综合性改革。改革的内容包括:在国家与企业的关系方面,通过进一步简政放权、完善经济责任制、企业内部的配套改革等措施,进一步搞活企业;在企业组织结构方面,通过组织企业的改组联合,发展横向经济联系;在流通方面,敞开城门,开放市场,进一步搞活流通;同时实施对内、对外两个开放,实行"外引内联",加快外资和技术的引进与消化。

第二,逐步实行市管县的体制,撤销原有专区行署。辽宁省自1958年以来一直实行市管县体制。实践证明,这种体制有利于条块结合和城乡结合,以城市带动城乡经济的协调发展。1983年开始在全国推广辽宁的经验。到1984年底,全国有120多个市领导500个县。

第三,建立不同类型的,以若干城市为中心的,跨地区、跨部门的经济区,以探索在更大的范围内解决条块分割、合理组织经济活动的问题。1984年,国务院成立上海经济区、山西能源基地、东北能源交通等三个规划办公室,广东和福建分别成立珠江三角洲和闽南经济区规划办公室。

(二)进一步改革国家与企业的分配关系

1979—1982年的城市经济体制改革,从总体上说,是从分配领域入手的。针对1981—1982年企业经济责任制中分配关系方面的问题,从1983年开始,推行"以税代利"的改革。

在1981—1982年推行企业经济责任制的过程中,已经产生"以税代利"的形式。实践证明,这种形式能较好地处理国家与企业的分配关系。它把国家与企业的分配关系用税收形式固定下来,有利于推动企业改善经营,挖掘潜力,保证国家收入稳步增长;有利于减少部门、地方对企业的行政干预,使企业真正成为独立的经济实体;有利于国家借税收这个经济杠杆对国民经济进行宏观调节。1983年4月,国务院发布《关于国营企业利改税推行办法》,决定征收工作从1983年6月1日开始办理。具体办法是:凡有盈利的国营大中型企业,按实现利润的55%的税率缴纳所得税,剩余利润,一部分按国家核定的留利水平留给企业,一部分根据不同情况,分别采取递增包干、固定比例、定额包干、调节税等办法上交国家。这种办法的实施,标志着全面推行"以税代利"改革的开始。

"以税代利"的改革全面铺开后,当年大见成效,企业完成产值和实现利润,分别比上年增长9%、10.9%。这种增长率高于未实行"以税代利"改革的企业。实现利润中,国家获61.8%,企业留38.2%,体现了国家得大头,企业得小头的原则,这保证了国家财政收入的稳定增长。推行利改税的6月至10月份,财政收入比上年同期增长13%。这种办法给企业以加快资

金周转、提高经济效益的压力和动力。

1983—1984 年,只推行利改税的第一步。企业税后余下部分的利润,仍以各种形式在国家与企业间进行分配,企业之间苦乐不均和吃"大锅饭"的问题依然存在。为了进一步改革国家与企业的关系,1984 年 5 月,在全国 5000 多个工业企业试行企业管理制度上的厂长负责制改革。1984 年 9 月,国务院决定从第四季度起推行"以税代利"的第二步改革,即由第一步的"税利并存"发展到完全"以税代利",并用法律形式将国家与企业的分配关系固定下来,彻底清除企业之间吃"大锅饭"的现象。上述围绕国家与企业关系的各项改革,使企业进一步从内部增加了主动性、积极性、创造性;从外部则初步取得了平等的、无条块限制的活动领域,因而增强了活力。

第五节 "六五"计划提前完成与经济发展道路的根本性转变

在经济建设指导思想发生根本转折的同时,经济发展也出现根本性转变。

一、经济快速增长

1979—1984 年,国内生产总值、社会总产值、工农业总产值、国民收入的年平均增长速度分别为 8.8%、9.1%、9.1%、8.3%。这种增长速度是很快的,特别是 1982—1984 年,增长速度是逐年上升的。1982 年以后出现持续稳步增长的趋势,1983—1984 年经济发展呈现良好势头,到 1984 年,原定 1985 年实现的"六五"计划的国民经济总量指标和主要生产建设指标提前并超额完成。1984 年,社会总产值、农业总产值、工业总产值分别相当于原定 1985 年指标的 119%、104%和 119%。农业除灌溉面积没有按计划增长以外,其余指标均提前超额完成。工业生产列入"六五"计划的 65 个指标中,有能源、轻纺等部门的 43 种,固定资产投资总量和分年投资量,铁路、公路、水运运输量,邮电业务量等都提前完成"六五"计划。商业零售网点数超过"六五"计划指标的一倍多,社会零售额相当于原定 1985 年计划的116%,进出口总额相当于原定 1985 年计划的 140%。基本完成"六五"计划规定的安排就业指标,长期困扰政府与社会的城市青年就业问题基本解决。

1979—1984 年间各年的增长率不一样。1977—1978 年"洋跃进"期间,大量的基本建设投资推动经济的高速增长(社会总产值,按可比价格计算,分别增长 10.3％和 13.1％),这造成经济全面紧张,使原本就失调的经济比例关系进一步恶化,因而不得不于 1979 年对国民经济进行调整。由于投资的滞后效应以及对"新八字方针"认识不统一,执行不力,1979 年和 1980 年的增长率仍然偏高(8.5％、8.4％),1980 年底中共中央作出对国民经济进行进一步调整的决策,强调要退够。1981 年的经济增长率才大幅下降,降至谷底(4.6％)。1982 年以后增长率回升,当年为 9.5％,1983 年 10.3％,1984 年 14.7％,又出现过热现象。这次回升和过热的基本动因是经济体制改革。农村经济体制改革促进农业生产的持续高速发展,既提供了充足的供给,又提高了消费需求,为经济的发展打下良好的基础。对企业和地方进行的以扩权让利为基本内容的改革,在调动企业和地方发展经济的积极性的同时,也使利益主体和投资主体多元化日益发展,加剧了争项目、争投资和地方、企业盲目投资的行为。这样,1979—1984 年的经济增长过程呈现出明显的两个阶段:1979—1981 年为下降趋势,1982—1984 年转为上升趋势。从这次经济波动周期起,再也没有出现负增长;与以往周期比较,波动周期加长,波幅缩小。

二、比例趋向协调

国民经济中长期存在的一个大问题是农轻重比例失调。在本时期,农业发展的成就最为突出。农业生产全面、持续高速增长。农业总产值(按可比价格计算)1984 年比 1978 年增长 55.4％,年平均增长 7.6％,是新中国成立以后增长最快的时期。相对于 1952—1978 年年平均增长 2.7％的速度来说,可谓超高速增长。粮食与棉花,1984 年达到历史最高产量,比 1978 年分别增长 33.6％、119％,分别从世界第十三位、第三位上升到第一位。年人均粮食 800 斤,接近世界平均水平。油料增长 1.28 倍,年平均增长 14.7％。油菜籽产量从世界第二位上升到世界第一位。糖类、茶叶、肉、禽、蛋等农副产品的生产获得大幅度的增长。农业生产的高速发展初步解决了人们对粮、棉、油的需求,促进了工商业的发展。

轻工业快速增长是这个时期工业发展的另一个特点。1984 年和 1978 年相比,棉布增长 24.5％,呢绒增长 1.03 倍,化纤增长 1.58 倍,缝纫机增长

92.2%,自行车增长 2.35 倍,手表增长 1.81 倍。电风扇、录音机和洗衣机、电冰箱、电视机等家用电器开始迅速进入家庭,由此带动了电视机这个新兴行业生产的迅速增长。

相对于农业和轻工业,重工业生产增长速度较慢。重工业发展的特点是不同的产品或增或减。机械工业的生产出现不同程度的下降。其中,大中型拖拉机产量 1984 年比 1978 年下降 65%,金属切削机床产量下降 27%,发电设备下降 3.4%。钢产量 1984 年达到 4384 万吨,比 1978 年增长 36.8%。1984 年,原油产量突破 1.1 亿吨,原煤产量接近 8 亿吨,建材、化工、汽车的生产增长幅度较大。重点工程建设取得进展。长江葛洲坝水利枢纽工程于 1981 年 12 月 27 日完成筑堰、通航、发电三大任务,第一期工程任务全部完成,并开始第二期工程建设。上海宝钢一期工程建设基本完成,武钢 1.7 米轧钢机工程正式投产。

由于农业、轻工业的突出发展,到1984年,农业和轻工业在工农业总产值中的比重,分别为 34.8% 和 30.9%。在工农业总产值中,农业、轻工业、重工业产值大约各占 1/3。农轻重三者的比例关系为 34：31.7：34.3,这种构成基本上符合中国这个阶段生产力水平。在此基础上,农业、工业内部的比例关系,积累和消费的比例关系趋向协调。1981—1983 年积累率在 30% 以下,1984 年为 31.2%。积累和消费的关系中出现互相促进、共同增长的局面。

1984 年和 1978 年相比,按可比价格计算,国内生产总值增长 66.0%,年平均增长 8.8%。第一产业增长 52.6%,年平均增长 7.3%,这是新中国成立以来增长最快的时期。第一产业的产值比重,1949 年以后不断下降,至 1978 年为 28.4%。1979 年后转为上升,1984 年达 33.1%,这是新中国成立后绝无仅有的。受国民经济调整的影响,第二产业增长 66.9%,年平均增长 8.9%,其中工业增长 66.0%,年平均增长 8.8%,仍然维持了较高的增长速度。第二产业的产值比重,1978 年为 48.6%,1984 年为 44.8%,下降不少。第三产业增长 78.3%,年平均增长 10.1%。这也是新中国成立以来增长速度最快的时期。第三产业的产值比重 1978 年为 23%,1984 年为 22%,略有下降,第三产业发展水平低。值得注意的是,旅游业在此时期兴起。

三、社会劳动生产率与经济效益提高

1979—1984年,按当年价格计算的社会劳动者人均创造的国民收入,由755元上升到1119元,年平均递增6.8%,远远地超过1953年至1978年间年均递增3.4%的速度。工业、农业劳动生产率迅速提高,积累效果提高。1979—1984年,年平均固定资产交付使用率达到78.7%,接近历史最好水平。能源消耗水平逐年降低,10000元国民收入消耗能源,由1979年的18.98吨(标准燃料)下降到1984年的12.5吨。流动资金周转加快,国有独立核算工业企业每100元产值占用流动资金,由1978年的32元降至1984年的27.4元。全国人均国民收入,由1978年的315元上升到1984年的548元,平均每年增长9.6%,大大超过1953—1978年平均增长3.9%的速度。

四、从以积累为中心转向以需求为主导

由于经济发展,国民生产总值增加,加上国民生产总值分配格局发生变化:国家所得的比重由1978年的32.7%下降到1984年的20.9%,下降了11.8个百分点;同期,企业所得的比重由16.1%上升到18.2%,上升了2.1个百分点;个人所得的比重由51.2%上升到60.9%,上升了9.7个百分点。扣除物价变动因素,1984年职工平均工资、每人每年生活费收入以及全国居民消费水平,比1978年的水平分别增长32.3%、60.4%、57.7%。这是1949年以后消费水平提高最快的时期。全国人民的消费质量提高,一些职工家庭开始由吃粮食为主的"主食型",向营养较齐全的"副食型"转变。农村居民家庭平均每人货币纯收入,1978年133.57元,1984年355.33元。按当年价格计算,年平均增长17.6%,扣除物价因素,年平均增长14.9%。这是农村居民收入增长速度最快的时期。由于农村居民收入增长的速度快于城镇居民,城乡消费差距缩小。1978年城镇居民消费水平是农村居民的2.9倍,1979年以后这个差距持续缩小,1984年为2.3倍。1984年,电视机、自行车、手表等耐用消费品每100人的拥有量,分别比1978年的水平增长1433.3%、144%、242.4%。长期困扰国民经济的人民吃饭穿衣问题和日用消费品的供应问题,初步得到解决。按照当年人民食物结构和消费水平,粮食已经基本自给,棉花、油料自给有余,除粮食和食油外,基本取消了

凭票供应。人们生活必需品的需求基本得到满足，1953 年以来凭票证购买的配给式的消费逐渐被自主性消费取代。消费结构也开始发生明显变化，耐用消费品特别是家用电器需求增长迅速。五彩缤纷的各式服装，代替了过去一片青蓝色的干部服、工人装。这是中国服装史上又一次大变革的年代。在消费增长的同时，储蓄迅速增长。1984 年年末城乡储蓄存款达到1214 亿元，超过"六五"计划 1 倍多。人们的基本生活消费得到满足以后，必然提出新的更高的要求，由此拉动着生产结构的调整。人们收入的迅速增长，形成了强大的有支付能力的需求，使得我国国民经济在整体上开始摆脱以积累为中心的状态，转向以需求为主导的阶段。

五、科学技术、文化教育事业迅速发展

文教科学卫生事业费占国家财政支出的比重，由 1978 年的 10.1% 上升到 1984 年的 17.4%。平均每 10000 人口中大学生的数量，由 1978 年的8.9 人上升到 1984 年的 13.5 人。国有制单位科学技术人员数，由 1978 年的 434.5 万人上升到 1984 年的 746.6 万人，增长 72%。重大科学技术成果项数，由 1980 年的 2600 项上升到 1984 年的 1 万项。与此同时，1979—1981 年连续三年财政收入下降。从 1982 年开始，财政收入稳步上升，财政收支基本平衡，财政状况逐步好转。

1979—1984 年，由于实行以调整为中心的"新八字方针"，对经济体制进行改革，实行对外开放的政策，中国的经济发展逐步摆脱了长时期比例关系严重失调和停滞、徘徊的局面，开始走上比例比较协调、速度比较稳定的新轨道，经济增长方式开始从高积累、低消费、低效益转向经济效益较好、人民所得实惠较多、发展后劲足的新轨道。经济的发展完成了历史性的伟大转折。

中国经济现代化发展在经过多年的探索之后，终于在 20 世纪 80 年代开始发现，并逐步走上一条符合国情的道路。这种探索的成就，与同时期的经济体制改革是分不开的。但是，由原有经济体制中产生的弊病以及新旧体制模式转换过程中出现的摩擦，仍常常干扰着经济发展的过程。这表明，经济现代化开始走上新道路，要求有新型的经济体制与之相适应。经济体制的改革，不仅是体制本身发展到这个阶段的历史要求，而且是经济现代化走上发展的新道路提出的现实要求。

第六节 探索中国式社会主义经济体制
模式的理论创新

1979 年到 1984 年的城市经济体制改革与这一时期的农村经济体制改革,不仅是推动经济发展的巨大动力,更重要的是揭开了探索中国式社会主义经济体制新模式的进程。这是因为这次经济体制改革是在新的理论指导下展开的,从而使这次体制改革能够承担探索中国式社会主义经济体制与中国式经济现代化道路的历史任务。在这一探索过程中,提出了一系列新的经济理论,主要体现在以下互相联系的三种理论上。

一、建设有中国特色的社会主义理论

1982 年 9 月召开的中国共产党第十二次全国代表大会的主要使命,是确定继续前进的道路、战略步骤和方针政策。大会认为,自中共十一届三中全会以后,中国经历着历史性的转折,中国进入了全面开创社会主义建设新局面的历史时期。邓小平在致开幕词时说:"我们的现代化建设,必须从中国的实际出发","把马克思主义的普遍真理同我国的具体实际结合起来,走自己的道路,建设有中国特色的社会主义,这就是我们总结长期历史经验得出的基本结论。"建设有中国特色的社会主义,走自己的道路,这是中国共产党在新历史时期工作的指导思想与实现社会主义现代化的道路。

大会规定,党在新时期的总任务是:团结全国各族人民,自力更生,艰苦奋斗,逐步实现工业、农业、国防和科学技术现代化,把中国建设成为高度文明、高度民主的社会主义国家。为了实现这个总任务,大会提出一系列的具体工作任务。其中,首要的任务是把经济建设继续推向前进。为此,必须明确经济发展的战略目标,寻找阻碍经济稳定发展的薄弱环节。大会根据中国的实际情况,确定到 20 世纪末这 20 年的战略目标、战略重点和战略步骤。从 1981 年到 2000 年,中国经济建设总的奋斗目标是:在不断提高经济效益的前提下,力争使全国工农业的年总产值翻两番,即由 1980 年的 7100亿元增加到 2000 年的 28000 亿元左右。实现了这个目标,人民的物质文化生活可以达到小康水平。工农业总产值翻两番,意味着在 20 世纪最后的 20年中,工农业总产值平均每年的增长速度为 7.2%。为了实现 20 世纪末经

济发展的战略目标,中共十二大把农业、能源和交通、教育和科学确定为实现上述战略目标的三大战略重点。

为了实现 20 世纪最后 20 年的奋斗目标,在战略部署上分两步走:前10 年,即"六五"、"七五"计划期内,主要是打好基础,积蓄力量,创造条件。前 10 年的发展速度不能很快,主要是为后 10 年的经济增长打下比较坚实的基础。后 10 年,即"八五"、"九五"计划期内,要进入一个新的经济振兴时期。"两步走"的战略部署,关键是走好第一步,只有前 10 年扎扎实实地做好准备,才能有后 10 年的经济振兴。为此,"六五"计划期间仍贯彻执行调整、改革、整顿、提高的方针,制定出改革的总体方案和实施步骤;"七五"计划期间要广泛进行企业的技术改造,逐步展开经济管理体制改革,同时继续完成企业组织结构和各方面经济结构的合理化。[①]

二、社会主义初级阶段理论

中共十一届三中全会以后,中国共产党人在新的历史条件下开始了对中国式社会主义建设道路的再探索。这一探索要求对中国社会主义所处阶段进行科学定位,社会主义初级阶段理论是顺应这一要求而产生的。

1958 年,由于"大跃进"和人民公社化运动期间出现的浮夸风的影响,中国领导人的认识发生了急剧的变化。毛泽东提出:"看来,共产主义在我国的实现,已经不是什么遥远将来的事情了。"这就是说,中国已经处在进入共产主义社会的前夕。在这种观点影响下的急于过渡到共产主义的实践,遇到严重挫折。毛泽东在总结其经验教训时,于 1959 年底到 1960 年初开始清理自己关于中国社会主义社会所处历史方位的认识,提出社会主义在发展过程中要经历很长的时期和要分为若干发展阶段,以及中国处在"不发达的社会主义"阶段的判断:"在生产资料所有制的社会主义改造基本完成以后,社会主义社会又可以分为两个阶段,第一阶段是不发达的社会主义,第二阶段是比较发达的社会主义。后一阶段可能比前一阶段需要更长的时间。""不发达的社会主义"阶段需要经历多长时间,毛泽东没有直接论述。但他在 1962 年举行的扩大的中央工作会议上的发言中指出:"至于建

---

① 《中国共产党第十二次全国代表大会文件汇编》,北京:人民出版社,1982 年,第 15~18 页。

设强大的社会主义经济,在中国,五十年不行,会要一百年,或者更多的时间。"①毛泽东的"不发达的社会主义"阶段的观点,只是初步的认识,没有形成完整的、系统的理论体系。这只是他个人的认识,未成为指导全党行动的理论,且他个人也没有坚持这种认识。就在1962年,毛泽东又提出了"大过渡"的理论。"大过渡"的理论认为,中国处在由资本主义向共产主义过渡时期。此处的"过渡时期"的含义,已从马克思著作中由资本主义向社会主义过渡改变为由资本主义向共产主义过渡,亦即整个社会主义阶段都处于过渡时期内。这种"大过渡"理论认为,在整个社会主义阶段,无产阶级和资产阶级、社会主义和资本主义两个阶级、两条道路的斗争始终存在,并成为社会的主要矛盾。"大过渡"的理论与"不发达的社会主义"阶段的观点是矛盾的。"不发达的社会主义"观点强调生产力水平低下这一现实,要求以发展生产力为社会主义的主要任务;"大过渡"理论则强调阶级斗争的严重性,强调防止资本主义复辟和反修防修是社会主义阶段的主要任务。这样,"不发达的社会主义"阶段观点的合理内涵被否定,未能得到坚持和发展。以"大过渡"理论指导实践,必然是把阶级斗争放在工作的首位,用阶级斗争强行拔高生产关系,其后果是人所共知的社会混乱和经济停滞。

中国共产党人关于在半殖民地半封建社会基础上,必须经过新民主主义社会的长期发展,才能进一步走向社会主义的理论;关于社会主义在发展过程中要经历若干发展阶段和中国现阶段处于"不发达的社会主义"阶段的论点,以及在这些论点形成过程中蕴含的许多重要方法论,对于后人在新的历史条件下分析中国社会发展阶段,具有重要的启示作用。上述理论未能得到坚持与发展,和由此而造成的实践中的失误,留下深刻的教训,呼唤科学的社会主义发展阶段的新理论。

中共十一届三中全会以后,农业生产中家庭联产承包制的普及;国民经济多种经济成分,特别是个体经济的发展,私营企业和三资企业的出现;实行在共同富裕目标下让一部分人、一部分地区先富起来的政策;大力发展商品经济。这些改革措施大大突破了原有的社会主义观念。如果按照传统的观念来进行判断,这些政策措施似乎是在倒退,但它们在实践中却推动了经济的迅速发展。那么,这些政策措施到底是不是社会主义性质的?这涉及什么是社会主义和怎样建设社会主义的根本问题。要回答这些问题,首先

---

①　毛泽东:《毛泽东著作选读》下册,北京:人民出版社,1986年,第827页。

必须对中国社会主义所处阶段的性质进行理论说明。

1979年9月，中共中央副主席叶剑英在庆祝新中国成立30周年的讲话中指出，我国的社会主义还处在幼年时期，社会制度还不成熟、不完善，所以我们要改革和完善社会主义的经济制度和政治制度。1981年6月，中共十一届六中全会通过的《关于建国以来党的若干历史问题的决议》，在党的文件中第一次明确指出："我国的社会主义制度还是处在初级的阶段。"1982年，中共十二大报告《全面开创社会主义现代化建设的新局面》指出："我国的社会主义现在还处在初级发展阶段。"

社会主义初级阶段理论是在深刻总结认识国情的历史经验教训的基础上，对中国社会发展现阶段历史方位的科学界定。它从对国情的正确认识出发，论证了全党全国人民的中心任务是进行社会主义现代化建设，指明了深化改革的方向，为进一步探索建设有中国特色的社会主义道路奠定了重要的理论基础。它从中国经济落后的现实出发，论证了中国社会的主要矛盾，使工作重心和中心任务两者有机地统一起来，可以更有效地避免"以阶级斗争为纲"错误的重演。社会主义初级阶段理论在阐述中国生产力落后现状的同时，强调在此落后生产力基础上社会主义的生产关系必然是不成熟的，上层建筑是不完善的。这样，就为改革开放提供了国情方面的依据，明确了经济体制改革的方向是建立与生产力水平相适应的有中国特色的社会主义经济体制，而不能追求"一大二公"和纯而又纯。

三、从"鸟笼子"理论到有计划商品经济理论

（一）计划与市场的关系是1979—1984年经济体制改革的主线

1979—1984年，随着经济工作指导思想的转变，对中国社会历史方位认识的深化，经济体制改革实践经验的积累，经济理论研究的深入，经济体制改革目标模式逐步明确。贯穿这一时期经济体制改革探索过程的主线，是如何正确处理计划和市场的关系问题。在起点即1979年，是按照主持经济工作的陈云在1956年提出的"三主三辅"的思路和1982年提出的"鸟笼子"理论展开的。在终点即1984年，已形成有计划的商品经济目标模式。在这个过程中，邓小平1979年提出了关于社会主义可以搞市场经济的理论，并逐步发展、丰富与明确，在中国共产党内逐步被人认识与拥护。

（二）计划经济为主、市场调节为辅的目标模式与"鸟笼子"理论

中共十一届三中全会后,在探讨经济体制改革的目标取向问题时,想在实行计划经济的前提下,更多地利用价值规律,利用市场机制。1979 年,在处理计划与市场关系问题上,中共中央指出:"在我们的整个国民经济中,以计划经济为主,同时充分重视市场调节的辅助作用。"①计划经济为主,市场调节为辅,实际上是中国经济体制改革的第一个目标模式。对这个模式,陈云有过多次说明。1979 年 3 月 8 日,陈云在《计划与市场问题》一文中提出,整个社会主义时期经济必须有计划经济和市场调节两个部分。第一部分是基本的主要的;第二部分是从属的次要的,但又是必需的。在今后的经济调整和体制改革中,计划经济和市场调节这两个部分比例的调整,将占很大的比重。不一定计划经济部分愈增加,市场调节部分所占绝对数额就愈缩小,可能是相应地增加。1980 年 12 月,他在中共中央工作会议上说,按经济规律办事是一种好现象,但我们国家是以计划经济为主体。1981 年,在邓小平主持起草的《关于建国以来党的若干历史问题的决议》中指出:"必须在公有制基础上实行计划经济,同时发挥市场调节的辅助作用。要大力发展社会主义的商品生产和商品交换。"1981 年 12 月 22 日,陈云在省、自治区、直辖市党委第一书记座谈会上说,农业经济必须以计划经济为主,市场调节为辅。搞了生产责任制以后,包产到户以后,计划不是不要了。不能让农民自由选择只对他自己一时有利的办法。农民只能在国家计划范围内活动。只有这样,才有利于农民的长远利益,国家才能进行建设。这是农民与国家两利的大政方针。他还强调,国家建设必须是全国一盘棋,必须按计划办事。1982 年 9 月中共十二大报告中提出计划经济为主,市场调节为辅的原则,并阐述为:"有计划的生产和流通,是我国国民经济的主体,同时允许对于部分产品的生产和流通不作计划,由市场来调节,也就是说,根据不同的时期的具体情况,由国家计划划出一定的范围,由价值规律自发地起调节作用,这一部分是有计划生产和流通的补充,是从属的、次要的,但又是必需的、有益的。"同年 12 月 2 日,陈云与出席第五届全国人大五次会议的上海代表团部分代表谈话时说,今后要继续实行搞活经济的政策,发挥市场调

---

① 　中共中央文献研究室编:《三中全会以来重要文献选编》上册,北京:人民出版社,1982 年,第 141 页。

节的作用,防止出现摆脱国家计划的倾向。搞活经济是在计划指导下搞活,不是离开计划的指导搞活,这就像鸟和笼子的关系一样。如果说鸟是搞活经济的话,笼子就是国家计划。陈云关于计划经济与市场调节关系的观点被形象地称为"鸟笼子"理论。这个理论表达的中心意思是:放开市场是可以的,但是不能超越计划。

相对于 1978 年以前的经济体制与经济工作方针,计划经济为主、市场调节为辅的新意与优点,在于提出要用市场调节手段。它突破了计划经济与市场调节不能相容的传统观念,使 1979 年以来的改革,一开始就跳出了长期以来改革限于经济管理权限在行政层级间调整的"窠臼",在扩大企业和农村集体经济基层经营单位的自主权与扩大市场机制等方面展开。这在理论上和实践上都是一大进步,且适应从计划经济体制向市场经济体制转轨起步时的情况与需要,是合理的。

"计划经济为主,市场调节为辅"与陈云在中共八大上提出的"三个主体"、"三个补充"的经济体制改革设想一脉相承。陈云的设想在中共八大后未能付诸实践。在 1979 年新的历史条件下,他的设想变成具体政策,成为经济体制改革的第一个目标模式。但是,新的历史条件还包括:

第一,邓小平在思考经济体制改革目标模式问题的过程中,于 1979 年得出社会主义与市场经济并不是不相容的,社会主义也可以搞市场经济的结论。

第二,已有一些社会主义国家在实验以市场为导向的改革,并取得了成就与经验。市场社会主义理论已被介绍到中国。

第三,与 1956 年个体经济全部变成合作经济的情况相反,1979 年以后是合作经济组织中的成员变成个体经济、私营经济和家庭联产承包制经济。在此基础上,商品生产和商品交换有很大的发展。

第四,在 1949 年以后 30 多年的实践中,凡是使用市场调节手段多的领域和地区,经济发展快且好;凡是坚持计划体制不变的领域和地区,情况则相反。这使人们感受到市场调节优于计划调节。在计划经济体制已经实行 20 多年、弊端已经充分暴露的 70 年代末期,如果仍然把坚持计划经济体制,作为改革的目标,作为前进的方向,显然不合乎时代的要求。

第五,在"鸟笼子理论中",计划经济为主、市场调节为辅的理论基础为计划经济是社会主义的基本经济制度,出发点是完善计划经济。"计划经济为主、市场调节为辅"中的"计划经济",被当作基本经济制度,具有社会经济制度特征;"市场调节"被当作一种经济调节手段,不是作为一种经济体制因素。两者不是处在同一个层次之上,不可能存在主辅问题。因此,在严格的意义上"计划经济为主、市场调节为辅"不是一种经济体制改革的目标模式。在邓小平的理论中,计划和市场都是调节手段,两者处在同一层次里。

第六,在经济工作中,强调计划为主,但对高度集中统一的计划经济体制进行改革;虽强调市场为辅,但逐步扩大经济手段的作用,扩大市场机制在资源配置与经济调节中的作用,探索计划与市场相结合的具体途径。

由于"计划经济为主,市场调节为辅"内在的局限性,由于 20 世纪 70 年代末 80 年代初的历史条件与经济工作的经验,经济体制改革的实践与反映在经济工作方针中的实践经验,是朝着缩小计划调节范围、扩大市场调节领域,削弱计划经济体制、培育市场经济体制方向前进,改革成为以市场经济为导向。

1981 年 6 月中共十一届六中全会通过的《关于建国以来若干历史问题的决议》指出,国营和集体经济是基本经济形式,一定范围内的劳动者个体经济是公有制经济的必要补充;必须在公有制基础上实行计划经济,同时发挥市场调节的辅助作用;要大力发展社会主义商品生产和商品交换。这把所有制结构、经济形式及与之相适应的资源配置机制和运行机制纳入经济体制改革目标模式,比 1979 年 4 月对目标模式的论述前进了一步。

同年 11 月,第五届全国人大四次会议的《政府工作报告》指出,经济体制改革的基本方向应该是:在坚持实行计划经济的前提下,发挥市场调节的辅助作用,国家在制订计划时要充分考虑和运用价值规律,注意运用经济杠杆、经济法规来管理经济。为了正确处理计划经济与市场调节的关系,要分别不同情况实行不同的管理方法:一是按国家指令性计划进行生产;二是按市场变化而在国家计划许可范围内生产;三是大部分按国家计划生产,小部分由企业自行组织生产;四是大部分由企业按照市场变化组织生产,小部分按国家计划组织生产。这里论述了计划经济为主、市场调节为辅的内在机理与运作框架,实际上是扩大了市场对资源调节的范围。

1982 年中共十二大报告指出,国营经济占主导地位,多种经济形式同时并存;计划经济是经济的主体,市场调节是计划经济的有益补充。在计划管理上根据不同情况分别采取指令性计划、指导性计划和市场调节三种不同的形式,以保证经济的发展既是集中统一的,又是灵活多样的。至此,计划经济为主,市场调节为辅工作方针的内涵,已经突破了社会主义经济是单

一的公有制经济、是单一的计划经济,计划经济的实现形式是单一的指令性计划等传统观念,论证了非公有制经济与公有制经济,计划经济与市场调节的兼容性,是对社会主义经济体制理论的重大发展。从实践上看,这一模式指导了1979—1984年间中国经济体制的改革过程,导致1979—1984年中国经济体制发生重大变化。这些变化,除上文已有专节专目叙述的指导思想、理论基础、经济工作方针,农村家庭承包制与人民公社的废除之外,重要的还有以下几个方面。

1.宏观管理方式开始由行政型向市场型转变

从1979年起,国民经济宏观管理方式开始突破单一的行政管理模式,向依据于市场和价值规律的行政手段、经济手段、法律手段多种管理方式并存的宏观经济管理模式过渡。

忽视市场和价值规律的作用,采用单一的行政手段,这是原有宏观经济管理体制以及整个经济体制弊病的根源。1979年以后,开始改变生产上统配统供、流通上统购统销、分配上统收统支的做法。市场、价值规律、经济杠杆的调节作用开始得到重视。这表现在:(1)放开并搞活生产资料和消费资料两个商品市场,社会主义统一市场开始形成。实行对外开放,将国内市场与世界市场结合起来。(2)经济杠杆的作用得到发挥,有利于商品经济发展的经济调节体系开始形成。在计划管理方面,开始改变过去单一指令性计划形式,采取指令性计划、指导性计划和市场调节三种形式。在企业财务收支管理方面,开始改变统收统支的方法,采取"以税代利"的分配方式。在物价方面,开始改变过去单一的固定价格制度,实行国家定价、企业定价和自由定价相结合的形式。在信贷方面,开始改变银行对财政的从属地位,设立中央银行和专业银行,改基本建设拨款为银行贷款,企业流动资金由银行统一管理,发挥银行组织经济的作用。

2.企业自主权扩大,开始具有活力

城市经济体制改革,以增强企业活力作为中心环节。扩大企业自主权,推行企业经济责任制,实行以税代利,企业内部层层实行责任制,以及工资、资金和企业领导制度的改革,目的都是使企业由原来的行政附属物变成相对独立的商品生产者和经营者,从而具有某些内在动力。企业改组、经济联合和政企职责分开,则使企业具有作为独立商品生产者与经营者所必需的某些外部环境。竞争机制的引进,价格、税收、物资流通等市场机制的作用,使企业有某种外部压力。内在动力与外部压力相结合,企业开始具有一定的活力。

3. 以横向经济联合为主的网络型经济组织结构开始出现

企业联合改组的推行,有关发挥城市中心作用的一系列改革的进行,以及按照经济联系、经济区划组织的跨地区、跨部门、跨行业经济技术协作和联合的展开,逐渐地打破原有体制中的"大而全"、"小而全"以及"条条"、"块块"分割状况,初步形成一些以中心城市为依托的地区性经济网络结构。这些地区性经济网络结构的相互交织,初步形成以各级城市为中心的、条块结合、城乡结合、纵横交错的开放式经济网络结构。

4. 经济成分和经营方式由单一化向多元化发展

经济体制中经济成分和经营方式的单一,严重违背多层次生产力水平的要求。1979 年以后,在经济形式方面,除原有国有制、集体所有制经济之外,个体经济、联合体经济、股份经济、中外合资企业、外商独资企业等多种经济成分、经济形式发展迅速。从 1978 年到 1984 年底,全国城镇集体所有制企业职工由 2048 万人增长到 3216 万人,个体劳动者由 15 万人增长到 339 万人,分别增长了 57% 和 22 倍。在经营形式方面,由单一的统一经营模式,到承包经营、合资经营、联合经营、家庭经营、租赁经营等多种经营方式。

5. 由封闭型向开放型转变

1978 年以前的经济体制基本上是封闭型的。1979 年以后,这种体制开始向开放型转化。确定实行对外开放的政策,建立对外开放的窗口,逐步开放沿海地区。1979 年,国家对广东省、福建省在对外经济活动方面实行"特殊政策,灵活措施"。1980 年 8 月,开始建设深圳、珠海、汕头、厦门四个经济特区,扩大这些地区在对外贸易、引进外资等方面的权利。1984 年 4 月,开放沿海 14 个港口城市(上海、天津、广州、福州、大连、秦皇岛、烟台、青岛、连云港、南通、宁波、温州、湛江、北海)和海南岛。在这些开放城市和地区设立经济技术开放区,沿海地区的开放逐渐由点到面,初步形成一个沿海开放地带。这个地带既是对外开放的前沿阵地,又是对内实行开放、联合和技术、人才、信息的辐射中心,带动整个经济一起走向开放。东南沿海地区吸引外资,实行"三来一补",促进了经济的迅速发展。全国的引进外资和对外贸易有很大的发展。

在对外贸易方面,扩大地方政府、企业进出口自主权,逐步突破原有由中央政府统进统出的对外贸易体制。除 16 种大宗重要商品外,其他商品的

进出口业务下放给各个经济部门。对广东、福建两省,除个别商品仍由中央政府经营外,其余的由省经营出口,选择一些企业进行直接对外贸易和工贸结合试点,对外贸易迅速发展。1984年,进出口总额535.5亿美元,比1978年的206.6亿美元增加了1.59倍。其中,外贸部门进出口总额达497.7亿美元,比1978年增加了1.4倍,创造历史最高纪录。1979—1984年,中国国民收入增长68.4%,对外贸易增长141%。对外贸易的增长速度超过国内生产的增长速度。按人民币计算,扣除物价因素,1984年进出口总额比1978年增长2.38倍,年平均增长22.5%。这是1949年以后外贸增长最快的时期。外贸依存度由1978年的9.9%提高到1984年的17.3%。

在利用外资方面,开始改变60年代以来不借外债的做法,通过借款、发行国外债券,开展国际信托投资业务和国际租赁贸易、补偿贸易、举办中外合资企业、合作勘探开发和准许外商开办独资企业等多种灵活方式吸引外资,到1984年年底,中国利用外资已签订协议金额累计达283.9亿美元,实际使用173.2亿美元。这是1949年以后利用外资最多的时期。

1979—1984年,经济体制变化的突出标志是,市场体制因素由小到大,迅速成长,资源配置中市场调节的比重迅速扩大。

上述一系列根本性的变化,表明计划与市场的关系是1979—1984年经济体制改革的主线。这种关系变化的趋势是,市场体制因素由小到大,迅速成长,资源配置中市场调节的比重迅速扩大。变化的结果是,长期以来僵化的、弊窦丛生的计划经济体制,开始向具有活力的、开放式的市场经济体制过渡。这是中国人民探索中国式社会主义经济体制新模式的实践成果,它是探索有中国特色的社会主义道路的重要组成部分。

(三)有计划商品经济的理论与目标模式的提出

1.提出的历史背景与过程

至1984年为止,中国经济体制的改革是初步的、探索性的。改革分别在农村和城市展开,总的来说是在局部领域进行,尚未遍及国民经济体制整体。改革触及并初步改变原有经济体制的根本弊病,但尚未从根本上予以克服。改革中出现了符合中国国情的经济体制模式的某些因素,但新旧体制模式的转换刚刚开始,如何推动这种转换,有许多课题需要探讨。在宏观经济管理方面,要探索如何充分利用市场调节的作用,如何建立消费与积累的合理比例,如何使行政手段、经济手段与法律手段相互衔接。在企业活力方面,要探索如何围绕企业活力进行企业外部、内部的各项改革,真正使企业成为责、权、利相结合的生产经营单位。在经济组织结构方面,要完善中央与地方、部门与地区的关系,将企业改组与经济联合推进到广泛、深入的横向经济联系。在经济形式与经营方式方面,要探索除国营经济以外的其他经济形式的性质、发展方向、规模及管理的政策。在对外开放方面,要进一步探索将中国市场同世界市场联系起来,并根据世界经济状况确定中国经济发展模式的途径。在经济发展的动力方面,要探索进一步调动地方、部门、企业和个人的积极性、主动性、创造性,特别要探索能够引导经济效益提高的措施,推动经济的迅速发展。这些问题主要来自新旧体制的并存与摩擦。要从根本上消除这些问题,必须将经济体制改革实践推向一个新的阶段,全面展开整个经济体制的改革,实现整个经济体制的模式转换。这需要有明确的目标模式,需要有科学的理论作为指导。改革的阶段性成果的出现,又为经验的总结、目标模式的确定和理论的探索准备了条件。

1984 年 10 月,中国共产党十二届三中全会召开。这次会议肩负着根据中国经济体制改革的发展需要和对社会主义再认识的程度,探索改革理论的历史使命。这次会议通过的《关于经济体制改革的决定》,确立了以城市为重点、全面展开经济体制改革的任务,经济体制改革的目标模式。

中国经济体制改革目标模式的基本内容包括两个要点。第一,中国式社会主义经济体制的基本要求是:要坚持社会主义道路,要使企业充满生机和活力,要促使社会生产力迅速发展。第二,中国式社会主义经济体制模式必须建立在适合中国国情基础之上,即从幅员广大、人口众多、生产力低下、交通不便、信息失灵、商品经济很不发达、经济文化发展很不平衡的实际出发。根据这些国情,中国式社会主义经济体制目标模式的主要内容包括:在公有制基础上大力发展商品经济,自觉依据和运用价值规律;充分重视经济杠杆的作用;政企职责分开,简政放权;打破国家与企业、工人与企业之间两大“大锅饭”,使企业成为真正具有活力的商品生产者和经营者,使劳动者真正成为企业的主人;发展多种经济形式和经营形式。这种模式就是有计划商品经济模式,指导这种模式的理论是有计划商品经济理论。

社会主义有计划商品经济理论是基于对社会主义经济建设经验教训的总结,对人类社会经济发展历程的正确认识,也是中国经济体制改革向深入发展的必然选择。

20 世纪 50 年代中期,中国共产党人探索本国社会主义道路时提出过

一些设想,如前述 1956 年的"三个主体"、"三个补充"等等。60 年代初期经济调整中采取过一些措施,如包产到户、托拉斯制等等。80 年代上半期,农村改革促进农业经济的发展,特别是粮食产量迈上了一个新的台阶,总产量从 1978 年的 3 亿吨增加到 1984 年的 4.1 亿吨,人均产量由 319 公斤上升到近 400 公斤。农业从主要解决吃饱饭转向满足人民更丰富的需要,面临着调整结构的重大转折。在普遍实行包产到户和人民公社解体后,千家万户的农户成为农业生产经营的基本单位,多种经济成分和多种经济形式开始出现,农村生产经营主体的运作机制发生深刻的变化。建立在人民公社生产队为基本经营单位基础上,以统购指标作为指令性计划的管理农业的方式,已不能适应形势的需要。这迫切要求国家对整个农村经济的管理方式进行更加深刻的变革。

在城市经济体制改革的试验中,通过改变国家和企业的财务分配办法向国有企业让利,以及进行企业内部管理和分配制度的改革,调动了企业和职工的积极性。但与此相比,更有意义的改革措施是放权,允许企业在国家下达的计划外或计划生产任务不足的企业,自主地组织生产、销售和采购,并在国家规定的幅度内自主定价。这使一部分企业或企业的部分生产经营活动面向市场,收集信息,自行决策,调整生产和产品结构,参与市场竞争。这种改革的成效指明了深化改革的方向。为了使国有企业真正转变为自主经营、自负盈亏,具有自我改造、自我发展、适应社会需求能力的充满活力的经济组织,除企业改革要进一步深化外,进行国家宏观管理体制的改革,包括计划体制、价格体系、工资制度、国家机构管理经济的职能等方面的配套改革,已经紧迫地提到日程上来。

为适应农业经济商品化、现代化和搞活国营企业的要求,更好地进行整个经济体制的改革,迫切地需要在理论上和政策上解决一系列既非常敏感又不可回避的问题,例如在社会主义经济制度下组织经济建设,是否必须实行指令性计划? 社会主义经济是否与商品经济相排斥? 在经济生活中,市场机制可以在多大范围内和多大程度上发挥作用? 通过总结社会主义经济建设的历史经验,特别是新时期改革开放的新鲜经验,中共十二届三中全会提出了社会主义有计划商品经济的理论,确定了经济体制全面改革的目标模式。

2. 社会主义有计划商品经济理论的主要内容

(1)商品经济的充分发展是社会经济发展的不可逾越的阶段,是实现经

济现代化的必要条件。根据马克思、恩格斯的理论和设想,人类社会的发展
过程中,在经历原始的、奴隶的、封建的、资本主义的和共产主义的五种社会
经济形态的同时,其经济形式也要大体经过三个阶段,即自然经济、商品经
济和产品经济。商品交换和商品生产自原始社会末期开始出现后,经过漫
长的发展阶段。商品经济的发展促进了社会分工和生产的社会化。在资本
主义条件下,其内在矛盾发展成为资本主义的基本矛盾——生产的社会化
与生产资料私人占有的矛盾,导致经济危机的发生,造成对生产力的巨大破
坏。社会化的生产要求在社会占有生产资料基础上实行社会化的管理。因
此,社会主义—共产主义的经济将是计划经济,这种计划经济是通过对一切
经济活动实行统一的直接计划实现的。社会统一的中心可以直接分配社会
劳动于不同的部门。按劳分配在社会与个人之间进行,而不借助商品货币
关系。在这种计划经济中,商品生产和商品交换已经消灭,它排斥市场机
制。这是一种产品经济。

　　历史的发展比马克思、恩格斯的设想复杂得多。在 20 世纪建立起社会
主义制度的国家,都是资本主义不很发达甚至很不发达的国家,商品经济和
生产社会化的程度远远没有达到高度发达的程度。在这些国家,要想使经
济得到顺利的发展,不可能实现消灭商品的计划经济。国外的经验也是这
样。苏联是第一个社会主义国家,它在革命胜利后,搞过类似于马克思、恩
格斯设想的以产品生产和分配为特征的产品——计划经济,以不成功告终。
新中国建立社会主义制度后,由于没有充分认识国情,拘泥于马克思、恩格
斯对未来社会的设想和传统社会主义模式,建立起很大程度上限制商品货
币关系、以指令性计划为特征的经济体制。结果,资源配置和经济运行效益
低下。历史的经验证明,在社会主义阶段,企图限制、消灭商品货币关系,是
不切合实际的,不利于社会经济的向前发展。

　　人类社会经济发展的历史和世界各社会主义国家经济发展的历史都证
明,社会分工和生产的高度社会化,是通过商品经济的充分发展来实现的。
在特殊的历史条件下,某些国家可以避免资本主义社会的道路,但发达的商
品经济阶段不可逾越。中国的社会主义制度是在生产力落后、商品经济尚
未充分发展的基础上建立起来的,补资本主义课的论调是错误的,但必须在
社会主义制度下补上商品经济充分发展的课。因此,"商品经济的充分发

展,是社会经济发展的不可逾越的阶段,是实现我国经济现代化的必要条件"①。

(2)中国现阶段的经济是在公有制基础上的有计划的商品经济。中共十二届三中全会对社会主义商品经济的初步认识是:社会主义在生产资料公有制基础上实行计划经济,可以避免资本主义社会生产的无政府状态和周期性危机,使生产符合不断满足人民日益增长的物质文化生活需要的目的。这是社会主义经济优越于资本主义的根本标志之一。因此,就总体来说,应该实行计划经济,而不是那种完全由市场调节的市场经济。中国建立起以公有制为主体的社会主义经济制度后,为对社会经济实行有计划的管理创造了前提条件。但是在中国现阶段,对国民经济的管理不能单纯依靠行政手段和指令性计划,必须自觉依据和运用价值规律,大力发展商品经济。

中国是一个发展中的大国,生产力水平不高,国民经济各部门之间、各地区之间、各企业之间发展不平衡,既有社会化程度很高的现代化工业,又有大量的使用简单工具的手工劳动。它们之间存在着巨大的差异。与多层次的生产力水平相适应,中国将长期存在以公有制为主体的多种经济成分。个体经济和私营经济都是有独立经济利益的经济实体,国有制经济和集体经济这两种公有制经济也应是具有独立或相对独立经济利益的经济实体。它们自主经营、自负盈亏,彼此交换产品必须等价。在社会主义条件下,劳动是谋生的手段,必须承认劳动者个人的物质利益,劳动要计算报酬,而劳动报酬又必须和企业经营效果相联系。国家、集体、个人之间的利益差异,决定了它们之间的经济往来都不能是无偿的。它们之间的经济利益关系,依然要通过商品货币关系表现出来。因此,从表现物质利益关系这个角度看,中国现阶段商品货币关系不是存在于个别方面,而是几乎在各个方面都存在。无论是从企业之间的关系看,还是从国家、集体、个人之间的关系来看,都是如此。所以,必须如实地承认现实中的社会主义经济是商品经济。

从资源配置的角度看,国民经济是一个极其复杂的、有机的、多部门的、多环节的、多层次的、多因素的综合系统。它由成千上万个单位组成,这些单位生产的产品品种和提供的服务难以计数,这些产品和服务要满足近十

---

① 中共中央文献研究室编:《十二大以来重要文献选编》上册,北京:人民出版社,1986年,第 569 页。

亿人的需要。在国民经济运行过程中,各个生产经营单位以及它们同消费者的关系,处在千变万化的运动之中。面对这种经济运动,要求一个决策中心有预见地作出包罗万象的计划,赋予它完全的指令性,要求各个经济单位事无巨细都按计划去照办,必然会脱离实际,不可能保证经济有效地运行。

因此,中国现阶段的经济是计划经济,也是商品经济,是计划经济与商品经济的统一体,是社会主义有计划的商品经济。"实行计划经济同运用价值规律、发展商品经济,不是互相排斥的,而是统一的,把它们对立起来是错误的。""社会主义经济同资本主义经济的区别不在于商品经济是否存在和价值规律是否发挥作用,而在于所有制不同,在于剥削阶级是否存在,在于劳动人民是否当家作主,在于为什么样的生产目的服务。"①

有计划的商品经济理论指出,商品经济的发展是社会经济发展不可逾越的历史阶段,社会主义与商品经济可以兼容,中国经济体制改革目标模式和经济体制改革实践探索的基点在商品经济,社会生产与交换中有完全由市场调节的领域,实行计划经济不等于以指令性为主,等等,表述了社会主义初级阶段的经济结构,突破了社会主义与商品经济相对立的传统观念,突破了计划经济与商品经济对立的传统观念。这是社会主义理论的一个重大发展,它一方面揭示出 1957 年中国进入社会主义初级阶段以后经济中诸多弊端的根源,不是一般地排斥市场和市场机制,或者统得过多、管得过死之类的问题,而是在于经济体制,即计划经济体制。另一方面,又规划出改革的方向和性质,强调改革不是简单地引入市场机制和扩大市场调节的范围,而是要实现经济体制模式的转换,即按照社会主义商品经济及其规律的要求,重新构造所有制模式及其经济运行机制。

(3)有计划商品经济的国民经济管理体系和运行机制。《关于经济体制改革的决定》对中国计划体制的基本点作如下的概括:第一,就总体来说,中国实行的是计划经济,即有计划的商品经济,而不是完全由市场调节的市场经济。第二,就局部来说,有完全由市场调节的生产和交换。它们主要是部分农副产品、日用小商品和服务修理行业的劳务活动。它们在国民经济中起辅助的但不可缺少的作用。第三,实行计划经济不等于以指令性计划为主。指令性计划和指导性计划都是计划经济的具体形式。第四,指导性计划主要依靠运用经济杠杆的作用来实现;指令性计划是必须执行的,但也必

---

①　中共中央文献研究室编:《十二大以来重要文献选编》上册,第 569 页。

须运用价值规律。

为建立起符合社会主义有计划商品经济要求的经济管理体制和经济运行机制,中共十二届三中全会提出,全面开展经济体制改革的中心环节是增强企业活力,围绕实现这个基本要求的需要,进行计划体制、价格体系、劳动工资制度、国家机构管理经济职能等方面的配套改革,并根据国民经济各个环节的内在联系和主客观条件的成熟程度,分别轻重缓急和难易,有先有后,逐步进行,争取用五年左右的时间基本实现。中国共产党十二届三中全会标志着中国社会主义经济体制全面改革阶段的来临。

在中共十二届三中全会通过《关于经济体制改革的决定》的同日(1984年10月20日),陈云在会上作的书面发言中说,中共十一届三中全会以来,计划方面的改革,经过几年的酝酿、试点和实践,取得不少成效和经验。中共十二届三中全会审议的关于经济体制改革决定中,对计划体制改革的基本点所作的四点概括,完全符合我国目前的实际情况。如果现在再照搬50年代的做法,是不行的。我们要按照决定的精神去做,解放思想,实事求是,既要积极,又要稳妥。只要这样做了,这次改革就一定能够成功。

这个决定的通过,表明全党在接受邓小平的社会主义市场经济理论和经济体制改革目标模式方面进了一大步,是邓小平理论的一大胜利。邓小平给它极高的评价。他赞许地说:"这次经济体制改革的文件好,就是解释了什么是社会主义。"[1]这个决定好就好在向市场经济前进了一大步。

结　　语

(一)1978年12月中共十一届三中全会确立以邓小平为核心的中共第二代领导集体,中国的经济工作从此由这个集体主持。邓小平的经济思想与毛泽东的经济思想既有相同之处,也有不同之处。从1979年开始,经济工作的指导思想由毛泽东的经济思想向邓小平的经济思想转轨,相应地发生经济工作方针、政策的转轨。其后果,出现了由僵化到改革的转轨,由闭关自给向对外开放的转轨,由半自给经济向商品经济的转轨,经济发展由22年的基本停滞和徘徊向快速发展的转轨,由计划经济体制向有计划商品

---

[1] 邓小平:《邓小平文选》第3卷,北京:人民出版社,1994年,第91页。

经济体制的转轨,由生产目的追求高速度到满足人民需要的转轨,由优先发展重工业,重重、轻轻、抑农,造成比例严重失调,到优先发展农业、轻工业,比例比较协调的转轨,由高投入、低效益的粗放型经济增长方式向以提高经济效益为核心的集约式经济增长方式转轨,转轨是 1979—1984 年中国经济发展的主要特征。这个特征使 1979 年成为一个新时期的起点。

(二)中国国内生产总值在世界国内生产总值中占的比重,1976 年下降到有史以来的最低点(6.42%);中国人均国内生产总值与世界平均人均国内生产总值的差距,1976 年是有史以来最大的(前者仅为后者的 24%)。1976 年以后,这两个比重都在上升:1978 年分别为 6.8% 和 30%,1984 年分别为 8.8% 和 40%。前一个比重,1977—1978 年平均每年上升 0.19 个百分点,1979—1984 年为 0.33 个百分点。后一个比重,1977—1984 年平均每年上升 3 个百分点,其中,1979—1984 年为 1.6 个百分点。中国经济与世界经济的差距从扩大转入缩小,这是一个重大的历史转折。这说明中国经济在这几年中取得的成就甚大,但仍然属于世界上很穷的国家之一——人均国内生产总值不到世界平均水平的一半!

(三)中国这几年经济取得重大成就,其主要的原因是实行改革开放政策,也就是制度变革。这几年的事实是,改革开始早和力度大的领域和地区,成绩大,那里的人们受益就多。农业是这方面的典型事例。农业改革的关键环节是改生产过程的集体劳动为一家一户劳动。这种经营方式的变化,使集体经济组织变为合作经济组织。农民称这一制度变革为"第二次获得解放"(第一次是指土地改革)。仅此变革,带来农民生产的积极性和农业生产全面的、快速的发展,这件事使国家领导人和群众都尝到了改革的甜头。改革成为不可逆转的趋势。

(四)1979 年到 1984 年是中国经济体制改革史和中国式社会主义经济体制模式探索史上成绩辉煌的年代。推动中国经济体制改革的动力,是社会主义社会的基本矛盾,即生产关系和生产力的矛盾、上层建筑同经济基础的矛盾。中国共产党人在实事求是思想路线的指引下,对这对矛盾认识的深度与广度均达到前所未有的水平,因而对这时期的改革进行了主动的、正确的领导。广大人民群众强烈要求并积极参加改革,构成这次改革迅速、广泛、深入开展的群众基础。所有这些,加上 1949 年以后 30 多年来中国人民探索经济体制理论与总结前两次体制改革的历史经验,使这次体制改革比前两次体制改革更具有自觉性、广泛性、深刻性。这次改革突破了以往几次

经济体制改革在中央与地方的权限划分上兜圈子的做法,改革从农村扩展到城市,从流通领域、分配领域扩大到生产领域。1979—1984 年经济体制改革符合客观规律的自觉活动,从而构成推动中国社会生产力以及其他事业发展的动力。中国的经济体制改革发生在世界社会主义经济体制改革的浪潮中,中国的成就与经验受到其他社会主义国家的重视。

复习题

1. 1979 年"新八字方针"与 1961 年"八字方针"的比较。
2. 中国经济体制改革为什么从农村起步。

第十四章

两种经济体制的摩擦
与经济在震动中前进(1985—1991)

　　20 世纪 80 年代中期,随着国有企业经营方式的转变,个体经济的迅速发展,私营和"三资"企业的出现,价值规律在国民经济中发挥着越来越重要的作用,中国改革的进程突破了可以借鉴的模式,从传统的社会主义经济形态模式向中国式社会主义经济形态模式转轨。要巩固改革的成果,要推动改革深入发展,必须进一步解放思想,在总结历史的和新的实践经验基础上发展改革的理论、路线和发展战略,明确中国式社会主义经济形态的历史定位和体制特征。在 1985—1991 年期间,中国共产党对已提出的社会主义初级阶段理论作了新的阐述,使之成为系统的理论,奠定了进一步解放思想和对国情再认识的基础,并在此基础上制定了指导中国 100 年以上的社会主义初级阶段基本路线;对已提出的社会主义有计划的商品经济理论和改革的目标模式进一步予以完善,为确立社会主义市场经济体制作为改革的目标模式奠定了基础;制定了"三步走"的经济发展战略,明确了改革和发展的目标及其实现途径。这些都使中国式社会主义经济形态的内涵更加明确,推动了经济体制的全面改革,这必然引起新旧体制的矛盾与体制转轨中的摩擦。

第一节　经济体制改革理论的创新与新的基本路线、新的发展战略

一、社会主义初级阶段理论的发展与社会主义初级阶段基本路线

（一）社会主义初级阶段理论的发展

在 1981 年中共十一届六中全会和 1982 年中共十二大指出中国的社会主义现在还处在初级发展阶段之后,1986 年中共十二届六中全会通过的《中共中央关于社会主义精神文明建设的指导方针的决议》再次指出"我国还处在社会主义的初级阶段"。[①] 1981—1986 年连续三次提出"初级阶段"命题,但未展开论证,人们对中国所处的发展阶段仍然认识不清。改革开放的深入发展,迫切要求对于如何认识社会主义和中国当前社会主义所处阶段作出系统的理论阐述。在中共十三大召开之前八个月,即 1987 年 2 月,邓小平为十三大报告定下"在理论上阐述什么是社会主义,讲清楚我们的改革是不是社会主义"[②]的理论基调。8 月,邓小平进一步明确指出:"党的十三大要阐述中国社会主义是处在一个什么阶段,就是处在初级阶段,是初级阶段的社会主义。社会主义本身是共产主义的初级阶段,而我们中国又处在社会主义的初级阶段,就是不发达的阶段。一切都要从这个实际出发,根据这个实际来制订规划。"[③]在总结历史和新鲜实践经验教训的基础上,在 1987 年 10 月召开的中共十三大,社会主义初级阶段理论得到了发展,成为系统的学说和中国共产党基本路线的理论基础。

社会主义初级阶段是在分析中国国情基础上进行的理论概括。邓小平指出:"要建设对资本主义具有优越性的社会主义,首先必须摆脱贫穷。现

---

①　中共中央文献研究室编:《十二大以来重要文献选编》下册,北京:人民出版社,1988年,第 1180 页。

②　邓小平:《邓小平文选》第 3 卷,北京:人民出版社,1994 年,第 203 页。

③　邓小平:《邓小平文选》第 3 卷,北京:人民出版社,1994 年,第 252 页。

在虽说我们也在搞社会主义,但事实上不够格。"①20世纪80年代中国的现实情况是:一方面,以生产资料公有制为基础的社会主义经济制度、人民民主专政的社会主义政治制度和马克思主义在意识形态领域中的指导地位已经确立。另一方面,人口多、底子薄,人均国民生产总值仍居世界后列。突出的景象是:十亿多人,八亿多在农村,基本上还是用手工工具搞饭吃;一部分现代化工业,同大量落后于现代水平几十年甚至上百年的工业,同时存在;一部分经济比较发达的地区,同广大不发达地区和贫困地区同时存在;少量具有世界先进水平的科学技术,同普遍的科学技术水平不高,文盲、半文盲还占人口近1/4的状况同时存在。生产力落后,生产社会化程度低,商品经济和国内市场很不发达,社会主义经济制度还不成熟、不完善。在上层建筑方面,建设高度社会主义民主政治所必需的一系列经济文化条件很不充分,封建主义、资本主义思想和小生产习惯势力在社会上有广泛影响,并且侵袭党的干部和国家公务员队伍。要使这种状况有明显的改变,需要经过很长时期的历史发展阶段。社会主义初级阶段是对这种现实的科学定位。

中国正处在社会主义的初级阶段这个论断包括两层含义。第一,中国社会已经是社会主义社会。即是说,历史选择了社会主义,中国必须坚持而不能离开社会主义道路。第二,中国的社会主义社会还处在初级阶段。要立足于中国的生产力不发达、社会主义生产关系不成熟的现实来认识社会主义,超越初级阶段的认识是不利于社会主义事业发展的,必须从这个实际出发,而不能超越这个阶段。

中国社会发展的现阶段为社会主义初级阶段,不是泛指任何国家进入社会主义都会经过的起始阶段,而是特指在中国生产力落后、商品经济不发达条件下,建设社会主义必须要经过的特定阶段。中国从50年代生产资料私有制的社会主义改造基本完成,到现代化的基本实现,至少需要上百年时间。在这个历史时期内,中国处于社会主义初级阶段。这个阶段既不同于过渡时期,又不同于在已经实现现代化基础上建立的社会主义的初始阶段。中国现阶段所面临的主要矛盾,是人民群众日益增长的物质文化需要同落后的社会生产力之间的矛盾。为了解决现阶段的主要矛盾,必须大力发展商品经济,提高劳动生产率,逐步实现社会生活各个方面的现代化,并且为

①　邓小平:《邓小平文选》第3卷,北京:人民出版社,1994年,第252页。

此而改革生产关系和上层建筑中不适应生产力的部分。总之,中国社会主义初级阶段是逐步摆脱贫穷、摆脱落后的阶段;是由农业人口占多数的、手工劳动为基础的农业国,逐步变为非农业人口占多数的,以机械化、自动化、信息化为特征的现代化工业国的阶段;是由自然经济半自然经济占很大比重,变为商品经济高度发达的阶段;是通过改革和探索,建立和发展充满活力的社会主义经济、政治、文化体制的阶段。

(二)社会主义初级阶段基本路线

社会主义初级阶段是中国现阶段最基本的国情。国情是制定路线、政策的基本出发点。正是基于中国处于社会主义初级阶段这一基本国情,中共十三大报告提出社会主义初级阶段的基本路线:"领导和团结全国各族人民,以经济建设为中心,坚持四项基本原则,坚持改革开放,自力更生,艰苦创业,为把我国建设成为富强、民主、文明的社会主义现代化国家而奋斗。"①它被概括为"一个中心(经济建设)、两个基本点(坚持四项基本原则,坚持改革开放)"。"一个中心"是最高层次的,"两个基本点"相互贯通,相互依存,统一于建设有中国特色的社会主义的实践,服务于"一个中心"。

经济建设之所以成为中心任务,是因为社会主义社会本应具有比资本主义更高的劳动生产率,生产力更先进、更发达。新中国既不是脱胎于发达的资本主义社会,也不是脱胎于俄国那样资本主义有了相当发展的社会,而是脱胎于生产力落后的半殖民地半封建社会。中国的社会主义制度建立以后,经济文化建设虽然取得了一定成就,但生产力仍很落后。能否抓住时机,迅速发展经济,实现现代化,关系到中国社会主义事业的前途命运。从社会主义自身的发展看,社会主义初级阶段的基本特点是生产力落后,生产关系不成熟,上层建筑不完善,而生产力落后是根本点。只有大力发展生产力,改变经济落后面貌,才能为社会主义的进一步发展创造条件。

根据社会主义初级阶段基本路线的内容,中国要在这一阶段完成的基本任务是:

(1)集中力量进行现代化建设。社会主义的根本任务是发展生产力,要把发展生产力作为全部工作的中心。是否有利于发展生产力,应成为考虑

---

① 中共中央文献研究室编:《十三大以来重要文献选编》上册,北京:人民出版社,1991年,第15页。

一切问题的出发点和检验一切工作的基本标准。

（2）坚持全面改革。改革是社会主义生产关系和上层建筑的自我完善，是推进一切工作的动力。

（3）坚持对外开放。当代国际经济关系越来越密切，任何国家都不能在封闭状态下求得发展。在落后国家建设社会主义，尤其要发展对外经济技术合作，努力吸收世界文明成果，逐步缩小同发达国家的差距。

（4）大力发展商品经济。商品经济的充分发展，是社会经济发展不可逾越的阶段，是实现经济现代化的前提与基础。

（5）在以公有制为主体的前提下发展多种经济成分，在按劳分配为主体的前提下实行多种分配方式，在共同富裕的目标下鼓励一部分人通过诚实劳动和合法经营先富起来。

（6）努力建设民主政治和精神文明。社会主义应当具有高度的民主、完备的法制和安定的社会环境。社会主义民主政治的建设，既因为封建专制主义影响很深而具有特殊的迫切性，又因为受到历史的社会的条件限制，只能有秩序有步骤地进行。现代化建设和改革开放对社会主义精神文明建设是巨大的促进，同时也对它提出了很高的要求。必须形成有利于现代化建设和改革开放的理论指导、舆论力量、价值观念、文化条件和社会环境，克服小生产者的狭隘眼界和保守习气，抵制封建主义和资本主义思想，振奋起全国各族人民献身于现代化事业的巨大热情和创造精神。

因为社会主义初级阶段要经历 100 年以上，所以社会主义初级阶段基本路线也应坚持 100 年以上。

二、有计划商品经济理论的发展与社会主义市场经济理论基础的奠定

1984 年 10 月，中国共产党十二届三中全会作出《关于经济体制改革的决定》，提出以城市为重点全面开展经济体制改革的任务，并以有计划商品经济理论作为经济体制全面改革指导理论和目标模式。与"计划经济为主，市场调节为辅"的理论和目标模式相比较，有计划商品经济理论与目标模式，更符合经济发展的要求。它的主要进步在于解决经济体制的基础之经济形式问题，因而是一种新的经济理论、新的目标模式，但它也存在局限性。

第一，经济体制改革的目标模式既是商品经济又是计划经济，而计划经济体制已被中国 20 多年的实践证明不利于生产力的发展，不符合中国的国

情。这是有计划商品经济理论与中国实际的矛盾。

第二，有计划商品经济理论的内涵存在内在的矛盾。《关于经济体制改革的决定》对有计划商品经济模式的解释中说："实行计划经济同运用价值规律、发展商品经济，不是互相排斥的，而是统一的，把它们对立起来是错误的。""社会主义经济同资本主义经济的区别不在于商品经济是否存在和价值规律是否发挥作用，而在于所有制不同，在于剥削阶级是否存在，在于劳动人民是否当家作主，在于为什么样的生产目的服务。"这种解释，一方面突破了长期以来将社会主义与计划经济等同起来，将资本主义与商品经济等同起来，因而将社会主义与商品经济对立起来的传统观念，指出了社会主义与商品经济的可兼容性；另一方面，说计划经济与商品经济是统一的，中国实行的既是计划经济，也是商品经济，则存在逻辑缺陷。首先，这是将经济形式与经济体制混淆起来。计划经济是一种经济体制，与它相对应的是市场经济。商品经济是一种经济形式，与它相对应的是自然经济或产品。商品经济本身并不是经济体制，将一种经济形式当作经济体制，在逻辑上是说不通的。其次，商品经济在历史上经历漫长的时间和多个发展阶段。其中，主要是以个体小生产为基础的传统商品经济和以社会化大生产为基础的现代商品经济。无论是哪种商品经济，都是遵循价值规律，都是以市场的存在为前提的。现代商品经济发展过程也就是市场经济形成过程，与现代商品经济相适应的是市场经济体制，而不可能是计划经济体制。现代商品经济在本质上是与计划经济相排斥的。中国与其他国家经济发展的事实证明：凡是商品经济高度发达的国家和地区，都不存在计划经济体制（不存在计划经济体制，不等于不存在经济计划工作）；凡是实行计划经济体制的国家和地区，都限制和阻碍商品经济的发展。说实行计划经济同发展商品经济是统一的，而不是互相排斥的，既不合理论逻辑，也与历史事实不符。

这种逻辑缺陷或矛盾的产生原因，一是由于经济理论上研究不够，二是"有计划商品经济"这类概念，与"既是计划经济，又是商品经济"这类表述本是对不同意见的糅合。有计划商品经济模式，一方面要求逐步缩小指令性计划的范围，大量的经济活动实行指导性计划或由市场调节；另一方面强调社会主义是计划经济，不是市场经济，将市场经济与社会主义相对立。因此，社会主义有计划商品经济理论是认识提高的阶段性成果，是协调两种不同认识的产物。

第三，没有彻底解决这一体制的运行机制与资源配置机制体系问题。

经济体制改革的实践却已提出这个问题。1985 年以后,中国经济体制改革按照有计划商品经济目标模式全面展开,市场迅速发育,并在经济运行中发挥日趋扩大的作用;企业的自主权日渐扩大,企业的市场主体性日渐形成;市场开始出现秩序混乱;经济发展中长期积累的经济过热、总量失衡、结构失调、通货膨胀等问题日趋尖锐。这说明经济体制改革进程中首先解决经济形式问题是正确的,但仅限于此是不够的,因为在解决经济形式问题之后,必须随之建立与新经济形式相适应的经济资源配置机制体系与经济调节机制体系。

为了完善有计划商品经济体制目标模式与保证国民经济在体制转换中持续、健康发展,经济工作者与经济理论工作者围绕有计划商品经济的运行机制(其中主要是国家、市场、企业的关系,计划与市场的关系),总结本国的实践经验,借鉴国外的理论,研究计划与市场结合的方式:是在坚持计划经济为主的前提下计划与市场"板块"式的结合,还是按照现代商品经济的要求实现这两者的有机结合。这关系到国家、市场与企业三者在资源配置与经济运行中的职能如何分工的问题;关系到市场机制在多大程度上和多大范围内发挥作用,发挥怎样的作用的问题;也关系到整个经济体制改革的方向。这些问题是建立新的经济运行机制的关键。其实质是商品经济采取什么体制的问题,是采取略加改良的计划经济体制,还是采取市场经济体制。要解决这个问题,首先必须要解决对计划经济和市场经济的认识问题,包括计划经济是否是社会主义的基本制度而必须坚持,市场经济是否就是资本主义经济而必须排斥,社会主义与市场经济是否相容等问题。

自 1979 年邓小平认为社会主义国家也可以搞市场经济以后,经济理论界围绕着改革的目标是计划经济还是市场经济的问题,市场对调节国民经济的作用以及市场和计划结合的方式等问题展开热烈的讨论。党和政府的决议在提法上经历了"计划调节和市场调节相结合"(1979 年)、"生产资料公有制占优势、多种经济成分并存的商品经济"(1980 年)、"计划调节为主、市场调节为辅"(1982 年)、"公有制基础上有计划的商品经济"(1984 年)的变化。中共十二届三中全会后,伴随改革实践的发展,邓小平的论证更加深入。邓小平于 1984 年 9 月 11 日同意国务院关于"社会主义经济是公有制为基础的有计划的商品经济"的提法。1985 年 10 月,他强调指出:"社会主义和市场经济之间不存在根本矛盾。问题是用什么方法才能更有力地发展生产力。我们过去一直搞计划经济,但多年的实践证明,在某种意义上说,

只搞计划经济会束缚生产力的发展。把计划经济和市场经济结合起来，就更能解放生产力，加速经济发展。"[1]1987年2月6日，他说："为什么一谈市场就说是资本主义，只有计划才是社会主义呢？计划和市场都是方法嘛。只要对发展生产力有好处，就可以利用。它为社会主义服务，就是社会主义的；为资本主义服务，就是资本主义的。""我们以前是学苏联的，搞计划经济。后来又讲计划经济为主，现在不要再讲这个了。"[2]他的这些话，为探索有计划商品经济体制的运行机制与经济体制改革新目标模式准备了理论基础，去掉了人们思想中的一个大禁锢。1987年10月召开的中国共产党十三大，根据邓小平的谈话精神，在大会报告中没有再提计划经济，而是根据改革的进展和新的理论认识，对新的经济体制作了进一步的概括："社会主义有计划的商品经济体制，应该是计划与市场的内在统一。要善于利用计划调节和市场调节这两种形式或手段，计划和市场的作用都是覆盖全社会的。新的经济运行机制，总体上来说应当是'国家调节市场，市场引导企业'的机制。"[3]这种机制就是国家运用经济手段、法律手段和必要的行政手段，调节市场供求关系，创造适宜经济发展的环境，由此引导企业进行经营决策。"国家调节市场，市场引导企业"是有计划商品经济体制模式中的运行机制模式，在这个模式中，国家是有计划商品经济的宏观调节者，企业是微观运行主体，而市场是企业的直接调节者，是国家宏观调控的中介环节。在这个模式中，从字面上看，没有"计划"二字，但"国家调节市场"的依据是国家发展经济的计划。这使计划与市场是有机结合，而不是板块式结合；计划和市场都是覆盖全社会范围的。这就进一步明确了市场机制在社会主义经济体制中的地位和作用，有利于市场机制的发育。

为了实现这种运行模式（或者说这种运行模式要求），国家应将作为所有者的职能和国家作为经济调节者的职能区别开来；应大力培育包括商品市场以及生产资料、资金、劳务、技术、信息、房地产等生产要素市场在内的市场体系；企业（主要是国营企业）应面向市场，转变经营机制，力图搞活。为此，在计划、投资、物资、财政、金融、外贸等领域应推进配套改革。这是

①　邓小平：《邓小平文选》第3卷，北京：人民出版社，1994年，第148、149页。

②　邓小平：《邓小平文选》第3卷，北京：人民出版社，1994年，第203页。

③　中共中央文献研究室编：《十三大以来重要文献选编》上册，北京：人民出版社，1991年，第27页。

"国家调节市场,市场引导企业"运行机制对经济体制改革的要求,同时,它也会推动经济体制改革和国民经济向这个方向发展。"国家调节市场,市场引导企业"的模式实际上包含着市场对于配置资源发挥基础性作用的含义。

"国家调节市场,市场引导企业"初步解决了有计划的商品经济模式的运行机制问题,补充和完善了有计划商品经济模式的内涵。它是有计划商品经济模式的组成部分,其理论基础是有计划商品经济理论。这明显地表现在论述计划与市场结合问题上,没有明确谁起基础性作用,表现出它是计划经济理论与市场经济理论的折中。这是它的缺陷,正是由于这种缺陷,导致人们可以有不同的理解和解释。在 1988 年,特别是在 1989—1991 年的经济体制改革推进中,这种情况表现得很明显,以致在改革的目标模式上出现短暂的逆转苗头,它被称为改革危机。1989 年随着苏联解体、东欧剧变和国内政治风波的出现,把计划和市场问题同社会主义制度的存亡直接联系起来,市场经济究竟姓"资"姓"社"的争论又起硝烟。邓小平在 1990 年12 月至 1992 年 2 月的连续多次谈话中,以不容置疑的口气宣传他的社会主义市场经济思想,终使党在十四大上将社会主义市场经济确定为中国经济体制改革的目标模式,由此完成了用社会主义市场经济体制取代计划经济体制的战略转变。因此,必须进一步探索经济体制改革的目标模式,把这种目标模式及其理论说明确。

三、"三步走"的经济现代化发展战略

为什么社会主义初级阶段要经历 100 年以上?这是根据中国实现经济现代化所需要的时间而下的判断。中国从 20 世纪 50 年代中期进入社会主义初级阶段起,大约要经过 100 年或 100 年以上的时间,才能实现经济现代化,社会主义在事实上才够格。1987 年 4 月 26 日,邓小平指出:"现在虽说我们也在搞社会主义,但事实上不够格。只有到了下世纪中叶,达到了中等发达国家的水平,才能说真的搞了社会主义,才能理直气壮地说社会主义优于资本主义。"[1]"到下一个世纪中叶,我们可以达到中等发达国家的水平。如果达到这一步,第一,是完成了一项非常艰巨的、很不容易的任务;第二,是真正对人类作出了贡献;第三,就更加能够体现社会主义制度的优越性。

---

[1]　邓小平:《邓小平文选》第 3 卷,北京:人民出版社,1994 年,第 225 页。

……这不但是给占世界总人口四分之三的第三世界走出了一条路,更重要的是向人类表明,社会主义是必由之路,社会主义优于资本主义。"①这是将中国经济达到中等发达国家水平作为经济现代化实现的(阶段性)标准。赶上中等发达国家之时,是中国实现经济现代化之日,中国社会主义事实上合格之日,也就是社会主义初级阶段结束之日。所以中共十三大在制定社会主义初级阶段基本路线的同时,制定了到 21 世纪中叶的"三步走"的发展战略。可见,"三步走"发展战略是社会主义初级阶段理论及其基本路线的组成部分。

(一)"三步走"发展战略的形成

1. 1978 年前的长期发展战略与经验

实现现代化,跻身世界强国之林,是 100 多年来中国千百万仁人志士为之奋斗的目标。推进现代化,需要有一个较长时期的经济发展战略。

在新中国即将成立之际,中共中央七届二中全会提出"使中国稳步地由农业国转变为工业国,把中国建设成一个伟大的社会主义国家"的战略任务。在国民经济恢复之后,中国政府将这个任务具体化,于 1953 年提出以发展重工业为中心环节,经过三个五年计划即 15 年的时间,将中国建设成工业化强国的目标。在 1958 年召开的中共八大二次会议上,提出用 15 年的时间在主要工业产品产量方面超过英国,20 年赶上美国的战略目标。在为实现这个目标的"大跃进"热潮中,超英赶美的时限被不断缩短,提出"为五年接近英国、七年超过美国这个目标而奋斗吧!"②历史事实证明,这是一种经济浪漫主义的空想,"大跃进"的惨痛教训使人们清醒起来。1964 年第三届全国人大一次会议提出,中国国民经济的发展按两步设想:第一步,用 15 年的时间,即在 1980 年以前,建成一个独立的比较完整的工业体系和国民经济体系。第二步,在本世纪末实现农业、工业、国防和科学技术现代化,使中国国民经济走在世界前列。从新中国成立到 70 年代末的这一段时期里,由于缺乏经济建设的经验,在制定经济长期发展战略时,往往对在中国这样一个落后的大国实现经济现代化的艰苦性、长期性认识不足,以致确定

---

① 邓小平:《邓小平文选》第 3 卷,北京:人民出版社,1994 年,第 224～225 页。

② 中共中央文献研究室编:《建国以来毛泽东文稿》第 7 册,北京:中央文献出版社,1992 年,第 368 页。

的目标过高而期限过短,结果是欲速不达,反而给经济建设造成损失。历史经验证明,从中国经济落后的现实出发,制定切实可行的经济发展战略,对于搞好中国的经济建设是非常重要的。

2.1979—1981年对长期发展战略的重新构想与分两步走

中共十一届三中全会确定把全党工作的重点和全国人民的注意力转移到社会主义现代化建设上,并开始对在中国如何实现现代化,重新进行认真的思考和艰辛的探索。1979年3月,邓小平指出:"过去搞民主革命,要适合中国情况,走毛泽东同志开辟的农村包围城市的道路。现在搞建设,也要适合中国情况,走出一条中国式的现代化道路。""中国式的现代化,必须从中国的特点出发。"①邓小平概括了在中国进行现代化建设要注意国情的两个重要特点:一是底子薄;二是人口多,耕地少。这两个特点决定了中国进行现代化建设的起点很低,实现现代化的时间会较长,只能在这个低起点的基础上,有步骤、分阶段地逐步实现现代化。

正是以中国国情为基本出发点,中国领导人对中国现代化的战略步骤进行重新构想。1979年12月6日,邓小平在回答前来中国访问的日本首相大平正芳关于中国现代化的蓝图是如何构思这一问题时说,中国要实现的四个现代化,是中国式的四个现代化。即使到了本世纪末,中国的四个现代化已经达到某种目标,中国的国民生产总值人均水平也还是很低的。要达到第三世界中比较富裕一点的国家水平,比如国民生产总值人均1000美元,还得付出很大的努力才行。就算是达到那样的水平,同西方来比,也还是落后的。我只能说,中国也还是一个"小康"的状态。②这是首次将20世纪末要实现的目标具体化为达到人均1000美元的水平。以后,经过近两年的酝酿,1981年11月,第五届全国人大四次会议提出,要力争用20年的时间使工农业总产值翻两番,使人民的生活达到小康水平。中共十二大报告指出,从1981年到本世纪末的20年,中国经济建设总的奋斗目标是,在不断提高经济效益的前提下,力争使全国工农业总产值由1980年的7100亿元增加到2000年的28000亿元左右,人民的物质文化生活达到小康水平。为了实现20年的奋斗目标,在战略部署上要分两步走,前10年主要是打好基础,积蓄力量,创造条件,后10年要进入一个新的经济振兴时期。

① 邓小平:《邓小平文选》第2卷,北京:人民出版社,1994年,第163、164页。
② 邓小平:《邓小平文选》第2卷,北京:人民出版社,1994年,第237页。

3. 从两步走到三步走与基本实现现代化的目标和时间

分"两步走"到20世纪末实现小康的目标提出后，中国领导人开始进一步设想到21世纪中叶中国经济的发展目标，逐步形成"三步走"的经济发展战略。

"三步走"的经济发展战略，在1984年之前即开始酝酿。到1987年，"三步走"的战略构想形成。1987年4月，邓小平在会见西班牙政府副首相格拉时，第一次对"三步走"的经济发展战略目标作了明确而又完整的表述。他指出："我们原定的目标是，第一步在八十年代翻一番，以1980年为基数，当时国民生产总值人均只有二百五十美元，翻一番，达到五百美元。第二步是到本世纪末，再翻一番，人均达到一千美元。实现这个目标意味着我们进入小康社会，把贫困的中国变成小康的中国。那时国民生产总值超过一万亿美元，虽然人均数还很低，但是国家的力量有很大增加。我们制定的目标更重要的还是第三步，在下世纪用三十到五十年再翻两番，大体上达到人均四千美元。做到这一步，中国就达到中等发达的水平。"[①]1987年10月召开的中共十三大，通过了现代化建设"三步走"的经济发展战略目标和战略步骤。中共十三大报告提出："党的十一届三中全会以后，我国经济建设的战略部署大体分三步走。第一步，实现国民生产总值比1980年翻一番，解决人们的温饱问题。这个任务已经基本实现。第二步，到本世纪末，使国民生产总值再增长一倍，人们生活达到小康水平。第三步，到下世纪中叶，人均国民生产总值达到中等发达国家水平，人民生活比较富裕，基本实现现代化。然后，在这个基础上继续前进。"[②]"三步走"的经济发展战略的制定，解决了中国现代化建设的目标、步骤等关系到全局的重大问题。

（二）"三步走"战略的内容体系与特色

1. 战略核心是强国富民

与以往的经济发展战略相比，"三步走"发展战略的重要特点是不仅提强国，而且讲富民。过去提出的经济发展战略，如实现工业化、超英赶美、实现四个现代化等，往往只强调生产力发展水平，没有提高人民生活的明确指

---

① 邓小平：《邓小平文选》第3卷，北京：人民出版社，1994年，第226页。
② 中共中央文献研究室编：《十三大以来重要文献选编》上册，北京：人民出版社，1991年，第16页。

标。由于经济发展战略的偏颇,在经济建设的过程中,片面强调重工业,忽视农业和轻工业的发展;积累率过高,忽视了人民生活的改善。结果,经过20多年的建设,特别是在 1957 年到 1978 年的发展过程中,经济建设取得一定进展,但人民生活改善甚微,没有得到多少实惠。这不利于体现社会主义的优越性和调动广大人民群众建设社会主义的积极性。"三步走"的发展战略,是紧紧围绕着强国富民的中心制定的。每一步都既有经济发展目标,又有提高人民生活水平的内容,以人均收入为主要指标。三步走的每个阶段的发展,都是以强国富民为基本目的和落脚点,体现了社会主义现代化优越于资本主义现代化的重要特点。这是发展战略指导思想转变的结果。

2. 战略道路是改革开放

这条道路包括两个方面:一方面,从社会制度上看,必须坚持社会主义道路;另一方面,从具体的体制角度看,是经过改革开放,建立充满生机和活力的体制。如果"不坚持社会主义,中国的小康社会形成不了"。这是因为,到 2000 年,中国国民生产总值达到一万亿美元,"如果按资本主义分配方法,绝大多数人还摆脱不了贫穷落后状态,按社会主义原则分配,就可以使全国人民普遍过上小康生活。这就是我们为什么要坚持社会主义的道理"。[①] 要实现现代化,必须通过改革开放的道路。"改革是中国发展生产力的必由之路",[②]改革开放是中国现代化的动力。服务和推动现代化是改革的根本意义所在。邓小平强调:"改革的意义,是为下一个十年和下世纪的前五十年奠定良好的持续发展的基础。没有改革就没有今后的持续发展。所以,改革不只是看三年五年,而是要看二十年,要看下世纪的前五十年。"[③]"三十几年的经验教训告诉我们,关起门来搞建设是不行的,发展不起来。"从现代化的一般规律看来,"任何一个国家要发展,孤立起来,闭关自守是不可能的,不加强国际交往,不引进发达国家的先进经验、先进科学技

---

① 中共中央文献研究室编:《十三大以来重要文献选编》上册,北京:人民出版社,1991年,第 64 页。

② 中共中央文献研究室编:《十三大以来重要文献选编》上册,北京:人民出版社,1991年,第 134 页。

③ 中共中央文献研究室编:《十三大以来重要文献选编》上册,北京:人民出版社,1991年,第 131 页。

术和资金,是不可能的"。[①]

3. 战略目标切实可行

"三步走"的发展战略将中国实现现代化的时间定为 21 世纪中叶,目标为达到中等发达国家水平,并确定了总量和人均指标,切实可行。这与过去的经济发展战略不同。"三步走"的战略目标之所以具有可行性,体现在以下三个方面的原因。

第一,它是建立在深刻认识国情基础上的。在酝酿"三步走"经济发展战略的过程中,中国领导人反复强调国家底子薄,人口多,实现现代化是一个艰苦、长期的过程,不可能一蹴而就,"至少需要一百年时间"。在此基础上,将实现现代化的时间从"20 世纪末"延至 21 世纪中叶,即延长 50 年;将达到的目的,从"比较发达的国家"改为"中等发达国家"。

第二,战略指标是科学的。"三步走"的发展战略将人均国民生产总值作为现代化三个阶段上的指标,与以往的战略指标相比,它具有综合性和科学性。以往的经济发展战略或以工业产值占工农业总产值的比重,或以一种或几种工业产品的数量,或以几个主要部门的发展水平为指标。这些指标或具有片面性,或过于抽象,无法量化。20 世纪 80 年代初开始使用工农业总产值指标,也还不尽科学。因为:(1)总产量和总产值的增加,既可能是集约式增长的结果,也可能是粗放式经营的结果。既可能是高效益,也可能是低效益,甚至无效益、负效益。以总产值或总产量作为现代化目标,很容易为单纯追求增长造成粗放式经营,如"大跃进"时期的人海战术、全民炼钢等,其教训是非常深刻的。(2)在经济现代化过程中,经济结构变化很快,个别产品产量难以作为国民经济总体发展水平的标志。例如,在现代化某个阶段上,钢铁产量可以大体上反映一个国家经济的总体实力。但在目前阶段,钢铁工业在发达国家已不再是国民经济的支柱产业,在中国也不能准确地反映国民经济的总体水平。(3)工农业总产值指标具有明显的缺陷。一是它包含严重的重复计算;二是它不包括非生产性部门的产值,而在经济现代化的过程中,第三产业日益成为国民经济的重要产业。因而,工农业总产值具有较大的片面性。与总产量、总产值相比,国民生产总值指标的优越性在于:它是最终产值的总和,不包括重复计算,它不仅包括物质生产部门的

---

① 中共中央文献研究室编:《十三大以来重要文献选编》上册,北京:人民出版社,1991年,第 64、117 页。

产值,而且包括非物质生产部门的产值。因而,它不仅体现一个国家的物质产品生产能力,而且体现非物质产品的生产能力,较全面地体现一个国家的福利水平与结构,更具综合性、科学性,此其一。其二,以往的经济发展指标多缺乏人均观念,这样便掩盖了由于人口众多所造成的人均水平不高的实际。提出人均国民生产总值的指标,一方面将中国人口多、底子薄的落后状况量化,从而使人们更加清醒地认识到在中国实现现代化的艰苦性和长期性,实事求是地确定各发展时期的目标;另一方面把控制人口提高到 21 世纪中叶实现现代化的战略措施的地位。

第三,它是建立在科学量化基础上的。以往提出实施的战略目标,有的由于过于抽象,无法分解为年度指标加以论证或用以往的经验进行检验,只好在实施中盲目争时间,抢速度;有的只确定一个或几个产品产量的指标,无法进行综合平衡,结果个别产业孤军深入,造成整个国民经济比例失调。"三步走"的发展战略经过了科学的量化,翻两番是建立在从 1980 年到 2000 年国民生产总值年均增长 7.2% 基础上的。从新中国经济发展的历史来看,除去 1950—1952 年国民经济恢复时期(这几年经济增长速度很快,但具有恢复性质),1953—1978 年的 26 年间,国民生产总值平均增长速度为 6.1%,社会总产值为 7.9%,工农业总产值为 8.2%,国民收入为 6%。再考虑到这期间经过了"大跃进"和"文化大革命"两次大的折腾,国民经济遭受巨大损失,那么在改革开放的新形势下,社会安定,工作重心已经转移到经济建设上来,经过全国人民的艰苦努力,翻两番的目标应该是可以实现的。翻两番是实现"三步走"战略目标的重要基础。在这个基础上,再用大约 50 年的时间,人均国民生产总值从 800~1000 美元增加到 4000 美元,年均增长速度只需 2.8%~3.3%,也是可望达到的。

4.战略措施配套

"三步走"的现代化战略部署,包括一系列配套措施。这些配套措施包括:保持安定团结的政治局面,争取和平的国际环境,培养艰苦奋斗的精神力量,把教育、科技以及基础产业部门放在优先发展的战略位置,将经济发展转到依靠科学进步和提高劳动生产率的轨道上来;保持社会总供给与总需求的基本平衡;调整和改造现有产业结构,实现产业结构合理化;严格控制人口增长,提高人口素质等。

"三步走"的现代化建设战略任务和战略步骤,是在总结历史经验教训的基础上提出来的。它既反映了中国人民建设现代化强国的强烈愿望,又

符合国情和中国生产力发展规律,切实可行,为中国政府制定中长期经济发展规划和近期计划提供了科学的依据,并成为建设有中国特色社会主义的重要组成部分。

第二节　全面改革经济体制与经济体制改革重心的转移

一、全面开展经济体制改革的决策与改革重心由农村移至城市

从 1979 年到 1984 年,农村的改革取得巨大成效,长期使人们焦虑的农业生产,在短期内迅速发展起来。这要求为日益增多的农产品开拓市场,并满足农民对工业品、科学技术和文化教育不断增长的需求。这既对城市经济的发展提供极为有利的条件,也提出了更高的要求。

这几年,城市的经济体制改革虽然也进行了试验和探索,并初见成效。但是,城市经济体制中严重妨碍生产力发展的种种弊端没有从根本上消除,企业经济效益很低,生产、建设、流通领域中的种种损失和浪费很严重,城市经济的巨大潜力远远没有挖掘出来。城市是国家经济、政治、科学技术、文化教育的中心,在现代化建设中起着主导作用。只有坚决地系统地进行改革,城市经济才能兴旺发达,真正起到应有的主导作用,推动整个国民经济更好更快地发展。加快改革是城市经济进一步发展的内在要求,也是整个国民经济进一步发展的迫切要求。

从世界经济发展的形势来看,正在兴起的新技术革命,对中国经济的发展是一种新的机遇和挑战。这要求中国的经济体制,具有吸收当代最新科技成就,推动科技进步,创造新生产力的能力。中国原来的经济体制缺乏这种能力,不能适应这种要求,因此,迫切需要改革。

20 世纪 70 年代末期以来,中国政治局势稳定,经济调整工作取得重大的成绩,国民经济持续增长,"六五"计划的主要指标于 1984 年提前完成,国家财政状况逐步好转,为全面进行经济体制改革创造了条件。中国共产党不失时机地于 1984 年 10 月作出《关于经济体制改革的决定》。这个决定认为,为了从根本上改变束缚生产力发展的经济体制,必须认真总结中国的历史经验,认真研究中国经济的实际状况和发展要求,吸收和借鉴世界各国包

括资本主义发达国家的一切反映现代化、社会化生产规律的先进经营管理方法,按照把马克思主义的基本原理同中国实际相结合的原则,进一步解放思想,走自己的路,通过全面开展经济体制改革,建立起具有中国特色的、充满生机的社会主义经济体制,促进生产力的发展。中国的改革是在坚持社会主义制度的前提下,改革生产关系和上层建筑中不适应生产力发展的一系列相互联系的环节和方面;改革是在党和政府的领导下有计划、有步骤、有秩序地进行的,是社会主义制度的自我完善和发展。经济体制改革的目的是促进生产力的发展和人民生活的改善,要把能否促进生产力的发展作为检验一切改革得失成败的最主要的标准。全面经济体制改革的重点是城市,这个决定制定了全面改革的蓝图,使改革从局部试验扩展为以城市为重点的整个经济体制的改革。从决定通过时起,改革的重心由乡村转移到城市。在此之前,改革的主角是农村,之后则是城市。

二、全面改革经济体制的任务与中心环节

中共十二届三中全会决定,为建立起符合有计划商品经济要求的经济管理体制和经济运行机制,经济体制改革的中心环节是增强企业活力。围绕实现这个基本要求的需要,进行计划体制、价格体系、劳动工资制度、国家机构管理经济职能等方面的配套改革,并根据国民经济各个环节的内在联系和主观条件的成熟程度,分别轻重缓急和难易,有先有后,逐步进行,争取用五年左右的时间基本实现。五年左右的经济体制改革的主要任务是:

(一)深化国有企业改革,增强其活力,是经济体制改革的中心环节

国家对企业管得太多太死的一个重要原因,是把国有(全民所有)同国营(国家机构直接经营)混为一谈。经济史上的事实、马克思主义理论和社会主义实践都表明,所有权和经营权是可以分开的。为了使企业的经济活动符合国民经济发展的总体要求,国家机构可以通过经济的、行政的、法律的手段,对企业进行必要的管理、检查、指导和调节,通过税收等形式从企业征收必须由国家统一使用的纯收入,委派、任免或批准聘选企业的主要领导人员,并且可以决定企业的创建和关、停、并、转。在服从国家计划和管理的前提下,企业有权选择灵活多样的经营方式,有权安排自己的产、供、销活动,有权拥有和支配自留资金,有权依照规定自行任免、聘用和选举本企业的工作人员,有权自行决定用工办法和工资奖励方式,有权在国家允许的范围内确定本企业产品的

价格。总之,通过改革,要使企业真正成为相对独立的经济实体,成为自主经营、自负盈亏的商品生产者和经营者,具有自我改造和自我发展能力,成为具有一定权利和义务的法人,成为市场的主体。

在企业内部,要明确对每个岗位、每个职工的工作要求,建立以承包为主的多种形式的经济责任制。这种责任制的基本原则是:责、权、利相结合,国家、集体、个人利益相统一,职工劳动所得同劳动成果相联系。

为适应现代企业分工细密,生产具有高度连续性,技术要求严格,协作关系复杂的特点,建立统一的、强有力的、高效率的生产指挥和经营管理系统,企业必须实行厂长(经理)负责制。企业中的党组织要发挥政治思想领导的核心作用,积极支持厂长行使统一指挥生产经营活动的职权。在实行厂长负责制的同时,必须健全职工代表大会制度和各项民主管理制度,充分发挥工会组织和职工代表大会在审议企业重大决策、监督行政领导和维护职工合法权益等方面的作用,体现工人阶级的主人翁地位。

(二)改革计划、财政、税收、金融体制

这是为了建立符合有计划商品经济要求的宏观经济管理体制和经济运行机制。《关于经济体制改革的决定》规定,改革依靠行政手段和指令性计划管理经济活动的国民经济管理体系,使国民经济计划,就总体来说,是粗线条的和有弹性的,是通过计划的综合平衡和经济手段的调节,做到大的方面管住管好,小的方面放开放活,保证重大比例关系比较适当,国民经济协调发展。这要求有步骤地适当缩小指令性计划的范围,适当扩大指导性计划和市场调节的范围。对关系国计民生的重要产品中需要由国家调拨分配的部分,对关系全局的重大经济活动,实行指令性计划;对其他大量产品和经济活动,根据不同的情况,分别实行指导性计划或完全由市场调节。计划工作的重点要转移到中期和长期计划上来,适当简化年度计划,并相应改革计划方法,充分重视经济信息和预测,提高计划的科学性。

在改革计划管理体制的同时,要进一步完善税收制度,改革财政和金融体制。在及时掌握经济动态的基础上综合运用价格、税收、信贷等经济杠杆,进行宏观调控。各级经济部门特别是综合部门的重要任务是掌握经济杠杆,运用经济杠杆调控经济。

经济体制的改革和国民经济的发展,使越来越多的经济关系和经济活动准则需要用法律形式固定下来。国家立法机关要加快经济立法,法院和检察院要加强对经济案件的审判和经济犯罪行为的检察工作,司法部门要积极为

经济建设提供法律服务。

(三)改革价格体系和价格管理体制,发挥市场调节作用

这是经济体制改革成败的关键。由于过去长期忽视价值规律的作用和其他历史的原因,价格体系紊乱,不少商品的价格既不真实地反映其价值,也不反映供求关系的实际。在这种价格体系下,企业的生产经营效果不能得到正确的评价。这种价格体系不利于商品的顺利流通,不利于促进技术进步和生产结构、消费结构的合理化,也严重妨碍按劳分配原则的执行。随着企业自主权的扩大,价格对企业生产经营活动的调节作用越来越显著,建立合理的价格体系更为紧迫。各项经济体制的改革,包括计划、财政、税收、金融、工资制度改革的成效,在很大程度上取决于价格体系的改革。价格是最有效的市场调节手段,合理的价格是保证国民经济活而不乱的重要条件。因此,价格体系的改革是整个经济体制改革成败的关键。

《关于经济体制改革的决定》规定,价格体系改革的原则是:第一,按照等价交换的要求和供求关系的变化,调整不合理的比价,该降的降,该升的升。第二,在提高部分矿产品和原材料价格的时候,加工企业必须大力降低消耗,使由于矿产品和原材料价格上涨造成的成材增高基本上在企业内部抵销,少部分由国家减免税来解决,避免因此提高工业消费品的市场销售价格。第三,在解决农副产品购销价格倒挂和调整消费品价格的时候,必须采取切实的措施,确保广大城乡居民的实际收入不因价格的调整而降低。第四,改革价格体系关系到国民经济的全局,必须采取谨慎的态度,制定周密的切实可行的方案,有计划有步骤地进行。

价格体系不合理,同价格管理体制不合理有密切关系。在调整价格的同时,必须改革过分集中的价格管理体制,逐步缩小国家统一定价的范围,适当扩大有一定幅度的浮动价格和自由价格的范围,使价格能够比较灵敏地反映社会劳动生产率和市场供求关系的变化。

(四)实行政企职责分开,简政放权

这是为了正确发挥政府机构管理经济的职能。在传统的体制下,政企职责不分,企业成了行政机构的附属物。中央和地方政府包揽了许多本来不应由它们管的事,而许多该管的事又没管好。加上条块分割,互相扯皮,使企业工作更加困难。这种状况,不利于发挥企业的积极性和创造性,不利于促进企业之间的合作、联合和竞争,不利于发展统一市场。因此,必须按照政企职责

分开、简政放权的原则加以改革，以便正确发挥政府机构管理经济的职能。

根据政企职责分开的原则，政府机构的主要职能应是：制定经济和社会发展的战略、计划、方针和政策；制定资源开发、技术改造和智力开发的方案；协调地区、部门、企业之间的发展计划和经济关系；汇集和传布经济信息，掌握和运用经济调节杠杆；制定并监督执行经济法规；按规定的范围任免干部；管理对外经济技术交流和合作；等等。

就政府和企业的关系来说，今后各级政府部门原则上不再直接经营管理企业。至于少数由国家赋予经营管理企业责任的政府经济部门，必须按照简政放权的精神，正确处理同所属企业的关系。

全国性和地区性的公司，是在国民经济发展需要和企业互有需要基础上建立的联合经济组织，它们必须是企业而不是行政机构，不能因袭过去的一套办法，而必须学会现代科学管理方法。

实行政企职责分开以后，要充分发挥城市的中心作用，逐步形成以城市特别是大中城市为依托的，不同规模的，开放式、网络型的经济区。国内各地区之间要相互开放。经济比较发达的地区和比较不发达的地区，沿海、内地和边境，城市和农村，以及各行各业之间，都要打破封锁，打开门户，按照扬长避短、形式多样、互利互惠、共同发展的原则，大力促进横向经济联系，促进资金、设备、技术和人才的合理交流，发展各种经济技术合作，联合举办各种经济事业，促进经济结构、地区布局的合理化。

（五）改革分配制度，鼓励一部分人先富起来

这是为了调动人们创造财富的积极性。长期以来在分配问题上存在一种误解，似乎社会主义就是要平均。如果一部分社会成员的劳动收入比较多，另一部分比较少，就被认为是两极分化，背离社会主义原则，这种平均主义思想同马克思主义关于社会主义的科学观点是完全不相容的。社会主义要达到共同富裕的目标，但是，共同富裕绝不等于也不可能是完全平均，绝不等于也不可能是所有社会成员在同一时间以同等速度富裕起来。如果把共同富裕理解为完全平均和同步富裕，不但做不到，而且势必导致共同贫穷。平均主义思想是贯彻执行按劳分配原则的一个严重障碍，平均主义的泛滥破坏社会生产力。只有容许和鼓励一部分地区、一部分企业和一部分人依靠勤奋劳动先富起来，才能对大多数人产生强烈的吸引和鼓舞作用，促进生产力的发展。由于一部分人先富起来产生的差别，是全体社会成员在共同富裕道路上有先有后、有快有慢的差别，而绝不是那种少数人变成剥削者，大多数人陷入贫穷的两极分

化。鼓励一部分人先富起来的政策,是符合社会主义发展规律的,是整个社会走向共同富裕的必由之路。

在企业改革中,确定企业整个奖金制度由企业根据经营状况自行决定,国家只对企业适当征收奖金税。采取措施使企业职工的工资和奖金同企业经济效益更好地挂起钩来。在企业内部,要结合落实经济责任制,扩大工资差距,拉开档次,以充分体现奖勤罚懒,奖优罚劣,充分体现多劳多得、少劳少得,充分体现脑力劳动和体力劳动、复杂劳动和简单劳动、熟练劳动和非熟练劳动、繁重劳动和非繁重劳动之间的差别。

国家机关、事业单位工资制度改革的原则是,使职工工资同本人肩负的责任和劳绩密切联系起来。

在企业、国家机关和事业单位改革工资制度的同时,要加快劳动制度的改革。

(六)改革所有制结构,发展个体经济和私营经济

这是为了使所有制形式与生产力多层次结构相适应,发挥各种所有制及相关人群的优势。为了调动一切积极因素,在国家政策和计划的指导下,实行国家、集体、个人一起上的方针,坚持发展多种经济形式和多种经营方式。国有制是社会主义经济的主导力量,但是国有制经济的巩固和发展,不应以限制和排斥其他经济形式和经营方式的发展为条件。集体经济是社会主义经济的重要组成部分,许多领域的生产建设事业都可以放手依靠集体来兴办。个体经济和社会主义公有制经济相联系,是从属于社会主义经济的。它对于发展社会生产,方便人民生活,扩大劳动就业,具有不可代替的作用,是社会主义经济必要的有益的补充。要为城市和乡镇个体经济的发展扫除障碍,创造条件,给予法律保护。特别是在以劳务为主和适宜分散经营的经营活动中,个体经济应该大力发展。

在20世纪80年代中期,对于在个体经济发展过程中已开始出现的私营经济的态度,经历了一个发展过程。最初是不表态,到1987年1月,中共中央政治局通过《把农村改革引向深入》的文件,认为在社会主义社会的初级阶段,在商品经济的发展中,在一个较长的时期内,少量私人企业的存在是不可避免的。它们作为社会主义经济结构的一种补充形式,对社会生产力的发展是有利的。1988年2月12日第七届全国人大一次会议通过的《中华人民共和国宪法修正案》,在法律上确定私营经济在国民经济中的地位:"国家允许私营经济在法律规定的范围内存在和发展。私营经济是社会主义公有制经济的补充。

国家保护私营经济的合法的权力和利益，对私营经济实行引导、监督和管理。"[①]

要在自愿互利的基础上，广泛发展全民、集体、个体经济相互之间灵活多样的合作经济和经济联合。有些小型国有制企业，可以租给或包给集体或劳动者个人经营。

坚持多种经济形式和经营方式的共同发展是长期的方针，是社会主义前进的需要，它不但不会动摇而且只会有利于巩固和发展社会主义经济制度。

（七）改革对外经济贸易体制，发展外资企业

这是为了充分利用国内和国外两种资源，开拓国内和国外两个市场。中共十一届三中全会以后，把对外开放作为长期的基本国策，作为加快现代化建设的战略措施。这项政策在实践中取得显著成效，因此要继续放宽政策，进一步扩大对外开放。按照既要调动各方面的积极性，又要实行统一对外的原则改革外贸体制，积极扩大对外经济技术交流和合作的规模，努力办好经济特区，进一步开放沿海港口城市。利用外资，吸引外商来华举办合资企业、合作经营企业和独资企业，是对中国社会主义经济的必要的有益的补充。

第三节　1985年：全面改革经济体制的起步与双紧政策的实施

1984年10月中共十二届三中全会之后，开始了以城市为重点的全面的经济体制改革。新经济体制在旧经济体制之内和之外成长、壮大，逐步排挤、代替旧经济体制，新旧两种经济体制并存、转换以及由此引起的摩擦，导致经济运行中的矛盾激化。经济发展与体制改革的进程呈现若干小阶段，1984年冬至1985年为其中的第一个阶段。

---

① 中共中央文献研究室编：《十三大以来重要文献选编》上册，北京：人民出版社，1991年，第216页。

一、以计划、价格和工资改革为中心,经济体制改革迈大步

(一)改革计划体制,扩大市场调节范围,改变宏观调节方式

国务院 1984 年 10 月批准国家计委《关于改进计划体制的暂行规定》,并于 1985 年开始试行。计划体制改革的基本精神是缩小指令性计划,"大的方面管住管好,小的方面放开搞活"。国家行政机关简政放权,进一步扩大企业自主权。除了关系国计民生的重要经济活动需要实行指令性计划外,对大量的一般经济活动实行指导性计划,对饮食业、服务业和小商品生产等方面实行市场调节。国家管理国民经济在采取必要的行政手段的同时,更多地运用经济调节手段,力争使各种经济杠杆相互协调,更好地实现宏观管理目标。

在农业方面,1984 年粮食产量创纪录,农民由"手中无粮,心中发慌",转变为"卖粮难",于是出现存储爆满,粮食压价。谷贱会伤农,这要求打破农产品的统派销制度。1984 年的农村工作会议,就把改革统派销制度、调整产业结构,作为 1985 年农村改革的中心课题。国家对农产品的生产实行指导性计划,对粮食、棉花、油料、烤烟、黄红麻、生猪、二类海水产品等关系到国计民生的大宗农产品的收购和调拨,规定指令性指标,通过自下而上地签订收购合同加以落实。超计划部分放开,其他农产品除另有规定外,实行市场调节。1985 年,粮食产量还是减产 500 多亿斤。

在工业生产和交通运输方面,对国家统一分配调拨的煤炭、原油及油制品、钢材、卷烟、军工等重要产品,以及对重点物资的铁路货运量、部直属水运货运量、沿海主要港口吞吐量,实行指令性计划。各部和省可对本行业或地区少数重要工业产品下达指令性计划。企业在确保完成国家计划和供货合同的前提下,超产部分可以自销;国家下达指导性计划的产品,由企业按照国家计划指引的方向,自行安排生产销售;国家不下达计划的产品,实行市场调节。

在固定资产投资方面,国家只对预算内拨改贷的基本建设和技术改造投资、纳入国家信贷计划的基本建设,以及利用国际金融组织和外国政府贷款安排的基本建设和技术改造投资,实行指令性计划。放宽预算内建设项目审批权限,简化审批项目手续。

在劳动工资方面,国家对国有制单位的职工人数和工资总额下达计划指标,企业可以根据完成计划的情况和经济效益的好坏,按照国家规定的比例,增加或减少工资总额。

在教育方面，对研究生、高校本专科、中等专业学校的招生人数和毕业生分配人数，由国家或地方下达指令性指标。各高等院校在完成国家计划招生的前提下，可以接收委托培养或联合招生。

在科学技术方面，1985年3月，中共中央发布《关于科学技术体制改革的决定》，决定改革科研单位拨款制度，开拓技术市场。在对国家重点项目实行计划管理、由国家财政给予支持的同时，对一般技术开发和近期可望取得实用价值的应用研究工作，逐步推行技术合同制。科研机构应尽量在为社会创造经济效益的过程中取得收入，以便运用经济杠杆和市场调节，使科研机构具有自我发展的能力，并使科学技术转化为现实生产力。

下放计划管理权限后，指令性计划范围缩小，指导性计划和市场调节范围扩大。国家和各级地方政府、部门着重抓好全社会的财力、物力、人力和外汇的平衡，安排好经济发展速度、固定资产投资规模、发展重点、地区布局、人民生活水平提高幅度，农轻重、积累与消费的比例关系。国民经济和社会发展计划逐步以五年计划为主要形式，简化年度计划；同时编制行业规划、地区规划和若干个专业规划，建立起长、中、短期计划与专项规划相结合的计划体系。

1985年，出台了国家综合运用各种经济杠杆的多种措施。围绕计划目标，加强各种经济杠杆的综合运用，有计划地及时调整价格、税收、工资、财政补贴等，使其成为实现国民经济计划的有效手段。根据经济形势和产业政策，对产品税、增值税、营业税的某些政策作适当调整，并运用减免税手段，为加强国家对经济的宏观控制服务。

1985年以计划体制改革为主要内容的宏观经济管理体制的改革，使国家管理经济的方式开始由主要依靠行政手段的直接管理，向主要运用经济法律手段的间接管理转变。

（二）以调整比价和放开定价权为主的价格改革

根据《中共中央关于经济体制改革的决定》规定的价格改革的任务、方针、原则，国务院有关部门着手制定1985年价格改革方案，主要内容是：

（1）在农产品价格方面，取消对主要农副产品的统购、派购制度，实行合同定购。将粮食的统购价、超购加价改为按"倒三七"比例计价，简化了计价办法。将农村粮食销售价格提高到与收购价格持平，初步改变多年来国家在农村高价收购、低价出售的不合理现象，国家在农村销售的粮食减少，解决了多年来积累下来的难题。放开生猪等鲜活食品的价格，是农副产品价格改革的重点。从春季开始，各地相继放开生猪价格，购销价格上升30%左右。大中城市统购包销、管得很死的蔬菜价格也于春季起陆续放开。

（2）在铁路运输价格方面，提高100公里以内的硬座票价和200公里以内的货运等短途运价，初步改变铁路短途运价与公路运价、水运价格比价不合理的状况，促进了公路、水路为铁路分流，有利于运输结构的调整。调价前后五个月比较，全国短途客运量下降18.7％，短途货运量也有所减少。铁路货物运输平均距离明显增加，这有利于发挥铁路运输"长、重、大"的优势。

（3）在工业品价格方面，放开计划外重工业生产资料价格，扩大煤炭的地区差价和质量差价，部分轻工业产品改为企业定价。放开计划外重工业生产资料价格，对发展短线产品，改善燃料、原材料价格偏低的状况起到积极作用。生产资料市场价格为国民经济提供了新的核算标准和市场信息，有利于投资结构向合理化方向调整。工业生产资料的"双轨制"价格，在实行初期为理顺工业生产资料价格提供了一个可行的过渡办法。更多的生产资料真正进入市场，过去很难或无法获得计划物资的乡镇企业、私营企业、个体企业，由此得到迅速的发展。

（三）以克服平均主义和扩大企业自主权为目的的工资改革

多年来形成的一套工人、干部工资制度的主要弊端是，在管理上过于集中，统得过死，地方和企业的自主权太少，不能真正贯彻按劳分配的原则；没有解决好职工收入与企业经营效果、个人贡献挂钩的问题，企业之间、职工之间的平均主义越来越严重。同时，价格改革措施出台后，物价上涨幅度较大，国家虽给予适当补贴，仍不足以弥补。工资改革与价格改革同时出台，有利于缓解价格改革引起的震动。1985年的工资改革，将机关、事业单位与企业职工工资纳入不同的分配轨道。前者由国家根据经济发展情况和财力情况直接进行调整，后者由职工的劳动生产率和企业的经营状况决定。

国家机关、事业单位废除等级工资制度，实行以职务工资为核心的结构工资。其主要内容是：把工资分为基础工资、职务工资和年功工资三个部分。其中，职务工资占据主导地位。基础工资是为了维持劳动者生存的需要，不论职务高低实行同一标准。年功工资是对职工劳动贡献积累的补偿，随职工工龄的增长递增。这种结构安排较好地体现按劳分配的原则。

企业工资改革的原则是，将职工的收入与职工个人的贡献和企业的经营效果挂钩，扩大企业在工资奖金分配上的自主权。由于改革措施尚未配套，企业尚不具备在平等基础上竞争的条件，其经营效果不能真实地反映职工和经营者的能力程度。因此，企业工资改革远比国家机关、事业单位复杂得多，只

能逐步前进。1985 年,大多数企业实行奖励基金随同本企业经济效益浮动的办法,大约有 1800 万职工进行工资总额同企业生产成果或经济效益浮动的试验(如煤炭行业中试行吨煤工资含量包干办法),大约有 15% 的大中型企业试行工资同上缴利税一起浮动的办法。许多企业根据各自的特点,在企业采取承包工资、分解工资、计件工资、浮动工资、百分奖励等多种形式和办法。

(四)配套的改革与开放措施

为了配合计划、价格、工资制度的改革,配套的改革措施主要是对财政、金融体制进行改革,加快城市综合改革和扩大对外开放。

1.财政、金融体制的改革

改革计划体制的目的是改变宏观管理方式和宏观调节方式。为此,与宏观管理和宏观调节关系密切的财政管理体制和金融体制必须进行相应的改革。

在财政管理体制方面,1985 年实行"划分税种、核定收支、分级包干"的财政体制,以便明确各级财政的权力和责任,更好地体现责、权、利相对应的原则。它的实施,使全国财政体制改革逐步走向统一化,开始改变过去按企业、事业单位行政隶属关系划分收入的办法,为过渡到完全分税制的体制创造条件。

在金融体制方面,为了打破下达资金管理中的"供给制"和"大锅饭",1985 年实行"统一计划、划分资金、实存实贷、相互融通"的原则,以调动专业银行吸收存款的积极性。国家初步利用利率杠杆调控国民经济。

2.加快城市综合改革

1985 年开始的全面经济体制改革是以城市为重点的。城市经济体制改革是一项复杂的系统工程,涉及社会政治、经济生活的各个领域。为了搞好城市综合改革,政府除采取全国统一措施外,还选择一些城市进行城市综合改革的试点,以取得经验。1984 年之前,逐步推行综合改革试点的城市有三个。1985 年 3 月,国家体改委在湖北省武汉市召开全国城市经济体制改革工作座谈会,明确了城市综合改革试点的任务。到 1985 年底,已有 61 个城市进行综合改革的试点。

城市综合改革试点工作的主要内容包括如下四个方面:

一是进一步简政放权与搞好企业内部改革相结合,增强企业活力,在增强大中型企业活力方面,主要抓以下环节:转变企业经营思想;试行厂长(经理)负责制;划小核算单位,实行分权分级管理;实行一业为主,多种经营;加速技术改造和技术引进;大力推行现代化管理;进一步落实各级经济责任制。在搞活中小企业方面,进行集体、个人租赁经营,企业破产倒闭暂行办法,股份制等的试点。

二是进一步发展经济横向联合。如以企业联合为基础,出现了一批企业群体和企业集团,促进了企业组织结构和产品结构的合理化;从组织名优产品和重点产品联合生产入手,打破不同隶属关系的界限,积极推动部、省属企业与地方企业的联合,军工企业和民用企业的联合,生产企业与科研单位的联合;发展城市之间、地区之间的横向联系,促进区域经济的合理布局和开放式、网络型经济结构的形成。

三是发挥城市多功能作用,开放消费资料市场,组织生产市场和技术市场,大力发展第三产业,加强基础设施建设。

四是适应经济体制改革的需要,转变政府经济职能,着手进行城市经济管理机构改革,综合运用经济杠杆,加强和改进宏观管理。

3. 扩大对外开放

继 1984 年开放沿海 14 个城市和海南岛后,1985 年将长江三角洲、珠江三角洲、闽南厦漳泉三角洲、辽东半岛、胶东半岛开辟为沿海开放地区,这些新开放的沿海地区都是工农业发达和人口稠密地区。它们连同原来开放的四个经济特区、14 个沿海港口城市和海南岛,在沿海从南到北形成对外开放的前沿地带。在这一地带,通过放宽政策,搞活经济,加快改革步伐,开展对外经济技术合作和交流。这样做,既使沿海地区经济加快发展,在全国最先建设成为内外交流、工农结合、城乡渗透、现代化、开放式的富庶地区,又通过这些地区同内地经济的横向联系,从技术、人才、物资、信息等方面进行联合与协作,使内地与沿海的优势互补,共同发展和繁荣。这样,中国的经济体制改革和对外开放,通过经济特区—沿海开放地区—内地,由南向北,由沿海到内地逐步推进。

二、新旧体制的摩擦与经济过热

1985 年,以计划、价格、工资为重点的经济体制改革,改变了以往的改革是在计划经济框架内进行调整的做法,开始转向让市场更多地发挥配置资源的作用,政府对经济的管理从直接管理向间接管理过渡,使中国的经济体制改革向着市场经济的方向迈出重要的一步。

经济体制改革的全面展开,使中国进入从计划经济体制到市场经济体制交替的重要时期。在新旧体制转换的过程中,经济运行出现多主体、多渠道、多层次共同作用的局面,经济活力大大加强。在新旧体制并存和转换的情况

下,两者必然产生矛盾和摩擦,在转换过程中原有体制的弊端不可能完全消除,新体制还有待于建立、完善,这给社会经济生活带来一些新的问题和困难。这些问题和困难在 1985 年的突出表现是,中国政府在年初开始的加强宏观调控、努力实现总供给与总需求平衡的各项措施见效缓慢。

1984 年上半年经济发展势头很好。该年 6 月,国务院批准银行追加自筹投资 50 亿元和其他基本建设投资,外汇的控制使用有所放松。到第四季度,由于全面改革的迅速推进,两种体制因素的摩擦加剧,而决策层在积极采取微观搞活措施的同时,对国民经济的宏观失控没有引起足够的重视,相应的调节措施没有跟上,致使固定资产投资和消费基金膨胀势头加剧。在酝酿 1985 年金融改革和工资改革时,决定各专业银行可以自主支配的信贷资金,以 1984 年的实际贷款为基数核定;在实行企业总工资同经济效益挂钩的工资改革方案时,工资总额以 1984 年的实际数额为基数核定。一些金融单位为增大基数,突击发放贷款;一些企业单位为增加工资基数,乱提工资、滥发奖金和各种名目的补贴,这使 10—12 月信贷规模和消费基金急剧增长。1984 年职工工资总额比上年增长 19％,其中,10—12 月占全年增加额的 38％。一些地方和部门追求提前翻两番的预算外做法乘势而上,加速固定资产投资规模的膨胀。1984 年银行贷款总额比 1983 年增加 28.9％。其中,12 月的增长额占全年增加额的 48.8％。1984 年货币投放量超过计划 160 亿元,比上年增加 49.5％。其中,10—12 月货币发行量比上年同期增加 146％。

信贷失控进一步刺激固定资产投资膨胀。1984 年社会固定资产投资总额比上年同期增加 402.78 亿元,增长 28.2％。从 10 月起,一些城市发生抢购钢材、汽车等生产资料以及家电等耐用消费品,这些商品的价格大幅度上涨,一些地方竞相进口这些产品和耐用消费品生产线,致使外汇支出猛增。一批政企不分的官办公司（"官倒"）和与权力机构或掌权者有关系的个人（"私倒"）炒卖炒买外汇,倒买倒卖获利大的商品,扰乱了市场秩序,社会零售物价上涨。为缓和市场供求的矛盾,各地竞相引进家用电器装配线,致使对外贸易出现逆差,国家外汇结存急剧下降。

1984 年,国民生产总值增长 14.7％,工业总产值增长 16.3％,农业总产值增长 2.3％,经济增长速度很高。1984 年第四季度固定资产投资过大,信贷资金和消费资金增长过猛,工业超高速增长,物价大幅度上涨,表明国民经济发展出现过热势头。1985 年初,由于上年第四季度大量资金投放开始发生作用,农业调整产业结构和沿海开放城市利用外资项目铺开,使固定资产投资和工业生产加快。1985 年第一季度,工业生产、国有制基本建设投资和零售物价指数分别比上年同期增长 22.9％、35％、5.6％,增长幅度超过上年第四季度,外汇储备进一步下降。为了保证经济体制改革"慎重初战,务求必胜",政府采取措施,加强宏观控制,紧缩银根,努力实现总需求与总供给的平衡,力争全面经济体制改革的顺利进行。国务院于 1985 年 2 月、4 月、6 月、9 月召开省长会议,统一认识,抓紧落实。从 4 月起,以紧缩银根为中心,全面紧缩经济。其主要措施是:

(1)紧缩银根,控制货币发行。确定 1985 年贷款总规模为 710 亿元,实行"统一计划、划分资金、实贷实存、相互融通"的资金管理办法,专业银行必须按照规定,如数按期交存应上缴人民银行的资金,不得截留占用。人民银行总行对所属分行和各专业银行总行的信贷计划、信贷差额、现金投放和回笼计划,按季度进行控制和一定范围的检查。加强对乡镇企业、专业户向农业银行、信用社贷款的控制,严格对低息优惠贷款利率的管理。两次提高城乡居民定期存款利率,相应提高固定资产投资和流动资金贷款利率。

(2)控制固定资产投资规模。调整固定资产投资计划,把固定资产投资规模确定在 1400 亿元以内。重申严格按计划办事,实行行政首长负责制。各地区、各部门固定资产投资规模必须按计划执行,不得自行扩大,各级银行不得发放计划外固定资产投资贷款。各部门、各地区不得用银行贷款以自筹划资金名义扩大投资规模,除建行外,其他银行不得办理自筹基建存款和贷款,利用外资安排的基建和技改项目,要经批准后才能对外谈判。

(3)控制消费基金增长过快的势头。对 1984 年发放的奖金,严格按规定缴纳奖金税。下达 1985 年国有制单位工资总额计划和行政事业单位调资控制指标,实行总量控制。鉴于 1—3 月工资增长过快,要求银行先以 3 月份为基数对工资性支出进行控制,随后再根据副食补贴和工资改革的需要,增加现金支付的额度。在实行工资与上缴利税挂钩的国营企业开征工资调节税,对事业单位等开征奖金税。

(4)加强对外汇使用的管理,努力增加出口,争取外汇收支平衡。对地方、部门使用自有外汇的进口贸易,由国家下达进口用汇指标,实行严格的计划控制。为严格控制重复引进、盲目引进和多头对外,对进出口商品实行许可制度,未取得进口许可证,一律不得自行进口,并对小轿车等一些商品征收进口调节税。为促进出口创汇,调整人民币汇价;调高地方、部门和企业外汇留成比例,以提高出口创汇的积极性。

紧缩措施从 7 月开始逐见成效。工业增长速度从 7 月开始回落,8 月份降到 20％以下。9—12 月份降至 10.2％,投资规模初步得到控制。年底零售物

价上涨幅度也开始下降,过热的经济逐步降温。

1985 年,中国国民生产总值比上年增长 12.8％,国民收入增长 13.5％,是一个高速增长之年。问题是固定资产投资增长过猛,全社会固定资产投资增长 38.8％;经济结构问题突出,粮、棉等农产品产量下降,能源、原材料工业虽然有较快增长,但仍不能满足国民经济发展的需要,物价上涨幅度较大。

在这种形势下,为避免大的震动,已制定的一些改革方案,特别是价格改革的方案未全部到位。即使如此,当年零售物价上涨 8.8％,其中,3％左右是由于价格的调整,5％左右是由于放开价格造成的。后者既有合理的部分,也有因需求过旺拉动的因素。放开价格的部分以下游产品居多,上游产品价格计划部分较大。因此,由需求拉动造成的物价上涨,不仅不能使价格体系趋向合理化,反而造成上游产品价格差位复归。这在一定程度上反映了改革与发展在近期不仅有一致的方面,也有矛盾的一面。制定怎样的改革战略和如何更好地协调改革与发展的关系,引起了中国政府和理论界的关注。

第四节　1986—1987 年:巩固、消化、补充、完善已出台的改革措施与再度紧缩

一、"七五"计划的安排

1985 年 9 月,中国共产党召开全国代表会议,在总结 1985 年经济体制改革和经济建设经验的基础上,提出制定国民经济和社会发展第七个五年计划的建议,主要内容包括今后五年改革的总体战略步骤和近年改革的内容要求,以及经济发展和改革相互协调的方针。从根本上说,改革是为发展服务的。但改革的意义不仅在于当前,更重要的是为下一个 10 年和下世纪前 50 年奠定经济持续稳定发展的良好基础。经济发展的安排要有利于改革,为此,整个"七五"期间经济发展和基本建设要适度,为经济体制改革的全面展开创造一个比较宽松的经济环境。在"七五"期间,要坚持把改革放在首位,争取在今后五年或更长的一些时间内,基本上奠定新的经济体制的基础。

建立新的经济体制主要抓好三个方面的工作:一是进一步增强国有企业特别是大中型企业的活力,使它们真正成为相对独立、自主经营、自负盈亏的商品生产者和经营者。二是进一步发展有计划的商品经济,逐步完善市场体

系。三是逐步减少国家对企业的直接管理,建立健全间接调控体系。

经济体制改革的步骤是:在"七五"的前两年(1986—1987年),改革的重点是围绕稳定经济的要求,从宏观上加强、完善间接调控体系,价格改革不再采取大的措施,落实扩大企业自主权的各项规定,减轻国有制大中型企业的负担,增加它们的活力。"七五"后三年(1988—1990年),要围绕发展商品经济的要求,进一步加强、完善间接控制,搞好生产资料价格的改革,完善税制,改革金融体制。

二、1986—1987年经济体制改革的方针与成果

按照"七五"计划的部署,1986—1987年的经济体制改革,围绕着为加强和改善宏观控制、抑制需求、改善供给服务,贯彻"巩固、消化、补充、完善"的方针,以便从各方面做好准备,使改革在1988年以后迈出决定性的步子。在贯彻这一方针的同时,着手拟订以价格、税收、财政、金融和内外贸易为重点,包括企业经营机制配合进行的"七五"时期改革方案。

在企业改革方面,1986年主要是进行企业内部的改革。一是普遍实行厂长(经理)负责制。二是实行多种形式的企业经济责任制。在部分国营大中型企业试行经营承包、投入产出包干和税后利润递增包干等办法。对国营小型工商企业实行租赁或经营承包,其中小型商业企业的租赁经营发展很快。三是改革企业劳动工资制度,改招收固定工为招收合同工,规定厂长有权辞退违纪职工,把企业内部工资、奖金的分配权下放给企业,制定国营企业职工待业保险暂行规定。1987年,对企业特别是国营大中型企业普遍实行经营承包的经济责任制。这是在资源配置方式尚未发生根本变化、资源配置效益不能显著改善的情况下,通过企业承包,进一步向企业放权让利,以期进一步调动企业经营者和职工的积极性,提高微观经济效益。1987年底,全国预算内工业企业的承包面达到78%,大中型企业达到80%。

在价格改革方面,1986—1987年没有出台大的改革项目,只对少数突出不合理的价格进行调整。扩大了指导性价格和市场价格的范围,放开了自行车、黑白电视机、电冰箱、洗衣机、收录机、中长纤维布、80支以上棉纱及其他7种工业消费品价格。

推动横向经济联合是这两年经济体制改革着力进行的一项工作。到1986年底,横向经济联合组织有3万多个,形成24个横向经济联合网络,组成了一批像一汽集团和二汽集团等实行国家计划单列的大型企业集团。

随着企业自主权的扩大和横向联系的发展,各类要素市场逐步发育。在资金市场方面,国家通过财政渠道分配的资金相对减少,金融机构支配的资金相对增加,1986 年初,由于收缩银根,企业资金普遍感到紧张。各专业银行挖掘资金潜力,积极发展同业拆借业务,发展短期资金市场,当年提供 160 亿元资金。1987 年,全国金融系统累计拆借资金 2000 多亿元。金融系统发行各种债券、股票,并在一些城市开办有价证券转让业务和票据贴现。资金市场的发育,对于缓解资金短缺,起了重要的作用。在生产资料市场方面,由于国家统配的物资逐步减少,进入市场流通的物资迅速增加。钢材、木材、水泥、煤炭、机电产品等重要生产资料市场已开始形成。1986 年,在全国 21 个大中城市推行对计划内中转供应的生产资料,实行"计划内外同一销价、差价返还"的办法。1987 年,实行这种办法的城市增加到 58 个。为了解决钢材供求紧张的状况,从 1986 年起,国家在 6 个重点城市和 20 个省、自治区的 66 个城市,逐步建立起钢材市场。到 1987 年,130 个大小城市建立起钢材市场。由于科技体制和劳动用工制度的改革,科技市场和劳动力市场开始形成。

三、经济增速回升与再度紧缩

(一)计划中的"软着陆"

根据"七五"计划中关于经济建设要有利于改革进行的原则和"七五"期间的经济建设大体可以分为两个阶段的安排,1986—1987 年着重控制社会总需求,解决速度过快、固定资产投资规模过大和消费基金增长过猛的问题。解决这个问题的方法,不搞在短期内削减建设投资的"急刹车",以避免损失和震动,而是在 1986 年和 1987 年两年基本上保持 1985 年的投资规模,调整投资结构,加强重点建设。这就是尝试改善宏观调控办法,用"软着陆"的方式解决社会总需求超过总供给的问题。在控制总需求的同时,调整结构以增加和改善供给;在从严控制固定资产投资规模的同时,生产上尽量放开,在力求经济稳定的同时保持适当的发展速度。

为了贯彻"软着陆"精神,1986 年初召开的全国计划会议提出:要继续解决社会总需求超过总供给的问题。为此,既要继续加强宏观控制,又要注意改善宏观控制;既要对膨胀的需求加以控制,又要改善供给;既要把超高速度降下来,又要保持适当的增长速度;既要控制固定资产投资总规模,又要注意调整结构;既要紧缩控制货币发行量,又要合理供应货币,满足生产与流通的需要。

1986 年全社会固定资产投资额和国有制单位固定资产投资额都略低于 1985 年实际完成水平,1987 年计划安排的全社会固定资产投资额和国有制单位固定资产投资额又略低于 1986 年的实际完成水平。

(二)基本建设投资大大超过预定的要求

为了实现计划目标,国务院 1986 年发布《关于控制固定资产投资规模的若干规定》,要求坚持按基本建设程序办事,严格控制新上项目。在严格控制新建项目的同时,对在建项目进行清理,停建缓建一批不具备建设条件的项目。这样,固定资产投资增长过猛的势头减缓。1986 年、1987 年全社会固定资产投资分别比上年增长 18.7％和 16.5％,其中国有制单位固定资产投资增长 17.7％和 14.4％,国有制单位基本建设投资增长 9.5％和 12.6％,都大大低于 1985 年 38.8％、41.8％和 44.6％的速度。

1986 年和 1987 年,投资膨胀的势头虽然有所减缓,但未能实现国家预定的要求。投资规模过大仍是实现总供给与总需求平衡的严重障碍。这两年,全社会固定资产投资共增长 38.8％,未能实现"七五"前两年投资踏步的要求。投资增长幅度大大超过同期国民生产总值增长(两年合计为 19.9％)的速度,也超过工业增长(两年合计为 30％)的速度,与国家财力、物力仍不相适应。国家投资重点项目建设进度虽然有所加快,基础产业得到一定程度的加强,但是能源、交通、原材料工业占投资的比重尚未达到国家"七五"计划的要求,多年来积累下来的基础设施、基础产业薄弱的问题仍然存在,供需矛盾进一步加剧。因此,继续控制投资规模和调整投资结构的任务仍很艰巨。

(三)货币政策由紧缩到扩张与双紧政策

在 1985 年底工业生产增幅回落后,1986 年初工业增速进一步下降,1 月份工业总产值比上年同期增长 5.6％,2 月份为 0.9％。由于前两年工业高速增长,许多企业盲目生产的产品滞销,加上企业补偿自有流动资金不足,生产资料价格上涨,新建扩建企业没有相应安排一定比例的流动资金等因素的综合影响,在上年货币流通量增长 24.7％,贷款增长 22.1％(大大地高于国内生产总值增长的幅度)的情况下,工业企业出现流动资金紧张的状况。为了支持工业的增长,3 月份,中国人民银行指示各地银行适当放松对企业流动资金贷款的控制,并提出"稳中求松"和"区别对待、择优扶持"的政策。在执行中,实际上是整个工业流动资金贷款的全面放松。到 6 月底,工业流动资金贷款额占全年计划增长额的 95％。工业流动资金贷款放松后,整个贷款随之全面放松。

在货币控制已偏松的情况下，12月又出现年终突击贷款的现象，各项贷款相当于1—11月贷款额的56％。随着货币政策的放松，工业增长速度从7月开始回升，9月超过10％，12月达到17.3％，全年工业总产值比上年增长11.7％。

在货币政策放松的情况下，1986年银行各项贷款增长29.2％。其中，工业流动资金贷款增加，数量超过年初计划的1.5倍，比上年增长38.7％；商业流动资金贷款增长16.8％；农业贷款增长40.3％（乡镇企业贷款占农业贷款总额的64％）；固定资产投资贷款（不包括建行）增长44.6％。到年底，现金净投放230亿元，比上年增长23.4％。货币投放速度大大高于经济增长速度，说明在经济增长的背后是积压严重，效益低下。

1986年，货币发行和信贷规模高于1985年的水平，特别是第四季度的膨胀不亚于1984年同期的规模，财政出现70多亿元的赤字。为此，中共中央和国务院决定采取"压缩过热空气"的方针，并召开省长会议、全国经济会议加以贯彻。1987年3月，在第六届全国人大五次会议上，国务院在政府工作报告中提出"坚持长期稳定发展经济"的方针，要求从严控制贷款，把货币发行量控制在计划范围之内。"压缩过热空气"的方针在贯彻中遇到重重阻力，上半年货币回笼没有完成计划，第三季度投放量进一步增加。1985年特别是1986年第二季度以来的超量发行货币，经过一段的时滞，在市场物价上明显表现出来。从年初起，物价上涨幅度大体呈现逐月增大的"步步高"势态，几乎每月都要上一个新的台阶。到8月份，全国零售物价指数比上年同期上涨8.4％。七八月间，中共中央、国务院提出实行财政金融双紧政策，并通过9月全国计划会议、体制改革会议、11月全国省长会议及银行、财政等专业会议贯彻下去。从10月起，为了紧缩银根，采取提高存款准备金比例，提高中央银行对各金融机构贷款利率，上收农村信用社存款，压缩乡镇企业贷款等一系列措施。到第四季度，货币投放得到控制。当年现金发行量236亿元，市场货币流通量比上年增长19.4％，增幅比上年低3.9个百分点；年末各项贷款余额比上年增长19％，增长幅度比上年低9.5个百分点，货币投放速度明显低于上年。

（四）高速增长中的突出问题

1987年，国民生产总值比上年增长10.9％。工业总产值（含村办工业）增长17.7％，是进入80年代以来仅次于1985年的高速增长之年。农村社会总产值增长11.4％，其中农业总产值增长5.8％。粮食产量接近历史最高产量的1984年，棉花比上年增长19.9％，农村社会总产值中非农业总产值所占比重突破50％，居民收入和消费继续提高。

1986 年和 1987 年,国家用"软着陆"的方式调整国民经济,国民经济保持较高的增长速度。经济生活中存在着三个突出的问题。

1.社会总需求仍然超过总供给,国民经济面临通货膨胀的压力

1986—1987 年,国家预算内投资基本得到控制,但由于预算外资金难以控制,固定资产投资贷款又大幅度增加,全社会固定资产投资 1987 年比 1985 年增长 43.2%,大大高于同期国民生产总值增长 19.9% 的幅度。在投资扩张的同时,国民收入以各种方式向个人倾斜,城镇居民储蓄存款分别比上年增长 31.8% 和 33.2%;集团购买力连年猛增,消费基金膨胀的势头继续发展。

总需求是通过货币供应表现出来的。货币发行一般通过两个渠道,即财政发行和银行贷款。1986 年和 1987 年国家硬赤字分别为 70.5 亿元和 79.6 亿元。年末贷款余额分别比上年增长 28.5% 和 19%,大大高于当年国民生产总值增长 8.1% 和 10.9% 的速度。

1985—1987 年,物价连续三年有较大幅度的上涨,1986 年以后几乎是逐月增大。进入 1987 年后,物价涨幅除 9 月、10 月外,也是逐月增大的。

物价上涨的另一个重要特点是,食品类价格上涨的幅度高于零售物价总指数。1987 年全国零售物价总指数上升 7.3%,而食品类价格上升 10.1%,其中鲜菜类和肉禽蛋类食品价格分别上升 17.7% 和 16.5%。低收入阶层居民消费的恩格尔系数较高,食品类价格的上涨对他们的实际收入和消费水平变化影响大。1987 年全国城镇居民中,实际收入下降的占调查总数的 46%。城镇居民对此反应强烈。

2.经济结构失衡的问题依然突出

农业再度成为人们关注的焦点。粮食、棉花的产量在 1984 年,油料的产量在 1985 年达到高峰后,徘徊不前。1987 年,粮食、棉花产量比 1984 年分别低 433 万吨、201.3 万吨,油料比 1985 年低 50.6 万吨。加之这几年人口的增长,1987 年人均粮食产量由 1984 年的 392.8 公斤下降到 371.4 公斤,棉花由 6 公斤下降到 3.9 公斤,油料由 1985 年的 15 公斤下降到 14.1 公斤。农产品供应紧张,导致农副产品价格较大幅度的上涨,并成为影响物价总指数上升幅度的重要因素。农业再度成为关系到整个国民经济发展与稳定的重要问题。

基础工业、基础设施滞后于整个国民经济以及加工工业的状况继续发展。1986 年和 1987 年一次性能源生产年均增长 3.3%,大大低于同期国民生产总值、国民收入年均增长 9.5% 和 9.0% 的速度。能源生产与国民经济发展不相适应的状况进一步加剧。原材料工业这两年增长速度不低,但因加工工业增长更快,仍不能满足需求。基础工业、基础设施仍是国民经济的瓶颈部门。

3.经济秩序较为混乱

由于处在新旧体制交替的阶段,市场调节的范围不断扩大,各级政府及其部门仍保持对一部分重要经济活动的行政管理权力,经济管理体制处于过渡阶段,市场调节与行政调节结合部界限模糊。加之行政权力缺乏监督,行政管理缺乏透明度,使得"寻租"活动迅速蔓延开来。地方、部门、企业在改革中获得较多的自主权,具有强烈的追求自身利益的冲动,但由于改革措施不配套,管理制度尚不健全,对各利益主体从局部利益出发损害全局利益的行为缺乏有力的制约。一些党政机关办理各种公司,凭借权力谋取利益。特别是价格双轨制在通货膨胀下产生的巨大差价(据估计,价差、汇差总计 1000 亿元以上),成为滋生腐败的温床。"官倒"以及依托于"官倒"的"私倒",在短期内聚敛巨额财富,成为暴发户,他们是新时期最富有的人,他们手中的财富部分地成为新产生的私营企业的原始资本,人民群众对此强烈不满。

第五节　1988 年:体制改革与经济增长同时加速

一、加快改革步伐与经济增长速度

随着经济体制改革的深入,新旧体制摩擦加剧,经济运行中的矛盾突出,集中表现是 1985—1987 年,特别是 1986 年以后物价上涨指数突破计划控制幅度,呈逐月加速趋势。考虑到通货膨胀问题比较严重,1987 年 9 月召开的计划会议和经济体制改革工作会议,认为 1987 年的经济形势总体是好的,突出的问题是物价不稳,把"紧缩财政和信贷,控制需求,稳定物价,保持经济的平衡和稳定发展"作为安排 1988 年计划的总方针。为了稳定经济,稳定物价,要大力增加农副产品和轻纺产品的生产供应;保证重点建设,压缩一般性的建设,停建一批无效益的项目和楼堂馆所;从紧安排各项财政支出,准备连续过几年紧日子,缓解国家财政的困难;从紧安排各项银行贷款,严格控制货币发行。年底召开的国务院全体会议提出 1988 年工作的中心任务是:稳定经济,深化改革,以改革总揽全局。会议强调,保持经济稳定发展是长期的战略方针。稳定经济和实现经济发展战略,从根本上说要依靠深化改革。1988 年,要在深化改革的同时,继续把加强农业发展放在首位,进一步控制基本建设规模和消费基金的增长,努力做到财政收支和信贷收支的基本平衡,防止盲目追求过高速度的倾向,保持物价的基本稳定。

会后不久,由于对经济形势的认识发生变化,从 1988 年年初起,经济工作方针在执行中发生变化,即在实际工作中没有把稳定经济放在首位,而是急于实施沿海经济发展战略,改革外贸体制,扩大对外开放的方针,改革的步伐大大加快。

面对经济生活中的种种矛盾,人们对于经济形势的估计和如何处理改革、发展与稳定的关系,存在着不同看法。关于 1987 年的经济形势和 1988 年的经济工作方针,理论界有人提出,通货膨胀在近期对中国没有形成威胁;有人认为实行"双紧"方针难以保持一定的增长速度;还有人提出国家采取通货膨胀政策,可以实现国民收入的强制性储蓄,为基础工业积累一部分资金,为一部分没有其他附加收入的国家干部、知识分子提高工资,以此来重新分配社会各阶层的利益。这些意见受到决策者的重视。1988 年 2 月,主持中央工作的领导人提出,1987 年的经济形势相当好,批评有的人把经济形势看得过于严峻。他不同意物价上涨主要是因为总需求大大超过总供给的观点,认为 1987 年物价上涨主要是蔬菜等副食品价格上涨过猛,是这些食品供应不足引起的,与银根松紧无关。蔬菜与猪肉的生产上不去,重要的原因是在价格改革上过分谨慎,调动不了农民的积极性。因而解决物价问题的主要出路,是下决心逐步提高农副产品的收购价格,让农民有利可图,促进生产的发展,同时给城市居民发食品补贴,把过去购销倒挂暗补的钱拿来补给市民,就可以安定民心。他还提出,宏观指导方针不能只注意稳住物价一头,而必须兼顾物价与增长两个方面,以后不要再提"双紧"方针。在这种思想指导下,从 1988 年年初起,经济工作方针只强调控制社会集团购买力,而实际上放松了对财政、信贷的控制,没有坚持把稳定经济放在首位。

二、实施沿海经济发展战略

1988 年 2 月,全国省长会议讨论决定实施沿海地区发展战略。3 月,国务院召开的沿海地区对外开放工作会议对此做出部署。1988 年上半年,实施沿海发展战略成为许多省市经济工作的重心。实施沿海经济发展战略,是把经济发展与改革开放结合起来,以开放促进二元经济结构转换的重要决策。随着农村改革和市场机制发挥更大的作用,以劳动密集型加工业为主要特点的乡镇企业如雨后春笋迅速发展起来。对于工业的发展来说,可谓异军突起。这对于农业劳动力的转移和农业劳动生产率的提高起到了重要的作用,并成

为推动中国工业化的一支新生力量。乡镇企业的发展面对着城市同类产业在市场、资源等多方面的竞争，迫使其不断提高有机构成。这样，劳动力转移的成本增加了，大量农业资金外流，不利于农业的发展。为了解决二元经济结构转换过程中的矛盾，理论界有人提出国际大循环理论，即通过发展劳动密集型产品的出口，一方面解决农村剩余劳动力转移的问题，一方面在国际市场上换取外汇，以获取城市工业结构高级化所需的资金和技术。鉴于发达国家和地区正在调整产业结构，其劳动密集型产业正向劳动费用低的地区转移；以及中国沿海地区较之内地交通比较方便，基础设施比较好，劳动力素质比较高，科技开发能力比较强的优势，即沿海一亿多到两亿人口的地区，可以大力发展外向型经济，有领导、有计划、有步骤地走向国际市场，进一步参与国际交换和国际竞争。沿海发展战略的基本内容包括：利用人力资源丰富、费用低廉、劳动力素质比较高的优势，在沿海地区发展劳动密集型以及劳动密集型与知识密集型相结合的产业；沿海加工工业要支持"两头在外"，大出大进，避免与内地争原料；利用外资的重点放在吸引外资投资上，大力发展三资企业；进一步搞活企业，充分发挥乡镇企业主力军的作用。

三、完善承包制及与之配套的改革

（一）在农村完善家庭联产承包责任制

从 1982 年到 1986 年，连续五年的中共中央第一号文件都是关于农业的政策，其中一个基本的精神就是放权予民。联产承包责任制使农民从人民公社体制中走出来，乡镇企业使一部分农民从土地上走出来。20 世纪 80 年代中后期允许农民进城，则使农民从乡村走出来。城市的高速发展引起农民进城，1989 年春节铁路客运出现了前所未有的拥挤状况，引起了各方面关注，于是出现"民工潮"的提法。此时，在家庭联产承包责任制制度的惯性下，农业、农村、农民还不是当时中国的主要问题，相反，农村改革带来的制度收益，使农村成为社会稳定的基石。

从 1978 年起，开始把集体土地让农民承包。1988 年规定土地可以有偿交易，开辟了由政府控制的（不是完全的）土地市场。如果说 1927 年到 1952 年毛泽东等人发起的"打土豪、分田地"，共产党把土地征收在手里，分给农民，是中国共产党进行的第一次土地改革。1953 年到 1958 年，通过合作化、人民公社化的道路，把土地变成集体所有，是第二次土地改革。那么，这次把集体土让农民承包和规定土地可以有偿交易,便是中国共产党进行的第三次土地改革的开始。

(二)在城市完善企业承包经营责任制

1988年2月,国务院发布《全民所有制工业企业承包经营责任制条例》。交通、建筑、农林、物资、商业、外贸等行业的国有制企业实行承包经营责任制照此条例执行。这个条例的颁布,统一规范了承包经营的办法,推动了承包经营责任制的推广与完善。

为了完善企业承包经营责任制,实施与之配套的改革。

改革物资管理机构,促进生产资料市场的发展。1985年后,国家统一分配调拨的生产资料减少,但部门和地方分配的物资还不少,与旧的物资调拨分配体制相适应的机构仍然存在。1988年,结合国务院机构改革,取消国务院各部门管理物资的职能。国家计划分配的物资,直接分配到使用企业。这样做,削弱了主管部门对企业的行政干预,也为克服物资流通中的条块分割,促进生产资料市场的发展创造了条件。

改革投资体制,实行基金制与承包制。为了克服由国家统一管理和调节的建设投资资金来源不稳,同时在使用上又存在按条块分配、投入产出不挂钩、投资效益低下的弊端,从1988年起,对中央管理的基本建设决定实施基金制,即将国家财政的建设性预算支出,作为固定资金渠道,构成基本建设资金,与其他财政支出分开,实行专款专用。组建国家专业投资公司,以向国家承包建设任务的方式,经营本行业中央投资的经营性项目的基本建设投资。

改革住房制度,以实现住房商品化。1986年开始住房制度改革试点。1988年初,国家决定加快住房制度改革步伐,提出大体在三年或更多的时间,在全国分批推行。住房改革先后在一批城市展开。改革的基本思想是将现行住房实物分配的办法,逐步转变为由职工通过商品交换的渠道购买住房或租房,实现住房商品化,促使住房建设资金步入良性循环,以增加建房资金,改善城镇居民居住条件,促进消费结构合理化,并克服住房分配上的不正之风。

改革财政体制,实行财政大包干。1985年,开始实行"一定三年"的"划分税种、核定收支、分级包干"的财政管理办法。其间,由于价格改革,特别是原材料价格上涨,使以加工工业为主的地区财政深受影响;广泛实行企业承包经营责任制,在一定程度上改变了企业与国家、中央与地方的分配关系。1988年第一季度,地方组织的财政收入,特别是那些上解比例较大的地区财政收入,出现增长缓慢甚至下降的现象。为了稳定中央与地方财政分配关系,调动地方增收节支的积极性,实行财政大包干办法。除西安、广州两市外,全国 37 个省、自治区、直辖市和计划单列市,分别实行六种不同的财政包干办法。新的财政管理体制的特点,在于让地方从新增部分中得到更多的好处,以此调动地方特别是那些上解比例较大的地区增收节支的积极性。

在实行财政大包干后,连同企业承包经营、大包干、贷款切块包干和石油、冶金、铁路等行业相继实行包干,形成了从微观到宏观收入分配的包干体系。这是中国经济体制改革沿着放权让利思路产生的兼容新旧体制的结合体。在有利可让的情况下,它在一定程度上起到了激励的作用。但让利毕竟是有限度的。当让利余地已经很小,最终要求通过宏观资源合理配置、微观实现要素最佳组合来提高经济效益,以增加各经济主体利益时,"包干"办法中包含的旧体制的弊端便日益显露出来。

四、价格改革迎着风浪前进

(一)1985—1987 年价格改革的两难抉择

在价格改革方面,1985 年方案中的措施未能全部到位。1986 年和 1987 年,为了稳定经济,价格改革方面未出台大的措施。价格改革的步伐虽放慢,通货膨胀仍在继续,只不过势头有所减弱。1985 年、1986 年、1987 年,全国零售物价上涨指数分别为 8%、6%和 7.3%,三年共计上涨 22.8%。其中,国家有计划调放价格的因素分别为 3%、1.3%和 2.3%,大大低于由于受需求拉动影响引起的物价上涨幅度。

双轨制价格体系在社会经济生活中造成许多矛盾和问题。一是经济结构性矛盾突出,农业和能源、原材料等基础性产业发展缓慢,产品供给严重不足,制约着整个国民经济的发展。二是影响其他各项改革措施的成效与进展。三是它成为滋生腐败现象的温床,一部分有权者及其家属、亲戚,利用价格双轨制中的差额,搞权钱交易,顷刻暴富,进行原始资本积累,引起人民群众强烈不满。

面对经济生活中的诸多矛盾,要作出兼顾改革、发展和稳定的抉择,困难重重。绕开价格改革,无论是深化改革,还是调整产业结构,都难以取得实质性进展。可是,经济改革需要比较宽松的经济环境,需要稳定经济,这又要求放慢价格改革的步伐。由于两种经济体制的并存,在新旧体制转换的过程中,旧的经济调节手段逐步减少,功效减弱;新的宏观经济调节体系还不健全,微观经济主体的激励机制与约束机制不对称,对新的调节手段反应不敏感,宏观经济调控难度增大,以致投资与需求双膨胀的势头未能得到有效抑制。在经济效率低下、经济结构失衡的情况下,当国家采取紧缩政策抑制需求时,由于缺乏要素存量调节机制,增量调节能力也在减弱,会因总量投入减少造成产出滑坡,经济增长速度变慢;若要维持较高的增长速度,就需要较多增加投放,这又会造成需求膨胀和物价上涨。国民经济宏观政策在稳定物价和保持较高速度的两难选择中摇摆不定,故紧缩难以到位,出现膨胀—紧缩—膨胀的循环。结果是,价格改革未能取得进一步进展,而预期价格改革宽松环境也未成为现实。

(二)1988 年上半年的经济态势

1988 年上半年,在加快改革的同时,经济增长呈加速之势。第一季度工业总产值比上年同期增长 16.7%,是 1985 年第三季度以来增长幅度最高的季度,第二季度进一步升到 17.6%。推动经济高速发展的因素是多方面的,经济体制改革的作用尤为明显。沿海地区发展战略的初步实施,发挥了沿海地区的优势,吸引外资速度加快。三资企业、乡镇企业迅速发展,加速这一地带经济的发展,特别是江苏、福建、山东、广东四省,工业总产值增长幅度达到 24%~31%,新的财政包干办法促进了地方工业的发展。多项改革在短期内迅速铺开,相应的管理制度和措施没有跟上,产生了一些问题。如在实施沿海发展战略的过程中,有的地区、部门没有量力而行,盲目铺摊子,加剧了业已出现的经济过热现象;外贸经营权下放后,掌握外贸企业审批权的一些官员,批准了许多官倒们的"皮包"公司①,这些公司或者不顾物资平衡,盲目增加出口,出口一些国内市场紧缺的重要物资,如生铁、镍和镍材等;或者不顾国家有关规定,违法经营,利用价格双轨制的差价,就地倒卖,层层加价,牟取暴利。它们抬价抢购,干扰内外贸易的正常秩序。新的财政包干办法是以进一步向地方让利来刺激地方的积极性,地方盲目发展价高利大的加工工业、地方之间封锁割据等问题有所扩大。企业承包经营实际上仍是软预算,增加的留利大部分用于职工的分配,加剧了国民收入向个人的倾斜。上半年,国内财政支出达 943 亿元,比上年同期增长 10%,高于财政收入的增长;到 6 月底,银行各项贷款累计增加 556 亿元,比上年同期多增 3.5 倍;银行现金支出增长 45.9%,收

---

① 全国共有各类公司 29 万多户,包括分支机构为近 48 万户,其中将近 40% 是 1986 年下半年成立的。各种外贸公司 5000 户中,有 2000 家是 1988 年成立的。

入增长 40.7%；各地所上项目较多，预算外投资增长 20.9%。货币超量发行。在这种情况下，工业生产增长快使供给增加，但需求增长更快。上半年按现价计算的社会总供给增长 17.2%，社会总需求增长 31.4%。社会商品零售总额的增长高于商品购进增长的 2.2 个百分点，社会集团购买的消费品比上年同期增长 19%，全国商品零售物价指数与上年同期比，1 月增长 9.5%，3 月达到 11.6%，6 月进一步达到 16.5%。物价上涨，使城乡居民生活开支加大。上半年，由于物价上涨，城镇居民平均每人每月多支出 10 多元，如扣除 5 月、6 月两个月的物价补贴，人均每月多支出 8 元多。

（三）加速价格改革的决策

在经济高速增长与通货膨胀日趋严重的情况下，1988 年 5 月 30 日，中共中央政治局第九次全体会议认为，中国的改革进入关键性阶段，现在一些难度很大而又不能绕开的问题摆在面前，这些难题拖得越久，解决起来就越难，改革会有风险，但不进则退，退是没有出路的。必须抓住历史给予的有利时机，迎着风浪前进，坚决又稳妥地将改革中不可回避的问题解决好。要发展社会主义商品经济，就要按价值规律理顺价格。会议提出价格改革和工资改革的方案。会后，加快价格改革步伐。到 7 月底，相继出台的价格改革项目包括：提高粮食、油料、蚕茧、黄红麻、甜菜、边销茶叶等农副产品收购价格和煤、电、油等能源价格；放开猪肉、白糖、大路菜和鲜蛋四种主要副食品价格；试行改暗补为明补；向上浮动彩电价格；扩大棉纺织品上浮价格；放开和调整部分烟酒价格；下放部分工业产品价格的管理权限。

五、物价陡涨与抢购风潮

（一）物价飞涨与抢购风潮

1984—1987 年物价年年呈较大幅度上涨，使人们对通货膨胀的预期大大增强。从 1988 年 2 月起，少数城市出现抢购风潮。在总需要超过总供给的形势下，抢购风潮兴起，促使物价上涨更快。5 月作出价格闯关决定后，出台的价格改革措施集中，价格放开后，在需求拉动下物价加速上涨。6 月，全国商品零售物价指数比上年同期上升 16.5%，7 月又进一步上升到 19.5%。当 8 月初中共中央政治局讨论并原则通过的《关于价格工资改革的初步方案》的消息在报纸上公布时，尽管会议强调要采取强有力的措施，综合治理通货膨胀，但越来越多的城镇居民不仅担心政府是否具有稳定物价的手段和能力,甚至怀疑政府稳定物价的诚意和决心,担心新一轮大幅度涨价即将开始。此时,正值大幅度提高部分中高档卷烟和粮食酿酒价格措施出台,在宣传上又反复强调居民对价格改革有很强的承受能力,价格改革要攻坚闯关。广大居民以为新的价格改革会像名烟名酒价格大幅度上涨一样,触发了突击提款、大量抢购的全国性风潮。从 8 月 17 日开始,福州、天津、上海、重庆、成都、北京、西安发生抢购,而后波及全国大部分地区的城市和乡镇。抢购范围广,品种多,主要集中于价值高、易保存的工业品,部分地区还抢购粮食、食油。抢购风潮来势迅猛,抢购了约 60 亿元的商品。商品销售量大幅度提高。8 月份全国商品零售额比上年同期增长了 38.6%,比上月增长了 7.5%。主要商品零售量与上年同月相比都有大幅度增长,有的商品超过一倍多。受物价上涨的影响,各地市场上抢购风此起彼伏。8 月下旬,抢购出现新的特点:一是参加抢购的人多面广;二是抢购的商品从过去的紧俏日用品转向以保值为目的的高档商品;三是抢购款从使用现金转向从银行取款,有的还提取未到期的定期存款。大规模的抢购,导致主要商品库存减少。商品抢购风潮伴随着挤兑银行储蓄存款。1979 年以后,居民银行储蓄存款连续上升,而 1988 年 8 月份城乡储蓄存款不仅没有增加,反而减少 62.8 亿元。这次抢购提款,人们不仅动用活期存款,而且提取定期存款,反映了社会公众对通货膨胀的恐惧心理。在全国性的抢购风中,银行现金投放增长,货币流通速度加快,进一步加剧了物价上涨。

(二)通货膨胀的特定原因与决策失误

1988 年的严重通货膨胀,既是改革经济体制和发展经济急于求成的失误造成的,又是经济运行中深层次矛盾的外露和两种经济体制摩擦的集中体现。1978 年以前,在计划经济体制下,决策权高度集中,对于需求和资金的供给有较强的控制能力。当急躁冒进的指导思想占据统治地位时,也会产生经济过热、通货膨胀严重的情况,但只要政府作出决策,就可以迅速控制需求与货币供给。进入 80 年代,一方面,经济发展和结构转型速度加快,资金需求大于供给的矛盾突出;另一方面,在放权让利和实行承包制的改革中,企业获得较大经营和分配的自主权,但预算没有硬化,权力与约束机制不对称。企业在收入分配向个人倾斜、忽视自身积累的同时,为了进一步增加留利,千方百计争投资、争贷款。在实行财政包干后,地方政府为了增加地方财政收入,积极支持本地企业争投资、争贷款的行为,向有关方面施加压力。中国人民银行(中央银行)不独立,货币连年超量发行,需求过旺。改革开放以来,市场开始发挥对经济的调节作用,但价格体系不合理,政企没有分开,各种市场主体的产权关系没有理顺,相应的政策法规尚待建立健全。总之,市场体系不完善,不能很好地发挥优化资源配置的作用。国家指令性计划大大减少后,相应的管理制度没有跟上,综合运用各种经济、法律手段并辅之以行政手段管理经济的经验有待积累。特别值得注意的是,在经济结构加速转换,需要国家加以宏观指导的情况下,政府的经济政策在快速增长与稳定之间摇摆不定。一方面不必要的行政干预还很多,另一方面一些必要的干预手段却被削弱。如国家财政收入占国民收入的比重,从1979年的31.9%降低到1988年的21.2%。由于行政支出具有刚性,价格补贴等支出不断增加,基建拨款占财政支出的比重从1979年的40.4%降低到1988年的23.4%,这削弱了对国民经济的宏观控制能力。在产业结构中,一方面,基础产业、基础设施滞后,成为制约经济增长的瓶颈;另一方面,在加工工业的发展中,由于地方割据,相互封锁,竞争不充分,导致重复建设,以小挤大,地区结构雷同,产品质量差,积压与供不应求并存的结构矛盾突出。这种经济深层次矛盾造成的社会总需求大于总供给。

社会总需求大于总供给导致1984年以后连年超量发行货币(如表14-1所示),各层次货币量增长幅度大大高于同期国民生产总值按可比价格计算的增长幅度。1988年与1983年相比,国民生产总值增长72.6%,M_0增长303.5%,M_1增长172.9%,M_2增长228.1%。这说明货币投放、需求增长大大地高于供给增长的速度,且超量发行的货币远未被物价的上涨吸收而积累起来。

表14-1　1984—1988年各层次货币量增长情况

单位:%

	1984年较上年增长	1985年较上年增长	1986年较上年增长	1987年较上年增长	1988年较上年增长	1988年比1983年增长
M_0	49.5	24.7	23.3	19.3	46.7	303.5
M_1	39.8	10.9	25.4	17.2	19.8	172.9
M_2	42.2	17.4	33.1	24.6	18.8	228.1
国民生产总值	14.7	12.8	8.1	10.9	11.3	72.6

注:《中国金融年鉴》是从1992年开始建立"货币概览"栏目系统公布有关资料的,不能满足本书考察期的要求。本表是根据各年《国家统计年鉴》和中国人民银行公布的数字计算的,各层次货币的内容与《中国金融年鉴(1992)》不完全一致。表中M_0为现金流通量,M_1为M_0+企事业机关单位的活期存款,M_2为M_1+储蓄存款及汇兑在途资金。

超量发行的货币最终要靠物价上涨来吸收。然而,物价继续上涨,一会引起更大的社会震动,二会使价格体系更加混乱。若继续进行大面积的价格改革,风险太大。若紧缩银根,由于此次通货膨胀是几年货币超量发行积累的结果,紧缩力度不够,难以立见成效;紧缩力度过大,会因消费不足引起市场萧条,生产滑坡。政府又面临处理稳定、改革、发展关系的困难抉择。

鉴于全国性的兑款、抢购风潮使一些银行营业所无款可兑,宣布"今天休息";商店的一些商品被抢购一空,人心惶惶,经济形势严峻。

改革价格体制,理顺价格关系,为整个经济体制改革打好基础,这条思路是正确的。5月的价格闯关,是在对当时总需求与总供给,对1984年以来连年物价上涨,对1988年1—5月物价逐月上涨的状况,以及价格改革与工资改革、收入分配改革的关系,对几年间积累起来的超量发行的货币会在1988年集中地释放,对群众心理和实际承受能力,缺乏冷静分析情况下作出的,盲目性很大。时机选择不当,步骤过急,价格改革没有工资、收入分配等改革的配套,以至孤军深入。这是一次重大的工作失误。

第六节　1989—1991年:治理整顿与经济体制改革的徘徊

面临严重的通货膨胀,中共中央于1988年9月作出治理经济环境、整顿经济秩序,为改革创造良好经济环境的决策,从1988年第四季度起,在今后几年的时间内,把工作的重点放在治理经济环境、整顿经济秩序(简称"治理整顿"),为经济发展和改革创造良好的经济环境。

1989—1991年是治理整顿时期,治理整顿经历两个阶段。1988年第四季度到1989年第三季度,工作重点是严格控制总需求,抑制通货膨胀,整顿混乱的流通秩序,使经济过热趋缓。1989年第四季度到1991年底,在继续贯彻紧缩总方针的同时,适当调整紧缩力度,着重调整结构,提高效益,增加有效产出,解决市场疲软、工业生产滑坡问题,以促进经济的适度增长。到1991年底,通货膨胀得到抑制,国民经济经过短时期的萧条后恢复正常的增长速度,治理整顿的任务完成。三年多的调整,只是初步缓解了经济生活中一些急需解决的问题,经济运行的深层次矛盾的解决有待于进一步深化经济体制改革。

一、紧急刹车

(一)治理整顿的决策和初步实施

鉴于全国相继出现抢购风潮、物价上涨过猛和群众大量提取银行存款的情况,国务院采取一系列的紧急措施,以稳定局势。1988 年 8 月 30 日,国务院第十二次常务会议讨论市场和物价形势,作出六项决定:(1)价格工资改革方案中提出的改革目标,是五年或更长一些时间的长远目标。明年作为实现五年改革方案的第一年,价格改革的步子是不大的。国务院将采取有力措施,确保明年社会商品零售价格上涨幅度明显低于今年。(2)坚决贯彻执行关于今年下半年不出台新的涨价措施的决定。(3)人民银行开办保值储蓄业务。(4)坚决压缩固定资产投资规模,严格控制社会集团购买力,抓紧清理整顿公司和非银行金融机构,把今年的信贷和货币发行控制在国家要求以内。(5)切实做好农副产品的收购工作。(6)各级政府要组织好市场供应,严格市场管理,认真整顿市场秩序。并于当日发出《关于做好当前物价管理工作和稳定市场的紧急通知》[①]。

1988 年 9 月下旬,中共十三届三中全会召开。会议认为当前总的经济形势是好的,存在的问题也不少,突出的是通货膨胀严重,物价上涨幅度过大。造成这种情况的根本原因是经济过热,社会总需求超过总供给。必须充分认识到遏制通货膨胀的重要性和紧迫性,下最大的决心,在坚持改革开放总方向的前提下,把明后两年改革和建设的重点,突出地放在治理经济环境和整顿经济秩序上。治理整顿的最紧迫的任务,就是首先确保 1989 年物价上涨幅度明显低于 1988 年,这是 1989 年一切工作的中心。

治理经济环境,主要是压缩社会总需求,抑制通货膨胀。具体措施是:(1)1989 年全社会固定资产投资规模要压缩 500 亿元,大体相当于 1988 年实际投资规模的 20%。只能多压,不能少压。要对基础产业采取倾斜政策,对涉外项目采取保护政策,合理调整投资结构。(2)控制消费基金的过快增长,特别要坚决压缩社会集团购买力。(3)采取一系列措施稳定金融,

---

① 中共中央文献研究室编:《十三大以来重要文献选编》上册,北京:人民出版社,1991年,第 253～255 页。

严格控制货币发行,办好保值储蓄,开辟多种渠道,包括出售公房和发行股票、债券,吸收社会游资,引导购买力分流。(4)克服经济过热现象,把1989年工业增长速度降到10%甚至更低一些。在抑制总需求膨胀的同时,要用很大力量来改善和增加有效供给。努力发展农产品、轻纺产品和其他生活必需品以及紧俏产品的生产。国内短缺的原材料和必需品要减少出口,保证市场供应,特别要解决好粮食和"菜篮子"问题。

整顿经济秩序,就是要整顿在新旧体制转换中出现的各种混乱现象。第一,要坚决刹住物价涨风,坚决制止一切违反国家规定哄抬物价的行为,非法涨价收入必须上缴国家财政。第二,要整顿公司,政企分开,官商分开,惩治"官倒"。所有公司,除极少数经国务院批准行使一定管理权的以外,都必须限期同党政机关脱钩,依法经营,否则就吊销营业执照。第三,要尽快确立重要产品的流通秩序。对流通秩序混乱的重要产品,尤其是紧缺的重要生产资料,有的要实行专营,有的只许在国家统一市场上交易。第四,要加强宏观监督体系。必须坚持在中央集中统一指挥下,强化计划、银行、财政、税收、海关、铁路等部门的宏观调控职能,发挥这些部门的监督作用。第五,要制止各方面对企业的摊派。

(二)初步成效与巨大震动

贯彻上述一系列紧急措施后,到1989年12月,经济情况有所好转。这主要表现在三个方面:(1)居民储蓄由减少转为增加,增加的数额逐月上升。城镇居民储蓄存款,8月净减26亿元,9—12月回升到净增23亿元、53亿元、50亿元和91亿元。(2)信贷规模得到控制。9—12月银行贷款规模比上年同期少增加400多亿元。从全年看,年底贷款余额只比上年增长16.8%,低于前几年的增长幅度。(3)社会集团购买力增长幅度过大的势头有所控制,1988年县以上单位集团消费比上年增长1.8%,增长幅度大大下降。在此基础上,1988年底和1989年初召开的全国计划会议与第七届全国人大三次会议,按照继续紧缩的精神安排1989年经济工作。提出消除经济过热,把发展速度降到比较合理的水平。1989年的目标是:在提高经济效益的前提下,农业生产比上年增长4%,工业生产增长8%,国民生产总值增长7.5%。建立健全必要的经济法规以及宏观调控体系和监督体系,积极推进商品经济新秩序的建设。

到1989年底,治理整顿初见成效。1989年,国民生产总值和国民收入

分别比上年增长 4.4％和 3.7％,工业总产值增长 8.5％,增幅大降。粮食产量 40755 万吨,达到历史最好水平。副食品生产比较好,猪牛羊肉产量增长 6％,蔬菜、禽蛋、水果产量有不同程度的增长。主要经济作物因种植面积缩小产量下降。交通运输有新的发展,年货物周转量比上年增长 7.4％。国民经济主要比例关系有所改善。工农业增长比例,由上年的 5.33：1 调整到 2.74：1,货运增长同国民生产总值增长的比例,由上年的 0.67：1 上升到 1.95：1,供给增加。全社会固定资产投资比上年下降 8％,如扣除涨价因素,全社会投资实际工作量压缩 20％。城镇居民人均生活费收入,按当年价格计算比上年增长 12.6％,扣除物价影响,下降 3.2％。农民家庭人均纯收入为 602 元,按当年价格计算比上年增长 10.5％,扣除涨价因素,实际收入水平亦有所下降,需求下降。

在供给增加、需求压缩的情况下,供求矛盾缓解。当年社会总供给为 16387 亿元,社会总需求为 17687 亿元,供求差率由上年的 16.2％降到 8％。物价上涨将差额部分吸收,货币投放减少。全年现金发行 210 亿元,比计划少 190 亿元,明显低于上年 680 亿元的水平。年末货币流通量比上年末增长 9.8％,大大低于上年增长 46.8％的幅度。1989 年全国零售物价指数比上年上涨 17.8％,略低于上年。1990 年 3 月以后,物价变动趋势是涨幅逐月下降。

紧急刹车给经济带来巨大的震动。

经济紧缩引起市场疲软与工业滑坡。1989 年 3 月份社会商品零售额比上年同期增长 26％。从 4 月份开始,增幅逐月回落。6—7 月,多数商品销售转为平淡。从 8 月份起,多数商品销售由平转滞,市场出现明显的销售疲软。8—12 月,连续四个月社会商品零售总额为负增长。从全年看,社会商品零售总额比上年增长 8.9％,扣除涨价因素,实际下降 8.9％。农村消费市场比城市更加疲软。全国县以下消费品零售额比上年增长 5.2％,扣除涨价因素后,实际下降 14％左右。抑止过旺的消费需求,这本是紧缩要达到的重要目标。但是,消费过于紧缩,导致市场疲软。在市场由平转衰的同时,工业增长速度随之迅速回落。工业总产值的增长幅度,从 4 月份开始逐月下降,7 月增幅为 9.6％,8 月为 6.1％,9 月猛降至 0.9％,10 月出现负增长,11 月增长 0.9％,12 月增长 3.4％。

市场疲软,工业生产滑坡,造成社会、经济生活许多困难。其中,比较严重的是两个。一个是企业经济效益恶化,财政困难加剧。由于商业销售额下降,企业产品积压,"三角债"扩大,工业生产滑坡,工商企业经济效益明显降低。1989年预算内国营工业实现利税仅比上年增长0.2%;企业亏损额137亿元,增亏1.2倍。国营商业和供销社系统实现利润比上年下降37.9%;企业增亏43%。工商企业效益下降,使得当年国家财政支出中企业亏损补贴增加153.3亿元,直接影响财政收支平衡。1989年财政赤字92亿元,突破了74亿元的年度赤字预算。另一个是就业压力增大。1989年年底,国有企业和城镇集体所有制企业停产半停产的职工658万人,占职工总数6%。这致使一部分职工收入下降,生活困难。城镇待业人员达到378万人,待业率由上年的2%上升到2.6%。在农村,各类乡镇企业减少20多万个,职工减少了179万人,农村剩余劳动力的安置问题突出。

通过一年的治理整顿,一方面社会总需求有所控制,物价涨幅回落;另一方面市场疲软,工业生产下滑,经济生活发生困难。这种困难在很大程度上是经济体制不完善、经济结构不合理等深层次矛盾,在治理整顿过程中的进一步暴露。这表明治理整顿已到了一个新的关键阶段。

二、进一步治理整顿

1989年11月,中共十三届五中全会作出《中共中央关于进一步治理整顿和深化改革的决定》,要求包括1989年在内,用三年或者更长一点的时间,基本完成治理整顿任务。治理整顿的主要目标是:逐步降低通货膨胀率,使全国零售物价上涨幅度逐步下降到10%以下;扭转货币超经济发行的状况,逐步做到当年货币发行量与经济增长的合理需求相适应;努力实现财政收支平衡,逐步消灭财政赤字;在着力提高经济效益、经济素质和技术水平的基础上,保持适度的经济增长率,争取国民生产总值平均每年增长5%~6%;改善产业结构不合理状况,力争主要农业产品生产逐步增长;能源、原材料供应紧张和运力不足矛盾逐步缓解;进一步深化和完善各项改革措施,逐步建立符合计划经济与市场调节相结合原则的,经济、行政、法律手段综合运用的宏观调控体系。这个决定中关于"逐步建立符合计划经济与市场调节相结合原则的,经济、行政、法律手段综合运用的宏观调控体系"的提法,是从建立"有计划商品经济"目标模式向1979年提出的"计划经济与市场调节"目标模式的回归。

为了实现中共十三届五中全会提出的要求,1990—1991年的经济工作是围绕着以下方面进行的。

（一）继续控制社会总需求，努力稳定金融，平衡财政收支

1990—1991 年经济工作的总精神仍是坚持"双紧"方针，严格控制社会总需求，着力调整投资和需求结构。在投资规模方面，全社会固定资产投资实际规模在 1989 年大幅度下降的基础上，1990 年又下降 3.8%。1991 年根据市场情况适当调整紧缩的力度。投资规模比上年增长 9.1%，略高于国民生产总值 7.7% 的增幅①，这具有恢复性质。在投资结构上，对国家确定的重点行业和部门进行倾斜，压缩一般性加工项目的建设。职工劳保制度和房改试点加快，个人金融投资领域的初步开拓，对于消费基金的分流和向生产基金的转换开始发生影响。通过两年的努力，社会总需求与总供给趋于基本平衡，在保持一定的发展速度的同时，通货膨胀得到抑制。

（二）启动市场，保持工业生产的适度增长

为了保持国民经济的适度增长，从 1989 年第四季度起，政府多方启动市场，以促进工业生产的回升。主要的手段是：

（1）扩大资金投放。1989 年 1—9 月，新增贷款 601 亿元。10 月开始放松贷款紧缩力度。10—12 月增加贷款 1251 亿元，为全年贷款增加额的 67.5%，超过前几年第四季度平均贷款增加额约 300 亿元。然而贷款急剧增加，主要是用于扩张中间需求，即增加商业和工业企业的流动资金贷款。在最终需求不足的情况下，单纯启动中间需求难以奏效。伴随着银行贷款增加，一方面是产成品大量积压，1989 年银行新增流动资金贷款中有 56% 转化为库存；另一方面是企业资金仍然紧张，企业间"三角债"扩大。到年底，市场和工业生产仍处于低迷状态。为了启动经济，1990 年和 1991 年进一步扩大资金投放。这两年银行年底贷款余额，分别比上年增长 22.2% 和 19%。最初仍主要是增加流动资金的投放，用于国家确定的"双保"的大中型企业生产资金，以及外贸进出口和商业物资部门的收购资金，发挥商业部门的蓄水池作用，随后转向增加固定资产投资。为保证 1990 年固定资产投资不低于上年实际规模，调整年初计划，追加投资 450 亿元。1991 年进一步扩大固定资产投资规模，计划安排比上年增长 14%。除国家财政增加投

①《中国经济形势与展望（1991—1992）》，北京：中国发展出版社，1992 年，第 207、209 页。

资外,从1990年3月起,银行增加固定资产贷款投放,到年底,固定资产贷款余额比上年底增长26.5%。1991年投资贷款增长加快,年底余额比上年增长35.6%,高于同期流动资金贷款幅度。配合全国性的清理"三角债",发放启动资金。1990年的重点是带动大中型骨干企业收回贷款,清理"三角债"1500亿元。1991年又注入贷款306亿元,清理"三角债"1360亿元。

(2)中国人民银行于1990年4月、8月和1991年4月三次降低存贷款利率,以利于减轻企业负担,适度引导市场消费和投资,增加消费,扩大生产和销售,启动市场。

(3)扩大消费。从1990年4月起,适当放松对社会集团购买力控制力度。1990年社会集团购买力增长2%,1991年又增长19.7%。企业开工增加,固定资产建设进度加快和政策性的调资(1990年和1991年职工工资总额有较大幅度增长,分别比上年增长12.7%和12.6%,扣除物价因素实际增长11.6%和7.1%),有利于促进城镇居民消费的增长。

(三)调整产业结构

首先是集中力量办好农业。主要措施是:(1)国家增加对农业的投入。(2)在继续坚持和完善家庭联产承包责任制的同时,完善和发展统分结合的农业双层经营体制,积极建立健全产前、产中、产后的生产、科技、供销等社会化服务体系,把发挥集体经济优越性同调动农民个人的生产积极性结合起来。(3)搞活农产品流通。1990年,国家开始建立粮食专项储备制度,安排收购专储粮食200多亿公斤。1991年扩大投资,增加储备指标,专项储备粮达300多亿公斤。这对缓解1990年以来出现的卖粮难、储粮难,保护农民的生产积极性,推动粮食生产,保证市场和粮价稳定,起到了一定的作用。1991年,在建立郑州全国小麦批发市场和区域专业市场的基础上,发展各种类型的农产品批发市场和多种交易形式,逐步发展农产品期货交易,向着形成长期稳定的购销渠道、市场联系和合理分工,以及全国统一的市场体系迈出了重要的一步。(4)加强对乡镇企业的引导、扶植。一些地区清理不利于乡镇企业发展的条条框框,落实有关扶持乡镇企业的各项政策,逐渐形成有利于乡镇企业发展的大气候,乡镇企业也根据适应"两个市场"的需要,不断调整结构,逐渐走出困境,重新得到较快发展。

其次是调整工业结构。一是增加国有制在固定资产投资中所占比重,加大增量调整力度。通过投资倾斜政策,改变了1985年以来国有制投资比

重下降的趋势。国有制在全社会固定资产投资中所占比重，1988 年 61.4%，1990 年和 1991 年提高到 65.6% 和 65.7%。二是对国营大中型骨干企业实行"双保"。国家对 234 个国营大中型骨干企业（它们的产值占全国大中型企业产值的 46%，上缴利税占预算内工业企业上缴利税总额的 35.2%）实行"双保"的倾斜政策，即这些企业保证完成国家规定的上缴利税及产量任务，国家保证优先供应这些企业所需能源、原材料、运输和资金。三是引导企业努力开发新产品、新品种，增产名牌优质产品、市场紧缺产品、出口产品和进口替代产品，改进产品质量，降低物资消耗。四是利用价格回落的时机，出台一系列价格改革措施。提高了粮、棉、油、糖料、油脂等主要农副产品的收购价格，进一步理顺工农产品和农业产品内部比价。从 1989 年底开始着手进行生产资料价格的调整，提高计划内原油、部分钢材、化工产品、煤炭和纺织品等 19 大类产品的价格。各地相继调整一部分地方产品和服务费用价格。1991 年调整钢铁、水泥、原油、铁路货运等价格。通过价格改革，生产资料计划内外价格差距缩小，有的实行了并轨。上游产品和服务费用价格的调高，有利于产业结构的调整。

（四）整顿市场秩序，搞活流通

在清理党政机关办理的公司取得一定成效后，各部门对各类公司进行全面整顿。金融系统着重清理各种直接和间接从事金融活动的信托投资公司、投资公司、租赁公司、财务公司等金融性公司。外贸系统着重清理 1988 年以来新成立的各类外贸公司。商业系统和物资系统重点清理批发市场。其他如交通运输系统、邮电系统、旅游系统等，都整顿各种违法经营或不具备条件的公司。在整顿公司的同时，明确划分集体商业和个体商业从事批发和长途贩运的范围。对计划外企业自销的生产资料，强调公开销售制，做到货源数量公开、价格公开、销售对象公开、结算方式公开，对重要生产资料继续规定最高限价。这些措施的实行，初步扭转了市场混乱局面。

在整顿市场秩序的同时，努力搞活流通。国营商业和供销社发挥主渠道和蓄水池的作用，采取多种形式，开拓农村市场，大力组织工业品下乡。允许一部分集体、个体商业经营某些小商品的批发业务，以促进城乡物资交流。对过去已经放开而这两年又管起来的商品，区别情况，有的继续加强和改善管理，有的继续放开价格，发挥市场的调节作用。在市场销售持续疲软的情况下，一些地区为了摆脱疲软造成的经济困难，强化地区产品的收购和销售,以图保护地方经济的发展,致使地区封锁现象日趋严重。为此,1990年国务院发出通知,要求坚决打破地区间市场封锁,进一步搞活商品流通。

（五）积极发展对外经济关系

1989年春夏之际政治风波后,发展对外经济环境急剧恶化。政府积极利用一切积极因素,化解不利因素,努力扩大对外开放。

按照优化出口结构,内外销兼顾的原则,减少短缺的资源性产品出口。利用国内市场疲软的有利时机,挤出适销对路产品,扩大工业制成品特别是机电产品的出口。以劳动密集型为主的传统轻纺产品向着精加工、深加工和高附加值的方向发展。企业与外贸部门密切配合,适应国际市场变化,更新花色品种,提高产品质量,改善产品包装,改进服务,严格信守合同,维护对外信誉,增强中国产品在国际市场上的竞争能力。

为了更好地发展对外贸易,理顺各方面的关系,对汇率和外贸体制进行调整和改革。人民币汇率不合理是中国发展对外贸易的主要障碍之一。1979年以来,中国多次对汇率进行微调,由于国内物价不断上涨,抵销了汇率调整对增加出口的刺激作用。1989年底,利用通货膨胀受到遏制,物价涨幅回落之机,较大幅度地下调人民币汇率,这对于此后两年出口的增长起到重要的作用。

为了解决多头对外,对内抬价收购、对外低价竞销等一系列问题,适当调整进出口产品的分类范围和经营分工,统一进行出口和联合经营的品种适当增加,以避免盲目竞争,肥水外流。

1991年,对外贸体制进行重大改革,取消国家对外贸出口的财政补贴,建立自负盈亏经营机制,使外贸走上统一政策、平等竞争、自主经营、自负盈亏、工贸结合、推行代理制度的轨道。这次改革改变了外贸长期依靠国家财政补贴、吃大锅饭的局面,为外贸持续稳定发展奠定了重要的基础。

坚持积极有效利用外资的政策,稳定和完善经济特区、沿海开放城市和开放区的基本政策,努力办好现有的三资企业,并进一步完善涉外经济立法,改进投资的硬件和软件环境,吸引更多的外商投资。

从中国经济发展长期战略着眼,1990年4月中国政府作出开发与开放上海浦东新区的决定,制定和实施一系列鼓励外商到浦东投资的优惠政策,有关开发和开放工作逐步展开。

三、形势好转

1989—1991年三年的治理整顿取得以下几个方面的效果：

（一）供需差率与物价增幅逐年缩小

1985年到1988年供求失衡，总需求超过总供给（按上年计算）的平均差率11.8%。1989—1991年供需差率为8.7%、7.6%、4%，逐年缩小；三年平均为6.8%，已处于基本正常范围。零售物价总水平比上年的涨幅，1988年为18.5%，1989—1991年为17.8%、2.1%、2.9%，逐年回落，实现了治理整顿的要求。

（二）经济过热明显降温

1985年至1988年，国民生产总值平均每年增长10.7%，工业总产值平均每年增长17.8%，经济处于过热状态。1989年和1990年国民生产总值分别比上年增长4.4%和4.1%，工业总产值分别增长8.5%和7.8%，属于偏低水平。1991年国民生产总值比上年增长7.7%，工业总产值增长14.5%，经济增长速度降到与现有经济条件相适应的正常增长水平。

（三）市场秩序好转

清理公司取得明显进展，各种违法违纪现象得到一定程度的纠正。由于市场秩序好转，物价基本稳定，居民购买行为趋向合理化，市场销售逐渐从过热转入疲软，又从疲软趋向基本正常。1989—1991年社会商品零售总额分别比上年增长8.9%（物价上涨17.8%，扣除物价上涨因素，实物量下降）、2.5%（物价上涨2.1%，扣除物价上涨因素，实物量略有增长）和13.4%（物价上涨2.9%，扣除物价上涨因素，实物量有较大增长），1991年的增长幅度进入基本正常范围。

（四）产业结构"瓶颈"矛盾有所缓解

治理整顿期间，属于长线的一般加工业受到一定限制，农业、能源、交通、原材料等产业部门受到照顾，国家对基础产业固定资产投资的比重上升。1991年与1988年相比，在全部投资中农业占的比重，由2.3%提高到2.8%，能源工业由23.4%提高到26.4%，运输邮电业由11.5%提高到

13.4％。由于增量调整的进展,基础产业与国民经济特别是与工业增长之间的比例失调的状况得到一定改善。这三年,农业总产值年均增长 4.8％,1991 年与 1988 年相比,粮食、棉花、油料、糖料的产量,分别增长 10.5％、36.8％、24.1％和 36.1％,这为改善市场供应、稳定物价起到了积极的作用。工业与农业增长速度之比,1985 年到 1988 年,由 4.64∶1 变为 2.25∶1;工业与一次性能源增长速度之比,由 4.01∶1 变为 3.61∶1,经济发展的"瓶颈"制约有所松弛。

(五)对外经济关系继续发展

1990 年进出口总额达到 1154 亿美元,比上年增长 3.4％。其中,出口增长 18.2％,进口下降 9.8％。在连续六年入超以来,首次出现出超 87.5 亿美元。1991 年进出口总额比 1990 年增长 17.6％,其中,出口增长 15.8％,进口增长 15.2％,出超 81.2 亿美元。国际旅游业务走出低谷。这两年,外汇结存连续增加,为进一步扩大进口、迎接偿还外债高峰打下一定基础;外商投资逐年增加,两年协议资金 185.7 亿美元,实际利用 78.5 亿美元;三资企业产品出口大幅度增长,对于中国出口的增长起到重要作用;出口增长幅度大大高于国内社会商品零售总额的增长幅度,这对于启动工业回升,保持国民经济一定的发展速度发挥了重要的作用。

(六)人民得到实惠

1989 年全国居民实际收入与消费平均水平下降。1990 年城镇居民人均收入比 1989 年增长 8.6％,1991 年比 1990 年提高 6.6％,三年总共提高 12.1％。1990 年和 1991 年乡村居民人均实际收入比上一年分别增长 1.8％和 2％,三年总共增长 2.2％。这三年城乡居民储蓄存款分别比上年增长 35.4％、36.7％、29.5％,存储现金和购买各种债券有不同程度的增加。

四、深层次的矛盾有待解决

1989—1991 年三年的治理整顿只是缓解经济生活中的浅层次矛盾,国民经济中的深层次问题尚未根本解决,这主要表现在如下几个方面:

（一）经济结构不合理

在治理整顿期间,国民经济结构矛盾有的似乎缓解,实际上照旧存在;有的比原来更加严重。例如:

(1)基础工业与加工工业的矛盾。能源、原材料工业以及交通运输业等基础性产业对国民经济发展的制约虽然有所缓解,但这是建立在国民经济以及加工工业低速增长基础上的,一旦经济恢复正常增长,基础产业滞后问题又突出起来。如 1985—1988 年工业总产值与煤炭、电力增长速度之比为 3.83：1 和 2.08：1,1989—1990 年下降为 1.65：1 和 1.21：1,煤炭供应紧张状况缓解,拉闸限电的现象减少。1989 年和 1990 年煤炭、电力的生产并未有较大幅度的提高,年均增长速度仅为 5％和 6.8％,低于前四年年均 5.6％和 9.6％的增长速度。只是由于这两年工业总产值年均增长 8.2％的速度大大低于前四年年均 17％的速度,煤炭、电力供需紧张的矛盾才有所缓解。1991 年工业总产值增速恢复到正常水平,达到 14.5％,原煤生产因前两年供需矛盾缓解,导致投入增速下降,仅增长 0.6％,电力生产增长 9.1％,工业生产与能源、动力生产增速差距进一步拉开。1991 年下半年工业增长加快时,部分地区拉闸限电增多。煤炭、电力供需矛盾又紧张起来。

(2)城乡、工农业之间的矛盾。在农业增产的同时,由于工农产品“剪刀差”扩大,农村劳动力转移速度放慢,农民负担加重等多种原因,导致城乡居民收入和消费差距拉大。1988 年城镇居民家庭人均年生活费收入与农民家庭人均年纯收入之比为 2.05：1,城乡居民人均消费水平之比为 2.7：1。1991 年,这两个比例分别扩大为 2.18：1 和 3：1。这不利于调动农民的种田积极性。1979 年以后农村进入改革年代,集镇经济恢复。1983 年至 1986 年,全国增加 7750 个镇,平均每年增加 1608 个。1987—1991 年增加 1731 个,平均每年增加 347 个。[①] 集镇增加的速度放慢,城乡、农业内部诸多方面的关系远未理顺,有些矛盾比以往更加突出。

(3)供给与需求不对口的矛盾。在加工工业领域里,紧缩政策使一批加工企业开工严重不足。由于国营企业尚未形成破产机制,难以通过要素流动形成新的有效生产能力,在工业生产严重滑坡的同时,却保留了原有的产业格局。大批企业产品卖不出去,因“三角债”而缺乏资金,处于停产或半停

---

① 张文范:《积极推进小城镇的发展》,《人民日报》1994 年 7 月 4 日。

产状况。为了启动经济,政府向企业注入大量流动资金。企业将获得的流动资金用于生产原来没有市场的产品,导致库存积压。1991年全国超过正常库存的商品1000多亿元,库存量比正常库存多1倍以上。治理整顿未能取得优化的成效,存量调整进展不大。

(二)企业效益下降

1988年,中国经济中的一个核心问题是效益低下,特别是国营企业效益低下。治理整顿期间,国营企业的效益又进一步下降。1991年与1988年比,全国独立核算的工业企业的资金利税率由20.53%降到11.88%。每100元销售收入实现的利润由8.5元下降到3.12元。在治理整顿期间受到政策倾斜的国有制工业企业,资金利税率由20.6%下降到1991年的11.8%,每100元工业总产值占用的流动资金由25.8元上升到31.7元,可比产品成本上升36.8%。国有制商业和供销合作社商业企业的资金利润率由2.8%下降到−2.16%,全部资金周转天数由112天上升到158天。1991年,经济增长速度已恢复到正常水平,经济效益不仅没提高,反而继续下降。全国工业企业的资金利税率与上年相比又下降0.34个百分点,每100元销售收入实现的利润下降0.21元;国有制工业企业的资金利税率下降0.6个百分点,可比成本上升4.8%,亏损企业亏损额增长10.6%,亏损面近30%。工业产值的高增长同经济效益下降形成明显反差。

(三)财政困难

由于经济运行效益低下,"官倒"、"私倒"盛行引起大量税源流失,以及体制等一系列原因,财政收入增长有限。由于各种补贴居高不下,以及机构庞大等原因,财政支出呈刚性增长。在工业生产滑坡后,以国家投资启动经济。治理整顿三年期间,财政赤字猛增,分别为92.3亿元、139.6亿元、202.7亿元。到1991年底,财政向银行透支、借款累计达1000多亿元。

1989—1991年物价上涨水平的急剧回落,是通过加强物价管制和猛烈紧缩银根实现的。1990—1991年经济的复苏没有经历要素重组、结构优化、技术更新的过程,而是通过大量投入资金实现的。由于企业缺乏自我约束和自我积累机制、效益低下、结构不合理等经济生活中的深层次矛盾没有得到解决,国民经济基本上是在原有的产业结构、产品结构、组织结构、技术结构基础上,依赖于资金投入重新扩张。因此,随着资金的投放,社会总需

求大于有效总供给的局面重新出现，通货膨胀潜在的压力不断增加。如果不解决经济生活中深层次的矛盾，经济发展可能走上高投入、经济高速增长、通货膨胀—紧缩、经济萧条的循环。

中国经济运行中的深层次矛盾，有的是在计划经济体制下长期形成的，有的是在经济体制转轨过程中出现的新问题。在治理整顿期间，政府虽然注重运用经济手段，并围绕着治理整顿，在改革经济体制的某些方面有所进展，但从总体来看，主要是通过恢复计划经济体制的行政手段解决问题。从经济体制改革进程，即从计划经济体制向市场经济体制转换的角度看，这无疑是一种倒退。事实证明，运用计划经济体制下的行政手段，只在短时期内解决经济生活浅层次的矛盾，而深层次矛盾的解决有待于进一步解放思想，提出新的思路。

（四）经济体制改革的徘徊

在国民经济的治理整顿期间，采用过去较熟悉计划经济时期的手段以迅速抑制通货膨胀。此时，在理论上作出"计划经济与市场调节相结合"的概括，但人们对于这个概括的理解和认识有很大差别。1989年6月9日，邓小平在谈到这个问题时说："我们要继续坚持计划经济与市场调节相结合，这个不能改。实际工作中，在调整时期，我们可以加强或者多一点计划性，而在另一个时候多一点市场调节，搞得更灵活一些。……重要的是，切不要把中国搞成一个闭关性的国家。……绝不能重复回到过去那样，把经济搞得死死的。"①另一种认识是：计划经济是社会主义制度优越性的体现，如果一味削弱乃至全盘否定计划经济，企图完全实行市场经济，必然导致经济生活和社会生活的混乱。中国经济改革的目标，是改革过去经济管理过于集中、统得过死的状况，适当发挥市场调节的作用，但绝不可能把以社会主义公有制为基础的经济全部变为市场经济。这种认识仍然是将市场经济与社会主义对立起来。此时，改革处于低潮。1990年7月，在国家领导人主持的讨论会上，就改革目标取向、经济学界中的市场派与计划派展开激烈争论。会后，在经济学界流传"有计划、无市场"的说法。有些人将市场经济与资本主义等同起来，强调要将计划经济当作社会主义基本经济制度加以

---

① 邓小平：《邓小平文选》第3卷，北京：人民出版社，1994年，第306～307页。

坚持,将以市场为导向的经济体制改革和对外开放当作"资产阶级自由化"加以批评。[①]这种观点的实质是否定市场导向型改革。由于认识上的分歧及治理整顿的环境,市场导向型的改革处于徘徊状态。有鉴于此,邓小平在1990年和1991年的两次讲话中再次指出:"我们必须从理论上搞懂,资本主义与社会主义的区分不在于是计划还是市场这样的问题。社会主义也有市场经济,资本主义也有计划控制。""不要以为,一说计划经济就是社会主义,一说市场经济就是资本主义,不是那么回事,两者都是手段,市场也可以为社会主义服务。"[②]这为理论上的进一步突破,建立社会主义市场经济理论;为解决认识上的分歧,统一全党的思想,建立经济体制改革的新目标模式——社会主义市场经济奠定了基础。

结　　语

(一)1985—1991年,中国国民生产总值年均增长8.4%,人均国民生产总值年均增长6.8%。据世界银行《1993年世界发展报告的数据》,1980—1991年间中国人均国民生产总值年均增长7.8%,在世界上,只有韩国的人均国民生产总值的增长速度8.7%快于中国。[③]中国经济增长速度居世界前列。按安·麦迪森的计算,中国国内生产总值在世界国内生产总值中的比重,1984年为8.8%,1991年升至11.8%,平均每年上升0.5个百分点。1984年,中国人均国内生产总值为世界人均国内生产总值平均数的40%,1991年升至55%,平均每年上升2.5个百分点。在1977年起步的中国缩小与世界差距的历程中,这是了不起的速度。[④]这说明对计划经济体制进行全面改革,给经济发展带来了活力。

(二)1985—1991年,中国经济体制改革进入以城市为重点的全面展开的新阶段,经济体制的目标模式是有计划商品经济。按此目标模式在各个

[①]　王一夫:《经济领域资产阶级自由化的十二个表现》,《理论信息报》1989年8月7日。

[②]　邓小平:《邓小平文选》第3卷,北京:人民出版社,1994年,第364、367页。

[③]　《世界经济》1994年第2期。

[④]　赵德馨主编:《中华人民共和国经济史(1985—1991)》,郑州:河南人民出版社,1999年,第616~619页。

方面进行的改革，取得重大的进展，主要是市场经济体制因素在逐步壮大，逐步地取代计划经济体制因素。在这个取代过程中，新旧两种体制并存，它们之间的摩擦是不可避免的。这种体制摩擦是这个时期经济的主要特征，它表现在经济生活的各个方面，特别表现在这个时期经济发展波动大、震动大，经济体制改革时快时慢，时进时退。[①] 这种摩擦是有计划商品经济体制内在矛盾——包含两种对立的体制——的表现。它说明有计划商品经济不是一种可以长期存在的、独立的经济体制，具有过渡性。这说明，用计划经济加市场调节的体制，即有计划商品经济代替计划经济体制，仍然不能从根本上解决中国经济发展的问题。中国经济的发展要求新的体制，要求体制改革向前推进。

（三）1985年9月，中共中央在"七五"计划建议中提出，把改单放在工作的首位，争取在五年或更长一些时间里，基本上奠定新的经济体制的基础。这是估计在"七五"期间可以基本上解决新旧经济体制转换问题。两年之后，1987年10月，中国共产党十三大指出："现在看来，建立新体制框架所需要的时间，会比原来估计的时间要长一些。"这是对经济体制改革艰巨性的新认识。1988年5月作出价格闯关的决定，目的在于缩减价格双轨制并存等体制摩擦，及所引起的"官倒"、"私倒"猖獗，急性通货膨胀，抢购商品等经济震动、社会震动的时间。1989年夏季北京政治风波的发生，从经济原因上分析，与"官倒"、"私倒"猖獗，急性通货膨胀，群众利益受到损害有关，宣告了价格闯关失败。这件事表明，在中国的具体情况下，改革的措施不能太猛，步伐不能太快。1989—1991年，经济体制改革总体上处于徘徊状态，局部有所前进，局部有所后退。中国经济体制的渐进式，是在改革实践"摸着石头过河"过程中"摸"出来的。

（四）1979年以后中国经济现代化进入新阶段，主要表现为因经济体制改革带来的经济成分多元化，产品的商品化和经济的市场化，新的城市化，推动工业化与经济的快速增长；因对外开放带来的中国经济融入世界全球化过程；改革开放合乎逻辑的发展结果是新的社会阶层的出现。新社会阶层包括私营企业主（"资本家"），小本谋生的个体经营者，企业（外企和国企、民企）的"金领"、"白领"以及无"单位"的自由职业者（如一些作家、律师等），

---

① 赵德馨主编：《中华人民共和国经济史(1985—1991)》，郑州：河南人民出版社，1999年，第616～619页。

他们的出现给中国经济增长以新的活力。

（五）在 1979—1991 年的改革实践中,每一项重大改革措施都涉及什么是社会主义和怎样建设社会主义等根本问题。随着改革的深入、经验的积累,人们对这些根本问题的认识逐步深化并逐步统一。这具体表现在这个时期中国共产党及其领导人邓小平关于对社会主义本质、社会主义和市场经济关系等问题认识的逐步深入和理论化。在对上述问题的回答中,突破了把计划经济当作社会主义本质特征的传统观念,先是提出社会主义有计划商品经济的新理论,随后,又指出"社会主义和市场经济之间不存在根本矛盾。问题是用什么方法才能更有力地发展社会生产力"。[①] "计划和市场都是方法嘛。只要对发展生产力有好处,就可以利用。它为社会主义服务,就是社会主义的;为资本主义服务,就是资本主义的。"[②]"计划多一点还是市场多一点,不是社会主义与资本主义的本质区别。计划经济不等于社会主义,资本主义也有计划;市场经济不等于资本主义,社会主义也有市场。计划和市场都是经济手段。社会主义的本质,是解放生产力,发展生产力,消灭剥削,消除两极分化,最终达到共同富裕。"[③]这就把计划、市场列为发展生产力的方法,而与社会制度区别开来;正确地总结了经济体制改革的基本经验,并使之上升为理论,回答了什么是社会主义和怎样建设社会主义的问题,为确立社会主义市场经济这个经济体制改革目标模式奠定了理论基础。社会主义市场经济理论的提出是对经济学的一个新贡献。1991 年以后,苏联这个计划经济体制的发源地、这种体制理论化与精细化大本营和东欧国家的社会主义制度崩溃,这些国家的计划经济体制随之崩溃,并转而采用市场经济体制。这说明计划经济体制在这些国家已走到尽头,同时也使这种体制名誉扫地。国际上发生的这件大事,对于中国人民统一对计划经济体制和市场经济体制的认识起了重要作用。1992 年以后的经济发展与经济体制改革,是在邓小平的社会主义市场经济理论指导之下,朝着建立社会主义市场经济目标模式前进。

---

① 邓小平:《邓小平文选》第 3 卷,北京:人民出版社,1994 年,第 148 页。
② 邓小平:《邓小平文选》第 3 卷,北京:人民出版社,1994 年,第 203 页。
③ 邓小平:《邓小平文选》第 3 卷,北京:人民出版社,1994 年,第 373 页。

复习题

1.经济体制改革全面展开后体制摩擦的主要表现。

2.1985—1991 年经济工作的基本经验与重大失误。

第十五章

新中国经济发展的路径、阶段 与基本经验(1949—2000)

　　中华人民共和国成立以后,中国的经济发生了翻天覆地的变化。依附性的、落后的半殖民地半封建经济形态变成独立的、先进的新民主主义经济形态,再变为社会主义初级阶段经济形态。新中国 50 多年间发生两次社会经济形态的变革,这是中外经济史上没有过的。在经济形态变革的同时,社会生产力水平有很大的提高。1949—2000 年,中国国内生产总值(扣除价格因素)增长速度年均达 7.7%,是同期世界平均水平(3%左右)的两倍多。在中国进行的这些变革和建设,是前人没有做过的事业,没有现成的方案可遵循,没有任何人准备好了一种现成的理论(知识)可供采用。中国人只能摸着石头过河,在摸索中探索前进的道路。因此,弯路、曲折是不可避免的。中华人民共和国 50 多年间经济发展的路径、阶段和基本经验,集中表现在经济增长、经济结构与经济工作指导思想变动的"之"字路上。①

---

　　①　赵德馨:《"之"字路及其理论结晶》,《中南财经大学学报》1999 年第 6 期;赵德馨:《中国经济 50 年发展的路径、阶段与基本经验》,《当代中国史研究》1999 年第 5、6 期合刊。

第一节　经济增长的"之"字路

经济增长的路径与阶段,主要表现在经济增长的速度、波动、质量和绩效等四个方面。

一、经济增长速度的"之"字路

增长速度是衡量一国经济发展成就的指标之一。中华人民共和国成立以来,从整体来看,经济增长速度很快,但有明显的阶段性。以国内生产总值的增长速度为标准,可以将 1949—2000 年的经济增长分为三个阶段:1949—1956 年,1957—1978 年,1979—2000 年。第一个阶段中包含两个小阶段:1949—1952 年是完成民主改革与国民经济的恢复时期;1953—1956 年是社会主义改造时期和完成"一五"计划时期("一五"计划的五年是 1953—1957 年,该计划于 1956 年完成)。1949—1956 年,年均增长率达 16.8%,经济增长很快(其间的头几年是恢复性增长)。第二个阶段年均增长 6.36%,比第一个阶段低 10.44 个百分点。在新中国经济史上,1957—1978 年这 22 年是增长速度较慢的时期。第三个阶段年均增长 9.5%(可比价格),是 1949 年以后经济发展最快的时期。

中国经济发展速度呈现出阶段性的快速增长—相对慢速增长—快速增长的"之"字路状态。

二、经济波动的"之"字路

经济波动是经济增长过程中经济扩张与收缩、波峰与波谷交替出现的现象,一次扩张过程和一次收缩过程构成经济波动中的一个周期。以国内生产总值的变动作为划分周期的标准,从周期、波幅、波位三个方面来考察,1949—2000 年中国经济波动呈现为三个阶段。

第一阶段是 1949—1956 年,其中包括 1949—1952 年、1953—1956 年两个周期。这两个周期的最高增长年度分别是 1952 年和 1956 年,国内生产总值增长率分别为 22.3% 和 14.1%。最低增长年度出现在 1951 年和 1954 年,增长率分别为 16.6% 和 5.8%。从 1952 年波峰到 1954 年波谷的波幅之所以大,是因为 1950—1952 年是国民经济恢复时期,是恢复性经济增长,故增长率高,这个阶段经济波动实际并不剧烈。如果将 1950—1952 年除外,那么,1953 年和 1956 年都为波峰年份,从 1953 年到 1956 年为一个完整的周期。第一阶段波动的状况是:波动周期短,平均每个周期 3.5 年;波位高;波动强度不大。波动类型属高位——平缓型。

第二阶段是 1956—1978 年。这个阶段包括 1956—1958 年、1958—1966 年、1966—1970 年、1970—1973 年、1973—1975 年、1975—1978 年等六个周期。22 年中六个周期,平均每个周期 3.7 年。在这六个周期中,有三个属于经济增长绝对下降的古典周期(1958—1966 年,1966—1970 年,1975—1978 年)。中华人民共和国成立以后,经济增长最高的年份、最低的年份、负增长的年份,都出现在这个阶段。1960 年、1961 年、1962 年、1967 年、1968 年、1976 年等六年均属负增长。各个周期的波幅,大的达到 46.7个百分点,小的 5.4 个百分点。各周期内平均增长率即波位,高的13.25%,低的 3.975%,各个周期的波位相差较大。这个阶段经济波动之剧烈在世界经济史上罕见。这一阶段经济波动的状况是:波动周期短,波动幅度大,波位低。波动类型属低位——大起大落型。

第三阶段是 1978 年以后。其中包括 1978—1984 年、1984—1987 年、1987—1992 年、1993 年以后等四个周期。22 年中四个周期,平均每个周期5.5 年。它们都是增长周期,没有出现增长率为负的年份。它们的波幅,最小的是 2.8 个百分点,最大的 10.4 个百分点,和第二阶段相比,波动幅度大大减小。四个周期内平均增长率,即波位最高的 11.3%,最低的 8.72%,相差不大。这一阶段经济波动的状况是:波动周期长,波动幅度小,波位高。波动类型属高位——平缓型。

上述三个阶段波动的状况是:高位——平缓,低位——大起大落,高位——平缓。明显地表现为一个"之"字形。

三、经济增长质量的"之"字路

经济增长质量是经济增长的一个重要方面。衡量增长质量主要看增长的效率和效益。经济效率是企业或社会在生产过程中投入与产出的比率,衡量经济效率最重要的指标是全要素生产率增长率和劳动生产率。经济效益指在经济活动中相对于一定的投入所获得的收益的多少。

1949—2000 年经济增长质量明显地呈现出三个阶段。

1949—1956 年是经济增长质量较好的时期，在这个阶段建成了 100 多项先进的工业项目。工业技术水平有较大提高，设备的质量和技术性能有很大的改善，工程技术人员迅速增加，新产品不断出现，产品质量与劳动生产率迅速提高。而 1953—1957 年全要素生产率对经济增长的贡献为 8.7%。[①] 1956 年与 1952 年相比，工业全员劳动生产率提高了 85.7%，年均提高 21.4%。1953—1956 年积累额 765 亿元，新增国民收入 293 亿元，每 100 元积累增加国民收入 38.3 元，经济效益较好。

1957—1978 年，由于片面追求总产值的增长速度，实行粗放式扩大再生产，忽略了对经济效率和经济效益的追求，导致这一阶段的经济增长质量很差。这首先表现为经济增长的效率低下。1952—1978 年，全要素生产率年均增长为－0.32%，对总产出增长贡献的份额为－5.3%。[②] 1958—1965 年、1966—1977 年，全要素生产率对国民收入增长的贡献分别为－130.15%、7.15%。1978 年以前，全要素生产率对国民收入增长的贡献仅为 0.16%。[③] 工业全员劳动生产率，1957—1978 年平均增长 3.4%。由于人口膨胀，土地资源紧缺和以粮为纲的农业政策，导致农业劳动边际生产率递减。农业劳动生产率 1978 年仅为 1957 年的 94.8%，年均下降 0.2%。由于增长效率低，到 1978 年，全社会每个就业人口所生产的国民生产总值为 632 美元，仅为世界平均水平的 10%，发展中国家平均水平的 34%。其次，表现为经济效益低下。每 100 元积累增加的国民收入，1957—1978 年为 19 元。平均每增加 100 元的国民收入所需积累额，1957—1978 年为 526 元。从能源、原材料的利用效益看，资金使用效果也不大相同。如每吨标准煤所产生的国民收入，"一五"时期为 1086 元，"二五"、1963—1965 年、"三五"、"四五"、"五五"、"六五"各个时期分别为 504 元、695 元、737 元、579 元、547 元、767 元，远远低于 1957 年以前的时期。

1957—1978 年，中国经济增长速度为 6%，并不低。因为增长质量差，这 22 年中国经济处于徘徊、停滞状态。

1979 年以后，政府大力推动经济体制与经济增长方式转换，以市场为

---

① 张军扩：《七五期间经济效益的综合分析》，《经济研究》1991 年第 4 期。

② 郭庆、胡鞍钢：《中国工业经济问题初探》，北京：中国科学技术出版社，1991 年，第 30 页。

③ 张军扩：《七五期间经济效益的综合分析》，《经济研究》1991 年第 4 期。

导向的改革步步深入,经济增长质量提高。首先,经济增长效率提高。全要素生产率的增长率,1953—1957 年为 0.77%,1957—1978 年平均为负数,1979—1989 年达到 2.48%,1990 年以后进一步提高。全要素生产率的增长率对经济增长的贡献率,1953—1978 年为 0.16%,1979—1989 年达到 28.5%,1998 年已超过 30%。改革以来,由于竞争性市场机制的建立,企业兼并、企业破产开始出现。这有助于生产要素重新组合和资本存量调整,使以前存在的闲置生产能力得到利用,社会经济效益提高。全社会劳动生产率,1994 年比 1978 年提高 1.5 倍,年均提高 6.5%。平均每增加 100 元国民收入所需积累额,1957—1978 年为 526 元,1979—1991 年为 270 元。这就是说,为获取同样收入,投入减少近一半。

1949—2000 年,中国经济增长质量经历了一条高—低—高的“之”字路。

四、人民生活水平提高速度的“之”字路

经济增长的绩效主要表现在人民生活水平的提高上。人民生活水平与经济增长速度,特别是与经济增长质量密切相关。1949—2000 年,经济增长的速度与质量经历了快—慢—快和高—低—高三个阶段,人民生活水平的提高速度也明显地呈现出三个阶段。

第一阶段:1949—1956 年。1952 年,国民经济基本恢复,劳动者的生活水平有了较大的提高。1952 年职工工资比 1949 年提高 70% 左右,农民收入比 1949 年增加 30% 以上。土地改革使全国 3 亿无地和少地农民无偿地获得 7 亿亩土地和其他生产资料,免除了每年向地主交纳的约 3500 万吨粮食的地租。1953—1956 年,劳动人民的生活有了新的改善。1956 年全国居民平均消费水平达到 99 元,比 1952 年的 76 元提高 34.2%(按当年价格计算,下同)。1956 年全民所有制单位职工平均工资由 1952 年的 446 元增加到 610 元,提高 36.8%。此外,国家还在医疗、保险、文化、教育、福利方面为职工支出了大量经费,新建住宅 9434 万平方米,分给职工居住。农民人均消费水平,1952 年为 62 元,1956 年为 78 元,增加 25.8%。平均每个农民实物消费额 84.2 元,比 1952 年的 72.8 元增长 11.6%。在这个阶段,劳动人民生活水平提高较快。

第二阶段:1957—1978 年。由于从 1953 年起实行重工业优先发展战略,为了给重工业建设筹集资金,国家实行以牺牲当前消费为手段的高积累

政策。再加上"大跃进"和"文化大革命"的破坏，人民生活水平的提高缓慢。1957—1978年，全民所有制单位职工名义工资由637元增加到644元，仅增加7元。就实际工资而言，1978年仅为1957年的85.2%，即减少14.8%。这22年间，农民家庭平均每年纯收入由72.95元增加到133.57元，年均增加2.9%；居民消费水平提高47.5%，平均每年增长1.8%，比按不变价格计算的人均国民收入增长速度低1.5个百分点。若就实际消费量而言，全国平均每人每年消费的主要消费品，1978年与1957年相比，粮食由203.06公斤降到195.46公斤，食用植物油由2.42公斤降到1.60公斤，牛羊肉由1.11公斤降到0.75公斤，家禽由0.50公斤降到0.44公斤，水产品由4.34公斤降到3.42公斤。1978年城镇居民的人均居住面积仅为3.6平方米（另一数据为4.4平方米），低于1952年的4.5平方米。农村居民平均每人使用的房屋面积，1978年为10.17平方米（另一数据为10.9平方米），比1957年少1.13平方米。居住条件恶化。在生活服务条件上，每万人拥有的零售商业、饮食、服务网点及其从业人员，1957年分别为41.81个，117.17人，到1978年则减少到13.04个，63.14人。这给居民生活带来极大的不便。1957—1978年，文化、教育、卫生状况有所改善。从总体上说，1957—1978年，居民物质文化生活水平处于徘徊、停滞状态，经济增长给社会带来的福利水平很低。

第三阶段：1979—2000年。经济快速发展，人民生活发生巨大变化。城乡居民收入水平一改过去长期低速增长甚至停滞的局面，呈现出大幅度增长态势。农民人均纯收入，由1978年的123元增加到1999年的2210元，扣除物价因素，实际增长334%，年均增长7.2%。城镇居民家庭人均可支配收入，由1978年的343.4元增加到1999年的5854元，扣除物价因素，实际增长417%，年均增长8.1%。城乡居民储蓄存款余额，由1978年的210.6亿元增加到2000年的64332.4亿元，人均储蓄存款余额由22元增加到5077元，分别增长305.5倍和229.8倍。居民，特别是城镇居民的消费结构，呈现出生存资料比重减少，发展和享受资料比重提高的新趋势。居民食品支出占全部消费支出的比重（恩格尔系数），城镇由1978年的56.55%下降到1999年的44%，农村则由59.66%下降到50%。从消费品供应方面看，20世纪80年代末期，在全国范围内结束了票证供应制度。到1998年，消费品市场已基本结束了短缺现象，初步形成人均收入较低水平情况下的买方市场格局。从耐用消费品拥有量看，城镇居民在经历了由"老四件"（自行车、手表、缝纫机、收音机)向"新六件"(电视机、洗衣机、录音机、电冰箱、电风扇、照相机)的转化后,又开始转向以电话、家用电脑、小汽车、商品房等为代表的新的消费热点。从农村居民看,"老四件"在农村已饱和,"新六件"快速增长。从居住方面看,居民人均住房面积,城镇 1978 年为 3.6 平方米,1999 年为 10.9 平方米;农村 1978 年为 10.17 平方米,1999 年为 24.6 平方米,都增长 1 倍多。人均国民收入年均增长速度,1953—1956 年为 7.5%,1957—1978 年为 3.3%,1979—2000 年为 7.1%。1979—2000 年是继1949—1956 年之后又一个人民生活水平快速提高的时期。

1949—2000 年,人民生活水平提高速度走了一条快—慢—快的"之"字路。

第二节　经济结构演变的"之"字路

中国经济的增长速度、波动状况、增长质量和人民生活状况为什么都呈现出"之"字形的发展路径? 直接的原因是经济结构走了一条"之"字形的发展路径。

经济结构内涵广泛,其中重要的是所有制结构、体制结构和产业结构。

一、所有制结构变化的"之"字路

1949 年以后,所有制结构经历了三次大变化。

1949—1952 年,人民政府接收国民政府的财产,没收地主的土地分配归农民所有,形成国营经济领导下的多种所有制并存。在多种所有制中,主要是国家所有制、劳动者个体所有制、资本家所有制。就经济成分言,则有五种,即国营经济、合作社经济、个体经济、资本主义经济、国家资本主义经济。它们分工合作,各得其所,共同发展,这使国民经济很快恢复。

1953 年开始对生产资料私有制实行社会主义改造,1956 年底基本完成。中国由多种所有制并存转变为单一的公有制,这种状况一直持续到1978 年。1979 年以后,在改革开放过程中,引入、培育个体经济、私营经济和外资经济,形成以公有制为主体的多种所有制并存。

1978 年,在国民生产总值中,公有制经济占 99%,非公有制经济占1%。2000 年,非公有制经济的比重已超过 25%。个体、私营、外资经济是经济增长中最有活力的部分，它们使国民收入增加，税收增加，就业机会增加，出口增加。实践证明，1979 年以后以公有制为主体，多种所有制经济共同发展格局的形成，是对 1957—1978 年所有制结构改革的一项重大成果，是对 1949—1956 年新民主主义社会多种所有制结构与经验的肯定。

中国所有制结构变迁的路径，在国家的根本大法中有明确的反映。1949 年 9 月中国人民政治协商会议制定的起临时宪法作用的《共同纲领》中，关于所有制结构的规定是："合作社经济、个体经济、私人资本主义经济、国家资本主义经济在国营经济的领导下分工合作，各得其所。"1954 年《宪法》的有关规定与此基本相同："中华人民共和国的生产资料所有制现在有下列各种：国家所有制、即全民所有制，合作社所有制、即集体所有制，个体劳动者所有制，资本家所有制。"1975 年《宪法》的变化则极大："中华人民共和国的生产资料所有制现阶段有两种：社会主义全民所有制和社会主义劳动群众集体所有制。"1982 年《宪法》又变为："社会主义经济制度的基础是生产资料的社会主义公有制，即全民所有制和劳动群众集体所有制，国家在社会主义初级阶段，坚持公有制为主体、多种所有制共同发展的基本经济制度。"对 1982 年《宪法》有过两次修正。第一次是 1988 年。该年《宪法修正案》规定："国家允许私营经济在法律规定的范围内存在和发展。私营经济是社会主义公有制经济的补充。国家保护私营经济合法的权利和利益，对私营经济实行引导、监督和管理。"第二次是 1999 年。修改后的《宪法》第六条规定："在法律规定范围内的个体经济、私营经济等非公有制经济，是社会主义市场经济的重要组成部分。国家对个体经济、私营经济进行引导、监督和管理。"国家根本大法的规定，反映了新中国所有制结构经历了一条多种所有制并存—单一公有制—多种所有制并存的"之"字路。

二、体制结构变化的"之"字路

1949—1956 年是从市场经济体制向计划经济体制的转变时期。

1949 年，市场在资源配置中起主要作用。《共同纲领》规定五种经济成分并存。与此相适应，规定实行公私兼顾、劳资两利、城乡互助、内外交流的方针，这是一种市场经济体制下的工作方针，当时的一些计划工作，是建立在市场经济体制基础上的。从 1950 年起，一些措施使许多要素退出市场。如：1950 年关闭证券市场；1950—1952 年金融业社会主义改造的完成，使金融市场萎缩；1953 年批判"四大自由"，禁止土地买卖、自由雇工等，土地退出了流通领域;由于农村禁止自由雇工,城市国家统一安排就业制度的推行,以及城乡分割的户口制度的建立,劳动力市场开始消失。由于支持战争和抑制通货膨胀的需要,政(国)务院建立了中央财政经济委员会及其他中央财政经济管理部门,统一了全国财政收支,奠定了以集中统一为基础的财经管理体制的雏形。从生产上看,在接收国民政府的企业及征用外国在华企业基础上建立起来的国营企业,基本上是按国家计划生产,市场机制对它们的调节作用逐步缩小。对私营企业来说,由于加工、订货、统购、包销制度的实施,大部分私营企业的生产被间接纳入国家计划范围,其对市场信号的敏感程度大为降低。从市场看,由于计划调拨与配售的重要生产资料品种增加,生产资料市场逐渐萎缩。此时的体制结构是市场经济加计划,1953—1956年是市场经济体制转向计划经济体制的关键时期。1953年实施农产品统购统销制度,个体农民和私营工商业同市场的联系被割裂。同年,实行"一五"计划。"一五"计划的推行标志着以计划经济取代市场经济的目标的确立。对生产资料私有制的社会主义改造于1956年基本完成,"一五"计划的主要指标也于1956年基本完成。至此,形成了高度集中的宏观经济管理体系、以指令性计划为主的经济调节体系以及政企合一的企业模式。计划经济的特征基本具备,市场主体消亡。各类市场,如生产资料市场、商品市场、金融市场萎缩和变形,劳动力市场完全消失。1956年底,中国实现了经济计划化。计划经济体制与市场经济体制并存的"双轨制"格局被计划经济体制的"单轨制"取代。

1957—1978年是计划经济体制一统天下的格局。国民经济中仍存在市场,但市场已失去资源配置功能和作为经济体制的独立品格,它已沦为计划经济体制的附庸。此时的体制结构是计划经济加市场。这种经济体制忽视商品生产、价值规律和市场的作用,造成政企职责不分,条块分割,企业活力不足,经济效率低下,资源配置不当等弊病。经济决策者对此有所了解,并试图改革。然而由于在认识上和理论上把计划经济体制当作社会主义的基本经济制度,把市场当作计划的、甚至社会主义制度的对立因素与异己物,以致改革总是在中央与地方的权限划分上做文章,没有进行过真正意义上的市场化取向的改革。到20世纪70年代末期,20多年的计划经济体制造成了经济长期的徘徊与停滞,计划经济体制已走到尽头。

从1979年起,开始市场取向型经济体制改革,中国经济市场化进程在中断了近30年后被重新启动。1979年以后,在理论上,经历了从中共十二

大的"计划经济为主,市场调节为辅",到中共十三大的"社会主义有计划商品经济的体制应该是计划与市场内在统一的体制",再到中共十四大的"建立社会主义市场经济体制"的发展过程。至此,市场化改革成为全党、全民族的共识。在实践上,在体制改革方面,一是对人民公社和国有企业进行改革,培养市场主体,并根据市场供求变化调节生产。与此同时,允许个体、私营、外资等非公有制市场主体出现,并允许它们同国有企业竞争。二是逐步放开价格,使其成为反映市场供求和调节资源配置的最重要信息。再次是逐步发展和培育各种市场,如金融证券市场和技术市场等。三是建立以税收、利率、信贷等为手段的宏观间接调控体系,取代以行政命令为手段的调控体系。这些改革使计划经济体制转向市场、计划共同发挥作用、以市场为主的经济体制。到 2000 年,已是市场经济加计划的体制结构。这是一种进步,也是对新中国成立初期经济体制的重新肯定。

1949 年以后,中国经济的体制结构亦即经济体制,经历了市场经济加计划的体制—计划经济加市场的体制—市场经济加计划的体制的"之"字形路径。

三、产业结构变化的"之"字路

中华人民共和国成立时,旧中国留下来的是一个现代工业很少的产业结构。1949 年,农业净产值占工农业净产值的 84.5%,工业占 15.5%。其中,轻工业占 11%,重工业只占 4.5%。轻重工业之比为 7:3,显然偏轻。面对工业落后的现实,中国共产党提出要尽快建立较为完整的工业体系,实现国家的工业化,加快经济增长,赶上和超过发达国家的经济发展水平。为了达到这个目的,采取了两项重大措施:一是实行优先发展重工业和基础工业的产业结构政策。二是建立扭曲产品与要素价格的宏观政策环境和国家对资源集中支配的体制,以强制积累,筹集建设重工业和基础工业所需的资金。"一五"计划是在这个产业结构政策指导下实施的。它的实施,使工业尤其是重工业获得突飞猛进的发展。1952—1956 年,工业总产值增长104.96%。其中,重工业增长 162.29%,轻工业增长 73.3%。1957 年,重工业产值 130 亿元(按当年价格计算的净产值,下同),轻工业产值 127 亿元,重工业和轻工业产值之比为 102:100,接近 1:1。就当时的社会生产力水平而言,这个比例关系较为合理。1952—1956 年,农业总产值年均增长4.5%,发展较快。1957 年,在工农业总产值中,农业占 62.3%,轻工业占

18.6％,重工业占19.1％。与1949年相比较,农业产值下降了22.2个百分点,轻工业产值上升了7.6个百分点,重工业产值上升了14.6个百分点。这表明产业结构发生了由农业国向工业国方向的转变。

从1958年起,将重点发展重工业和基础工业的产业结构政策发展到极端,在工业领域中实行"以钢为纲"。与此同时,在农业领域里实行"以粮为纲"。这种政策导致重工业过重,轻工业过轻,农业结构单一;第一产业发展停滞,第二产业过度发展,第三产业逐渐萎缩。第三产业在国内生产总值中占的比重,1953年为15.9％,1978年下降到9.5％,下降6.4个百分点。同一时期,第二产业由43.11％上升到70.2％,上升27.09个百分点;第一产业由41％下降到20.41％,下降20.59个百分点。对于一个农业人口占总人口的80％,仍未解决吃饭问题的国家来说,这样的产业结构是极不正常的。在工业内部,由于过分强调重工业,而忽视轻工业的发展,重工业和轻工业的比例失调。轻工业产值在工业总产值中的比重,由1957年的55％下降到1978年的43.1％。同期,重工业的比重则由45％上升到56.9％。在重工业内部,片面发展钢铁工业和机械制造业,忽视了能源、原材料工业的发展,形成国民经济发展的"瓶颈"。在农业内部,强调"以粮为纲",片面注重种植业发展,忽略林牧副渔业的发展。在种植业内部,搞粮食种植单打一,忽视棉花、油料等经济作物的发展,导致农业经济结构畸形。不合理的产业结构严重影响了经济发展的绩效。

从1979年起,产业政策开始由重点发展重工业和基础工业向国民经济各部门协调发展转变。经过22年的努力,产业结构发生巨大改变。首先,改变长期以来"挖农业,补工业","重生产,轻流通,轻服务"的政策,大力发展农业和第三产业。三次产业比例逐渐走向协调。1997年,在国内生产总值中,第一、第二、第三产业所占比例分别为18.7％、49.2％、32.1％。和1978年相比,第一产业和第二产业比例大幅下降,第三产业比例大幅上升。这样的产业结构,尤其是第三产业比重的上升,符合现代经济发展的趋势。其次,工业内部各部门比例关系逐渐趋于协调。1979年以来,轻工业迅速发展,逐渐改变了轻工业严重落后于重工业的局面。1998年底,轻重工业比例为49.3:50.7,与1957年一样,接近1:1。在重工业内部,能源、原材料工业严重滞后于加工工业的局面得到扭转,交通运输、邮电通讯落后的状况大大改变,长期以来困扰中国经济发展的"瓶颈"约束开始减缓。再次,农业内部以种植业为主的传统农业向多元发展的现代农业转变。1978—2000

年,在农、林、牧、副、渔业总产值中,牧业所占比重由15％上升到29.7％,渔业则由1.6％上升为10.9％,农业的比重由80％下降为55.7％。[①]

1949—1998年产业结构走了一条比较协调—严重不协调—比较协调的"之"字路。

产业结构变迁之所以呈现"之"字形,是因为它的变动深受所有制结构和经济体制结构变动的影响。在多种所有制并存和市场起调节作用的情况下,产业结构的变动深受市场供求的影响。市场自发的力量使得产业结构的变动符合经济发展的需要,因而趋向协调。在单一的公有制和计划经济体制下,投资来源的单一和计划决策者的主观偏好,使得产业结构不是按经济规律变动,而是服从经济决策者所制定的经济战略目标,这必然会导致产业结构的比例失调。所有制结构和经济体制结构的"之"字路,是形成产业结构的"之"字路的原因。

第三节　"之"字形路径中蕴含的经验与理论

中国经济"之"字形发展路径,从哲学上讲,就是否定之否定和螺旋形前进。在这个意义上,它是合乎规律的,从历史上看,前进中有曲折,有倒退,是一种常见的现象。因而,既不值得大惊小怪,更不应予以责备。关键在于正确地总结其经验教训,以便发现中国经济现阶段的发展规律,从中抽象出理论,并据以指导今后的工作。

新中国50多年间经济演变的"之"字形路径中,蕴含着丰富的经验教训和经济理论。可以说,中国经济学中的理论问题尽在其中。下面所列出的是比较重要的几条。

一、指导思想是第一重要的

对于经济的发展来说,经济工作的指导思想是第一重要的。

决定经济增长速度高—低—高,经济增长质量好—差—好,经济增长波动高位、平缓—低位、剧烈—高位、平缓,经济增长绩效或人民生活水平提高

---

① 《中国统计年鉴(2000)》,北京:中国统计出版社,2001年,第31页。

速度快—慢—快的直接原因,是经济结构(包括所有制结构,体制结构,产业结构等)的合理—不合理—合理。在经济结构诸因素中,所有制结构是个主要因素,它是体制结构的基础,它和体制结构决定产业等等结构。导致经济结构变动的原因是中国政府的经济政策。这些政策是中国共产党经济工作指导思想的体现。从这个角度上说,中国经济演变的"之"字形路径形成的根本原因,在于经济工作指导思想的变化经历了一条"之"字形路径。研究中华人民共和国经济史,不能不特别注重对经济工作指导思想的研究。这是它的特点。观察中国的经济工作,不能不首先注重它的指导思想。做经济工作的中国官员和企业家,不能不首先研究指导思想。在现阶段,也就是要首先研究邓小平经济理论及中共中央对这个理论的阐释与运用。

二、从中国的实际情况出发

正确的经济工作指导思想源于将马克思主义与中国经济实际相结合,是从经济实践过程即经济史中总结、抽象出来的,从而必然具有中国的即民族的形式。

新中国成立之初,指导中国经济建设的是新民主主义经济理论。这是以毛泽东为代表的中国共产党人,在20多年革命与解放区建设的实践中,以马克思列宁主义为指导,在不断总结经验教训过程中形成的,是马克思列宁主义与中国实际相结合的产物,是集体智慧的结晶,是中国共产党在20多年新民主主义经济工作过程中最重要的理论创造。它产生于中国,适合中国国情,因而促进了新中国成立初期经济的迅速恢复与发展。

1957—1978年中国的社会主义模式,就基本框架而言,是从苏联搬来的。实践证明,它不符合中国的国情。放弃自己创造的、行之有效的新民主主义经济理论,学习苏联的经济体制,不仅使毛泽东进入了晚年的错误时期,也使中国出现了22年的经济停滞。

1978年以后,在邓小平倡导的解放思想、实事求是的思想路线指导下,总结了1949—1978年正反两方面的经验,形成了邓小平建设有中国特色社会主义理论。它是中国共产党在40多年领导社会主义革命与社会主义建设过程中最重要的理论创造,并使经济重新快速发展。

新中国成立以来,中国经济建设指导思想经历了从适合国情到不适合国情,再到适合国情的"之"字形过程,从毛泽东的新民主主义经济理论转向斯大林模式,再转向邓小平建设有中国特色社会主义理论的"之"字路,也就

是正确—错误—正确的"之"字路。（正确或错误是就主体部分而言。主体正确的阶段，有局部的错误。主体错误的阶段，有局部的正确。）"之"字路的前后两个阶段的指导思想是正确的，它们分别是毛泽东思想和邓小平理论。"之"字路前后两个阶段中毛泽东的经济思想和邓小平的经济思想，在本质上是一个统一的科学体系，二者在基本方面是相同的，在许多具体方面是相通的。邓小平的有中国特色社会主义理论是对毛泽东新民主主义经济理论的继承和发展。

上述新民主主义经济理论以及在它指导下建立的新民主主义经济模式，有中国特色的社会主义经济理论以及在它指导下建立的社会主义初级阶段经济模式，都是马克思列宁主义普遍真理与中国实际相结合的成果，都是符合中国国情的，反映 20 世纪下半叶中国经济发展规律的，因而，这两种理论、模式的基本内涵相同。其中的邓小平经济理论，是在 20 世纪 70—90年代，以邓小平为代表的中国共产党人，在继承新民主主义理论精华的基础上，对新中国成立以后正反两个方面经验，亦即"之"字路经验的总结与升华，[①]是中国共产党领导中国革命与建设 80 多年来实践的理论结晶。这种理论的获得，标志着我们对在中国搞现代化事业，已经知道得较多了。如果说过去的 50 多年，我们是处在孙中山所说"不知也要去行，当中必走许多之字路"的阶段，那么，今后，我们已开始迈入"知道了以后才去行，是很容易的"阶段了。

三、走自己的路，在探索中前进

新中国 50 多年经济发展的事实证明，经济发展模式是可以选择的，中国人能够创造符合国情的最佳模式，走自己的路。

新中国 50 多年经济史证明，上述包括所有制结构、体制结构、产业结构等等在内的经济结构（或被称为制度、模式）是可以选择的。中华人民共和国建立之初，中国共产党人选择的是自己以及解放区人民创造的、在解放区行之有效的（试验过的）新民主主义模式。1952—1953 年选择并在 1957—1978 年成为现实生活的是苏联社会主义模式（传统社会主义模式）。1978

---

① 赵德馨、赵凌云、苏少之：《四十年探索的科学结晶——邓小平关于中国社会现代所处历史阶段的理论》，《江汉论坛》1995 年第 1 期。

年以后选择的是中国共产党人和中国人民创造的有中国特色的社会主义初级阶段模式。新中国成立初期的(新民主主义)模式带来经济增长速度快,质量好。1957—1978 年的(苏联社会主义)模式带来经济的停滞。1978 年以后的(社会主义初级阶段)模式是在总结新中国成立初期模式成功经验和1957—1978 年模式失败教训的基础创造的,它是对新中国成立初期模式的肯定和对 1957—1978 年模式的否定。在这个意义上,1978 年以后的模式是对新中国成立初期模式的肯定与继承,是对 1957—1978 年模式的否定与扬弃。1978 年以后经济体制的改革,在本质上就是在既定历史事实(如对生产资料私有制社会主义改造的完成和社会生产力的发展等等)的前提下,否定 1957—1978 年不合中国国情的模式,重新肯定新中国成立初期合乎中国国情的模式。可见,人们虽可以选择模式,但所选模式是否有生命力,能否给人们带来经济实惠,从而为人们所接受并长期存在下去,在于它是否合乎国情。在这里,体现了经济发展规律的客观性,以及经济规律客观要求和亿万人民切身物质利益主观要求的一致性和不可违抗性。

新中国 50 多年经济发展的事实和中国人民的实践证明,新中国成立初期的新民主主义经济模式和 1978 年以来的有中国特色的社会主义初级阶段经济模式,都是中国共产党人和中国人民在中国土地上创造的特有的模式,是符合国情的。导致 1957—1978 年经济长期停滞的传统社会主义模式是从苏联学来的。新中国三个阶段现代化"之"字形路径表明,新民主主义经济形态和社会主义初级阶段经济形态这两种多元互补的市场经济适合中国现阶段国情,单一的公有制和计划经济则相反。对于这一事实,以及中国革命中的其他事实,邓小平作了高度的概括:"我们的现代化建设,必须从中国的实际出发。无论是革命还是建设,都要注意学习和借鉴外国经验。但是,照抄照搬别国经验、别国模式,从来不能得到成功。这方面我们有过不少教训。把马克思主义的普遍真理同我国的具体实际结合起来,走自己的路,建设有中国特色的社会主义,这就是我们总结长期历史经验得出的基本经验。"[①]这也是 50 多年新中国经济工作的基本经验。

四、确定经济发展速度要从国力出发和发挥比较优势

中国经济落后,这导致国力弱,人民生活水平低。因国力弱,在很长一个

---

①　邓小平:《邓小平文选》第 3 卷,北京:人民出版社,1994 年,第 2～3 页。

时期受人欺侮，所以中国人，无论是国家领导人，还是一般群众，都希望经济发展快。快速发展的计划与实绩总是受到欢迎和赞扬。历史经验一再证明，在发展速度上，从冷到热，可能在较短时间内完成；从热到冷，则需要一段艰难的预冷过程。这种易热难冷成为一种常见现象（1953 年如此，1959 年如此，1985 年如此，1993 年如此）。但是，发展速度受物质条件即国力和国际环境的制约，不是想快就能快的。新中国 50 多年经济发展的事实证明，超越了国力的高速度，或是凭借预支国力（内外债等等）；或是依靠不能产生高产出的高投入，结果是效益低；或是导致被迫调整，进入低速阶段。借债，无论是内债还是外债，以后都要偿还，且要加上利息。在某些特殊情况下向内向外借债是必要的、有益的，依赖借债提高速度，这种高速度难以持久。低效益的高速度是虚假的高速度。1957—1978 年的经济增长，就速度而言达到 5.4％，它在高速度范围之内。可是，因为投入大，人民付出了艰苦的劳动，所得却甚少。就整体而言，这是国民经济停滞时期。被迫调整，如 1961—1964 年，1989—1991 年，造成大上大下，形成"之"字形起伏，波幅大，经济受的损失就大。所以经济增长太慢了不行，太快也会吃亏。1990 年，笔者在对 1949—1989 年中国经济增长的速度、波动状况等方面的实际情况作了一番考察后提出："今后，国民经济若能以国民生产总值年增长率 6％～7％之间的速度前进，就有可能持续稳定协调发展；可以保证我们分三步走的战略目标的实现；可以因为避免了大上大下，会在宏观经济上产生巨大的效益；可以使国民经济的发展处于良性循环的环境中。"[1]1995 年，中共中央在关于 1996—2010 年的经济发展远景目标规划中，提出发展速度为 6％。[2] 这是一项以中国经济发展实际为依据，经过计算与论证的科学决策。搞经济工作，既要注重经济增长的速度，更要注重经济增长的质量，即效率与效益。只有效率高、效益好的经济增长才能给人民带来实惠。只有这样的增长才是经济发展的目的，只有带来这样增长的经济工作才是真正为人民服务。[3]

---

[1] 赵德馨：《经济的稳定发展与增长速度》，《中南财经大学学报》1990 年第 4 期。

[2] 《中共中央关于制定国民经济和社会发展"九五"计划和 2010 年远景目标的建议》，1995 年 9 月 28 日中共十四届五中全会通过。

[3] 赵德馨：《坚持速度与效益的统一至关重要——谈改革开放 20 年来我国经济运行的轨迹》，《湖北日报》1998 年 11 月 12 日。

五、抓住发展的机遇期

对中国来说,历史上大的发展机遇不多。改革开放以来,中国经济持续快速增长,这是一个奇迹。原因之一是抓住了历史上难得的机遇期。21世纪初,中国又抓住了一个重要战略机遇期,取得了好效果。紧紧抓住并用好战略机遇期,对于实现全面建设小康社会的目标,推进中国特色社会主义事业,具有极其重大的意义。

结　　语

目前,世界上已有50多个国家和地区(包括全部最发达国家和中等发达国家在内)实现了工业化或第一次现代化。最发达国家已启动,美国这个最发达国家已接近完成信息化或第二次现代化。预计中等发达国家将在21世纪50年代基本实现第二次现代化。按照衡量人类文明进步程度的16个指标,在2000年,中国有10个指标仍处于农业文明的水平,距离实现第一次现代化的工业文明还有相当大的差距,这说明中国第一次现代化尚没有完成。中国土地辽阔,各地区发展不平衡,沿海发达地区已基本完成工业化或第一次现代化,中西部广大地区还处于农业文明阶段。中国在20世纪80年代提出实现现代化的三步走发展战略,到2000年,前两步发展战略已顺利实现,正在实施第三步发展战略,即到21世纪中叶达到当时的世界中等发达国家水平。这意味着在未来50年里,中国的目标是实现第二次现代化。这就是说,中国人民在未来的50年里,除继续完成第一次现代化,还要完成实现第二次现代化,即用50年的时间去完成发达国家几百年走过的路程。2007年,美国在世界国内生产总值中所占的比例为28%,中国的比例为6%,两者相差甚远。中国的人口是美国的5倍多,仅仅由于这两种差别,中国要赶上美国的生活水平,还有很长的一段路要走。当前,中国的社会主义市场经济体制还不够完善,民主法制还不够健全,社会不公、贪污腐败等问题仍然存在,社会主义制度还不够成熟,中国远没有走出社会主义初级阶段,仍然是一个发展中国家。至于整个社会主义的长远发展,那就正如邓小平同志在1992年南方谈话中指出的,巩固和发展社会主义制度,还需要一个很长的历史阶段,需要我们几代人、十几代人坚持不懈的努力奋斗,

决不能掉以轻心。根据中国曾经在很长一段历史时期内处于世界发展前列;根据 20 世纪下半个世纪,特别是最后 20 年里经济高速增长的事实;根据中国人民在历史与现实生活中所表现出来的聪明智慧,只要政府的政策正确,使人民能充分地将自己的能力发挥出来,我们就有足够的信心,能够在 21 世纪的 50 年里完成第二次现代化。

复习题

1.新中国经济发展的路径与阶段。

2.20 世纪中国人对发展道路的探索与创造。

主要参考文献

本参考文献分为其他人的和作者本人的两部分。其他人的又分为论著和资料书两类,学术论文省略。在排列上,先他人,后自己;先论著,后资料书。为便于学生查阅,仅列普通高等院校图书馆可能收藏的书刊。

一、论 著

101　毛泽东:《毛泽东选集》第1—4卷,北京:人民出版社,1960年。

102　邓小平:《邓小平文选》第1—3卷,北京:人民出版社,1994年。

103　中共中央文献研究室编:《建国以来毛泽东文稿》第1—13册,北京:中央文献出版社,1987—1998年。

104　中共中央文献研究室编:《刘少奇论新中国经济建设》,北京:中央文献出版社,1993年。

105　周恩来:《周恩来选集》上、下卷,北京:人民出版社,1984年。

106　陈云:《陈云文选(1949—1956)》,北京:人民出版社,1986年。

107　薄一波:《若干重大决策与事件的回顾》(修订本),北京:人民出版社,1997年。

108　许涤新、吴承明主编:《中国资本主义发展史》第1—3卷,北京:人民出版社,1985年、1990年、1993年。

109　吴承明:《中国资本主义与国内市场》,北京:中国社会科学出版社,1995年。

110　吴承明:《市场·近代化·经济史论》,昆明:云南大学出版社,1996年。

111　吴承明:《帝国主义在旧中国的投资》,北京:人民出版社,1955年。

112　吴承明:《中国的现代化:市场与社会》,北京:三联书店,2001年。

113　《中国资本主义工商业的社会主义改造》中央卷,北京:中共党史出版社,1992年。

114　秦孝仪主编:《中华民国经济发展史》,台北:近代中国出版社,

1983 年。

115　张公权：《中国通货膨胀史（1937—1949）》，杨志信译，北京：文史资料出版社，1986 年。

116　汪敬虞：《十九世纪西方资本主义对中国的经济侵略》，北京：人民出版社，1983 年。

117　刘国良：《中国工业史》近代卷，南京：江苏科学技术出版社，1992 年。

118　黄逸峰、姜铎等：《旧中国的买办阶级》，上海：上海人民出版社，1958 年。

119　周秀鸾：《第一次世界大战时期中国民族工业的发展》，上海：上海人民出版社，1958 年。

120　郑友揆：《中国的对外贸易和工业发展（1840—1948 年）》，上海：上海社会科学院出版社，1984 年。

121　宓汝成：《帝国主义与中国铁路（1847—1949）》，上海：上海人民出版社，1980 年。

122　李占才主编：《中国铁路史（1876—1949）》，汕头：汕头大学出版社，1994 年。

123　李占才主编：《中国新民主主义经济史》，合肥：安徽教育出版社，1990 年。

124　卜凯：《中国农家经济》，上海：商务印书馆，1936 年。

125　巫宝三主编：《中国国民所得，1933》，上海：中华书局，1947 年。

126　巫宝三主编：《中国国民所得，1933、1936、1946》，《中国国民所得，1933 年（修正）》，国立中央研究院社会科学研究所，《社会科学杂志》第 9 卷第 1、2 期，1947 年。

127　本书编写组：《中国近代金融史》，北京：中国金融出版社，1985 年。

128　洪葭管主编：《中国金融史》，成都：西南财经大学出版社，1996 年。

129　赵效民：《中国革命根据地经济史（1927—1937）》，广州：广东人民出版社，1983 年。

130　[美]珀金斯：《中国农业的发展：1368—1968 年》，上海：上海译文出版社，1984 年。

131 刘佛丁、王玉茹、于建玮:《近代中国的经济发展》,济南:山东人民出版社,1996年。

132 刘佛丁、王玉茹:《中国近代的市场发育与经济增长》,北京:高等教育出版社,1996年。

133 刘佛丁主编:《中国近代经济发展史》,北京:高等教育出版社,1999年。

134 卢中原:《中国市场发育研究》,杭州:浙江人民出版社,1991年。

135 陆仰渊、方庆秋:《民国社会经济史》,北京:中国经济出版社,1991年。

136 祝慈寿:《中国近代工业史》,重庆:重庆出版社,1989年。

二、资料书

201 孙毓棠、汪敬虞:《中国近代工业史资料》第1—2辑,北京:科学出版社,1957年。

202 陈真等:《中国近代工业史资料》第1—5辑,北京:三联书店,1957—1961年。

203 李文治、章有义:《中国近代农业史资料》第1—3辑,北京:三联书店,1957年。

204 彭泽益:《中国近代手工业史资料》第1—4辑,北京:三联书店,1957年。

205 姚贤镐:《中国近代对外贸易史资料(1840—1895)》第1—3册,北京:中华书局,1962年。

206 宓汝成:《中国近代铁路史资料(1863—1911)》,北京:中华书局,1963年。

207 严中平等:《中国近代经济史统计资料选辑》,北京:科学出版社,1955年。

208 徐义生:《中国近代外债史统计资料(1853—1927)》,北京:中华书局,1962年。

209 国家统计局:《新中国五十年(1949—1999)》,北京:中国统计出版社,1999年。

210 国家统计局:《中国经济年鉴(2001)》,北京:中国统计出版社,

2001 年。

211　麦迪森：《世界经济二百年回顾》，北京：改革出版社，1997 年。

212　中国社会科学院、中央档案馆编：《1949—1952 年中华人民共和国经济档案资料选编》，北京：中国社会科学出版社等，1991—1995 年。

213　中国社会科学院、中央档案馆编：《1953—1957 年中华人民共和国经济档案资料选编》，北京：中国社会科学出版社等，1995 年等。

214　中共中央文献研究室编：《建国以来重要文献选编》第 1—20 册，北京：中央文献出版社，1992—1998 年。

三、作者有关论著

（一）　著　作

301　《中国近代国民经济史讲义》，合著，主持人，高等教育出版社，1958 年。（该书署名"湖北大学政治经济学教研室编"。当时的湖北大学是今中南财经政法大学前身，与今之湖北大学无历史渊源关系。）日本日文译本：（日）近代中国经济史研究会：《中国近代国民经济史》上、下册，（日）近代中国经济史研究会译，译者：池田诚、松野昭二、林要三、田尻利，（日）雄浑社，1971 年初版，1973 年重印。美国英文译本 *Lectures on the Modern Economic History of China*，美国东西文化研究中心翻译出版，译者：William W. L. Wan，Anthony H. S. Ma，等，1969 年。

The Rise of the New People's Democratic Economy，1927—1937；The Development of the People's New Democratic Economy，1937—1945；The Overall Victory of the People's New Democratic Economy，1945—1949，Occasional Papers of Research Publications & Translations East-West Center Honolulu，1969.

302　《中国近代国民经济史教程》，主编，北京：高等教育出版社，1988 年，1994 年第 4 次印刷。

303　《近代中西关系与中国社会》，合著，主持人，武汉：湖北人民出版社，1993 年，1996 年第 2 次印刷。

304 《黄奕住传》，长沙：湖南人民出版社，1988 年。Oei Tjoe A Biography，by Zhao Dexin，Translated and Abridged by Albert C. S. Teoh with Irene Teoh Brosnahan，Copyright 2003 Albert Teoh. Printed and Bound in Canada.

305 《中华人民共和国经济史纲要》，主编，武汉：湖北人民出版社，1988 年，1995 年第 2 次印刷。

306 《中华人民共和国经济史（1949—1966）》，主编，郑州：河南人民出版社，1988 年，1991 年第 2 次印刷。

307 《中华人民共和国经济史（1967—1984）》，主编，郑州：河南人民出版社，1988 年，1991 年第 2 次印刷。

308 《中华人民共和国经济史（1985—1991）》，主编，郑州：河南人民出版社，1999 年。

309 《毛泽东的经济思想》，主编，武汉：湖北人民出版社，1993 年。

310 《赵德馨经济史学论文选》，北京：中国财政经济出版社，2002 年。

311 《中国经济通史》（全 10 卷 12 册），主编，长沙：湖南人民出版社，2002 年。

312 《中国近现代经济史（1842—1949）》，郑州：河南人民出版社，2003 年，2006 年第 2 次印刷。

313 《中国近现代经济史（1949—1991）》，郑州：河南人民出版社，2003 年，2007 年第 2 次印刷。

314 《长江流域的商业与金融》，与周军合著，武汉：湖北教育出版社，2004 年。

315 《经济史学概论文稿》，北京：经济科学出版社，2009 年。

（二）工具书·资料书

316 《中华人民共和国经济专题大事记（1949—1966）》，主编，郑州：河南人民出版社，1989 年。

317 《中华人民共和国经济专题大事记（1967—1984）》，主编，郑州：河南人民出版社，1999 年。

318 《中华人民共和国经济专题大事记（1985—1991）》，主编，郑州：河南人民出版社，1999 年。

319 《财经大辞典·经济史分编（远古至 1984 年）》，主编，北京：中国

财政经济出版社,1990 年。

320 《湖北省志·经济综述(1840—1985)》,责任副总纂(《湖北省志》实行总纂与责任副总纂负责制),武汉:湖北人民出版社,1992 年。

321 《湖北省志·工业(1840—1985)》,责任副总纂,武汉:湖北人民出版社,1995 年。

322 《湖北省志·经济综合管理(1840—1991)》,责任副总纂,武汉:湖北人民出版社,2002 年。

323 《湖北省志·工业志稿(1840—1985)》,主编,此书包括石油、机械、化工、纺织工业、建材、冶金、二轻、电力、一轻等卷,分别由湖北人民出版社、武汉大学出版社、中国文史出版社、新华出版社、中国书籍出版社、中国轻工业出版社、人民出版社出版,1990—1993 年。

324 《中国经济史辞典》,主编,武汉:湖北辞书出版社,1990 年。

325 《张之洞全集》,主编,武汉:武汉出版社,2008 年。

（三）　论　文

326 《关于中国近代国民经济史的分期问题》,《学术月刊》1960 年第 4 期。

327 《关于中国近百年经济发展的过程及其特点》,《湖北方志通讯专集》,1958 年。

328 《中国半殖民地半封建经济的重要特点》,《湖北方志通讯专集》,1985 年。

329 《鸦片战争与中国近代经济的演变》,《湖北方志》1990 年第 4 期。

330 《中国社会主义经济历史前提的特殊性——对中国半殖民地半封建经济形态的分析》,载《社会主义在中国》,北京:中国财政经济出版社,1991 年。

331 《列宁关于半殖民地半封建社会的学说》,《青海社会科学》1984 年第 4 期。

332 《中国前近代史的奥秘》,《中南财经大学学报》1996 年第 4 期。

333 《关于清政府实行闭关政策的原因》(与周秀鸾合作),《理论战线》1960 年第 5 期。

334 《十九世纪下半期军事工业的性质》,《经济问题》1958 年第 4 期。

335 《怎样正确认识中国民族资本主义的特点——评〈芜湖纺织厂史〉》(与周秀鸾合作,署名赵禾),《光明日报》1961 年 5 月 1 日。

336 《世界经济大危机与湖北农产品商品化的变化》(与班耀波合作),《中南财经大学学报》1991 年第 5 期。

337 《湖北经济近代化进程与武昌首义》(与周秀鸾合作),《中南财经大学学报》1991 年第 6 期,收入《辛亥革命与近代中国——纪念辛亥革命 80 周年国际学术讨论会论文集》,北京:中华书局,1994 年。

338 《洋务派关于中国近代工业起步的决策》,《近代史研究》1991 年第 1 期;又载孔令仁、李德征主编《中国近代化与洋务运动》,济南:山东大学出版社,1992 年。

339 《华煜卿传》(与周君忆合作),载孔令仁主编:《中国近代企业的开拓者》,济南:山东大学出版社,1991 年。

340 《吴蕴初传》(与刘大洪合作),载孔令仁主编:《中国近代企业的开拓者》,济南:山东大学出版社,1991 年。

341 《宋炜臣传》(与黄磊合作),载孔令仁主编:《中国近代企业的开拓者》,济南:山东大学出版社,1991 年。

342 《张謇与近代绅商关系的变化》,载《论张謇——张謇国际学术讨论会论文集》,南京:江苏人民出版社,1993 年。

343 《张之洞与湖北经济的崛起》(与周秀鸾合作),《江汉论坛》1998 年第 1 期;收入《张之洞与中国近代化》,北京:中华书局,1999 年。

344 《论太平天国实行的土地政策》,《湖北财经学院学报》1980 年第 1 期(创刊号)、1982 年第 1 期,收入《太平天国研究文集》,武汉:武汉大学出版社,1994 年。

345 《重议〈天朝田亩制度〉的性质》,《江汉论坛》1981 年第 1 期。

346 《论太平天国的"着佃征粮"制》,《中国社会科学》1981 年第 2 期;英译文 On the Collection of Grain Tax from Tenant Peasants under the Taiping Heavenly Kingdom, *Social Sciences in China*,1981,3;又载《市场化改革与经济发展》,武汉:湖北人民出版社,1998 年。

347　《论太平天国的城市政策》，《历史研究》1993年第2期，收入《太平天国与近代中国——纪念太平天国起义140周年国际学术讨论会论文集》，广州：广东人民出版社，1993年。

348　《大力开发中华人民共和国经济史研究是时代的需要》，《湖北财经学院学报》1984年第5期。

349　《中华人民共和国经济研究方法中的几个问题》，《中南财经大学学报》1988年第1—2期。

350　《中华人民共和国经济史的分期》，《青海社会科学》1986年第1期。

351　《为了现在与未来的需要——答〈中州书林〉记者问》，《中州书林》1990年第3、4、5期；《经济学情报》1989年第6期。

352　《毛泽东：伟大的经济思想家》，《中南财经大学学报》1993年增刊。

353　《毛泽东的新民主主义学说的理论地位》（与苏少之合作），《中国经济史研究》1994年第2期。

354　《毛泽东经济思想的伦理特色》，载《毛泽东与中国传统文化》，武汉：武汉出版社，1994年。

355　《毛泽东经济思想的历史地位》，《城市金融》1993年第12期；《湖北方志》1993年第6期。

356　《经天纬地　强国富民——毛泽东经济思想的特点》，《中南财经大学学报》1993年第6期。

357　《毛泽东经济思想的内涵》，《城市金融》1993年第6期；《湖北方志》1993年第5期。

358　《大胆借鉴吸收人类文明的有益成果》，《中南财经大学学报》1992年第3期。

359　《加速社会主义经济发展的动力与途径》（与赵凌云合作），《湖北社会科学》1992年第10期。

360　《对外开放与封闭：历史的过程与经验》，《中南财经大学学报》1994年第6期。

361　《首要的问题——邓小平的社会主义初级阶段理论的意义》，《城市金融》1994年第12期。

362　《马克思学说的传播与邓小平理论的历史地位》，《中南财经大学学报》1999 年第 4 期，收入《湖北省纪念党的十一届三中全会 20 周年理论研讨会论文集》，武汉：湖北人民出版社，1999 年。

363 《四十年探索的科学结晶——邓小平关于中国社会现代所处历史阶段的理论》（与赵凌云、苏少之合作），《江汉论坛》1995 年第 1 期，收入《邓小平理论研究文库》，北京：中共中央党校出版社，1997 年。

364 《两种思路的碰撞与历史的沉思——1950—1952 年关于农业合作化目标模式的选择》（与苏少之合作），《中国经济史研究》1992 年第 4 期；《中南财经大学学报》1992 年增刊。

365 《发扬面向现实，反思历史的优良传统》，《中国经济史研究》1990 年第 1 期。

366 《中国人民对社会发展道路的选择》（与赵凌云合作），《湖北社会科学》1990 年第 10 期。

367 《从新民主主义到社会主义初级阶段——论中国共产党对马克思列宁主义的独特贡献》（与苏少之合作），《湖北社会科学》1991 年第 7 期；又以《中国富强的必由之路》为题，收入《现代中国的历史选择》，郑州：河南人民出版社，1991 年。

368 《邓小平：开创中国经济发展新时期的伟人》，《中南财经大学学报》1997 年第 5 期。

369 《论邓小平理论的历史根据》（与马德茂合作），载《改革开放新实践与邓小平理论新发展》，武汉：武汉出版社，1999 年。

370 《开辟了中国经济发展的新阶段——在湖北省理论界隆重纪念党的十一届三中全会 20 周年座谈会上的发言》，《湖北日报》1998 年 12 月 10 日。

371 《何谓复归——我与杨家志教授的学术切磋》，《中南财经大学学报》1997 年第 1 期。

372 《经济的稳定发展与增长速度》，《中南财经大学学报》1990 年第 4 期。

373 《我国经济增长方式转变的合理道路》，《大众日报》1998 年 3 月 5 日。

374 《关于中国经济史上的经济增长方式》，《中国经济史研究》1998 年第 1 期。

375 《坚持速度与效益的统一至关重要——谈改革开放 20 年来我国
经济运行的轨迹》,《湖北日报》1998 年 11 月 12 日。

376 《重提经济史学科研究对象的问题》,《中国社会经济史研究》1992
年第 3 期。

377 《跟随历史前进——再论经济史学科研究对象》,《中南财经大学
学报》1995 年第 6 期。

378 《跟随论与沉淀论的统一》,《中南财经大学学报》1998 年第 6 期。

379 《经济史学科的发展与理论》,《中国经济史研究》1996 年第 1 期。

380 《经济史学的分类与研究方法》,《中国经济史研究》1999 年第
1 期。

381 《经济史与经济理论的有机结合》(与李洪斌合作),《经济学情报》
1995 年第 2 期。

382 《建立中国经济发展学刍议》(与周军合作),载《发展经济学与中
国经济发展》,北京:经济科学出版社,1996 年。

383 《中国需要一门中国经济发展学》(与周军合作),《经济评论》1997
年第 1 期。

384 《我们想写一部怎样的中国经济通史》,《经济与管理论丛》1997
年第 1 期;《中国社会经济史研究》1997 年第 3 期。

385 《"之"字路及其理论结晶》,《中南财经大学学报》1999 年第 6 期;
中国人民大学复印报刊资料《国民经济管理》2000 年第 3 期。

386 《中国经济 50 年发展的路径、阶段与基本经验》,《当代中国史研
究》1999 年第 5、6 期合刊;《中国经济史研究》2000 年第 1 期;中
国人民大学复印报刊资料《经济史》2000 年第 5 期。

387 《创造性执行中央决定的范例——体现李先念同志领导水平的一
件事》(与廖晓红合作),《湖北方志》2000 年第 1 期。

388 《市场化与工业化:经济现代化的两个主要层次》,《中国经济史研
究》2001 年第 1 期。

389 《论经济现代化的层次与标志》,《经济与管理论丛》2001 年第 1—
2 期。

390 《形散而神聚——论邓小平理论表达形式的个性与理论发展形式
的多样化》,《中南财经大学学报》2001 年第 1 期。

391 《经济史学:理论经济学的基础学科》,《中南财经政法大学学报》

2002 年第 3 期;中国人民大学复印报刊资料《经济史》2002 年第 6 期。

392 《论商兴国兴》,《经济与管理论丛》2002 年第 3 期;收入孔祥森、王森主编《山西票号研究》,北京:中国财政经济出版社,2002 年;转载《中国经济史研究》2003 年第 3 期。

393 《〈张文襄公全集〉奏折部分的几个问题——兼与〈张之洞全集〉的编者商榷》,《江汉论坛》2003 年第 2 期;载《张之洞与武汉早期现代化》,北京:中国社会科学出版社,2003 年。

394 《毛泽东经济思想的光芒》,《中南财经政法大学学报》2003 年第 12 期。

395 《长期规划　横向联合——我在建设中国经济史学科中的一些做法》,《经济与管理论丛》2004 年第 5 期。

396 《论先秦货币的两种体系——从货币文化的视角考察楚国与黄河流域各国货币的异同》,《江汉论坛》2004 年第 9 期;中国人民大学复印报刊资料《经济史》2005 年第 1 期。

397 《邓小平对经济理论的主要贡献》,《中南财经政法大学报》2004 年 9 月 29 日。

398 《1842—1984 年湖北省经济管理演变的轨迹》,《中国经济史研究》2005 年第 4 期;中国人民大学复印报刊资料《经济史》2006 年第 2 期;收入温锐主编《政府·市场与经济变迁》,南昌:江西人民出版社,2007 年。

399 《"三农":构建和谐社会的关键环节》,《湖北日报》2006 年 1 月 31 日;收入《2005 年湖北论坛　构建和谐湖北:发展与动力》,武汉:湖北人民出版社,2006 年;《"重中之重"是建设和谐社会的关键环节》,《经济与管理论丛》2006 年第 1 期。

400 《百尺竿头,更进一步》,《中国经济史研究》2006 年第 1 期。

401 《经济史学研究中区域划分的标准模式》,《中南财经政法大学学报》2006 年第 4 期;中国人民大学复印报刊资料《经济史》2006 年第 6 期;收入《汪敬虞教授九十华诞纪念文集》,北京:人民出版社,2007 年;收入《10 世纪以来长江中游区域环境、经济与社会变迁》,武汉:武汉大学出版社,2008 年。

402 《转换思路是关键》,《经济与管理论丛》2006 年第 4 期;收入《湖

北新农村建设的思路与对策》,武汉:湖北人民出版社,2006 年。

403 《高山仰止》,《经济学家茶座》2006 年第 4 辑;又载方行主编《中国社会经济史论丛》,北京:中国社会科学出版社,2006 年。

404 《1949—2002 年:走向共同富裕的两条思路及其实践》,《当代中国史研究》2007 年第 2 期;中国人民大学复印报刊资料《中国现代史》2007 年第 7 期;1949—2002：Two Approaches in the Advance towards Common Prosperity and Their Respective Practices，*Social Sciences in China*,2007,4;收入《荆楚文史》,武汉:湖北教育出版社,2008 年。

405 《彭南生著〈半工业化——近代中国乡村手工业的发展与变迁〉序》,北京:中华书局,2007 年。

406 《〈晋商信用制度及其变迁研究〉序》,太原:山西经济出版社,2008 年。

407 《中国必须遏制"富者愈富、穷者愈穷"》,《广州日报》2008 年 6 月 17 日。

408 《地方经济史本地化的优势与陷阱》,《当代中国史研究》2008 年第 4 期。

409 《求全·求真·求准——编辑〈张之洞全集〉的做法与体会》,《中南财经政法大学学报》2008 年第 4 期。

410 《好字当先,快速发展——在当前阶段,以年平均增长率 7% 为宜》,载《武汉城市圈两型社会创新与建设》,武汉:湖北人民出版社,2008 年。

411 《近代湖南士商关系与湖湘文化》,载湖南省文史研究馆编《十省三市文史研究馆湖湘文化讨论文集》,2008 年。

412 《西汉前期的币制改革与五铢钱制度的确立(上)》,《武汉金融》2008 年第 12 期(增刊);《西汉前期的币制改革与五铢钱制度的确立(下)》,《武汉金融》2009 年第 12 期(增刊)。

413 《宁可慢一点,但要好一点》,《经济与管理论丛》2009 年第 1 期。

414 《梁方仲经济史学思维方式的特征》(与杨祖义合作),《中国经济史研究》2009 年第 2 期;中国人民大学复印报刊资料《经济史》2009 年第 5 期;收入陈春声、刘志伟主编《遗大投艰集》,广州:广东人民出版社,2012 年。

415 《中国经济发展的路径、成就与经验》(与乔吉燕合作),《贵州财经学院学报》2009 年第 5 期。

416 《学科与学派：中国经济史学的两种分类——从梁方仲的学术地位说起》，《中国社会经济史研究》2009 年第 3 期；中国人民大学复印报刊资料《经济史》2010 年第 1 期；收入陈春声、刘志伟主编《遗大投艰集》，广州：广东人民出版社，2012 年。

417 《辉煌的 60 年：新中国的经济成就》，《史学月刊》2009 年第 10 期。

418 《现代性的中国经济史学产生的标志》，《中国经济史研究》2009 年第 3 期。

419 《新中国 60 年经济发展的路径、成就与经验》，《百年潮》2009 年第 10 期。

420 《简论国史分期问题》，《当代中国史研究》2010 年第 1 期。

421 《汤象龙——中国经济史学科的主要奠基人》，载《汤象龙先生百年诞辰文集》，成都：西南财经大学出版社，2010 年。

422 《特殊的贡献，特殊的地位》（与杨祖义合作），载《汤象龙先生百年诞辰文集》，成都：西南财经大学出版社，2010 年。

423 《中国市场经济的由来——市场关系发展的三个阶段》，《中南财经政法大学学报》2010 年第 2 期；中国人民大学复印报刊资料《经济史》2010 年第 4 期。

424 《忠臣·学者·改革家——在"张之洞与中国近代化"国际学术研讨会上的发言稿》，载冯天瑜、陈锋主编《张之洞与中国近代化》，北京：中国社会科学出版社，2010 年；《百年潮》2011 年第 4 期。

425 《集刊卷首语》，载陈锋主编《中国经济与社会史评论》，北京：中国社会科学出版社，2010 年。

426 《〈经济史学评论〉发刊词》，《中国社会科学报》2010 年 6 月 18 日。

427 《关于中国近代经济史中心线索的二三事——学习汪敬虞先生论著笔记》，载陈锋主编《中国经济与社会史评论》，北京：中国社会科学出版社，2010 年。

428 《简论史志异同》，载武建国等编《永久的思念——李埏教授逝世周年纪念文集》，昆明：云南大学出版社，2011 年。

429 《坚定跨越发展的信心——在"2011 年湖北发展论坛"上发言的

摘要》，《湖北日报》2011年5月10日 第7版。

430 《坚定信心 跨越发展》，载中共湖北省委宣传部、湖北省社会科学联合会主编《2011湖北发展论坛"十二五"湖北跨越式发展》，武汉：湖北人民出版社，2011年。

431 《一次成功的革命——从现代化角度看辛亥革命的历史意义》，《中南财经政法大学学报》2011年第6期。

432 《中国历史上城与市的关系》，《中国经济史研究》2011年第4期；转载《新华文摘》2012年第6期；中国人民大学复印报刊资料《经济史》2012年第2期。

433 《让中国经济史学研究的理论色彩更浓厚一些》，《中国社会经济史研究》2013年第1期。

后　记

　　1996 年,我承担教育部下达的"高等教育经济学、法学面向 21 世纪教学内容与课程体系改革"中的一个项目"中国经济史课程教学内容的改革"。这个项目的最终成果是编写一本"面向 21 世纪课程教材"——《中国近现代经济史》。1997 年,它被列入"九五"国家级教材建设计划。经过四年的努力,写成初稿,于 2000 年 6 月通过同行专家的评审。又经过一年半时间的修改,才交付出版。

　　这是第一本将中国近代经济史和中国现代经济史合二为一的普通高等学校"中国近现代经济史"教材,也是我主持编写的这个时限内的第五本高等学校中国经济史教材。在以前的四本中,有两本是中国近代经济史,它们都是国家教育主管部门(教育部、国家教育委员会)的推荐教材。其中,《中国近代国民经济史讲义》在日本有日文译本,在美国有英文节译本,日译本在日本的一些大学曾用作教材。《中国近代国民经济史教程》于 1992 年获国家教育委员会颁发的全国普通高等学校优秀教材一等奖。另两本是中华人民共和国经济史。其中,《中华人民共和国经济史纲要》供本科生用,《中华人民共和国经济史(1949—1991)》供研究生用。它的前两册出版后,于 1992 年获国家教育委员会颁发的全国普通高等学校优秀教材全国优秀奖。在编写本教材时,吸取了以上四本教材的成果,又针对中国经济史教学的现状和新的时代要求,提出了新的要求(即《导论》中所说的改革与改进的主要内容),希望借此促成高等学校中国经济史课程来一次改革。改革的目的是:使中国经济史教材与教学能站在 21 世纪的历史高度,以经济现代化为主线,叙述中国人民谋求经济现代化的努力及其所取得的成就与经验教训,展示这期间中华民族追求强国富民的精神和落后追赶先进、走向先进的现代化之路,从而成为按时序讲授的中国经济发展学;使学生能了解中国经济是怎么发展过来的,认识到我们今天正在做的事情是中华民族长期追求富强、追求现代化目标的继续,认识到当前正在做的事情的历史厚重感和身上所肩负的历史使命感,并能从中学到理论和运用理论分析经济现象的能力,在观察经济问题时具有长远的历史观和广阔的世界观。

六年的实践使我感到,提出要求与设想改革的目标是一件比较容易的事,要达到这些要求和目标则要困难得多。要在一部篇幅有限的教材里达到这几个方面的要求与目标,特别难。我对自己提出的要求与目标是否正确,在事实上是否达到,或在多大程度上达到了这些要求与目标,只有由使用这本教材的师生及广大读者来评判了。

在这本教材里,既吸取了中国经济史同行的研究成果,也凝聚了我60多年来从事中国经济史教学与研究的大部分成果。这本教材使用了一种新的体系(框架)、新的主线,有一些新的分析理论(分析方法)、新的理论概括、新的资料。在这个意义上,它是一部学术专著、一部专著性教材。

由于是教材,受到篇幅的严格限制,许多理论观点,在教材里只能使用结论,而不能展开说明。譬如,本书上限定在1842年,下限止于1991年。为什么上限不像流行的中国近代经济史和中国近代史著作那样从1840年开始,而从1842年开始?为什么下限不是止于2000年或其他年份,而要止于1991年?对此,我在其他论著中有专门的说明,像这一类的事例很多。为了便于读者了解作者在书中一些论点的依据,在书中所附"主要参考文献"中罗列了与本书论点有关的一些作者的论著,供读者参考。

本书于2003年由河南人民出版社出版,2006年重印时,改正了几十处印刷错误。2008年,一些高校的教师买不到此书,要我请该社再印。多次联系,未得到肯定性回复,这影响了教学。今年,一则该书的出版合同已到期,二则多个学校仍想采用此书作为教材。其中,厦门大学经济学院各系开设中国经济史课程,任课教师焦建华先生选定本书作为教材。我便请他就近与厦门大学出版社联系出版事宜。该社慨然承诺,问题得到如此圆满的解决,这使我非常高兴。

借这次重版之机,我对原书作了修订:删了一点,改了一点,补了一点。这三个"一点",就范围言,涉及所有章节;就字数言,约占全书的三分之一。删、改、补的内容,少数是史实,大部分是观点。无论是史实还是观点,都吸取了同行和自己在这十年间的科研成果。需要强调的是,新观点主要源于著者学习科学发展观得到的认识。站在科学发展观的高度与角度回顾过去,对许多事物的看法,已与十年前大不相同了。

　　本书的修订出版,得到厦门大学出版社的大力支持,并得到同行学者薛鹏志先生的悉心编辑,在此表示衷心的感谢。

赵德馨

2015 年 11 月